山海经名物图解

SHANHAIJING MINGWU TUJIE

贾雯鹤　著

青海人民出版社

图书在版编目（CIP）数据

山海经名物图解 / 贾雯鹤著 . -- 西宁 : 青海人民出版社 , 2024.1
ISBN 978-7-225-06513-7

Ⅰ . ①山… Ⅱ . ①贾… Ⅲ . ①《山海经》—研究 Ⅳ . ① K928.626

中国国家版本馆 CIP 数据核字 (2023) 第 161218 号

山海经名物图解

贾雯鹤　著

出 版 人　樊原成
出版发行　青海人民出版社有限责任公司
西宁市城西区五四西路 71 号　邮政编码：810023　电话：（0971）6143426（总编室）
发行热线　（0971）6143516 / 6137730
网　　址　http://www.qhrmcbs.com
印　　刷　西安五星印刷有限公司
经　　销　新华书店
开　　本　787 mm × 1092 mm　1/16
印　　张　50.75
字　　数　480 千
版　　次　2024 年 1 月第 1 版　2024 年 1 月第 1 次印刷
书　　号　ISBN 978-7-225-06513-7
定　　价　228.00 元

序

因为初中语文课本有鲁迅的散文《阿长与〈山海经〉》，所以中国人大都知道有一部古书叫《山海经》。散文描写阿长送给鲁迅带有图画的《山海经》，画着“人面的兽”和“九头的蛇”，顿时让鲁迅对长妈妈“发生新的敬意”，称她“有伟大的神力”，可见带图的《山海经》对小孩儿有多么大的魔力。事实上，《山海经》本来就和图画有着密不可分的渊源。

古人在阅读《山海经》文本的时候，意识到《山海经》的原初形式应该是文字和图画相互配合的。宋代朱熹在《记山海经》一文中说：“予尝读《山海》诸篇，记诸异物飞走之类，多云东向，或云东首，皆为一定而不易之形，疑本依图画而为之，非实纪载此处有此物也。”（《晦庵集》卷七十一）首先提出《山海经》文字是依据图画来写作的看法。明代胡应麟阅读《山海经》的体验和朱熹相同，他说：“经载叔均方耕，讙兜方捕鱼，长臂人两手各操一鱼，竖亥右手把算，羿执弓矢，凿齿执盾，此类皆与纪事之词大异。近世坊间戏取《山海经》怪物为图，意古先有斯图，撰者因而纪之，故其文义应尔。”（《少室山房笔丛·四部正讹》）

晋代郭璞是第一个为《山海经》作注释的人，他在为《海外南经》“羽民”作注时说“画似仙人也”，为“讙头”作注时说“画亦似仙人也”，为“厌火国”作注时说“画似猕猴而黑色也”，为“离朱”作注时说“今图作赤乌”。晚于郭璞的陶渊明在《读山海经十三首》中写道：“泛览周王传，流观山海图。”显示他所看到的《山海经》仍然是带图画的。虽然这些《山海经》古图现在都已经失传，但《山海经》最初是图文并茂的形式则是可以确定的。

我们现在所能看到的《山海经图》都是明清时期的作品。明代主要有两种：一种是刊刻于万历二十一年（1593）的胡文焕《山海经图》二卷，独立成书。它的图像不和《山海经》经文配合，而且图像内容有的不见于今本《山海经》的记载，甚至有的图像压根就不在《山海经》记载的范围之内。另外一种是刊刻于万历二十五年（1597）的蒋应镐《山海经》一书，书中附有插图。与胡文焕图不同的是，蒋本的图像是作为插图的形式附在经文之中，与经文相互配合，而且所有图像的内容都是根据今本《山海经》经文进行创作的。

胡文焕和蒋应镐为《山海经》作图的风气一开，迅速得到了积极响应。此后新出版的《山海经》有的沿用他们的绘图，有的重新绘图，仿佛又回到了最初《山海经》图文并茂的时代。

然而让人诧异的是，大受读者欢迎的《山海经图》在学者的眼中，却是一个大大的差评。《四库全书总目》的"存目"收有明代王崇庆《山海经释义》十八卷，图二卷，其中的二卷图是根据蒋应镐图绘制的。《总目提要》说"其图亦书肆俗工所臆作，不为典据"。《四库全书》收有清代吴任臣《山海经广注》一书，书中载有《山海经图》五卷，图大部分是根据胡文焕图绘制的。《总目提要》说"旧本载《图》五卷，分为五类，曰灵祇，曰异域，曰兽族，曰羽禽，曰鳞介，云本宋咸平舒雅旧稿，雅本之张僧繇，其说影响依稀，未之敢据。其图亦以意为之，无论不真出雅与僧繇，即说果确实，二人亦何由见而图之。故今惟录其注，图则从删"。四库馆臣称《山海经图》是"书肆俗工所臆作"或"以意为之"，甚至将图一删了之。《山海经图》难入四库馆臣的法眼，固然与学者历来重文轻图的倾向有关，但更重要的是他们没有对《山海经图》进行深入研究，未能抉发其价值所在，因此给予了一个并不准确的评价。

明清时期的《山海经图》，有一类如蒋应镐图和汪绂图等是根据今本《山海经》经文进行创作的，它们具有一定的艺术价值；另外一类如胡文焕图等和今本《山海经》经文的内容多有不同之处，其不同之处往往保存了古本《山海经》的信息，值得重视。

1. 又南三百里，曰栒状之山。……有鸟焉，其状如鸡而鼠毛，其名曰蚩鼠，见则其邑大旱。(《东山经》)

现藏于日本成城大学图书馆的《怪奇鸟兽图》中的动物大都是来自于《山海经》，其中蚩鼠画作鸡的样子，外加一个老鼠尾巴，胡文焕和吴任臣图的蚩鼠构图与此相似，可以看出图的作者所见《山海经》“鼠毛”是写作“鼠尾”的，胡文焕《山海经图》卷下“蚩鼠”图的图说就明确说：“状如鸡而鼠尾，名曰蚩鼠，见则国大旱”。那么“鼠毛”和“鼠尾”哪个是正确的呢？《山海经》在描写怪奇动物时，往往是有一个主体动物形象，比如蚩鼠就是鸡，另外脑袋、尾巴、四肢等则可能是其他动物的形象；对其他动物的选取并非随意为之，而是选取该动物较有区别性特征的部分，如虎爪、牛尾等。比较而言，老鼠的毛就不如尾巴的区别性特征强，因此《山海经》作“鼠尾”的可能性更大。蚩鼠，汉代许慎《说文解字》写作“𪕮鼠”，说：“𪕮鼠似鸡，鼠尾。”可见许慎所见的《山海经》正作“鼠尾”，证明了《山海经图》蚩鼠鸟的老鼠尾巴是根据古本《山海经》来画的。

2. 西五十里，曰扶猪之山。……有兽焉，其状如貉而人目，其名曰𪊨。(《中山经》)

现藏于美国赛克勒美术馆的《蕃兽图》卷，卷前题有“山海百灵”四字。画卷中的动物虽然都没有题写名字，但从图像来看，其中一些怪奇动物是来自于《山海经》的。其中有一幅八只眼睛的动物，在其他《山海经图》中都没有出现过。这个八只眼睛的动物其实就是《山海经》的麈兽。今本《山海经》写作“人目”，而《蕃兽图》作者所见《山海经》显然是写作“八目”的，那么二者哪个是正确的呢？郭璞《山海经图赞》说：“有兽八目，厥号曰麈。”《图赞》是根据《山海经》经文写的，可知郭璞所见《山海经》正作“八目”。《玉篇·鹿部》“麈”字、《广韵·真韵》“麈”字引《山海经》皆作“似貉而八目”，可证古本《山海经》写作“八目”，因此《蕃兽图》中的麈兽是根据古本《山海经》来画的。

3. 又东三百四十里，曰尧光之山。……有兽焉，其状如人而彘鬣，穴居而冬蛰，其名曰猾褢，其音如斫木，见则县有大繇。（《南山经》）

《怪奇鸟兽图》中的猾衷〈褢〉兽的主体形象是猴子，却长着人的面孔，浑身布满猪的鬣毛，胡文焕和吴任臣图的猾褢构图与此相似。胡文焕《山海经图》卷下“猾衷（褢）”图的图说云：“尧光山有兽，状如猕猴，人面彘鬣。”与今本《山海经》的记载除了“彘鬣”外，其他都不相同，其中必有一误。《山海经》写作“如人”，但根据《山海经》的写作文例，只有对神进行描写，才可以说“如人”，如《西山经》玉山，“西王母其状如人”；《中山经》和山，“吉神泰逢司之，其状如人而虎尾”等，即可为证。猾褢属于兽，却说“如人”，与《山海经》文例不合，肯定有错误。胡文焕《山海经图》写作“状如猕猴，人面彘鬣”，猕猴是动物，与《山海经》的文例符合。虽然《山海经》没有出现“猕猴”一词，但却有含义为猕猴的“禺”，如《南山经》招摇之山，“有兽焉，其状如禺而白耳，伏行人走，其名曰狌狌”，郭璞注：“禺，似猕猴而大，赤目长尾，今江南山中多有。”又《南山经》长右之山，“有兽焉，其状如禺而四耳”，《山海经图》卷上“长彘”条图说就写成：“有兽状如猴，四耳。”说明《山海经》的“禺”字，《山海经图》往往写作大家更容易理解的“猕猴”或者“猴”。因此根据《山海经图》的图说及图画，我们可以把今本《山海经》的“其状如人而彘鬣”校正为“其状如禺，人面彘鬣”，即今本“如”下脱“禺”字，“面”字又误成“而”字。

4. 又西三百里，曰阴山。……有兽焉，其状如狸而白首，名曰天狗，其音如榴榴，可以御凶。(《西山经》)

胡文焕《山海经图》的天狗嘴里叼着一条蛇，图说云：“阴山有兽，状如狸，白首，名曰天狗，食蛇。”与今本《山海经》比较，多了“食蛇”二字。郭璞《山海经图赞》“天狗”云：“乾麻不长，天狗不大。厥质虽小，攘灾除害。气之相生，在乎食带。”乾麻即天麻，郭璞为与“天狗”避复而改称“乾麻”。《庄子·齐物论》“蝍蛆甘带”，带，《释文》引崔譔云：“蛇也。”又引司马彪云：“小蛇也。”因此“带”就是“蛇”的意思，郭璞为了与“大”“害”二字押韵而改“食蛇”为“食带”。所谓“气之相生，在乎食带”者，就是说天狗能够食蛇，所以“可以御凶”。根据《图赞》“在乎食带”，可以知道郭璞所见《山海经》应有“食蛇”二字，证明了《山海经图》所画的天狗根据的是古本《山海经》，是正确的。

从上文所举四个例子来看，《山海经图》可以用来纠正今本《山海经》的错误，因此具有极高的文献价值。

不仅如此，《山海经图》还体现了古人卓越的艺术想象力和创造力，具有很高的艺术审美价值，因此才能在民间广泛流传。《山海经图》给幼小的鲁迅留下深刻印象的是“人面的兽”和“九头的蛇”，其中“九头的蛇”是指相柳；而“人面的兽”除了上文所举的“猾褢”外，还有“山] 和“马腹”等。相信今天的人们在看到这些图画时，同样会留下深刻的印象，这正是《山海经图》艺术价值的体现。

本书将《山海经》名物分为“灵祇篇”“异域篇”“兽族篇”“羽禽篇”“鳞介篇”五类，依据的是吴任臣《山海经图》的分类方式。书中名物收录的原则是该名物必须有明清时期的古图，否则不予收录。因此，《山海经》中没有被收入的名物还有一些，比如草木类的名物就一个都没有。《山海经》的古图多多少少反映了古人对自然界关注的重点在于神鬼、殊乡异域和各类动物，因为它们可能会给人类带来危险或灾害的预兆。明末大量出现的日用类书如《万宝全书》《学海群玉》等大都收录了《山海经》图，并且冠以“山海异物”的名称，就是在提醒人们要时刻关注这些可能伤害到自己的东西。

最后，谈谈本书的写作缘起。2021 年 4 月的一天，我接到青海人民出版社社科编辑部负责人李兵兵的电话，邀请我写作《山海经名物图解》。不久，他又和该社戴发旺副总编辑来成都面谈此事。我研读《山海经》30 年，对此书有些心得体会，感到用图文并茂的形式向读者介绍《山海经》的名物是一件值得做的事情，就愉快地接受了此书的写作任务。经过近一年的紧张工作，《山海经名物图解》终于赶在春节前完稿。需要说明的是，《图解》的经文与郭璞注文大都依据拙著《山海经校释》，有时为了和古图的名称配合，仍然沿用了通行的清代郝懿行《山海经笺疏》的经文。感谢青海人民出版社对此书出版的大力支持，感谢编辑老师的精心编辑，希望我们合作的这本书能够受到读者的欢迎。

贯雯鹤

2022 年 1 月 19 日于成都

目录

灵祇篇

异域篇

兽族篇

羽禽篇

鳞介篇

灵祇篇

天虞山至南禺山共十四山之神圖

壹 南山首经神

鹊神（胡文焕图）

经文

凡䧿山之首，自招摇之山以至箕尾之山，凡十山，二千九百五十里。其神状皆鸟身而龙首，其祠之礼毛（屯）用一璋玉瘗，糈用稌米，一璧，稻米，白菅为席。

——《南山首经》

䧿（què）

糈（xǔ）

菅（jiān）

图解

《山海经》分为《山经》《海经》《大荒经》三个部分，原本各自独立成书，成书的时代大约在战国中晚期。到了西汉末期，刘向、刘歆父子整理群书时，将《山经》和《海经》合并在一起，称为《山海经》。到了晋代，郭璞为《山海经》作注，又将《大荒经》合并进来，还是称《山海经》。从此以后，世上流传的《山海经》都是郭璞注本《山海经》。

《山经》分为《南山经》《西山经》《北山经》《东山经》和《中山经》五个部分，因此它有个古称《五臧山经》，又叫《五藏山经》。清代郝懿行《山海经笺疏》认为："'藏'字古作'臧'，才浪切。《汉书〔·食货志〕》云：'山海天地之臧'，故此经称五臧。"将"臧"读为"隐藏"之"藏"。谭其骧为《中国大百科全书·地理学卷》所撰"《山海经》简介"词条谓"藏"义同"内"，"山经"上加"五藏"两字，谓此五篇所记述之山川皆在内地，即华夏范围之内。《海外

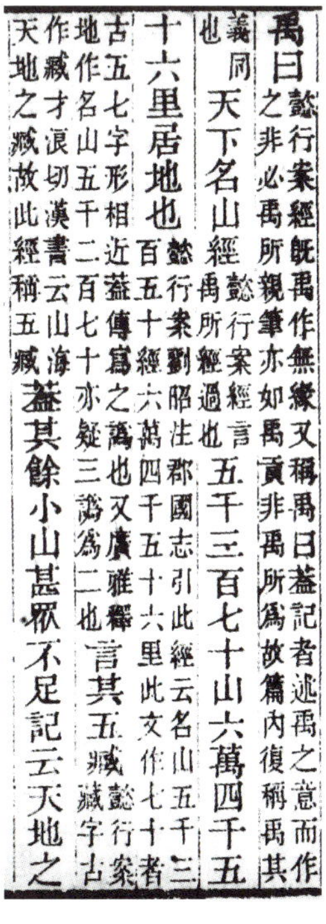

禹曰懿行案經旣禹作無緣又稱禹曰蓋記者述禹之意而作之非必禹所親筆亦如禹貢非禹所爲故篇內復稱禹其義同也天下名山經懿行案經言禹所經過也五千三百七十山六萬四千五十六里居地也懿行案劉昭注郡國志引此經云名山五千三百五十經六萬四千五十六里此文作七十者古五七字形相近蓋傳寫之譌也又廣雅釋地作名山五千二百七十亦疑三譌爲二也言其五臧懿行案藏字古作臧才浪切漢書云山海天地之臧故此經稱五臧蓋其餘小山甚衆不足記云天地之

郝懿行《山海经笺疏》

四经》《海内四经》之“海”，即《尔雅·释地》“九夷、八狄、七戎、六蛮谓之四海”之义，指不在华夏范围内之地区。谭先生将“臧”读为“五藏（臟）”之“藏”，显然是正确的。

《五臧山经》首先从《南山经》开始叙述，所以过去有学者认为《山经》或《山海经》是南方人的著作。这种看法证据太薄弱，难以成立。我们看《南山经》在描述诸山时，它的方位次序是从西南方到东南方，也就是说是从西南方开始展开全书的叙述。那么《山经》为什么要始于西南方呢？因为古人八卦方位就认为西南属坤。钱大昕《十驾斋养新录》卷一“八卦方位”条云：“八卦方位：震，东方；巽，东南；离，南方；乾，西北；坎，北方；艮，东北；见于《说卦传》。坤、兑次于离后乾前，则坤西南、兑西方可知也。”《史记·律书》：“凉风居西南维，主地。”钱大昕《廿二史考异》云：“西南者，坤方也，故主地。”《山经》作为地理之书，因此以西南方作为开始。

《南山经》又分为《南山首经》《南次二经》和《南次三经》三个部分。每个部分的最后一节就是对此系列山的总结，既包括山的总数和第一山到最后一山的总里数，又包括此系列山的山神形貌和对此山神的祭仪和祭品等内容。经文中“乇”为“乇”字之误，“乇”是“皆”的意思（李家浩说）。

䧿山是《南山首经》这一系列山的总名称。䧿、鹊为异体字，所以胡文焕《山海经图》称此神为“鹊神”，并不准确。我们认为，称“南山首经神”更符合实际。

南山首经神（《古今图书集成·神异典》卷二九）

南山神（汪绂图）

贰　南次二经神

柜（jǔ）

南山神（汪绂图）

经文

凡《南次二经》之首，自柜山至于漆吴之山，凡十七山，七千二百里。其神状皆龙身而鸟首。其祠毛（屯）用一璧瘗，糈用稌。

——《南次二经》

图解

此神形貌是“龙身而鸟首”，南山首经神形貌是“鸟身而龙首”，正好相反。

南次二经神（蒋应镐图）

南次二经神（《古今图书集成·神异典》卷二九）

叁 南次三经神

南山神（汪绂图）

经文

凡《南次三经》之首，自天虞之山以至南禺之山，凡一十四山，六千五百三十里。其神皆龙身而人面。其祠皆一白狗祈，糈用稌。

——《南次三经》

图解

南次三经神的形貌是龙身人面，但汪绂图却绘作鸟身人面，那是因为汪绂《山海经存》经文写作“其神皆鸟身而人面”。事实上，汪本之外的所有版本的《山海经》都作“龙身”。根据研究，我们知道汪本所据底本为明万历二十五年蒋应镐本《山海经》，蒋本亦作“龙身”。因此，可以确知汪本经文作“鸟身”是没有任何版本依据，是错误的，其图自然也是错误的。

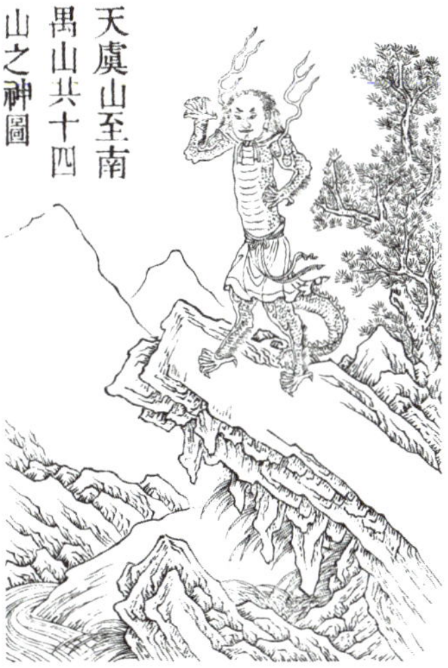

南次三经神（《古今图书集成·神异典》卷二九）

南次三经神（蒋应镐图）

肆　西山首经神

经　文

凡《西经》之首，自钱来之山至于騩山，凡十九山，二千九百五十七里。华山，冢也，其祠之礼太牢。羭山，神也，祠之用烛，斋百日以百牺，瘗用百瑜，汤其酒百樽，婴以百珪百璧。其余十七山之属皆毛（屯）牷用一羊祠之。烛者，百草之未灰。白蓆采等纯之。

——《西山首经》

羭，西山神（汪绂图）

图　解

騩（guī）
羭（yú）

汪绂《山海经存》云：“言其山之神羭也。羭，羊属。”所以汪绂所绘图亦作一羊形动物，题曰：“羭，西山神。”实际上，汪氏误读经文“羭山，神也”作“羭，山神也”，显然错误，图作羊形，是没有根据的。

经文说“华山，冢也”“羭山，神也”，“冢”“神”都是用来表示山的等级。除了“冢”“神”二字外，《山经》还用“帝”字来表示山的等级，而根据祭品来看，可以知道“神”和“帝”的等级是相同的，都要高于“冢”。《西山首经》没有像《南山经》那样记载具体的山神和形貌，可能有脱文。

伍 西次二经神

西山十神（汪绂图）

经文

凡《西次二经》之首，自钤山至于莱山，凡十七山，四千一百四十里。其十神者，皆人面而马身。其七神皆人面牛身，四足而一臂，操杖以行，是为飞兽之神。其祠之毛（屯）用少牢，白菅为席。其十辈神者，其祠之毛（屯）一雄鸡，钤而不糈，毛（屯）采。

——《西次二经》

图解

《西次二经》共有十七座山，其中十座山的山神长着人的面孔和马的身体；另外七座山的山神长着人的面孔和牛的身体，有四只脚和一只手，手上拿着杖。汪绂图是将两个神分开来画的。蒋应镐图和《神异典》的飞兽神图是将人面马身神和人面牛身神画在一幅图上，然而蒋应镐图的人面牛身神只有四只脚，没有画出一只手来，显然是没有仔细阅读经文所造成的疏忽；根据经文，飞兽神只指人面牛身神，《神异典》的作图者认为飞兽神包括两个神，同样是误读了经文。

人面马身神和人面牛身神（蒋应镐图）

飞兽神图（《古今图书集成·神异典》卷二九）

西山七神（汪绂图）

陆 鼓

经文

又西北四百二十里，曰钟山。其子曰鼓，其状人面而龙身，是与钦䲹杀葆江于昆仑之阳，帝乃戮之钟山之东，曰瑶岸。

——《西次三经》

钟山神（胡文焕图）

图解

鼓是钟山神的儿子，长着人的面孔，龙的身子。

鼓的父亲名叫烛龙，又叫烛阴。《海外北经》云：“钟山之神，名曰烛阴，视为昼，瞑为夜，吹为冬，呼为夏，不饮不食不息，息为风，身长千里。在无𦞂之东。其为物人面蛇身，赤色，居钟山下。”《大荒北经》云：“西北海之外，赤水之北，有章尾山。有神人面蛇身而赤，直目正乘，其瞑乃晦，其视乃明，不食不寝不息，风雨是谒，是烛九阴，是谓烛龙。”烛龙或烛阴长着人的面孔，蛇的身子，龙和蛇的形状相似，因此鼓和他的父亲的样貌相同。烛龙所在的章尾山是钟山的另外一个称呼。

鼓与钦䲹合谋，在昆仑山的南边把无辜的葆江杀死，犯下杀神大罪。天帝震怒，根据神国法律，在钟山东边的瑶岸把鼓处死。

钟山子鼓（汪绂图）

鼓神（《古今图书集成·神异典》卷二九）

鼓（蒋应镐图）

柒 英招

英招（汪绂图）

经文

又西三百二十里，曰槐江之山。……实惟帝之平圃，神英招司之，其状马身而人面，虎文而鸟翼，徇于四海，其音如榴。

——《西次三经》

图解

平圃，郭璞注：“即玄圃也。《穆天子传》曰：‘乃为铭迹于玄圃之上。’谓刊石纪功德，如秦皇、汉武之为者也。”经文“平圃”和郭璞注文“玄圃”都有错误。经文“平圃”应是“玄圃”之误，“玄”字又可写作“”，与“平”字形近易混。唐代《初学记》卷二十四云：“《山海经》有玄圃。”则唐时所见《山海经》尚作“玄圃”，可证。郭注“玄圃”应是“县圃”之误，今本《穆天子传》卷二云：“春山之泽，清水出泉，温和无风，飞鸟百兽之所饮食，先王所谓县圃。”又云：“天子五日观于春山之上，乃为铭迹于县圃之上，以诏后世。”都写作“县圃”可证。“县”是“悬”的古字，因此“县圃”又可写作“悬圃”。郭注“即玄圃也”，《艺文类聚》卷六十五引“玄圃”作“悬圃”，《西溪丛语》卷下引“玄圃”作“县圃”，可知郭璞乃以“县（悬）圃”来注释经文“玄圃”。《文选·东京赋》云：“右睨玄圃。”李善注云：“悬圃在昆仑阊阖之中，‘玄’与‘悬’古字通。”与郭璞注一致，正可为比。

英招神是天帝玄圃的主管者，他的形状是马的身子，人的面孔，老虎的斑纹，鸟的翅膀。英招神不仅主管玄圃，还经常巡行四海。因此郭璞《山海经图赞》说：“槐江之山，英招是主。巡游四海，抚翼云儛。实唯帝囿,有谓玄圃。”

根据《淮南子》的记载，玄圃又是昆仑三层中的第二层。《淮南子·墬形训》云：“昆仑之丘，或上倍之，是谓凉风之山，登之而不死。或上倍之，是谓悬圃，登之乃灵，能使风雨。或上倍之，乃维上天，登之乃神，是谓太帝之居。”如果凡人能够登上悬圃，就能够变为神灵。

英招（《古今图书集成·神异典》卷二九）

英招（蒋应镐图）

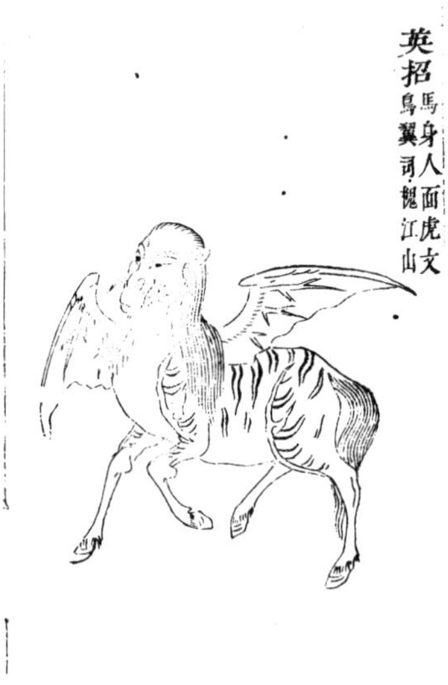

英招（吴任臣图）

捌　天神

天神（汪绂图）

经文

又西三百二十里，曰槐江之山。……有天神焉，其状如牛而八足二首，马尾，其音如勃皇，见则其邑有兵。

——《西次三经》

图解

郝懿行疏：“勃皇，即发皇也。《考工记》：‘梓人为笋虡，以翼鸣者。’郑注云：‘翼鸣，发皇属。’发皇，《尔雅〔·释虫〕》作‘蚾蟥’，声近字通。”根据郝疏，勃皇是一种昆虫。

天神没有名字，可能有脱文。天神的样子像牛，长着八只脚，两个脑袋，马的尾巴，声音像勃皇的鸣叫。他的出现预示着那个地方会发生战事。

天神（蒋应镐图）

玖 陆吾

经文

西南四百里，曰昆仑之丘，是实惟帝之下都，神陆吾司之。其神状虎身而九尾，人面而虎爪。是神也，司天之九部及帝之囿时。

——《西次三经》

西海之南，流沙之滨，赤水之后，黑水之前，有大山名曰昆仑之丘。有神人面虎身，有文有尾，皆白，处之。其下有弱水之渊环之，其外有炎火之山，投物辄然。

——《大荒西经》

陆吾（汪绂图）

图解

郭璞注："天帝都邑之在下者也。《穆天子传》曰：'吉日辛酉，天子升于昆仑之丘，以观黄帝之宫，而封丰隆之葬，以诏后世。'言增封于昆仑山之上。"

毕沅云："郭云'帝，天帝'，非也。帝者，黄帝。《竹书》《穆天子传》〔卷二〕云：'天子升于昆仑之丘，以观黄帝之宫。'《庄子〔·天地〕》云'黄帝游于赤水之北，昆仑之丘'是也。"

郝懿行疏："今本《穆天子传》〔卷二〕作'而丰□隆之葬'，阙误不复可读。或据《穆天子传》〔卷二〕昆仑丘有黄帝之宫，以此经所说即黄帝之下都，非也。《五臧山经》五篇内凡单言'帝'，即皆天皇五帝之神，并无人帝之例。'帝之平圃''帝之囿时'，经皆不谓黄帝，审矣。"

毕沅认为经文"帝"为黄帝则是，认为非天帝则非。郝懿行认为"帝"为天帝则是，认为非黄帝则非。黄伯思《东观余论》卷上"论黄陵

陆吾（《古今图书集成·神异典》卷二九）

陆吾（蒋应镐图）

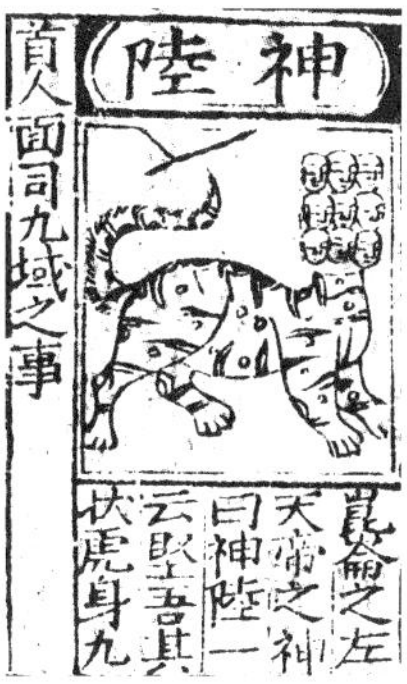

神陆（《万宝全书·山海异物》）

碑二女”条云:“《山海经》凡言‘帝’者皆谓天帝,如所谓‘帝之密都’‘帝之下都’‘帝之平圃’与‘帝之二女’皆谓天帝也。”所言甚是。而黄帝在《山海经》中实为天神而非人帝，毕、郝都以黄帝为人帝，所以才这样说。

昆仑山是天帝在下界的都邑，而陆吾神则是天帝下都的主管者。他的样子是老虎的身子，九条尾巴，人的面孔，老虎的爪子。他不但主管昆仑山，还主管着上天九域的部界和天帝园圃的时节（郭璞注：“主九域之部界、天帝苑圃之时节也。”汪绂云：“言此神主九州部界，及天帝园囿、时节先后也。”汪绂认为陆吾是主管九州部界，但经文明明说是“天之九部”，显然应该是指天界而非下地）。

陆吾，郭璞注：“即肩吾也。

昆仑山神（《古今图书集成·神异典》卷二九）

庄曰：‘肩吾得之，以处大山也。’”郝懿行疏：“郭所说见《庄子·大宗师篇》,《释文》引司马彪云:‘山神不死，至孔子时。’”

《大荒西经》所记载的昆仑之丘神没有名字，郝懿行疏：“神人即陆吾也，其状虎身九尾，人面虎爪，司昆仑者，已见《西次三经》。”郝氏的看法是正确的。

昆仑神（汪绂《大荒西经》图）

经文说陆吾神有九条尾巴，但胡文焕图等却画着一条尾巴，九个脑袋。胡文焕《山海经图》卷上“神陆”条图说云：“昆仑之丘，有天帝之神曰神陆，一名坚吾，其状虎身人面九首，司九域之事。”就是说《山海经图》的作者所看到的《山海经》写作“九首”而不是“九尾”。宋代初年的《太平御览》卷八八二引用《山海经》同样是写作“九首”。陆吾实际上就是《海内西经》的开明兽，《海内西经》云：“开明兽身大类虎而九首，皆人面，东向立昆仑上。”同样是虎身人面九首。因此九个脑袋的陆吾神才是其本来面貌。

郭璞《图赞》云：“肩吾得一，以处昆仑。开明是对，司帝之门。吐纳灵气，熊熊魂魂。”肩吾和开明都是陆吾的不同称呼。

陆吾有九个脑袋，古人对如何安置九个脑袋的画法不同，胡文焕图等画着一个大脑袋，大脑袋上环绕着八个小脑袋；《万宝全书》和《怪奇鸟兽图》则是将九个脑袋分成三层堆在一起，每层三个，大小一样，煞是可爱。

拾 长乘

长乘（汪绂图）

经文

西水行四百里，流沙二百里，至于蠃母之山，神长乘司之，是天之九德也。其神状如人而豹尾。——《西次三经》

图解

郭璞注："九德之气所生。"

元钞本《图赞》云："九德之气，是生长乘。人状豹尾，其神则凝。妙物自潜，世无得称。"

胡文辉据《山经》之例校之，认为此有脱文。"昆仑之丘，神陆吾司之。是神也，司天之九部及帝之囿时。……有鸟焉，其名曰鹑鸟，是司帝之百服。""玉山，是西王母所居也。西王母其状如人，豹尾虎齿而善啸，蓬发戴胜，是司天之厉及五残。""天之九德"当同于"天之九部""帝之百服"与"天之厉及五残"，根据以上文例，此句当作"是司天之九德"（胡文辉：《〈山海经〉札记》，《学术集林》卷十，上海远东出版社，1997 年版）。所说甚是。今本脱一"司"字，故文义难通。从郭注和《图赞》来看，郭璞所见之本已脱"司"字矣。

蠃（luǒ）

长乘（《古今图书集成·神异典》卷二九）

长乘神的样子像人，却长着一条豹子尾巴，不但主管嬴母之山，而且主管天的九德。天的九德，究竟是指什么，已不可考。从西王母“司天之厉及五残”，郭注云“主知灾厉、五刑、残杀之气”来看，此九德当与“生命、生长、生气”之义相关。《庄子·天地》云：“物得以生谓之德。”《淮南子·天文训》云：“冬至为德。”高诱注：“德，始生也。”可为“德”字的正确解释。

长乘（蒋应镐图）

拾壹　西王母

西王母（汪绂图）

经文

又西三百五十里，曰玉山，是西王母所居也。西王母其状如人，豹尾虎齿（首）而善啸，蓬头戴胜，是司天之厉及五残。

——《西次三经》

西王母梯几而戴胜，其南有三青鸟，为西王母取食。在昆仑虚北。

——《海内北经》

图解

西王母的居地是玉山，郭璞注："此山多玉石，因以名云。《穆天子传》谓之'群玉之山'。"玉山和群玉之山都是昆仑山的别称。

正如唐代颜师古《汉书·司马相如传》注所说："昔之谈者，咸以西王母为仙灵之最。"西王母毫无疑问是中国最广为人知的神话人物之一。但从《山海经》的描写看，西王母却与人们心目中的形象大异其趣，其形貌和《山海经》所描写的大多数神人一样，是人兽合体。

然而《山海经》关于西王母形貌的描写隐藏了一处不易察觉的文献错误，影响了我们对西王母形象的整体把握，需要予以指出。《汉书·司马相如传》载《大人赋》云："西王母皬然白首，戴胜而穴处兮。"张揖注："西王母其状如人，豹尾，虎首蓬发，皬然白首。"《太平御览》卷三十八引皇甫谧《帝王世纪》云："昆仑之北，玉山之神，人身虎首，豹尾蓬头。"张揖、皇甫谧显然都是根据此经来立说的，而与此经相较，可知他们所见到的《山海经》，"虎齿"都写作"虎首"。

我们知道，传世的《山海经》都是郭璞注本，而张揖和皇甫谧都早于郭璞，他们所见的《山海经》自然不是郭璞注本。文献在传抄过程中出现文字讹误是十分正常的事情，而"首""齿"二字形近易讹，如《中次三经》青要之山，"魋武罗司之，其状人面而豹文，

西王母（蒋应镐《海内北经》图）

小要而白齿”，“齿”，郭璞注：“或作‘首’。”又如《海外东经》云：“黑齿国在其北，为人黑齿，食稻啖蛇，一赤一青，在其旁。一曰在竖亥北，为人黑首，食稻使蛇。”“一曰”云云，是汉代刘歆在整理《山海经》时所校别本异文，就是说刘歆所见到的《海外东经》，一本作“黑齿”，他录为正文，而另外一本作“黑首”，他录为“一曰”之文，但从“黑齿国”的名称来看，当然应以“黑齿”为是，因此郝懿行疏云：“‘首’盖‘齿’字之讹也。古文‘首’作‘𦣻’，‘齿’作‘𠚕’，形近相乱，所以致讹。”

“首”“齿”二字既然容易相混，那么郭璞作注时所见到的《山海经》究竟是作“虎首”，还是作“虎齿”呢？我们认为郭璞所见本必定是作“虎首”而非“虎齿”，因为郭璞《山海经图赞》明确说西王母是“天帝之女，蓬发虎颜”。颜是面的意思，《文选·任昉〈为范尚书让吏部封侯第一表〉》云：“泥首在颜。”吕向注：“颜，面也。”“面”与“首”义同，《论衡·讥日》云：“面亦首也。”《西次二经》鹿台之山，“有鸟焉，其状如雄鸡而人面，名曰凫徯”，《北堂书钞》卷一一三引“人面”即作“人首”可证。《南山首经》青丘之山，“其中多赤鱬，其状如鱼而人面”，郭璞《山海经图赞》作“赤鱬之状，鱼身人头”，“人头”即“人首”，亦可为证。因此郭璞《山海经图赞》“虎颜”就是“虎面”，也就是“虎首”的意思。郭璞《山海经图赞》是根据《山海经》经文来写的，因

西王母（《仙佛奇踪》）

西王母（《古今图书集成·神异典》卷二一九）

此说郭璞所见《山海经》经文必定作“虎首”。而且“虎首”与“豹尾”，一首一尾相对成文，亦可证作“首”字是也。

《西次三经》说西王母的样子像人，却长着老虎的脑袋，豹子的尾巴，喜欢吟啸，头上乱发如蓬，戴着一支玉胜，主管上天的灾厉和五刑残杀之气。（郭璞注：“主

西王母（《三才图会·人物》卷十）

知灾厉、五刑残杀之气也。”）

《海内北经》说西王母倚靠着一张矮桌子，头上戴着玉胜。有三只青鸟在为西王母觅取食物。

《西次三经》郭璞注引《穆天子传》云：“吉日甲子，天子宾于西王母，执玄圭白璧以见西王母，献锦组百纯，䋎三百纯，西王母再拜受之。乙丑，天子觞西王母于瑶池之上。西王母为天子谣，曰：‘白云在天，山陵自出。道里悠远，山川间之。将子无死，尚能复来。’天子畣之曰：‘予还东土，和治诸夏。万民平均，吾顾见汝。比及三年，将复而野。’西王母又为天子吟，曰：‘徂彼西土，爰居其所。虎豹为群，乌鹊与处。嘉命不迁，我惟帝女。彼何世民，又将去予。吹笙鼓簧，中心翔翔。世民之子，

西王母（《万物绘本大全图》）

惟天之望。’天子遂驱升于奄山，乃纪迹于奄山之石，而树之槐，眉曰‘西王母之山’。”郭璞《图赞》云：“天帝之女，蓬头虎颜。穆王执贽，赋诗交欢。韵外之事，难以俱言。”西王母与穆天子赋诗言欢，俨然一个女王的形象。《穆天子传》虽然没有西王母形象的具体描写，但绝不会是《山海经》那种人兽合体的狞猛形象则可以肯定。

《汉武帝内传》云：“王母上殿东向坐，着黄金袷襡，文采鲜明，光仪淑穆。带灵飞大绶，腰分头之剑，头上大华结，戴太真晨婴之冠，履玄璚凤文之舄。视之可年卅许，修短得中，天姿掩蔼，容颜绝世，真灵人也。”西王母又由女王变身为仙人了。

陶渊明《读山海经十三首》之一云：“玉堂凌霞秀，王母怡妙颜。天地共俱生，不知几何年。灵化无穷已，馆宇非一山。高酣发新谣，宁效俗中言。”描写的西王母同样是一个仙人形象。陶渊明说“流观山海图”，我们猜测他所看到的《山海经图》，西王母就是一个仙人形象。

西王母（蒋应镐《西次三经》图）

拾贰　员神磈氏

神磈氏（汪绂图）

经　文

又西二百里，曰长留之山，其神白帝少昊居之。其兽皆文尾，其鸟皆文首。是多文玉石。实惟员神磈氏之宫，是神也，主司反景。

——《西次三经》

磈（wěi）

图　解

郭璞注："日西入则景反东照，主司察之。""景"是"影"的古字。

郝懿行疏："是神，员神，盖即少昊也。"

郝氏谓员神磈氏即少昊，恐非。上文言"白帝少昊"，此不当又言"员神磈氏"。此经有一山二神之例，如上文槐江之山，有神英招与天神，下文泑山有神蓐收与红光，《中次十二经》洞庭之山有帝二女与怪神，皆其例也。

郭璞《图赞》云："少昊之帝，号曰金天。磈氏之宫，亦在此山。是司日入，其景则圆。"

拾叁　江疑

江疑（汪绂图）

经　文

又西二百里，曰符惕之山，其上多棕、楠，下多金、玉，神江疑居之。是山也，多怪雨，风云之所出也。

——《西次三经》

图　解

郝懿行疏：“《〔礼记·〕祭法》云：‘山林、川谷、丘陵能出云，为风雨，见怪物，皆曰神。’即斯类也。”《山海经》里的神出没时，往往伴随着飘风暴雨。符惕之山多怪雨风云，可能也和江疑神有关。

拾肆　耆童

耆（qí）

耆童（汪绂图）

经　文

又西百九十里，曰騩山，其上多玉而无石。神耆童居之，其音常如钟磬。

——《西次三经》

图　解

郭璞注："耆童，老童，颛顼之子。"郝懿行疏："颛顼生老童，见《大荒西经》。"

《大荒西经》云："有榣山，其上有人，号名曰太子长琴。颛顼生老童，老童生祝融，祝融生太子长琴，是处榣山，始作乐风。"因此，郝懿行疏云："此亦天授然也，其孙长琴，所以能作乐风，本此，亦见《大荒西经》。"

郭璞《图赞》云："颛顼之子，嗣作火正。铿锵其鸣，声如钟磬。处于騩山，唯灵之盛。"

拾伍 帝江

经文

又西三百五十里，曰天山，多金、玉，有青雄黄。英水出焉，而西南流注于汤谷。有神焉，其状如黄囊，赤如丹火，六足四翼，浑敦无面目，是识歌舞，实惟帝江也。

——《西次三经》

帝江（胡文焕图）

图解

郭璞注："夫形无全者，则神自然灵照；精无见者，则暗与理会，其帝江之谓乎？庄生所云'中央之帝混沌，为倏忽所凿七窍而死'者，盖假此以寓言也。"

毕沅云："'江'读如'鸿'，《春秋传〔·文公十八年〕》云：'帝鸿氏有不才子，掩义隐贼，好行凶慝，天下谓之浑沌。'是此云帝江，犹言帝江氏子也。"

郝懿行疏："《庄子·应帝王篇》《释文》引崔譔云：'浑沌，无孔窍也。'简文云：'倏忽取神速为名，混沌以合和为貌。'"

胡文焕《山海经图》卷下"帝江"条图说云："天山有神，形状如皮囊，背上赤黄如火，六足四翼，混沌无面目，自识歌舞，名曰帝江。"

《酉阳杂俎·诺皋记上》云："天山有神，是名浑敦，状如橐而光，其光如火，六足重翼，无面目，是识歌舞，实为帝江。"

帝江（《古今图书集成·神异典》卷二九）

帝江狀如黄囊赤如丹火六足
四翼渾敦無面目居天山

帝江（吴任臣图）

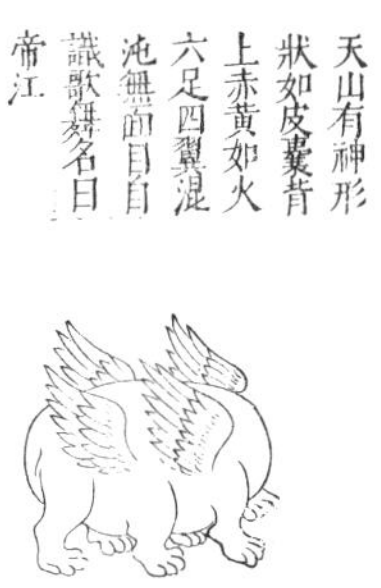
天山有神形
狀如皮囊背
上赤黃如火
六足四翼混
沌無面目自
識歌舞名曰
帝江

帝江（《三才图会·人物》卷一四）

郭璞《图赞》云：“质则浑沌，神则旁通。自然灵照，听不以聪。强为之名，曰惟帝江。”

郭璞注引《庄子》寓言见《应帝王》篇，云：“南海之帝为儵，北海之帝为忽，中央之帝为浑沌。儵与忽时相与遇于浑沌之地，浑沌待之甚善。儵与忽谋报浑沌之德，曰：‘人皆有七窍以视听食息，此独无有，尝试凿之。’日凿一窍，七日而浑沌死。”《庄子》所说虽为寓言，但可能借鉴了浑敦神话。寓言中的浑沌寓意空间，儵忽寓意时间，时间凿开了空间。浑沌一片的空间死亡，天地开辟，万物诞生。

帝江（汪绂图）

帝江
天山之中
有神其形
背上赤黃
如火故云
混沌無面目自識歌舞名曰帝江

帝江（《万宝全书·山海异物》）

拾陆 蓐收

经文

又西二百九十里，曰泑山，神蓐收居之。

——《西次三经》

西方蓐收，左耳有蛇，乘两龙。

——《海外西经》

蓐收（胡文焕图）

泑（yōu）
蓐（rù）

图解

泑山，郭璞注："泑，音黝黑之黝。"郝懿行疏："李善注《思玄赋》引此经作'濛山'，盖即《淮南子〔·天文训〕》云'日至于蒙谷'是也。《尚书大传》云：'宅西曰柳谷。'郑注云：'西在陇西之西。'案陇西郡有西县，见《地理志》。此为'寅饯入日'之地，柳、泑之声又相近，疑柳谷即泑山矣。"泑山为日入之山，所以红光神要在此山"西望日之所入"。日入则黑暗降临，泑即黝黑之义，所以泑山就是黑暗之山。

蓐收（蒋应镐《西次三经》图）

蓐收（蒋应镐《海外西经》图）

《西次三经》蓐收，郭璞注："亦金神也，人面虎爪白尾，执钺，见《外传》云。"

《海外西经》郭璞《图赞》云："蓐收金神，白毛虎爪。珥蛇执钺，专司无道。立号西阿，恭行天讨。"

胡文焕《山海经图》卷上"蓐收"条图说云："西方蓐收，金神也，左耳有青蛇，乘两龙，面目有毛，虎爪，执钺。"《三才图会·人物》卷十四"金神"条同。《河东先生集》卷十四《天对》廖莹中注引此经云："西方蓐收，金神也，左耳有毒（青）蛇，乘两龙，面目有毛，虎爪，执钺。"所引当为舒雅《山海经图》。

蓐收
左耳有青蛇乘兩龍面目有毛虎爪執鉞西方金神也

蓐收（吴任臣图）

《左传·昭公二十九年》："金正曰蓐收"，杜预注："秋物摧蓐而可收也。"《礼记·月令》："其帝少皞，其神蓐收"，孔颖达疏："蓐收者，言秋时万物摧辱而收敛。"可见蓐收是指秋天万物凋零、一片肃杀之象，蓐收的得名，正体现了西方之神、秋天之神的神格。

因为秋天是万物凋零、衰亡之时，蓐收成了凶神、刑杀之神。《国语·晋语二》云："虢公梦在庙，有神人面、白毛、虎爪，执钺，立于西阿，公惧而走。神曰：'无走。帝命曰：使晋袭于尔门。'公拜稽首，觉，召史嚚占之，对曰：'如君之言，则蓐收也，天之刑神也，天事官成。'公使囚之，且使国人贺梦。舟之侨告其诸族曰：'众谓虢不久，吾乃今知之。君不度，而贺大国之袭于己，何瘳？吾闻之曰：大国道，小国袭焉曰服；小国傲，大国袭焉曰诛。民疾君

蓐收（汪绂图）

蓐收
西方金神
也左耳有青
蛇乘兩龍面
執鉞

蓐收（《万宝全书·山海异物》）

之侈也，是以遂于逆命。今嘉其梦，侈必展，是天夺之鉴而益其疾也。民疾其态，天又诳之，大国来诛，出令而逆，宗国既卑，诸侯远已，内外无亲，其谁云救之？吾不忍俟也，将行！’以其族适晋，六年，虢乃亡。”《潜夫论·梦列》亦云：“虢公梦见蓐收赐之上田，自以为有吉，囚史嚚，令国贺梦。闻忧而喜，故能成凶以灭其封。”虢公梦见蓐收则国灭，此正是蓐收刑杀之神神格的体现。

西方蓐收金神也左耳有青蛇乘兩龍面目有毛虎爪執鉞

金神（《三才图会·鸟兽》卷一四）

拾柒　红光

经　文

又西二百九十里，曰泑山，神蓐收居之。其上多婴短之玉，其阳多瑾瑜之玉，其阴多青雄黄。是山也，西望日之所入，其气员，神红光之所司也。

——《西次三经》

红光（汪绂图）

图　解

郭璞注："未闻其状。"郝懿行疏："红光盖即蓐收也。"郝氏谓红光即蓐收，并无证据。我们认为蓐收和红光应该是两个不同的神，不必牵合为一。

西山神（汪绂图）

经文

凡《西次三经》之首，自崇吾之山至于翼望之山，凡二十三山，六千七百四十里。其神状皆羊身人面。其祠之礼用一吉玉瘗，糈用稷米。

——《西次三经》

图解

吉玉，郭璞注：“玉加采色者也。《尸子》曰：‘吉玉大龟。’”

秦《诅楚文》云：“敢用吉玉瑄璧。”吉玉正是古人用于祭祀的珍贵物品。

西次三经神（蒋应镐图）

西次三经神（《古今图书集成·神异典》卷二九）

拾玖　神䰠

神䰠（胡文焕图）

经　文

又西百二十里，曰刚山，多柒木，多㻬琈之玉。刚水出焉，北流注于渭。是多神䰠，其状人面兽身，一足一手，其音如钦。

——《西次四经》

䰠（chì）

图　解

郭璞注：“䰠，亦魑魅之类也。或作䰡。”“钦，亦‘吟’字假音。”郝懿行疏：“又云或作䰡者。䰡当为魅，《说文》云：‘魅，厉鬼也。’”“《说文》云：‘钦，欠皃。’盖人呵欠则有音声也。”

胡文焕《山海经图》卷下“神䰠”条图说云：“刚山多神䰠，亦魑魅之类，其状人面兽身，一手一足，所居处不雨。”《三才图会·鸟兽》卷四“神䰠”条同。盖误认此经“神䰠”作“神魃”，“所居处不雨”一句即误合《大荒北经》黄帝女魃之文也。

居延新简《厌魅书》云：“家长以制日踈魅，名魅名为‘天牧’，鬼之精灭亡，有敢苛者，反受其央（殃）。”

神䰠（汪绂图）

神䰠（蒋应镐图）

神䰠（《万宝全书·山海异物》）

《太平御览》卷五三〇引《礼纬》云："颛顼有三子，生而亡去，为疫鬼。一居江水，是为疟鬼、䰠鬼。一居人宫室区隅，善惊人小儿。于是常以正岁十二月，令礼官方相氏掌熊皮，黄金四目，玄衣纁裳，执戈扬楯，帅百隶及童子而时傩，以索室而驱疫鬼，以桃弧苇矢土鼓且射之，以赤丸五谷播洒之，以除疫殃。"

神䰠（《古今图书集成·神异典》卷二九）

神䰠（《三才图会·鸟兽》卷四）

神䰠（吴任臣图）

贰拾　北山首经神

北山神（汪绂图）

经　文

凡《北山经》之首，自单狐之山至于堤山，凡二十五山，五千四百九十里，其神皆人面蛇身。其祠之毛(屯)用一雄鸡、彘瘗，吉玉用一珪，瘗而不糈。其山北人皆生食不火之物。

——《北山首经》

图　解

郝懿行疏：“《大戴礼·千乘篇》说四辟大远皆不火食，此经唯两言不火食，皆在《北山经篇》也。《淮南·原道训》云：‘雁门之北，狄不谷食。’义亦与此同。”

《礼记·王制》：“东方曰夷，被发文身，有不火食者矣。”郑玄注：“不火食，地气暖不为病。”然而北方苦寒之地，亦不火食，似“不火食”为中原人士出于对四裔人民之想象，和地气之冷暖无关。

北山首经神（《古今图书集成·神异典》卷二九）

北山首经神（蒋应镐图）

贰拾壹　北次二经神

北山神（汪绂图）

经　文

凡《北次二经》之首，自管涔之山至于敦题之山，凡十七山，五千六百九十里。其神皆蛇身人面。其祠毛用一雄鸡、彘瘗；用一璧一珪，投而不糈。

——《北次二经》

图　解

北山首经和北次二经都是人面蛇身神，首经说“瘞而不糈”，此经说“投而不糈”，郭璞注：“擿玉于山中以礼神，不薶之也。”就是礼神的玉器埋与不埋的差异。

北次二经神（《古今图书集成·神异典》卷二九）

贰拾贰　炎帝

经文

又北二百里，曰发鸠之山，其上多柘木。有鸟焉，其状如乌，文首白喙赤足，名曰精卫，其鸣自詨。是炎帝之少女，名曰女娃，女娃游于东海，溺而不返，故为精卫，常衔西山之木石以堙于东海。

——《北次三经》

有氐人之国。炎帝之孙，名曰灵恝，灵恝生氐人，是能上下于天。

——《大荒西经》

炎帝之孙伯陵，伯陵同吴权之妻阿女缘妇，缘妇孕三年，是生鼓、延、殳。始为侯，鼓、延是始为钟，为乐风。

——《海内经》

炎帝之妻，赤水之子听訞生炎居，炎居生节并，节并生戏器，戏器生祝融。

——《海内经》

炎帝（《三才图会·人物》卷一）

柘（zhè）
詨（xiào）
堙（yīn）
恝（jiá）
訞（yāo）

图解

《山海经》记载了炎帝的妻子、女儿和两个孙子，却没有记载他本人的任何事迹。

炎帝（《万物绘本大全图》）

贰拾叁　北次三经神

茝（chǎi）

北山廿神（汪绂图）

经　文

凡《北次三经》之首，自太行之山以至于毋逢之山，凡四十六山，万二千三百五十里。其神状皆马身而人面者廿神，其祠之皆用一藻茝瘗之。其十四神状皆彘身而载玉，其祠之皆玉，不瘗。其十神状皆彘身而八足蛇尾，其祠之皆用一璧瘗之。大凡四十四神皆用稌糈米祠之，此皆不火食。

——《北次三经》

北次三经神（《古今图书集成·神异典》卷二九）

图　解

北次三经神共有三种不同的形象，一是人面马身，一是猪身而戴玉，一是猪身而八脚蛇尾。

北山十四神（汪绂图）

北山十神（汪绂图）

廿神（蒋应镐图）

十四神（蒋应镐图）

十神（蒋应镐图）

贰拾肆　东山首经神

经文

凡《东山经》之首，自樕𧑒之山以至于竹山，凡十二山，三千六百里。其神状皆人身龙首，祠毛（屯）用一犬祈，䎡用鱼。

——《东山首经》

东山神（汪绂图）

樕𧑒（sù zhū）

䎡（èr）

图解

郭璞注："以血涂祭为䎡也。《公羊传》云：'盖叩其鼻以䎡社。'"

郝懿行疏："《玉篇》云：'以牲告神，欲神听之曰䎡。'此说与郭异。"

《史记·封禅书》云："武夷君用干鱼。"亦以鱼为祭也。袁福林《天命与彝伦》谓"用鱼"为"用龟"之误，二字古文形近，恐未必是。

东山首经神（《古今图书集成·神异典》卷二九）

东山首经神（蒋应镐图）

贰拾伍　东次二经神

硬（zhēn）

觡（gé）

东山神（汪绂图）

经　文

凡《东次二经》之首，自空桑之山至于䃌山，凡十七山，六千六百四十里。其神状皆兽身人面，载觡。其祠毛（乇）用一鸡祈，婴用一璧瘗。

——《东次二经》

图　解

郭璞注："麋鹿角为觡。""载"与"戴"通，即头上戴着麋鹿角。

东次二经神（《古今图书集成·神异典》卷二九）

东次二经神（蒋应镐图）

贰拾陆　东次三经神

经文

凡《东次三经》之首，自尸胡之山至于无皋之山，凡九山，六千九百里。其神状皆人身而羊角。其祠用一牡羊，米用黍。是神也，见则风雨水为败。

——《东次三经》

东山神（汪绂图）

图解

“败”是害的意思，“为败”就是“为害”。《山经》言神状及祠物，皆无“见则”云云之语，“是神也，见则风雨水为败”十字可能是衍文。

东次三经神（《古今图书集成·神异典》卷二九）

东次三经神（蒋应镐图）

贰拾柒　中次二经神

中山神（汪绂图）

经　文

凡济山之首，自辉诸之山至于蔓渠之山，凡九山，一千六百七十里。其神皆人面而鸟身，祠毛（屯）用一吉玉，投而不糈。

——《中次二经》

图　解

中次二经神都是人面鸟身，祭祀都用一块吉玉投到山间，不用精米。

中次二经神（《古今图书集成·神异典》卷二九）

贰拾捌　䰠池

䰠池（汪绂图）

经文

《中次三经》萯山之首，曰敖岸之山，其阳多㻬琈之玉，其阴多赭、黄金。神䰠池居之。是常出美玉。北望河林，其状如蒨如举。

——《中次三经》

萯（bèi）
㻬琈（tū fú）
蒨（qiàn）

图解

汪绂云："䰠池之神未言其状。"

郭璞注："说者云蒨、举皆木名也，未详。"吴任臣云："蒨，染绛草也，紫赤色。举，榉柳，大者连抱数仞。如蒨如举言其一望蔚葱，有如丹青树然。"汪绂云："蒨，苍葱之貌。举，谓其林气之飞举也。"郝懿行疏："蒨，草也。举，木也。举即榉柳。《本草》陶注详之。"吕调阳《五藏山经传》改"蒨"作"蒨"，"举"作"与"，云："蒨、与皆草木摇风之貌。"汪、吕之说可能是正确的。

郭璞《图赞》云："䰠池之神，厥状不见。爰有美玉，河林如蒨。"

贰拾玖 武罗

武罗（汪绂图）

经文

又东十里，曰青要之山，实维帝之密都。……魑武罗司之，其状人面而豹文，小要而白齿，而穿耳以鐻，其鸣如鸣玉。是山也，宜女子。……其中有鸟焉，名曰鴢，其状如凫，青身而朱目赤尾，食之宜子。有草焉，其状如葌而方茎，黄华赤实，其本如藁本，名曰荀草，服之美人色。

——《中次三经》

魑（shén）
鐻（jù）
鴢（yǎo）

图解

帝之密都，郭璞注："天帝曲密之邑。"可知青要山是天帝在下界的都邑之一。

郭璞注："武罗，神名。魑，即'神'字。"

齿，郭璞注："或作'首'。"《藏经》本郭璞《图赞》云："有神武罗，细腰白齿。声如鸣佩，以鐻贯耳。司帝密都，是宜女子。""白齿"若作"白首"则失韵，可知郭璞所见本作"白齿"无疑，或本作"首"误也。

武罗（《古今图书集成·神异典》卷二九）

郭璞注："鐻，金银器之名，未详也。"汪绂云："鐻，金环也。"吕调阳云："鐻，耳坠也，行则摇撞如虡突人。"《说文解字系传·虍部》"虡"字徐锴云："《山海经》曰：'以鐻贯耳。'则耳环属也。"

鸣玉，郭璞注："如人鸣玉佩声。"

郝懿行疏："'宜女'之义未详。"是山宜女子可能和鴢鸟宜子、荀草美颜有关。

郭璞《图赞》云："鴢鸟似凫，翠羽朱目。既丽其形，亦奇其肉。妇女是食，子孙繁育。"

服之美人色，郭璞注："令人

山鬼（萧云从《离骚图》）

武罗（蒋应镐图）

更美艳。”《藏经》本《图赞》云：“荀草赤实，厥状如菅。妇人服之，练色易颜。夏姬是艳，厥媚三还。”

女子多希望子孙繁育和容颜绝世，而青要山的䲹鸟和荀草可以帮助女子达成愿望，因此说“是山也宜女子”。

袁珂师《山海经校注》认为：“䰠武罗者，盖《楚辞·九歌·山鬼》所写山鬼式的女神也。‘小要(腰)白齿’，所以‘窈窕’‘宜笑’；‘赤豹文狸’，或即‘人面豹文’之演化；‘荀草服之美人色’，山鬼所采‘三秀’，说者亦谓是使人驻颜不老的芝草之属；而山鬼所思之‘灵修’，亦此䰠武罗所司密都之‘帝’，均高级天神也。”

《九歌·山鬼》云：“若有人兮山之阿，被薜荔兮带女罗。既含睇兮又宜笑，子慕予兮善窈窕。乘赤豹兮从文狸，辛夷车兮结桂旗。被石兰兮带杜衡，折芳馨兮遗所思。余处幽篁兮终不见天，路险难兮独后来。表独立兮山之上，云容容兮而在下。杳冥冥兮羌昼晦，东风飘兮神灵雨。留灵修兮憺忘归，岁既晏兮孰华予。采三秀兮于山间，石磊磊兮葛蔓蔓。怨公子兮怅忘归，君思我兮不得闲。山中人兮芳杜若，饮石泉兮荫松柏，君思我兮然疑作。雷填填兮雨冥冥，猨（猿）啾啾兮又夜鸣。风飒飒兮木萧萧，思公子兮徒离忧。”

叁拾　吉神泰逢

䙜泰（胡文焕图）

经文

又东二十里，曰和山，其上无草木而多瑶、碧，实惟河之九都。是山也五曲，九水出焉，合而北流注于河，其中多苍玉。吉神泰逢司之，其状如人而虎尾，是好居于萯山之阳，出入有光。泰逢神动天地气也。
——《中次三经》

图　解

郭璞注："吉，犹善也。"

毕沅云："《玉篇》有'䙜'字，云：'神名。'《广韵〔·钟韵〕》云：'䙜，大黄，萯（负）山神，能动天地气，昔孔甲遇之。'皆'泰逢'别字。"

《集韵·钟韵》"䙜"字云："萯山神名，通作逢。"胡文焕《山海经图》卷下图题与图说皆作"䙜泰"。《玉篇》《广韵》《集韵》作"䙜"，与《山海经图》合。

郭璞注："言其有灵爽，能兴云雨也。夏后孔甲田于萯山之下，天大风晦冥，孔甲迷惑，入于民室。见《吕氏春秋》也。"

郭璞《图赞》云："神号泰逢，好游山阳。濯足九州，出入流光。天气是动，孔甲迷惶。"

毕沅怀疑"泰逢神动天地气也"这句是后人释语，疑是。《水经·河水注》《太平御览》卷四十引此经俱无此句，亦可为证。此句当是释"出入有光"一句之注文，后阑入经文。又《山经》皆称"神某某"，为"大名冠小名"，此独称"泰逢神"，为"小名冠大名"，亦可证非经文也。

泰逢（汪绂图）

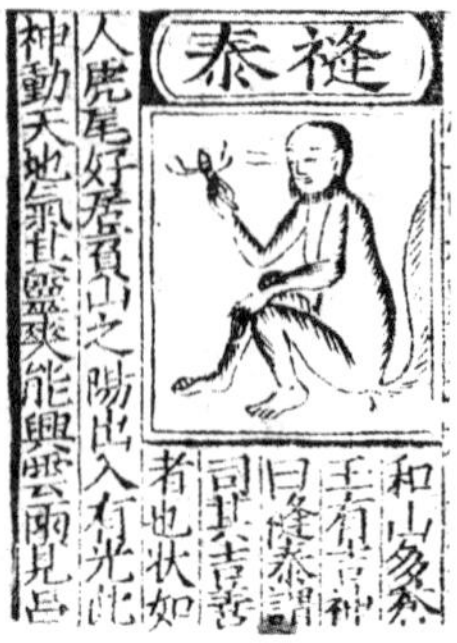

禨泰（《万宝全书·山海异物》）

泰逢（蒋应镐图）

胡文焕《山海经图》卷下“禨泰”条图说云：“和山多苍玉，有吉神曰禨泰，谓司其吉善者也，状如人，虎尾，好居萯山之阳，出入有光。此神动天地气，其灵爽能兴云雨（见《吕氏春秋》）。”《三才图会·人物》卷十四“禨泰”条同，唯“其灵爽”讹作“甚灵爽”。《事物绀珠》卷三十八“禨泰”条云：“和山神，如人虎尾，居萯山之阳，出入有光，司吉善事。”

太逢（《古今图书集成·神异典》卷二九）

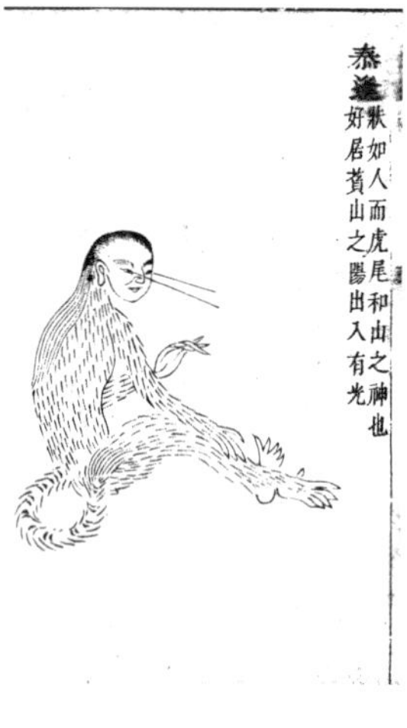

泰逢（吴任臣图）

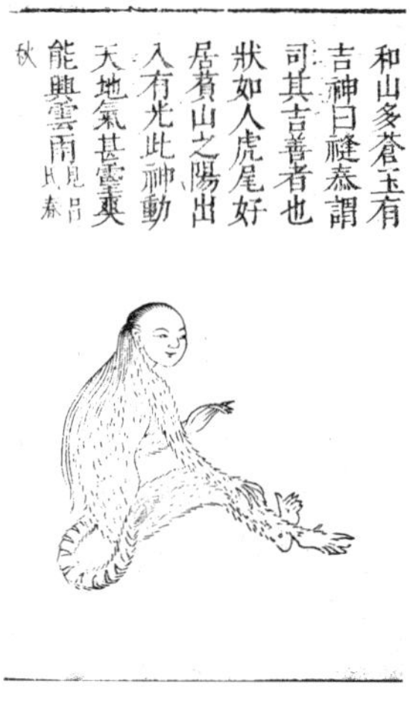

禨泰（《三才图会·人物》卷一四）

叁拾壹　中次四经神

中山神（汪绂图）

经文

凡釐山之首，自鹿蹄之山至于玄扈之山，凡九山，千六百七十里。其神状皆人面兽身。其祠之毛（屯）用一白鸡，祈而不糈，以采衣之。

——《中次四经》

图解

郭璞注："以彩饰鸡。"郝懿行疏："以彩饰鸡，犹如以文绣被牛。"

《庄子·列御寇》云："或聘于庄子，庄子应其使曰：'子见夫牺牛乎？衣以文绣，食以刍叔，及其牵而入于大庙，虽欲为孤犊，其可得乎！'"

中次四经神（《古今图书集成·神异典》卷二九）

中次四经神（蒋应镐图）

叁拾贰 骄虫

经文

《中次六经》缟羝山之首，曰平逢之山。……有神焉，其状如人而二首，名曰骄虫，是为螫虫，实惟蜂蜜之庐。其祠之用一雄鸡，禳飞而勿杀。

——《中次六经》

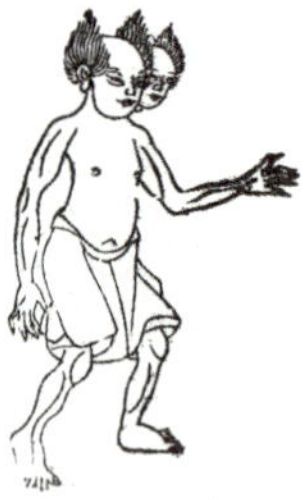
骄虫（胡文焕图）

螫（shì）

图解

经文“飞”字原无，今据元钞本增。

郭璞注：“禳，亦祭名，谓禳却恶气也。”汪绂云：“禳，祈祷以去灾恶，使勿螫人，其鸡则放之而不杀也。”经云“禳飞而勿杀”者，谓祈祷螫虫但飞行而不杀人也，汪绂云“其鸡则放之而不杀”，非也。

胡文焕《山海经图》卷下“骄虫”条图说云：“阳虚山有神，其状似人而有二首，名曰骄虫。”“阳虚山”者，盖误合上节经文也。

骄虫（汪绂图）

骄虫（《古今图书集成·神异典》卷二九）

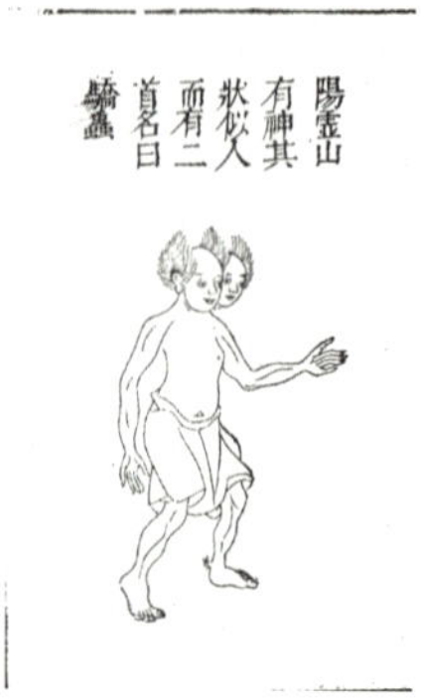

骄虫（《三才图会·人物》卷一四）

骄虫（蒋应镐图）

叁拾叁　天愚

天愚（汪绂图）

经　文

又东二十七里，曰堵山，神天愚居之，是多怪风雨。

——《中次七经》

图　解

汪绂云：“盖言天愚实为之也。”即怪风雨是天愚操纵的。

经文

凡苦山之首，自休与之山至于大騩之山，凡十九山，千一百八十四里。其十六神者皆豕身而人面。其祠毛（屯）牷用一羊羞，婴用一藻玉瘗。苦山、少室、太室皆冢也，其祠之太牢之具，婴以吉玉，其神状皆人面而三首，其余属皆豕身人面也。

——《中次七经》

豕身人面十六神（汪绂图）

图解

中次七经共有十九座山，其中苦山、少室、太室三山的等级属于“冢”，它们的山神都是人的面孔，三个脑袋；剩下十六山的山神都是人的面孔，猪的身子。

经文“其余属皆豕身人面也”可能是衍文，因为上文已言“其十六神者，皆豕身而人面”。

郭璞注：“藻玉，玉有五彩者也。或曰：所以盛玉，藻藉也。”郝懿行疏：“藻玉已见《西次二经》泰冒山。此‘藻’疑当与‘璪’同，《说文》云：‘璪，玉饰如水藻之文也。’藻藉见《周官·大行人》。”

人面三首神（汪绂图）

中次七经神《古今图书集成·神异典》卷二一九

豕身人面十六神（蒋应镐图）

人面三首神（蒋应镐图）

叁拾伍　鼍围

鼍围（汪绂图）

经文

又东北百五十里，曰骄山。……神鼍围处之，其状如人而羊角虎爪，恒游于睢漳之渊，出入有光。

——《中次八经》

鼍（tuó）

图解

经文“而”原作“面”。此经凡云“如人”者，其下不缀“面”字；凡云“人面”者，其上不缀“如”字，故王念孙校云：“‘如’字疑衍。”然《玉篇·蛀部》云：“鼍，状如人，羊角虎爪。”《广韵·歌韵》“鼍”字云：“如人，羊角虎爪。”皆本此经为说，则有“如”字是也。王校虽非，然亦看出此处经文有误。国家图书馆藏两种嘉靖本王崇庆《释义》，为同一版本，然则一本（善本书号：A00503）“面”

鼍围（《古今图书集成·神异典》卷二九）

鼍围（蒋应镐图）

正作“而”,《钦定音韵述微》卷七“五歌”下“䰠”字引同；一本（善本书号：13810）“而”字下部有一横笔封口，细审之则可见为后人添笔。王崇庆注云：“羊角虎爪而人面，曰恒游雎漳之渊，其为水怪审矣。”似王氏误认经文“人而”为“人面”矣。又诸书引此经,或省虚字,故《玉篇》《广韵》“如人”下无“而”字，此亦可反证当作“而”矣。今据王本改。

䰠围的样子像人，却长着羊的角，老虎的爪子。

䰠围（吴任臣图）

计蒙（汪绂图）

经文

又东百三十里，曰光山，其上多碧，其下多木。神计蒙处之，其状人身而龙首，恒游于漳渊，出入必用飘风暴雨。

——《中次八经》

图 解

经文“用”原作“有”，元钞本作“用”，《中次十二经》洞庭之山，“出入必以飘风暴雨”，“以”“用”义同，可证元钞本是，今据改。

《藏经》本《图赞》云：“涉蟲三脚，蟲围虎爪。计蒙龙首，独禀异表。升降风雨，茫茫渺渺。”

计蒙（《古今图书集成·神异典》卷二九）

计蒙（蒋应镐图）

计蒙（吴任臣图）

叁拾柒 涉𪊨

经文

又东百五十里，曰岐山。……神涉𪊨处之，其状人身而方面，三足。

——《中次八经》

涉𪊨（汪绂图）

图解

此经“面”和“首”同义，“方面”即“方首”。人皆圆首，此神方首，故记其异。

涉𪊨（《古今图书集成·神异典》卷二九）

涉𪊨（蒋应镐图）

叁拾捌　中次八经神

中山神（汪绂图）

经文

凡荆山之首，自景山至琴鼓之山，凡二十三山，二千八百九十里。其神状皆鸟身而人面。其祠用一雄鸡祈，瘗用一藻圭，糈用稌。骄山，冢也，其祠用羞酒、少牢祈瘗，婴毛（屯）一璧。

——《中次八经》

图解

中次八经神的样子是鸟的身子、人的面孔。

中次八经神（《古今图书集成·神异典》卷二九）

中次八经神（蒋应镐图）

叁拾玖　熊山神

经　文

又东一百五十里，曰熊山。有穴焉，曰熊穴，恒出神人。夏启而冬闭。是穴也，冬启乃必有兵。

——《中次九经》

熊山神（汪绂图）

图　解

经文“熊穴”原作“熊之穴”，元钞本作“曰熊穴”，《北堂书钞》卷一五八、《太平御览》卷五十四引同，与此经文例合，今据改。

郭璞《图赞》云：“熊山有穴，神人是出。与彼石鼓，象殊应一。祥虽先见，厥事非吉。”

肆拾　中次九经神

中山神（汪绂图）

经　文

凡岷山之首，自女几山至于贾超之山，凡十六山，三千五百里。其神状皆马身而龙首。其祠毛（屯）用一雄鸡瘗，糈用稌。文山、勾檷、风雨、騩之山，是皆冢也，其祠之羞酒、少牢具，婴毛（屯）一吉玉。熊山，帝也，其祠羞酒、太牢具，婴毛（屯）一璧。干儛，用兵以禳。祈，璆冕舞。

——《中次九经》

檷（mí）
璆（qiú）

图　解

中次九经神的样子是马的身子，龙的脑袋。

中次九经神（《古今图书集成·神异典》卷二九）

中次九经神（蒋应镐图）

肆拾壹　中次十经神

经文

凡首阳山之首，自首山至于丙山，凡九山，二百六十七里。其神状皆龙身而人面。其祠之毛（屯）用一雄鸡瘗，糈用五种之糈。堵山，冢也，其祠之少牢具，羞酒祠，婴毛（屯）一璧瘗。騩山，帝也，其祠羞酒、太牢具；合巫祝二人儛，婴一璧。

——《中次十经》

中山神（汪绂图）

图解

中次十经神的样子是龙的身子，人的面孔。

中次十经神（《古今图书集成·神异典》卷二九）

肆拾贰 耕父

耕父（汪绂图）

经文

又东南三百里，曰丰山。……神耕父处之，常游清泠之渊，出入有光，见则其国为败。

——《中次十一经》

图解

郝懿行疏："耕，《玉篇》作'畊'，云：'神名。'李善注《南都赋》引此经。刘昭注《郡国志》引《南都赋》注云：'耕父，旱鬼也。'其注《礼仪志》又引《东京赋》注云：'耕父，旱鬼也。'今注并无之。"

郭璞注："清泠水在西鄂县山上，神来时水赤有光耀，今有屋祠之。"

吴任臣云："张衡《东京赋》：'囚耕父于清泠，溺女魃于神潢。'《南都赋》：'耕父扬光于清泠之渊。'"

郭璞《图赞》云："清泠之水，在乎山顶。耕父是游，流光洒景。黔首祀禜，以弭灾眚。"

耕父（蒋应镐图）

耕父（《古今图书集成·神异典》卷二九）

经文

凡荆山之首，自翼望之山至于几山，凡四十八山，三千七百三十二里。其神状皆彘身人首。其祠毛（屯）用一雄鸡祈，瘗用一珪，糈用五种之精。禾山，帝也，其祠太牢之具，羞瘗倒，毛（屯）用一璧，牛无常。堵山、玉山，冢也，皆倒祠，羞毛（屯）少牢，婴毛（屯）吉玉。

——《中次十一经》

中山神（汪绂图）

图解

中次十一经神的样子是猪的身子，人的脑袋。

中次十一经神（《古今图书集成·神异典》卷二一九）

肆拾肆　于儿

于儿（汪绂图）

经文

又东一百五十里，曰夫夫之山，其上多黄金，其下多青雄黄，其木多桑、楮，其草多竹、鸡鼓。神于儿居之，其状人身而两蛇头，常游于江渊，出入有光。

——《中次十二经》

图解

经文“两蛇头”原作“身操两蛇”，文义不通。王本、汪本作“手操两蛇”，吕本亦“身”作“手”，云：“‘手’旧作‘身’。”下节洞庭之山云“左右手操蛇”，即一手操一蛇，则“手操两蛇”亦与文例不合。元钞本作“两蛇头”，《藏经》本《图赞》云：“于儿如人，蛇头有两。常游江渊，见于洞广。乍潜乍出，神光忽恍。”“蛇头有两”与元钞本正合，今据改。

于儿（《古今图书集成·神异典》卷二九）

于儿（蒋应镐图）

汪绂云："于儿疑即俞儿，而他书言其衣冠乘马，与此不合。"邵瑞彭《山海经余义》云："《管子·小问篇》：'臣云：闻登山之神，有俞儿者，长尺而人物具焉。'疑即此神。又俞儿，古之善识味人，见《庄子·骈拇篇》《淮南子·泛论篇》《庄子》《释文》引《尸子》。于、俞古音不相近，疑经文本作'俞儿'，魏晋间传写始误作'于儿'。"

胡文焕《山海经图》第一张图就是"俞儿"，从图说来看，和此经于儿完全不合，因此将二者牵合为一，没有任何根据。

俞儿（胡文焕图）

神二女（汪绂图）

经文

又东南一百二十里，曰洞庭之山。……帝之二女居之，是常游于江渊。澧沅之风交潇湘之渊，是在九江之间，出入必以飘风暴雨。

——《中次十二经》

帝二女（蒋应镐图）

图解

郭璞注："天帝之二女而处江为神，即《列仙传》江妃二女也，《离骚·九歌》所谓湘夫人，称帝子者是也。"

刘向《列女传》云："有虞二妃者，帝尧之二女也，长娥皇，次女英。舜父顽母嚚。父号瞽叟，弟曰象，敖游于嫚，舜能谐柔之，承事瞽叟以孝。母憎舜而爱象，舜犹内治，靡有奸意。四岳荐之于尧，尧乃妻以二女以观厥内。二女承事舜于畎亩之中，不以天子之女故而骄盈怠嫚，犹谦谦恭俭，思尽妇道。……舜既嗣位，升为天子，娥皇为后，女英为妃。封象于有庳，事瞽叟犹若初焉。天下称二妃聪明贞仁。舜陟方，死于苍梧，号曰重华。二妃死于江湘之间，俗谓之湘君。"

郭璞《图赞》云："神之二女，爰宅洞庭。游化五江，惚恍窈冥。号曰夫人，是维湘灵。"

湘君、湘夫人（萧云从《离骚图》）

娥皇、女英（清王翙绘《百美新咏图传》）

江妃二女（《古今图书集成·神异典》卷二七）

肆拾陆　洞庭怪神

经　文

又东南百二十里，曰洞庭之山。……是多怪神，状如人而载蛇，左手右手操蛇。

——《中次十二经》

洞庭怪神（汪绂图）

图　解

“左手”原无“手”字，元钞本有，今据增。

“载”与“戴”字通，戴蛇即头上戴着蛇。因此汪绂“洞庭怪神”图头上盘绕着蛇，理解是正确的。《神异典》的“九江神图”则是腰间缠绕着蛇，理解是错误的。

九江神（《古今图书集成·神异典》卷二七）

肆拾柒　中次十二经神

刉（jī）

中山神（汪绂图）

经文

凡洞庭山之首，自篇遇之山至于荣余之山，凡十五山，二千八百里。其神状皆鸟身而龙首。其祠毛（屯）用一雄鸡、一牝豚刉，糈用稌。凡夫夫之山、即公之山、尧山、阳帝之山皆冢也，其祠皆肆瘗，祈用酒，毛（屯）用少牢，婴毛（屯）一吉玉。洞庭、荣余山，神也，其祠皆肆瘗，祈酒太牢祠，婴用圭璧十五，五采惠之。

——《中次十二经》

图解

中次十二经神的样子是鸟的身子、龙的脑袋。

中次十二经神（《古今图书集成·神异典》卷二九）

肆拾捌　羿

经文

羿与凿齿战于寿华之野，羿射杀之。在昆仑虚东。羿持弓矢，凿齿持盾。一曰戈。

——《海外南经》

海内昆仑之虚在西北，帝之下都。昆仑之虚方八百里，高万仞。上有木禾，长五寻，大五围。面有九井，以玉为槛。面有五门，门有开明兽守之，百神之所在。在八隅之岩，赤水之际，非仁羿莫能上冈之岩。

——《海内西经》

有人曰凿齿，羿杀之。

——《大荒南经》

帝俊赐羿彤弓素矰，以扶下国，羿是始去恤下地之百艰。

——《海内经》

弹乌解羽（萧云从《离骚图》）

图解

《海外南经》“凿齿”，郭璞注：“凿齿，亦人也，齿如凿，长五六尺，因以名云。”

郭璞《图赞》云：“凿齿人类，实有杰牙。猛越九婴，害过长蛇。尧乃命羿，毙之寿华。”

《海内西经》“仁羿”，郭璞注：“言非仁人及有才艺如羿者，不能得登此山之冈岭巉岩也。羿尝请药西王母，亦言其得道也。”郭注有误，“仁羿”即“夷羿”，因为羿为东夷之神，故称“夷羿”。

郭注说“羿尝请药西王母”，《淮南子·览冥训》：“羿请不死之药于西王母，姮娥窃以奔月。”姮娥就是羿的妻子嫦娥。《初学记》卷一引《淮南子》云：“羿请不死之药于西王母，羿妻姮娥窃之奔月。托身于月，是为蟾蠩，而为月精。”马骕《绎史》卷十三引张衡《灵宪》云：“嫦娥，羿妻也。窃西王母不死之药，服之奔月，将往，枚筮之于有黄，有黄占之，曰：‘吉，翩翩归妹，独将西行，逢天晦芒，毋惊毋恐，后且大昌。’嫦娥遂托身于月，是为蟾蜍。”嫦娥偷食了不死之药，飞升入月，成为月神。

《海内经》郭璞注：“言令羿以射道除患，扶助下国也。”《淮南子·本经训》记载了羿为下国除患的事迹，云：“逮至尧之时，十日并出，焦禾稼，杀草木，而民无所食。猰貐、凿齿、九婴、大风、封豨、脩蛇皆为民害。尧乃使羿诛凿齿于畴华之野，杀九婴于凶水之上，缴大风于青丘之泽，上射十日而下杀猰貐，断脩蛇于洞庭，禽封豨于桑林，万民皆喜，置尧以为天子。”

羿为民除害所立下的最大功劳自然是射日。《楚辞·天问》云：“羿焉彃日？乌焉解羽？”王逸注：“《淮南》言尧时十日并出，草木焦枯，尧命羿仰射十日，中其九日，日中九乌皆死，堕其羽翼，故留其一日也。”

后羿射日（《万物绘本大全图》）

经文

南方祝融，兽身人面，乘两龙。

——《海外南经》

有榣山，其上有人，名曰太子长琴。颛顼生老童，老童生祝融，祝融生太子长琴，是处榣山，始作乐风。

——《大荒西经》

炎帝之妻，赤水之子听訞生炎居，炎居生节并，节并生戏器，戏器生祝融。祝融降处江水，生共工，共工生术器。

——《海内经》

洪水滔天，鲧窃帝之息壤，以堙洪水，不待帝命。帝令祝融杀鲧于羽郊。鲧复生禹。帝乃命禹卒布土，以定九州。

——《海内经》

祝融（汪绂图）

榣（yáo）

图解

郭璞《图赞》云："祝融火神，云驾龙骖。气御朱明，正阳是含。作配炎帝，列位于南。"

《礼记·月令》云："孟夏之月，日在毕，昏翼中，旦婺女中。其日丙丁。其帝炎帝，其神祝融。"《淮南子·时则训》云："南方之极，自北户孙之外，贯颛顼之国，南至委火炎风之野，赤帝、祝融之所司者，万二千里。"可见在《礼记》《淮南子》等著作中，祝融是南方天帝炎帝的属神，所以郭璞《图赞》说"作配炎帝，列位于南"。

根据《山海经》的记载，祝融却是炎帝的后裔。《海内经》云："炎帝之妻，赤水之子听訞生炎居，炎居生节并，节并生戏器，戏器生祝融。"郭璞注："祝融，高辛氏火正号。"祝融的命名之义，史有明文，《国语·郑语》云："夫黎为高辛氏火正，以淳耀敦大，天明地德，光照四海，故命之曰祝融。"韦昭注："淳，大也。耀，明也。敦，厚也。言黎为火正，能理其职，以大明厚大，天明地德，故命之为祝融。祝，始也。融，明也。"据《国语》，可知祝融"以淳耀敦大，天明地德，光照四海"而得名，然韦注以祝为始，以融为明，合为人名，颇觉扞挌难通。《左传·昭公二十九年》云："火正曰祝融"，孔疏引贾逵云："夏阳气明朗，祝，甚也；融，明也。

祝融（蒋应镐图）

亦以夏气为之名耳。”《史记·楚世家》云：“重黎为帝喾高辛氏火正，甚有功，能光融天下，帝喾命曰祝融。”集解引虞翻云：“祝，大；融，明。”贾、虞以祝为甚、大之义，甚是。祝融即大明，与“淳耀敦大，天明地德，光照四海”正相符合。

从《国语》《左传》《史记》等的记载来看，祝融为高辛氏的火正，也就是管理火的长官。其实，祝融最初应该是火神，后来才历史化为火正的。《海外南经》云：“南方祝融，兽身人面，乘两龙。”祝融，郭璞注：“火神也。”《墨子·非攻下》云：“天命融隆火于夏之城间，西北之隅。”孙诒让《墨子间诂》云：“毕云：‘隆疑作降，言命祝融降火。’王云：‘降与隆通，不烦改字。’”天帝命祝融降火，犹可见出其火神神格。而祝融单称融，其他典籍亦有是例，《国语·周语上》：“昔夏之兴也，融降于崇山。”韦注：“融，祝融也。”炎帝为日神，祝融为火神，而前引《淮南子·天文训》云：“积阳之热气生火，火气之精者为日。”《易·说卦》：“离为火，为日。”孔疏：“离为火，取南方之行也。为日，取其日是火精也。”可见日和火本是互通的，并且南方是“委火炎风之野”，因此，他们就成了南方的天帝和属神。

伍拾　夏后启

经　文

大运山高三百仞，在灭蒙鸟北。大乐之野，夏后启于此儛九代。乘两龙，云盖三层。左手操翳，右手操环，佩玉璜。在大运山北。一曰大遗之野。

——《海外西经》

西南海之外，赤水之南，流沙之西，有人珥两青蛇，乘两龙，名曰夏后开。开上三嫔于天，得《九辩》与《九歌》以下。此天穆之野高二千仞，开焉得始歌《九招》。

——《大荒西经》

夏后启（《古今图书集成·神异典》卷二一九）

图　解

郭璞注："九代，马名。儛，谓盘作之令舞也。"

郝懿行疏："九代，疑乐名也。《竹书》云：'夏帝启十年，帝巡狩，舞《九韶》于大穆之野。'《大荒西经》亦云：'天穆之野，启始歌《九招》。'招即韶也，疑九代即《九招》矣。又《淮南·齐俗训》云：'夏后氏，其乐《夏籥》九成。'疑'九代'本作'九成'，今本传写形近而讹也。"

俞樾《读山海经》云："九代之为马名，未详所出，以儛为舞马，亦未合古义。'代'字疑'戈'字之误，戈、歌音同，九戈即九歌也。《大荒西经》曰：'夏后开上三嫔于天，得《九辩》与《九歌》以下。'是《九歌》乃夏后启之乐。彼作《九歌》，此作九戈，音之误也。《竹书纪年》云：'帝启十年，帝巡狩，舞《九韶》于大穆之野。'即是此事。"

夏后启（蒋应镐《大荒西经》图）

夏后启（蒋应镐《海外西经》图）

《史记·五帝本纪》云："禹乃兴《九招》之乐，致异物，凤皇来翔。"《索隐》云："招音韶，即舜乐《箫韶》。九成，故曰《九招》。"顾颉刚《史林杂识初编》云："《九招》者，九成之《箫韶》也。"郝懿行和俞樾的看法是对的，九代应该是音乐的名称。

郭璞注："嫔，妇也，言献三美女于天帝。"

郝懿行疏："《离骚》云：'启《九辩》与《九歌》。'《天问》云：'启棘宾商，《九辩》《九歌》。'是宾、嫔古字通。棘与亟同。盖谓启三度宾于天帝，而得九奏之乐也。故《归藏·郑母经》云：'夏后启筮，御飞龙登于天，吉。'正谓此事。《周书·王子晋篇》云：'吾后三年，上宾于帝所。'亦其证也。郭注大误。"

郝说是也，"嫔"与"宾"通，即作宾客之义。卜辞屡见殷先公先王"宾于帝"之记载，帝亦为天帝。

伍拾壹　形天

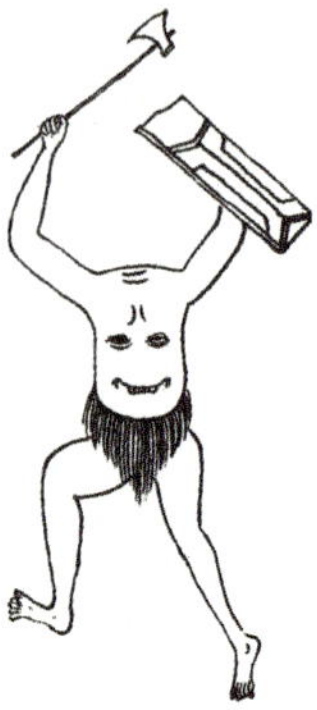

形天（汪绂图）

经文

形天与帝至此争神，帝断其首，葬之常羊之山，乃以乳为目，以脐为口，操干戚以舞。

——《海外西经》

图解

“形天”原本作“形夭”，毕沅主张作“形夭”，他说：“旧本俱作‘形天’，案唐《等慈寺碑》正作‘形夭’，依义‘夭’长于‘天’。始知陶潜诗‘形夭无千岁’，‘千岁’则‘干戚’之讹，‘形天’是也。”

郝懿行主张作“形天”，他说：“《淮南·墬形训》作‘形残’，夭、残声相近。或作‘形夭’，误也。《太平御览》五百五十五卷引此经作‘形天’。”

桂馥《札朴》卷七“形天”条云：“陶公《读山海经诗》：‘形天舞干戚。’《海外西经》：‘形天与帝至此争神，帝断其首，葬之常羊之山，乃以乳为目，以脐为口，操干戚以舞。’《淮南·地形训》：‘西方有形残之尸’，高注云：‘形残之尸，于是以乳为目，以脐为口，操干戚以舞。’馥谓‘形天’当作‘形夭’。唐《等慈寺碑》作‘形夭’，盖‘形夭’即‘形残’也。”以作“形夭”为是，同于毕沅。桂馥以“形夭”即“形残”，《淮南子·墬形训》云：“东方有君子之国，西方有形残之尸。”高诱注云：“西方金，金断割，攻战之事，有形残之尸也。一说曰：形残之尸于是以两乳为目，腹脐为口，操干戚以舞。天神断其手，后天帝断其首也。”似高诱另说亦以“形残”即“形夭”。《墬形训》云：“暑气多夭。”《御览》卷七三八引“夭”作“残”，可证夭、残义同。

毕、桂皆谓唐《等慈寺碑》作“形夭”，今据碑文拓本，实作“刑天”。《太平御览》卷四九六、卷八八七引此经作"刑天"。宋绍兴十六年本吴淑《事类赋》卷十一《舞赋》云："骇操干之刑夭"，自注引《山海经》亦作"刑夭"，"夭"即"天"字之俗写。形、刑古字同。

"刑"既与"形"同，则分歧在于"天"与"夭"。郝氏主张作"形天"，认为"天、残声相近"，即《墬形训》之"形残"。《墬形训》"形残之尸"，庄逵吉注云："一说即《山海经》之'形天'也。古声天、残相近。"与郝氏同。天、残韵部相近，但声部却不相近，故此说实不可从。

形天（《古今图书集成·神异典》卷二九）

实则此经作"刑天"与"形夭"皆可，作"刑夭"或"形天"者俱为形近而讹。《藏经》本正文作"形天"，《图赞》则作"形夭"，云："争神不胜，为帝所戮。遂厥形夭，脐口乳目。仍挥干戚，虽化不服。""遂厥形夭"一句之"形夭"即本此神名，而"形夭"绝无作"刑天"之可能，若作"刑天"，则文不成义。故可证郭璞所见《山海经》必作"形夭"或"刑夭"。

陶渊明《读山海经诗》古本亦作"形夭"，周必大《二老堂诗话·陶渊明山海经诗》云："江州《陶靖节集》末载：宣和六年，临溪曾纮谓靖节《读山海经诗》，其一篇云：‘形夭无千岁，猛志固常在。’疑上下文义不贯，遂按《山海经》，有云：‘刑天，兽名，口衔干戚而舞。’以此句为‘刑天舞干戚’，因笔画相近，五字皆讹。岑穰、晁咏之抚掌称善。”可证陶诗“形天”至宣和时曾纮始据误本《山海经》而改作“刑天”耳。颜师古《等慈寺碑》作“刑夭”，段成式《酉阳杂俎·诺皋记上》作“形夭”，则唐时《山海经》尚不误。宋本《御览》五引此经，除卷五五五讹作“邢天”外，余皆作“刑天”或“形天”。宋朱胜非《绀珠集》卷六“形天舞干戚”条云：“形夭，黄帝臣，与帝争神，帝断其首，乃曰：‘吾以乳为目，脐为口。’操干戚而舞不止。”亦作“形夭”。

毕沅本作“形天”，我们认为是正确的，今据改。元钞本作“刑天”，“刑”字应该读为“形”，即形体之义，天即残毁之义。因此“形天”就是形体夭残的意思，即指此神断首而言。

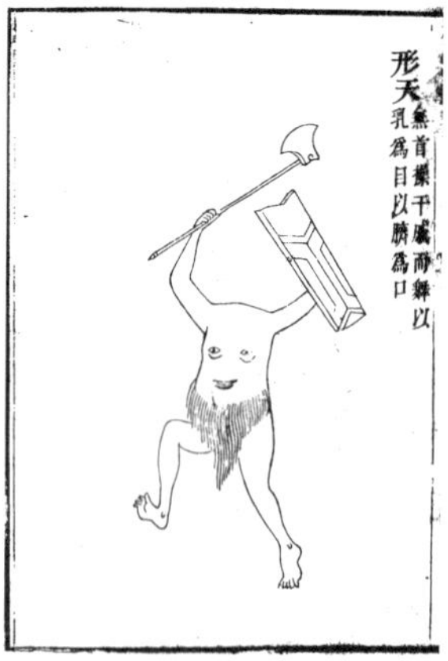

形天（吴任臣图）

形天（蒋应镐图）

伍拾贰　女丑之尸

女丑尸（汪绂图）

经文

女丑之尸，生而十日炙杀之，在丈夫北，以右手鄣其面。十日居上，女丑居山之上。

——《海外西经》

海内有两人，名曰女丑。

——《大荒东经》

有人衣青，以袂蔽面，名曰女丑之尸。

——《大荒西经》

图　解

《楚辞·招魂》云："十日代出，流金铄石些。"十个太阳的威力巨大，大地一片炽热，金石都要被晒融化了。女丑很不幸，被十个太阳烤死，尸体还保持着用右手（或说用衣袖）遮面抵挡烈日照晒的姿势，令人唏嘘不已。

《抱朴子·释滞》说"女丑倚枯"，郭璞《图赞》说："十日并熯，女丑以毙。暴于山阿，挥袖自翳。彼美谁子，逢天之厉。"都寄予了对女丑无辜而死的同情之意。

女丑之尸（蒋应镐《大荒西经》图）

伍拾叁　烛阴（烛龙）

脊（qǐ）

经文

钟山之神，名曰烛阴，视为昼，瞑为夜，吹为冬，呼为夏，不饮不食不息，息为风，身长千里。在无脊之东。其为物人面蛇身，赤色，居钟山下。

——《海外北经》

西北海之外，赤水之北，有章尾山。有神人面蛇身而赤，直目正乘，其瞑乃晦，其视乃明，不食不寝不息，风雨是谒，是烛九阴，是谓烛龙。

——《大荒北经》

烛阴（胡文焕图）

图解

章尾山，毕沅云："此即钟山，钟、章音相近。"郝懿行疏："《海外北经》作钟山，此作章尾山，章、钟声近而转也。《文选》注《雪赋》引此经文，又注《舞鹤赋》引《十洲记》曰：'钟山在北海之中，地仙家数千万，耕田种芝草，课计顷亩也。'即此。"闻一多《伏羲考》云："钟、章一声之转，(《汉书·广川惠王越传》'尊章'注曰：'今关中妇呼舅为钟，钟者章声之转。')'尾'当读为'焜'，《说文》：'焜，火也。'《洞冥记》曰：'东方朔北游钟火山，日月不照，有青龙衔烛，照山四极。'章焜山即钟火山，钟山又是钟火山之省。"

烛阴，郭璞注："烛龙也，是烛九阴，因名云。"

毕沅云："烛龙、烛阴亦音相近。《诗含神雾》云：'天不足西北，无有阴阳，故有龙衔火精以照天门中。'见李善注《文选〔·雪赋〕》。《淮南子·墬形训》云：'烛龙在雁门北，蔽于委羽之山，不见日，其神人面龙身而无足。'高诱注云：'委羽，北方山名。一曰龙衔烛以照太阴，盖长千里，视为昼，瞑为夜，吹为冬，呼为夏。'案《淮南》云'雁门北'，亦谓今山西塞外山也。"

直目正乘，郭璞注："直目，目从也。正乘，未闻。"毕沅云："'乘'恐'朕'字假音，俗作'眹'也。"袁珂注："朕义本训舟缝，引申之，他物交缝处，皆得曰朕。此言烛龙之目合缝处直也。"郭璞以"直目"为"从目"，"从"即"纵"。然直古无纵义，《大荒西经》云："袜，其为物人身黑首，从目。”作“从目”，此若为“纵目”义，则当作“从目”，而不应又作“直目”，可知郭说非也。直、植古字通，《国语·晋语四》云：“戚施直镈。”《周礼·考工记》贾疏、《礼记·王制》孔疏引“直”俱作“植”，可证。植者，立也，为典籍之常诂。《荀子·非相》云：“傅说之状，身如植鳍。”杨倞注云：“植，立也。”“直目”与“植鳍”构词方式同。古人于目有“深目”“平目”“出目”之说，《说文·目部》云：“窅，深目也。”“瞒，平目也。”“晛，出目也。”出目即突目，亦即立目。正乘，郭云“未闻”，闻一多《天问疏证》“日安不到？烛龙何照？”引此经谓乘“疑当作东”，其说无据，非也。毕沅以为“朕”字假音，是也。郭店楚简《老子》乙云：“喿（燥）勳苍（凔）。”马王堆帛书《老子》乙本“勳”作“朕”。

燭陰神圖
烛阴（《古今图书集成·神异典》卷二九）

北海外鍾山
有神名曰燭
陰視爲晝暝
爲夜吹爲冬
呼爲夏不飲
不食息氣
則爲風身長
百里其狀人
面龍身赤色
烛阴（《三才图会·人物》卷一四）

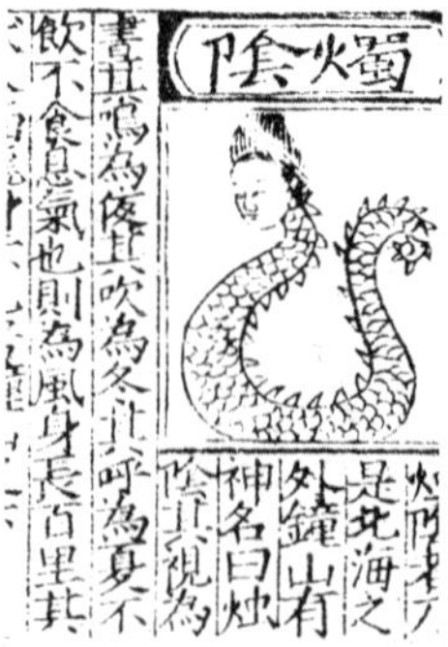

烛阴（《万宝全书·山海异物》）

《上博（八）·成王既邦》二号简有“䡴（朕）瞃（闻）才（哉）”一句，“朕”即作“䡴”，字从车，乑声。乑、乘字同，可证乘与朕通。《说文·舟部》“朕”字，段注：“本训舟缝，引伸为凡缝之称。”《周礼·春官·叙官》郑众注云：“无目朕谓之瞽，有目朕而无见谓之蒙，有目无眸子谓之瞍。”孙诒让正义云：“先郑云‘无目朕’者，盖谓目缝黏合，绝无形兆。”《集韵·轸韵》云：“朕，目兆也。”朕为目兆，即眼眶也。《楚辞·离骚》：“名余曰正则兮。”王逸注：“正，平也。”所谓“正乘”即“正朕”，言眼眶平也。三星堆出土有青铜出目人面具，眼珠如柱状突出，眼眶则与脸平，此正“直目正乘”之形耳。

风雨是谒，郭璞注：“言能请致风雨。”毕沅云：“谒，‘噎’字假音。”袁珂云：“毕说是也，言以风雨为食也。”《楚帛书》有“风雨是於”句，饶宗颐《楚缯书疏证》谓与此经“风雨是谒”同。刘信芳《楚帛书解诂》谓此经“谒”通“遏”，义为遏止也，其说近是。

烛龙（萧云从《离骚图》）

烛阴（吴任臣图）

烛龙（蒋应镐《大荒北经》图）

郭璞注：“《离骚》曰：‘日安不到，烛龙何耀？’《诗含神雾》曰：‘天不足西北，无有阴阳消息，故有龙衔火精以往照天门中云。’《淮南子》曰：‘蔽于委羽之山，不见日也。’”

郭璞《图赞》云：“天缺西北，龙衔火精。气为寒暑，眼作昬（昏）明。身长千里，可谓至灵。”

胡文焕《山海经图》卷下“烛阴”条图说云：“北海外，钟山有神，名曰烛阴，视为昼，瞑为夜，吹为冬，呼为夏，不饮不食，息，气也，则为风，身长百里，其状人面龙身，赤色，居钟山之下。”

《太平御览》卷九引《括地图》云：“钟山之神，名曰烛龙，视为昼，眠为夜，吹为冬，吁为夏，息为风。”又卷三十八引《玄中记》云：“北方有钟山焉，山上有石，首如人首，左目为日，右目为月，开左目为昼，闭右目为夜；开口为春夏，闭口为秋冬。”都是根据此经来立说的。

烛龙（《古今图书集成·神异典》卷二四）

伍拾肆　相柳（相繇）

经文

共工之臣曰相柳氏，九首，以食于九山。相柳之所抵厥为泽溪。禹杀相柳，其血腥，不可以树五谷种。禹厥之，三仞三沮，乃以为众帝之台。在昆仑之北，柔利之东。相柳者，九首人面，蛇身而青。不敢北射，畏共工之台。台在其东。台四方，隅有一蛇，虎色，首冲南方。

——《海外北经》

共工臣名曰相繇，九首，蛇身自环，食于九土。其所歍所尼，即为源泽，不辛乃苦，百兽莫能处。禹湮洪水，杀相繇，其血腥臭，不可生谷，其地多水，不可居也。禹湮之，三仞三沮，乃以为池，群帝是因以为台。在昆仑之北。

——《大荒北经》

相柳（胡文焕图）

图解

歍（wū）

相繇，郭璞注："相柳也，语声转耳。"

郭璞注："抵，触。厥，掘也。"

三仞三沮，郭璞注："掘塞之，而土三沮陷，言其血膏浸润坏地。"仞，满也。《史记·殷本纪》云："益收狗马奇物，充仞宫室。"《后汉书·张让传》云："又造金堂于西园，引司农金钱缯帛，仞积其中。"李贤注："仞，满也。"《文选·上林赋》云："虚宫馆而勿仞。"郭璞注："仞，满也。"《正字通·人部》云："仞，

相柳（《古今图书集成·神异典》卷二九）

相柳（《三才图会·人物》卷一四）

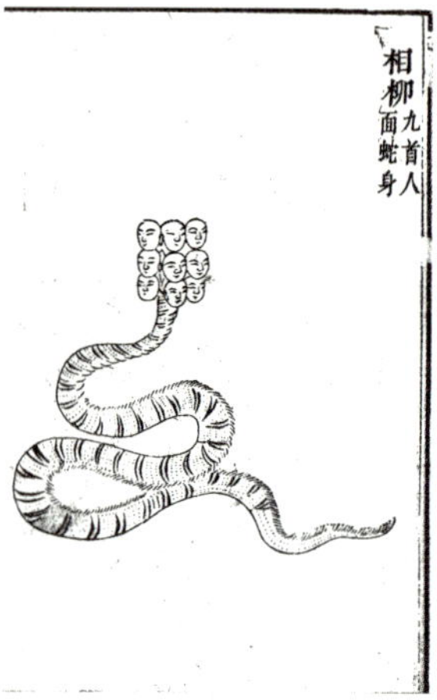

相柳（吴任臣图）

相柳（蒋应镐图）

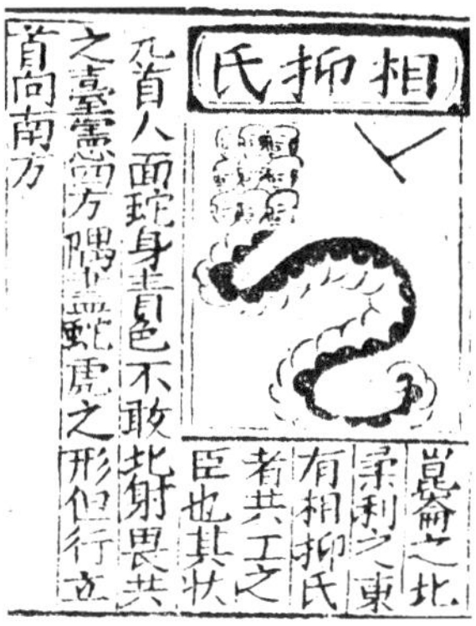

相柳（《万宝全书·山海异物》）

通作‘牣’。”《说文·牛部》云：“牣，牣满也。”三仞三沮，即禹三次填满，又三次沮陷。

元钞本郭璞《图赞》云：“共工之臣，号曰相柳。禀此奇表，蛇身九首。恃力桀暴，见禽夏后。”

胡文焕《山海经图》卷下“相抑氏”条图说云：“昆仑之北，柔利之东，有相抑氏者，共工之臣也，九首人面蛇身，青色。不敢北射，畏共工之台，台四方，隅尽蛇，虎之形，首向南方。”《三才图会·人物》卷十四“相抑氏”条同，“昆仑之北”一句为《大荒北经》“相繇”文也。唐宋时，“木”字旁的字经常写作“扌”字旁，因此“相抑氏”即“相柳氏”的俗写。

相柳（汪绂图）

伍拾伍　夸父

经文

夸父与日逐走，入日。渴欲得饮，饮于河、渭，河、渭不足，北饮大泽。未至，道渴而死。弃其杖，化为邓林。夸父国在聂耳东，其为人大，右手操青蛇，左手操黄蛇。邓林在其东，二树木。一曰博父。

——《海外北经》

大荒之中，有山名曰成都，载天。有人珥两黄蛇，把两黄蛇，名曰夸父。后土生信，信生夸父。夸父不量力，欲追日景，逮之于禺谷。将饮河而不足也，将走大泽，未至，死于此。应龙已杀蚩尤，又杀夸父，乃去南方处之，故南方多雨。

——《大荒北经》

图解

夸父追日（《古今图书集成·神异典》卷二九）

中国神话里，夸父追日和精卫填海齐名，反映为了志向而不懈奋斗的精神，同时也是中华民族精神的极佳体现。神话里面，夸父最终渴死，但郭璞注说："夸父者，盖神人之名也。其能及日景而倾河渭，岂以走饮哉。寄用于走饮耳，几乎不疾而速，不行而至者矣。此以一体为万殊，存亡代谢，寄邓林而遁形，恶得寻其灵化哉！"他在《图赞》中也说："神哉夸父，难以理寻。倾河及日，遁形邓林。触类而化，应无常心。"意思是夸父并没有死亡，而只是形体转换成邓林而已。

陶渊明在《读山海经十三首》中也对夸父进行了歌颂："夸父诞宏志，乃与日竞走。俱至虞渊下，似若无胜负。神力既殊妙，倾河焉足有。余迹寄邓林，功竟在身后。"

《大荒北经》又说夸父被黄帝所派遣的应龙杀死，郭璞注说："上云夸父不量力，与日竟而死，今此复云为应龙所杀。死无定名，触事而寄，明其变化无方，不可揆测。"意思是这正是神人变化无方的一种体现。事实上，早期神话都是口传，而在口耳相传的过程中，神话经常会出现变异，产生各种各样不同的故事出来。因此，夸父渴死和被应龙杀死的并存，正是神话变异性的体现。

博父国（《古今图书集成·边裔典》卷一三九）

夸父（蒋应镐图）

伍拾陆　禺强

禺强（《古今图书集成·神异典》卷二八）

经文

北方禺强，黑身手足，乘两龙。

——《海外北经》

东海之渚中，有神人面鸟身，珥两黄蛇，践两黄蛇，名曰禺虢。黄帝生禺虢，禺虢生禺京。禺京处北海，禺虢处东海，是惟海神。

——《大荒东经》

北海之渚中，有神人面鸟身，珥两青蛇，践两赤蛇，名曰禺强。

——《大荒北经》

图解

禺强，郭璞注："水神也，人面鸟身。《庄子》曰：'禺强立于北极。'" 禺京，郭璞注："即禺强也。"

《庄子·大宗师》云："禺强得之，立于北极。"《释文》引简文云："北海神名也，一名禺京，是黄帝之孙也。"禺强是北海之神，所以《大荒东经》说禺京"处北海"。禺强和禺京是同一神名的不同写法而已。

元钞本郭璞《图赞》云："禺强水神，人面黑色。乘龙践蛇，凌云拊翼。配灵玄宜（冥），立于北极。"认为禺强是北方属神玄冥的配神。

《尚书大传》云："北方之极，自丁令北至积雪之野，帝颛顼、神玄冥司之。"《淮南子·时则训》云："北方之极，自九泽穷夏晦之极，北至令正之谷，有冻寒积冰、雪雹霜霰，漂润群水之野，颛顼、玄冥之所司者，万二千里。"北方在五色中属黑色，因此北方水神禺强是"黑身手足"，即身体四肢都是黑色。

禺强（汪绂图）

禺强（蒋应镐《大荒北经》图）

伍拾柒　奢比之尸

经文

奢比之尸在其北，兽身人面，大耳，珥两青蛇。一曰肝榆之尸在大人北。

——《海外东经》

有神人面，犬耳兽身，珥两青蛇，名曰奢比尸。

——《大荒东经》

奢尸（胡文焕图）

图解

奢比，郭璞注："亦神名也。"

郝懿行疏："《管子·五行篇》云：'黄帝得奢龙而辩于东方。'又云：'奢龙辩乎东方，故使为土师。'此经奢比在东海外，疑即是也。罗泌《路史〔·后纪五·黄帝纪上〕》亦以奢龙即奢比。《三才图会》作'奢北'。又《淮南·墬形训》云：'诸比，凉风之所生。'诸比，神名，或即奢比之异文也。"

奢北（《三才图会·人物》卷一四）

《三才图会·人物》卷十四"奢北"条作"奢北"，卷十三"君子国"条仍作"奢比"。胡文焕《山海经图》卷下"奢尸"条图说作"奢北"。《淮南子·览冥训》有"诸北、儋耳之国"，向宗鲁校云："'诸北'乃'诸比'之误，诸比即《海外东经》'奢比之尸'，'奢'与'诸'皆从者声，故通用。"

奢比（吴任臣图）

奢北之尸（《永乐大典》卷九一〇）

奢尸（《学海群玉·山海异物》）

胡文焕《山海经图》卷下“奢尸”条图说云：“奢北之尸，神名，在大人国北，兽身人面，大耳，珥（音饵）两青蛇，以蛇贯耳，云肝俞之尸。”《永乐大典》卷九一〇有“奢北之尸（《山海经》）”图，图说与胡本图说同，唯“以”讹作“似”，“似蛇贯耳”作小字。《永乐大典》图及图说当本之舒雅《山海经图》。

奢比尸（《古今图书集成·神异典》卷二一九）

奢比尸（汪绂图）

奢比之尸（蒋应镐《海外东经》图）

奢比尸（蒋应镐《大荒东经》图）

伍拾捌　天吴

经文

朝阳之谷，神曰天吴，是为水伯。在𧈧𧈧北，两水间。其为兽也，八首人面，八足八尾，皆青黄。

——《海外东经》

有神，八首人面，虎身十尾，名曰天吴。

——《大荒东经》

天吴（胡文焕图）

𧈧（hóng）

图解

天吴称水伯，水伯就是水神，犹如河神称河伯一样。

郭璞《图赞》云："耽耽水伯，号曰谷神。八头十尾，人面虎身。龙据两川，威无不震。"

胡文焕《山海经图》卷上"天吴"条图说云："朝阳谷有神，曰天吴，是为水伯，虎身人面，八首八足八尾，青黄色。"《三才图会·人物》卷十四"天吴"条同，"虎身人面"本郭璞《图赞》文也。

天吴（汪绂图）

天吴（《古今图书集成·神异典》卷二一九）

天吴（蒋应镐图）

天吴（《三才图会·人物》卷一四）

天吴（吴任臣图）

伍拾玖　雨师妾

黑人（胡文焕图）

经文

雨师妾在其北，其为人黑，两手各操一蛇，左耳有青蛇，右耳有赤蛇。一曰在十日北，为人黑身人面，两手各操一龟。

——《海外东经》

图解

郭璞注：“雨师，谓屏翳也。”

杨慎《山海经补注》云：“雨师亦有妾哉？文人好奇，如说姮娥、织女、宓妃之类耳。”

吴任臣云：“焦赣（赣）《易林》亦云‘雨师娶妇’，要皆寓言也。”

郝懿行疏：“《楚词*·天问》云：‘蓱号起雨。’王逸注云：‘蓱，蓱翳，雨师名也。号，呼也。’《初学记》〔卷二〕云：‘雨师曰屏翳，亦曰屏号。《列仙传》云：赤松子，神农时雨师。《风俗通》云：玄冥为雨师。’今案雨师妾盖亦国名，即如《王会篇》有姑妹国矣。《焦氏易林》乃云：‘雨师娶妇。’盖假托为词耳。”

《易林·恒之晋》《损之益》《丰之比》《丰之大过》《小过之随》《井之坤》皆有“雨师娶妇”一句。《楚辞·天问》洪补引此经云“屏翳在海东，时人谓之雨师”，盖本此经注为说也。《博物志·杂说上》云：“师两妻墨色。”范宁《校证》以为

雨师妾（汪绂图）

* 按：应为“楚辞”，然郝懿行疏皆作“楚词”，故保留原貌。

"师两"即"雨师"之误倒,"墨色"即"黑色"之误。睡虎地秦简《日书》甲种《田忌》篇云:"雨师以辛未死。"

胡文焕《山海经图》卷下"黑人"条图说云:"屏翳在海东之北,其兽两手各拿一蛇,左耳贯青蛇,右耳贯赤蛇,黑面黑身,时人谓之雨师。"《三才图会·鸟兽》卷四"屏翳"条同。《事物绀珠》卷二十八"其(黑)人"条云:"两手各持一蛇,左耳有青蛇,右耳有赤蛇,黑身黑面,出海东屏翳山,人谓之雨师。"

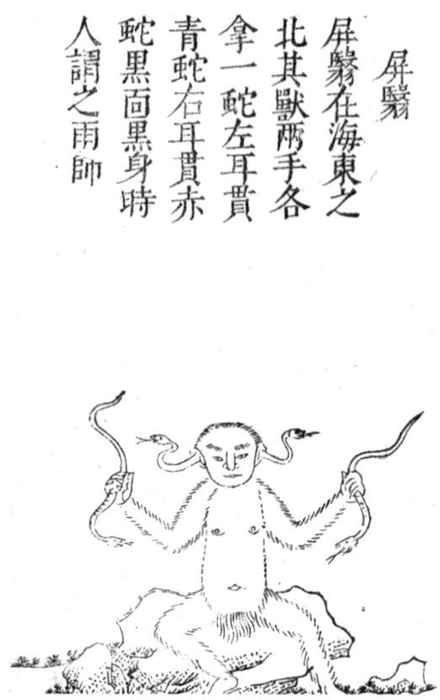

屏翳(《三才图会·鸟兽》卷四)

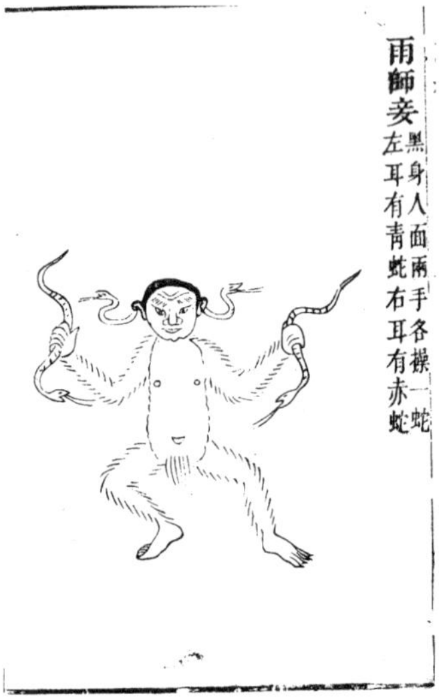

雨师妾(吴任臣图)

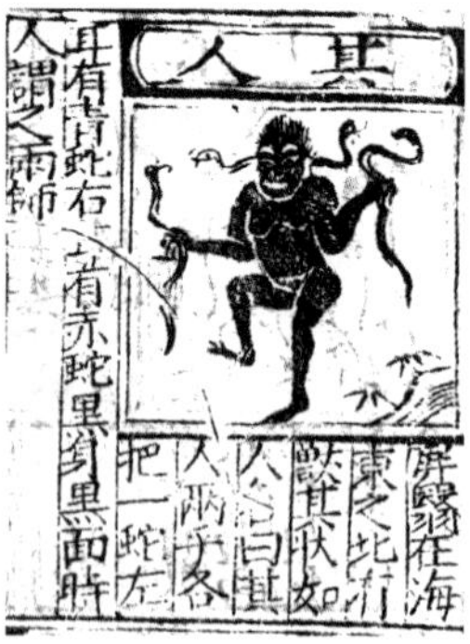

黑人(《万宝全书·山海异物》)

陆拾 句芒

句芒（汪绂图）

经文

东方句芒，鸟身人面，乘两龙。

——《海外东经》

图解

郭璞注："木神也，方面素服。《墨子》曰：'昔秦穆公有明德，上帝使句芒赐之寿十九年。'"

郭璞《图赞》云："有神人面，身鸟素服。衔帝之命，锡龄秦穆。皇天无亲，行善有福。"

在其他文献记载中，句芒是东方天帝的属神。《礼记·月令》云："孟春之月，日在营室，昏参中，旦尾中。其日甲乙。其帝大皞，其神句芒。"《淮南子·时则训》云："五位。东方之极，自碣石山东过朝鲜，贯大人之国，东至日出之次，榑木之地，青土树木之野，太皞、句芒之所司者，万二千里。"

《左传·昭公二十九年》"木正曰句芒"，杜预注："取木生句曲而有芒角也。"孔颖达疏："贾逵云：'总言万物句芒，非专木生如句。'杜误耳。木正顺春，万物始生，句而有芒角。杜独言木者，以木为其主，故经言木正，且木比万物芒角为甚，故举木而言。刘炫以杜不取贾义而独举于木而规杜，非也。"《礼记·月令》"其神句芒"，孔颖达疏："木初生之时，句屈而有芒角，故云句芒。"《太平御览》卷十八引《三礼义宗》云："五行之官也，木正曰勾芒者，物始生皆勾屈而芒角，因用为官名。"可见句芒是指春季草木初生时，句曲而有芒角之义。

句芒由草木初生的形状之义，引申而为初生的草木之义。《礼记·月令》云："季春之月……生气方盛，阳气发泄，句者毕出，萌者尽达，不可以内。"郑玄注："时

句芒（蒋应镐图）

可宣出不可收敛也。句，屈生者；芒而直曰萌。”同书《乐记》云：“天地欣和，阴阳相得，煦妪覆育万物，然后草木茂，区萌达。”《史记·乐书》云：“然后草木茂，区萌达。”《集解》引郑玄云：“屈生曰区。”正义：“草木据其成体之茂，区萌据其新牙，故曰达。达犹出也。曲出曰区，菽豆之属；直出曰萌，稻稷之属也。”《白虎通义·五行》云：“句芒者，物之始生，其精青龙，芒之为言萌也。”

再由初生的草木之义引申为草木萌芽之义。《管子·五行》云：“出国衡，顺山林，禁民斩木，所以爱草木也。然则冰解而冻释，草木区萌。”《淮南子·时则训》云：“养幼小，存孤独，以通句萌。”高注：“草木不句萌者，以通达也。”同书《本经训》云：“草木之句萌、衔华、戴实而死者，不可胜数。”句萌与衔华、戴实并举，而衔华指开花，戴实指结果，则句萌指萌芽，断可知矣。

因此，句芒的命名之义实本于春天草木萌芽之状。正因为春天草木有旺盛的生机，句芒成了能够赐予人生命的神祇。《墨子·明鬼下》云：“昔者郑穆公，当昼日中处乎庙，有神入门而左，鸟身，素服三绝，面状正方。郑穆公见之，乃恐惧奔，神曰：‘无惧！帝享女明德，使予锡女寿十年有九，使若国家蕃昌，子孙茂，毋失。’穆公再拜稽首曰：‘敢问神名？’曰：‘予为句芒。’”

陆拾壹　枭阳（赣巨人）

朐（qú）

枭阳国（汪绂图）

经文

枭阳在北朐之西，其为人人面长唇，黑身有毛，反踵，见人则笑，左手操管。——《海内南经》

南方有赣巨人，人面长唇，黑身有毛，反踵，见人笑亦笑，唇蔽其目，因即逃也。——《海内经》

图解

“枭阳”下原有“国”字，元钞本无，《尔雅·释兽》疏、《本草纲目》卷五十一“狒狒”条引同，今据删。元钞本郭璞《图赞》小题作“杨枭”，当为“枭杨”之倒;《藏经》本《图赞》小题作“枭阳”，皆无“国”字。若此作“枭阳国”，则小题当作“枭阳国”也，小题既作“枭阳”，可反证此经“国”字衍。

郭璞注：“《周书》曰：‘州靡髴髴者，人身反踵，自笑，笑则上唇掩其目。’《尔雅》云‘髴髴’。《大传》曰：‘周成王时州靡国献之。’《海内经》谓之‘赣巨人’。今交州及南康郡深山中皆有此物也。长丈许，脚跟反向，健走，被发，好笑。雌者能作乳汁，洒中人即病。土俗呼为山都。南康今有赣水，以有此人，因以名水。犹《大荒经》说地有蜮人，人因号其山为蜮山，亦此类也。”

郭璞《图赞》云：“髴髴怪兽，被发操竹。获人则笑，唇盖其目。终亦号咷，反为我戮。”

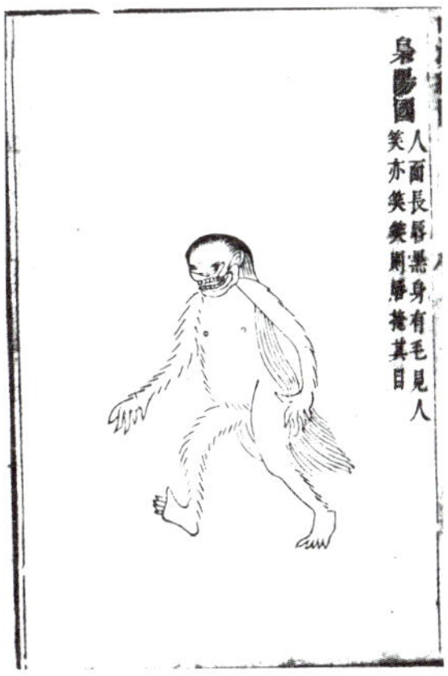

枭阳国（吴任臣图）

枭阳（蒋应镐图）

枭阳国（《古今图书集成·边裔典》卷一〇七）

陆拾贰　贰负臣危

经文

贰负之臣曰危，危与贰负杀窫窳。帝乃梏之疏属之山，桎其右足，反缚两手与发，系之山上木。在开题西北。

——《海内西经》

贰负臣危（汪绂图）

图解

窫窳（yà yǔ）

郭璞注："汉宣帝使人作上郡，发盘石，石室中得一人，跣裸被发，反缚，械一足，以问群臣，莫能知。刘子政按此言对之，宣帝大惊，于是时人争学《山海经》矣。论者多以为是其尸象，非真体也。意者以为灵怪变化，难以理测；物禀异气，出于不然，不可以常理推，可以近较揆之矣。魏时，有人发故周王冢者，得殉女子，不死不生，数日而有气，数月而能语，状如廿许。人送诣京师，郭太后爱养之，恒在左右。十余年，太后崩，此女哀思哭泣，一年余而死。即此类也。"

郭璞《图赞》云："汉击盘石，其中则危。刘生是识，群臣莫知。可谓博物，《山海》乃奇。"

危《古今图书集成·神异典》卷二九

贰负臣危（蒋应镐图）

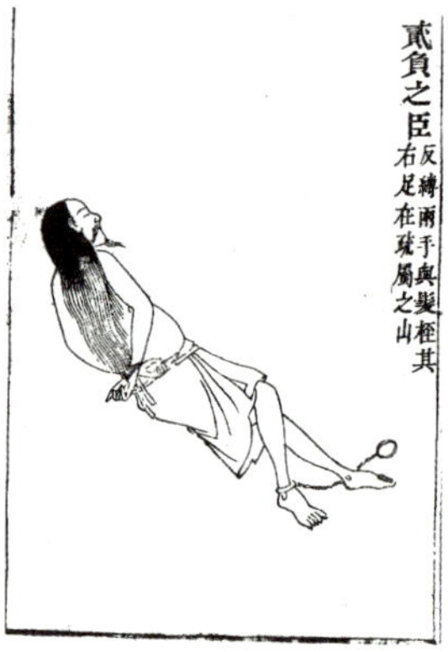

贰负之臣（吴任臣图）

陆拾叁　三头人

三头人（蒋应镐图）

经文

服常树，其上有三头人，伺琅玕树。

——《海内西经》

图解

郭璞注：“琅玕子似珠，《尔雅》曰：‘西北之美者，有昆仑之琅玕焉。’《庄周》曰：‘有人三头，递卧递起，以伺琅玕与玗琪子。’谓此人也。”

郝懿行疏：“《说文》云：‘琅玕，似珠者。’郭注《尔雅·释地》引此经云：‘昆仑有琅玕树也。’又《玉篇》引《庄子》云：‘积石为树，名曰琼枝，其高一百二十仞，大三十围，以琅玕为之实。’是琅玕即琼枝之子，似珠者也。琼枝亦见《离骚》。又王逸注《九歌》云：‘琼芳，琼玉枝也。’骚客但标琼枝之文，《玉篇》空衍琅玕之实，而《庄子》逸文缺然，未睹厥略。惟《艺文类聚》九十卷及《太平御览》九百一十五卷引《庄子》曰：‘老子见孔子，从弟子五人，问曰：前为谁？对曰：子路为勇，其次子贡为智，曾子为孝，颜回为仁，子张为武。老子叹曰：吾闻南方有鸟，其名为凤，所居积石千里。天为生食，其树名琼枝，高百仞，以璆琳琅玕为实。天又为生离珠，一人三头，递卧递起，以伺琅玕。凤鸟之文，戴圣婴仁，右智左贤。’以此参校郭注所引，‘与玗琪子’四字盖误衍也。”

郭璞《图赞》云：“服常琅玕，昆山奇树。丹实珠离，绿叶碧布。三头是伺，递望递顾。”

陆拾肆　贰负神

经文

鬼国在贰负之尸北，为物人面而一目。一曰贰负神在其东，为物人面蛇身。

——《海内北经》

贰负神（蒋应镐图）

图解

贰负是人面蛇身神，他和危共同谋害了窫窳。

贰负神（《古今图书集成·神异典》卷二一九）

陆拾伍 据比尸

据北之尸（《永乐大典》卷九一〇）

经文

据比之尸，其为人折颈，被发，无一手。

——《海内北经》

图解

此经言无手臂，云“无臂”，《大荒西经》云：“有神人面无臂，两足反属于头上，名曰嘘。”即其证也。或云“无右臂”，《大荒西经》又云“有人名曰吴回，奇左，是无右臂”是也。经云“无一手”，似不通。《永乐大典》卷九一〇“据北之尸（《山海经》）”图，图绘作一手，图说云：“海内昆仑墟北，有据北之尸，其人折颈，披发，一手。”本此经为说，而无“无”字。此经言“一手”者多矣，今本“无”字疑衍。

据比尸（蒋应镐图）

陆拾陆　环狗

环狗（蒋应镐图）

经　文

环狗，其为人兽首人身。一曰蝟，状如狗，黄色。

——《海内北经》

图　解

郝懿行疏：“《伊尹四方令》云：‘正西昆仑狗国。’《易林》云：‘穿胸狗邦。’即此也。《淮南·墬形训》有‘狗国’。”《易林·师之谦》《剥之乾》皆有“穿胸狗邦”一句。

“蝟”疑为“蜎”字之误，环、蜎字通，《战国策·楚策一》“范环”，《史记·樗里子甘茂列传》作“范蜎”。

环狗（汪绂图）

陆拾柒 袜

袜（汪绂图）

经文

袜，其为物人身黑首，从目。

——《海内北经》

图解

袜（mèi）

郭璞注："袜，即魅也。""从目"即"纵目"，即眼睛是竖立的。

郝懿行疏："魑魅，汉碑作'禼袜'。《〔后汉书·〕礼仪志》云：'雄伯食魅。'《玉篇》云：'袜即鬼魅也。'本此。"

袜（蒋应镐图）

睡虎地秦简《日书》甲种《诘》篇云："大袜恒入人室，不可止。以桃更（梗）毄（击）之，则止矣。"

魍魉（《万物绘本大全图》）

经文

戎，其为人人首三角。

——《海内北经》

戎（汪绂图）

图解

郝懿行疏："《周书·史记篇》云：'昔有林氏召离戎之君而朝之。'或单呼为戎，又与林氏国相比，疑是也。"

经文"首"，元钞本作"身"，与《广韵·东韵》"俄"字条"俄，人身，有三角也"相合。

戎（蒋应镐图）

陆拾玖 冰夷

冰夷（《古今图书集成·神异典》卷二九）

经文

从极之渊深三百仞，维冰夷恒都焉。冰夷人面，乘两龙。一曰忠极之渊。

——《海内北经》

图解

郭璞注："冰夷，冯夷也。《淮南子》云：'冯夷得道，以潜大川。'即河伯也。《穆天子传》所谓'河伯无夷'者，《竹书》作'冯夷'，字或作'冰'也。"

郭璞《图赞》云："禀华之精，练食八石。乘龙隐沦，往来海若。是谓水仙，号曰河伯。"

郝懿行疏："《水经〔·河水〕注》引此经作'冯夷'。《穆天子传》〔卷一〕云：'河伯无夷之所都居。'郭注云：'无夷，冯夷也。'引此经云'冰夷'，冰、冯声相近也。《史记〔·封禅书〕》索隐（正义）又引《太公金匮》云'冯修也'，修、夷亦声相近也。《竹书》云：'夏帝芬十六年，洛伯用与河伯冯夷斗。'郭引《淮南》云者，《齐俗训》文也。《庄子·大宗师篇》云：'冯夷得之，以游大川。'《释文》引司马彪注云：'《清泠传》曰：冯夷，华阴潼乡堤首人也，服八石，得水仙，是为河伯。一云：以八月庚子浴于河而溺死。'今案古书，冯夷姓名多有异说，兹不备述云。"

《容斋四笔》卷五"冯夷姓字"条云："张衡《思玄赋》：'号冯夷俾清津兮，棹龙舟以济予。'李善注《文选》引《青令传》曰：'河伯姓冯氏，名夷，浴于河中而溺死，是为河伯。'《太公金匮》曰：'河伯姓冯名修。'《裴氏新语》谓为冯夷。《庄子》曰：'冯夷得之，以游大川。'《淮南子》曰：'冯夷服夷石而水仙。'《后汉〔书〕·张衡传》注引《圣贤冢墓记》曰：'冯夷者，弘农华阴潼乡堤首里人，服八石，得水仙，为河伯。'又《龙鱼河图》

羿射河伯，妻彼洛嫔（萧云从《离骚图》）

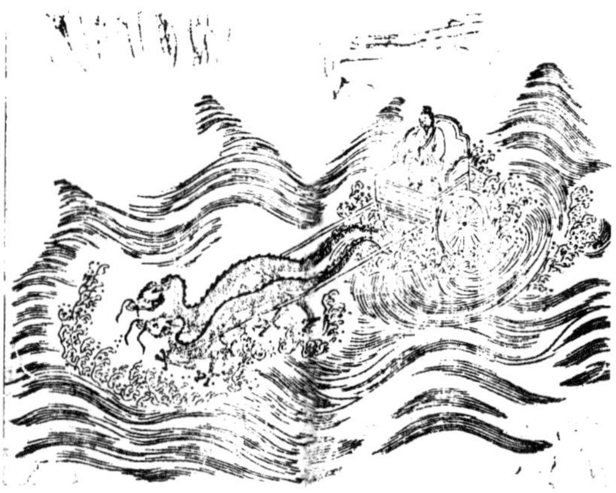

冰夷（蒋应镐图）

曰：‘河伯姓吕名公子，夫人姓冯名夷。’唐碑有《河侯新祠颂》，秦宗撰，文曰：‘河伯姓冯名夷，字公子。’数说不同，然皆不经之传也。盖本于屈原《远游篇》所谓‘使湘灵鼓瑟兮，令海若舞冯夷。’前此未有用者。《淮南子·原道训》又曰：‘冯夷，大丙之御也，乘云车，入云霓。’许叔重云：‘皆古之得道能御阴阳者。’此自别一冯夷也。”河伯名冯夷，而《龙鱼河图》说河伯名叫吕公子，夫人名叫冯夷，是神话的进一步演变和分化。

河伯作为黄河之神，有时会化身为白龙。《楚辞 · 天问》云：“帝降夷羿，革孽夏民。胡射夫河伯，而妻彼雒嫔？”王逸注：“雒嫔，水神，谓宓妃也。《传》曰：‘河伯化为白龙，游于水旁，羿见，射之，眇其左目。河伯上诉天帝曰：为我杀羿。天帝曰：尔何故得见射？河伯曰：我时化为白龙出游。天帝曰：使汝深守神灵，羿何从得犯？汝今为虫兽，当为人所射，固其宜也。羿何罪欤？’羿又梦与雒水神宓妃交接也。”明周拱辰《离骚草木史》卷三云：“射河伯、妻雒嫔，味何射而妻语意，盖一串事。言羿既射河伯矣，雒嫔亦水神，即河伯眷属也。”明王夫之《楚辞通释》云：“羿射杀河伯，而夺其妻有雒氏。”

周拱辰和王夫之都认为雒嫔是河伯的妻子，符合上下文意，显然是正确的。顾炎武《日知录》卷二十五“河伯”条云：“谓河神有夫人者，亦秦人以君主妻河，邺巫为河伯娶妇之类耳。《魏书》高句丽先祖朱蒙，朱蒙母河伯女，为夫余王妻。朱蒙自称为河伯外孙，则河伯又有女、有外孙矣。”

柒拾 雷神

雷神（汪绂图）

经文

雷泽中有雷神，龙身而人头，鼓其腹。在吴西。

——《海内东经》

图解

郭璞注:“今城阳有尧冢、灵台，雷泽在北也。《河图》曰：‘大人迹出雷泽，华胥履之而生伏羲。’”

郝懿行疏:“《淮南·墬形训》云：‘雷泽有神，龙身人头，鼓其腹而熙。’高诱注云：‘雷泽，大泽也。’《地理志》云：‘济阴郡成阳有尧冢、灵台，《禹贡》雷泽在西北。’《史记·五帝纪》正义引《括地志》云：‘雷夏泽在濮州雷泽县郭外西北。’又引此经云‘雷泽有雷神，龙首人颊，鼓其腹则雷’，与今本异也。”《太平寰宇记》卷十四引此经作“雷泽有雷神，龙首人颊，鼓其腹则雷”，盖据《史记·五帝本纪》正义转引也；“首”“身”“颊”“头”皆形近易讹也。

《韩诗外传》卷十云：“东海有勇士曰菑丘欣，以勇猛闻于天下。过神渊，曰：‘饮马。’其仆曰：‘饮马于此者，马必死。’曰：‘以欣之言饮之。’其马果沈。菑丘欣去朝服，拔剑而入，三日三夜，杀三蛟一龙而出。雷神随而击之，十日十夜，眇其左目。”

《论衡·雷虚篇》云:“图画之工，图雷之状，累累如连鼓之形。又图一人，若力士之容，谓之雷公，使之左手引连鼓，右手推椎，若击之状。其意以为雷声隆隆者，连鼓相扣（叩）击之意也。”

《五杂组》卷一云:“《论衡》曰：‘画工图雷公状，如连鼓形，一人椎之。’可见汉时相传若此。然雷之形，人常有见之者。大约似雌鸡肉翅，其响乃两翅奋扑作声也。”又云：“今岭南有物，鸡形肉翅，秋冬藏山土中，掘者遇之，轰然一声而走，土人逐得，杀而食之，谓之雷公。余谓此兽也，以其似雷，故名之耳。彼天上雷公，人得而食之耶？”

《唐国史补》卷下云：“雷州春夏多雷，无日无之。雷公秋冬则伏地中，人取而食之，其状类彘。又与黄鱼同食者，人皆震死。亦有收得雷斧、雷墨者，以为禁药。”

《谟区查抄本》的雷神，鸡爪鸡嘴，背有两翼，一手持斧头，一手持凿子，显然就是上述有关雷神记载的集合体。

雷神（蒋应镐图）

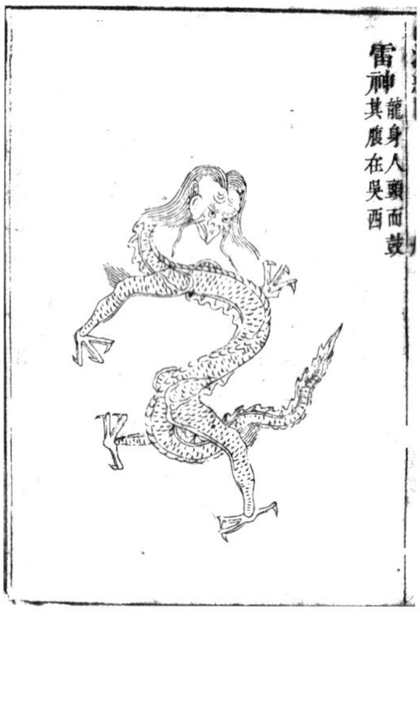

雷神（吴任臣图）

䰠（líng）

经文

有神人面兽身，名曰犁䰠之尸。

——《大荒东经》

犁䰠之尸（汪绂图）

犁䰠之尸（《古今图书集成·神异典》卷二九）

图解

《广韵·青韵》“䰠”字引此经云:“神名,人面兽身。”《集韵·青韵》“䰠”字云：“山神，人面兽身。”“山神”当为“神名”之误。

犁䰠之尸（蒋应镐图）

经文

大荒之中，有山名曰鞠陵于天、东极、离瞀，日月所出。有人名曰折丹，东方曰折，来风曰俊，处东极以出入风。

——《大荒东经》

折丹（汪绂图）

柒拾贰　折丹

瞀（mào）

图解

郭璞注：“言此人能节宣风气，时其出入。”即折丹在大地的东极掌管着东风的出入。

禺虢（汪绂图）

经　文

东海之渚中，有神人面鸟身，珥两黄蛇，践两黄蛇，名曰禺虢。黄帝生禺虢，禺虢生禺京。禺京处北海，禺虢处东海，是惟海神。

——《大荒东经》

图　解

禺虢长着人的面孔，鸟的身子，耳朵上挂着两条蛇，脚下踩着两条蛇。禺虢是东海之神，其子禺京是北海之神。

禺虢（《古今图书集成·神异典》卷二八）

经文

有困民国，勾姓，而食。有人曰王亥，两手操鸟，方食其头。王亥托于有易、河伯仆牛。有易杀王亥，取仆牛。河念有易，有易潜出为国，于兽方食之，名曰摇民。帝舜生戏，戏生摇民。

——《大荒东经》

王亥（汪绂图）

图解

吴其昌谓“困民”为“因民”之误，“因民”与下文“摇民”一声之转（《卜辞所见殷先公先王三续考》，《燕京学报》第十四期，1933年），其说近是。《穆天子传》卷六云：“仲冬甲戌，天子西征，至于因氏。”郭注云：“国名。”“因氏”即“因民”，或即此国耳。

而食，孙诒让《札迻》卷三云：“‘而’疑当为‘黍’之坏字。‘黍’篆文作‘[illegible]’，下半与‘而’篆文略近。《大荒南经》云：‘有盈民之国，於姓，黍食。’《大荒北经》云：‘有胡不与之国，烈姓，黍食’；‘有大人之国，釐姓，黍食。’皆其证也。”

徐中舒谓王亥见于甲骨卜辞，亥字或从鸟头，或在旁边加手形，正体现以手操鸟之形。此经所谓“操鸟，方食其头”应是表示以鸟为图腾（《先秦史论稿》，巴蜀书社，1992年，第55～56页）。

王国维《殷卜辞中所见先公先王考》云：“王亥之名及其事迹，非徒见于《山海经》《竹书》，周秦间人著书多能道之。《吕览·勿躬篇》：‘王氷作服牛。’案篆文‘氷’作‘仌’，与‘亥’字相似，‘王仌’亦‘王亥’之讹。《世本·作篇》：‘胲作服牛。’（《初学记》卷二十九引，又《御览》八百九十九引《世本》‘鲧作服牛’，‘鲧’亦‘胲’之讹。《路史》注引《世本》‘胲为黄帝马医，常医龙’，疑引宋衷注。《御览》引宋注曰：‘胲，黄帝臣也，能驾牛。’又云：‘少昊时人，始驾牛。’皆汉人说，不足据。实则《作篇》之‘胲’即《帝系篇》之‘核’也。）其证也。服牛者，即《大荒东经》之‘仆牛’，古服、仆同音。《楚辞·天问》：‘该秉季德，厥父是臧，胡终弊于有扈，牧夫牛羊？’又曰：‘恒秉季德，焉得夫朴牛？’‘该’即‘胲’，‘有扈’即‘有易’，‘朴牛’亦即‘服牛’。是《山海经》《天问》《吕览》《世本》皆以王亥为始作服牛之人。”顾颉刚谓《周易·大壮》六五爻辞“丧羊于易，无悔”，《旅》上九爻辞“鸟焚其巢，旅人先笑后号咷，丧牛于易，凶”，亦即此经王亥仆牛有易之故事（《〈周易〉卦爻辞中的故事》，《燕京学报》第六期，1929年），可补王说之不足。

王亥（蒋应镐图）

郭璞注：“《竹书》曰：‘殷王子亥宾于有易而淫焉，有易之君绵臣杀而放之。是故殷上甲微假师于河伯，以伐有易，灭之，遂杀其君绵臣也。’”清华简《保训》云：“昔微假中于河，以复有易，有易服厥罪。微无害，乃归中于河。”

柒拾伍 䳘

䳘（汪绂图）

经文

有人名曰䳘，北方曰䳘，来之风曰狻，是处东极隅以止日月，使无相间出没，司其短长。

——《大荒东经》

䳘（wǎn）
狻（yǎn）

图解

郭璞注："言䳘主察日月出入，不令得相间错，知景之短长。"即䳘的职责是让日月不要杂乱无序地出入，控制日子的短长。

丁山《中国古代宗教与神话考·四方之神与风神》云："《大荒东经》之古本当为'北方曰狻，风曰鹓'，《庄子》书中亦有坚证，其《天地篇》有曰：'谆芒将之大壑，适遇苑风于东海之滨。苑风曰："子将奚之？"曰："将之大壑。"'苑风，当即《大荒经》所谓'来之风曰鹓'；鹓即《鲁语》所传说的'海鸟爰居'。爰居出现，其岁海多大风，爰居不就是风神吗？'爰居'，《广雅·释鸟》作'延居'，云'怪鸟属也'。"

柒拾陆　不廷胡余

不廷胡余（汪绂图）

经文

南海渚中，有神人面，珥两青蛇，践两赤蛇，曰不廷胡余。

——《大荒南经》

图解

郭璞注："一神名耳。"即谓"不廷胡余"四字为一名耳。

不廷胡余《古今图书集成·神异典》卷二八

不廷胡余（蒋应镐图）

柒拾柒　因乎

因乎（汪绂图）

经　文

有人名曰因乎，南方曰因，来风曰乎，民（是）处南极以出入风。

——《大荒南经》

图　解

这节经文原本有很多错误，如“有人”原作“有神”，今据元钞本改；“因乎”原作“因因乎”，元钞本郭璞《图赞》小题作“因乎”，《赞》文云：“人号因乎，风气是宣。”可知郭璞所见本作“因乎”，今据《图赞》改；“南方曰因”下原有“乎”字，元钞本作“南方曰因，乎风曰乎”，“乎风”即“来风”之误，可知今本“乎”字虽为“来”之误字，然其属下读则可定矣，今据改；“来风”原作“夸风”，今据孙诒让《札迻》校改；孙诒让《札迻》以“民”字为“氏”字之误，“氏”与“是”字通，甚是。

南方神名字叫因乎，南方叫因，南风叫乎，因乎在大地的南极管理南风的出入。

柒拾捌 相状之尸

相状之尸（汪绂图）

经文

有人方齿虎尾，名曰相状之尸。

——《大荒南经》

图解

齿可言黑白，《中次三经》青要之山，“魋武罗司之，其状人面而豹文，小要而白齿”；《海外东经》《大荒东经》有“黑齿国”，皆其证也。然齿不可言方圆，“方齿”无义，“齿”疑为“首”字之讹，“方首”与“虎尾”文正相对。“首”，《说文》篆文作“□”；“齿”，《说文》篆文作“□”，古文作“□”，形近易讹。疑刘歆校定此经时已误“首”作“齿”，故郭璞无注。

经文“相”原作“祖”，宋本、元钞本、毛扆本皆作“相”，因据改。

相状之尸（蒋应镐图）

经文

东南海之外，甘水之间，有羲和之国。有女子名曰羲和，方浴日于甘渊。羲和者，帝俊之妻，生十日。

——《大荒南经》

羲和浴日甘渊（汪绂图）

图解

郭璞注："羲和，盖天地始生主日月者也。故《启筮》曰：'空桑之苍苍，八极之既张。乃有夫羲和，是主日月，职出入以为晦明。'又曰：'瞻彼上天，一明一晦，有夫羲和之子，出于旸谷。'故尧因此而立羲和之官，以主四时，其后世遂为此国。作日月之象而掌之，沐浴运转之于甘水中，以效其出入旸谷、虞渊也，所谓世不失职耳。"

羲和是天神帝俊的妻子，生下十个太阳，每天都在东方的甘渊为太阳儿子洗澡。

羲和国（《古今图书集成·边裔典》卷一〇七）

捌拾　女娲

女娲之肠十人（汪绂图）

经文

有神人十，名曰女娲之肠，化为神，处栗广之野，横道而处。

——《大荒西经》

图解

“有神人十”原作“有神十人”，此经“神人”每每连文，《中次九经》熊山，“有穴焉，曰熊穴，恒出神人”；《大荒东经》云：“有神人，八首人面，虎身十尾，名曰天吴。”《海外南经》云：“有神人二八，连臂，为帝司夜于此野。”既以“神人”连文，又以数词“二八”在“神人”后。元钞本《图赞》小题作“有神人十”，与“有神人二八”句式一致，可证原本当作“有神人十”，今据改。

女娲神（《古今图书集成·神异典》卷二一九）

郭璞注：“女娲，古神女而帝者，人面蛇身，一日中而七十变，其肠化为此神。栗广，野名也。”

郝懿行疏：“《说文》云：‘娲，古之神圣女，化万物者也。’《列子·黄帝篇》云：‘女娲氏蛇身人面，而有大圣之德。’《初学记》九卷引《帝王世纪》云：‘女娲氏亦风姓也，承庖牺制度，号女希，是为女皇。’《史记〔·夏本纪〕》索隐引《世本》云：‘涂山氏女，名女娲也。’《淮南·说林训》云：‘女娲七十化。’高诱注云：‘女娲，王天下者也。七十变造化。’《楚词·天问》云：‘女娲有体，孰制匠之？’王逸注云：‘传言女娲人头蛇身，一日七十化，其体如此，谁所制匠而图之乎？’今案王逸注非也。《天问》之意即谓女娲一体化为十神，果谁裁制而匠作之，言其甚巧也。”

元钞本郭璞《图赞》云：“女娲灵洞，变化无主。肠为十神，中道横处。寻之靡状，谁者能睹。”

女娲最重要的神迹是造人和补天。造人的神话见于《太平御览》卷七十八引《风俗通》云：“俗说天地开辟，未有人民，女娲抟黄土作人，剧务，力不暇供，乃引绳于絙泥中，举以为人。故富贵者黄土人也，贫贱凡庸者絙人也。”补天的神话见于《淮南子·览冥训》：“往古之时，四极废，九州裂，天不兼覆，地不周载，火爁炎而不灭，水浩洋而不息，猛兽食颛民，鸷鸟攫老弱。于是女娲炼五色石以补苍天，断鳌足以立四极。杀黑龙以济冀州，积芦灰以止淫水。苍天补，四极正，淫水涸，冀州平，狡虫死，颛民生。”

女娲（《万物绘本大全图》）

女娲（蒋应镐图）

捌拾壹　石夷

石夷（汪绂图）

经文

有人名曰石夷，来风曰韦，处西北隅以司日月之长短。

——《大荒西经》

图解

郭璞注："主察日月晷度之节。"

西方神名叫石夷，西风名叫韦，石夷的职责是管理太阳和月亮运行时间的长短。

经文

有芒山。有桂山。有榣山。其上有人，名曰太子长琴。颛顼生老童，老童生祝融，祝融生太子长琴，是处榣山，始作乐风。

——《大荒西经》

太子长琴（汪绂图）

图解

元钞本郭璞《图赞》云："祝融光照，子号长琴。摇（榣）山是处，创乐理音。"

李家浩以望山、包山、葛陵楚简所记祷祠三位楚人祖先之名为老童、祝融、媸酓（熊）或穴酓（熊），媸酓（熊）即鬻熊，与穴熊为一人，即此经之长琴（《安徽大学汉语言文字研究丛书·李家浩卷》，安徽大学出版社，2013年，第231页）。楚王熊氏，出土文献楚王名氏之"熊"多作"酓"，酓、琴皆从今得声，字可通用。故长琴之长当因其为太子而得称，琴则为其氏称。

捌拾叁　十巫

十巫（汪绂图）

经文

有灵山，巫咸、巫即、巫朌、巫彭、巫姑、巫真、巫礼、巫抵、巫谢、巫罗十巫，从此升降，百药爰在。

——《大荒西经》

图解

上古巫医同源，巫师同时也是医师，故《逸周书·大聚解》云："乡立巫医，具百药，以备疾灾。"

灵山不仅有十巫，还是出产百药的好地方，故元钞本郭璞《图赞》云："群巫爰集，采药灵林。"

捌拾肆 弇兹

经文

西海陼中，有神人面鸟身，珥两青蛇，践两赤蛇，名曰弇兹。

——《大荒西经》

弇兹（汪绂图）

图解

吴任臣注引刘会孟云：“海外国神多以蛇为珥践。”郝懿行疏：“此神形状，全似北方神禺强，唯彼作‘践两青蛇’为异，见《海外北经》。”

元钞本《图赞》小题与正文俱作“奄兹”，云：“有鸟五采，嘘天凌风。奄兹之灵，人颜鸟躬。鼓翅海峙，翻飞云中。”

弇兹（《古今图书集成·神异典》卷二八）

弇兹（蒋应镐图）

捌拾伍 噓

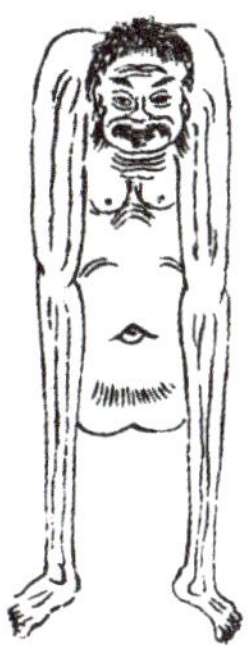

噓（汪绂图）

经文

大荒之中，有山名曰日月山，天枢也。吴姖天门，日月所入。有神人面无臂，两足反属于头上，名曰噓。颛顼生老童，老童生重及黎。帝令重献上天，令黎卬下地，下地是生噓，处于西极，以行日月星辰之行次。

——《大荒西经》

图解

姖（jù）

郭璞注："古者人神杂扰无别，颛顼乃命南正重司天以属神，命北正黎司地以属民。重实上天，黎实下地。献、卬，义未详也。"

《国语·楚语下》云："重实上天，黎实下地。"韦昭注："言重能举上天，黎能抑下地。"《吕思勉读史札记》"读山海经偶记"条据韦昭注谓此经"献""卬"两字"疑亦举、抑之义"。吕说是也，献有上义，与韦昭注所谓"举"义近。"卬"当为"印"字之误。姚孝遂云："古'印''抑'同字，均作'[illegible]'，象以手抑人使跽。"（《许慎与说文解字》，中华书局，1983年，第82页。）《路史·后纪八》云："重献上天以属神，犁抑下地以属民。"亦可为证。

噎（汪绂图）

"下地是生噓"，"噓"原作"噎"，今据元钞本改。杨宽《中国上古史导论·丹朱驩兜与朱明祝融》引此经"噎"字下括注云："疑'噓'字之误。"盖亦以"噎"与上文"噓"为一人也。《吕思勉读史札记》"读山海经偶记”条云:“‘噎’似‘嘘’之讹,即无臂之神之名也。”皆是也。

元钞本郭璞《图赞》云:“脚属于头,人面无手。厥号曰嘘,重黎其后。处运三光,以袭气母。”

嘘（蒋应镐图）

嘘（《古今图书集成·神异典》卷二一九）

捌拾陆　天虞

天虞（汪绂图）

经文

有人反臂，名曰天虞。

——《大荒西经》

图解

郭璞注：“亦作‘尸虞’。”郭注原作“即尸虞也”，今据元钞本改。

捌拾柒、常羲

经文

有女子方浴月。帝俊妻常羲，生月十有二，此始浴之。

——《大荒西经》

常羲浴月（汪绂图）

图解

常羲是天神帝俊的妻子，生下十二个月亮。常羲后来衍化为月神嫦娥。

嫦娥（清王翙绘《百美新咏图传》）

捌拾捌　夏耕之尸

夏耕尸（汪绂图）

经文

有人无首，操戈盾立，名曰夏耕之尸。故成汤伐夏桀于章山，克之，斩耕厥前。耕既立，无首，走厥咎，乃降于巫山。

——《大荒西经》

图　解

郭璞注："亦形夭尸之类。"形夭断首，此夏耕尸无首，故云。

夏耕之尸（蒋应镐图）

夏耕尸（《古今图书集成·神异典》卷二九）

捌拾玖　九凤

九凤（汪绂图）

经　文

大荒之中，有山名曰北极天柜，海水北注焉。有神九首，人面鸟身，名曰九凤。

——《大荒北经》

图　解

郝懿行疏："郭氏《江赋》云：'奇鸧九头。'疑即此。"

元钞本郭璞《图赞》云："九凤轩翼，北极是时（跱）。"

九凤（蒋应镐图）

九凤（《古今图书集成·神异典》卷二一九）

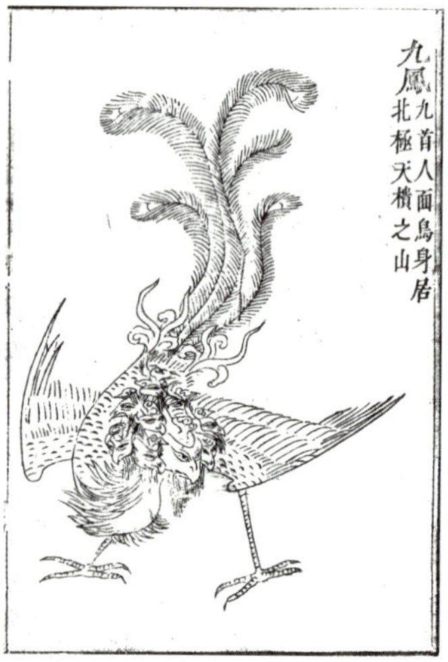

九凤（吴任臣图）

玖拾 强良

强良（胡文焕图）

经文

又有神衔蛇操蛇，其状虎首人身，四蹄长肘，名曰强良。
——《大荒北经》

图解

郭璞注：“亦在《畏兽画》中。”

郝懿行疏：“《后汉〔书〕·礼仪志》说十二神云：‘强梁、祖明共食磔死寄生。’疑强梁即强良，古字通也。”

元钞本郭璞《图赞》小题与正文俱作“强梁”，云：“仡仡强梁，虎头四蹄。妖厉是御，唯鬼咀魑。衔蛇奋猛，畏兽之奇。”“唯”疑“啖”字之讹。

强良（《万宝全书·山海异物》）

强良（蒋应镐图）

强良（《古今图书集成·神异典》卷二九）

胡文焕《山海经图》卷下“强良”条图说云：“大荒山，北极外，有口衔蛇，其状虎首人身，四蹄长肘，名强良。”宋姚宽《西溪丛语》卷下云：“《山海经·大荒北经》‘有神衔蛇，其状虎首人身，四蹄长肘，名曰强良’，‘亦在《畏兽书》中’，此书今亡矣。”《畏兽书》即《畏兽画》，则此书姚宽时已佚。

强良（《三才图会·鸟兽》卷四）

强良（汪绂图）

强良（《三才图会·人物》卷一四）

强良（吴任臣图）

玖拾壹　黄帝女魃

女魃（汪绂图）

经文

有系昆之山者，有共工之台，射者不敢北乡。有人衣青衣，名曰黄帝女魃。蚩尤作兵伐黄帝，黄帝乃令应龙攻之冀州之野。应龙畜水，蚩尤请风伯雨师，纵大风雨。黄帝乃下天女曰魃，雨止，遂杀蚩尤。魃不得复上，所居不雨。叔均言之帝，后置之赤水之北。叔均乃为田祖。魃时亡之。所欲逐之者，令曰：神北行。先除水道，决通沟渎。

——《大荒北经》

图解

《说文·鬼部》云："魃，旱鬼也。"《诗·大雅·云汉》云："旱魃为虐。"毛传云："旱神也。"上博简《柬大王泊旱》有"旱母"之说，则旱魃为女神，其来有自矣。

女魃为旱神，只能给人带来灾害，人们都希望将旱魃赶走。郭璞注："言逐之必得雨，故见先除水道，今之逐魃是也。"

郝懿行疏："《艺文类聚》一百卷引《神异经》云：'南方有人，长二三尺，袒身而目在顶上，走行如风，名曰魃，所见之国大旱，赤地千里。一名狢。遇者得之，投溷中乃死，旱灾消。'是古有逐魃之说也。《魏书》载咸平五年，晋阳得死魃，长二尺，面顶各二目。《〔文献〕通考》〔卷三〇八〕言永隆元年，长安获女魃，长尺有二寸。然则《神异经》之说盖不诬矣。今山西人说旱魃神体有白毛，飞行绝迹。而东齐愚人有打旱魃之事。其说怪诞不经，故备书此正之。"

元钞本郭璞《图赞》云："蚩尤作丘（兵），从御风雨。帝命应龙，爰下天女。厥谋无方，所谓神武。"

玖拾贰　蚩尤

经　文

蚩尤作兵伐黄帝，黄帝乃令应龙攻之冀州之野。应龙畜水，蚩尤请风伯雨师，纵大风雨。黄帝乃下天女曰魃，雨止，遂杀蚩尤。

——《大荒北经》

蚩尤（汪绂图）

图　解

郝懿行疏：“《大戴礼·用兵篇》云：‘问曰：蚩尤作兵与？曰：蚩尤，庶人之贪者也，何器之能作？’是以蚩尤为庶人。然《史记·殷本纪》云：‘昔蚩尤与其大夫作乱百姓，帝乃弗予，有状。’是知蚩尤非庶人也。又《五帝本纪》云：‘诸侯咸来宾从，而蚩尤最为暴，莫能伐。’则蚩尤为诸侯审矣。《管子·地数篇》云：‘蚩尤受葛卢山之金而作剑、铠、矛、戟。’《太平御览》二百七十卷引《世本》云：‘蚩尤作兵。’宋衷注曰：‘蚩尤，神农臣也。’又引《春秋元命苞》曰：‘蚩尤虎捲威文立兵。’宋均注曰：‘捲，手也。手文威字也。’又《龙鱼河图》说此极详，见《史记〔·五帝本纪〕》正义。”

《吕氏春秋·荡兵》云：“人曰‘蚩尤作兵’，蚩尤非作兵也，利其械矣。”《周礼·春官·肆师》云：“凡四时之大甸猎，祭表貉，则为位。”郑玄注：“貉，师祭也。于所立表之处，为师祭，造军法者，祷气势之增倍也。其神盖蚩蚘，或曰黄帝。”蚩蚘即蚩尤。《汉书·高祖纪》云：“高祖乃立为沛公。祠黄帝，祭蚩尤于沛廷而衅鼓。”应劭云：“黄帝战于阪泉，以定天下。蚩尤亦古天子，好五兵，故祠祭之，求福祥也。”《史记·封禅书》载秦始皇祠八神，“三曰兵主，祠蚩尤”。因蚩尤作兵，故又以为兵神。

郭璞注：“冀州，中土也。黄帝亦教虎、豹、熊、罴，以与炎帝战于阪泉之野而灭之，见《史记》。”

毕沅云：“《归藏·启筮》云：‘蚩尤出自羊水，八肱八趾，〔疏〕首，登九淖以伐空桑，黄帝杀之于青丘。’见《初学记》〔卷九〕。《龙鱼河图》云：‘黄帝摄政，有蚩尤兄弟八十一人，并兽身人语，铜头铁额，食沙，造五兵，仗刀戟大弩，威震天下，诛杀无道。万民钦命（欲令）黄帝行天子事，黄帝以仁义不能禁止蚩尤，乃仰天而叹。天遣玄女下授黄帝兵符，伏蚩尤。后天下复扰乱，黄帝遂画蚩尤形象（像）以威天下，咸谓蚩尤不死，八方皆为殄灭。’孔安国曰‘九黎君号蚩尤’是也。见《史记〔·五帝本纪〕》正义。皇甫谧云：‘黄帝使应龙杀蚩尤于凶（九）黎之谷。’或曰，黄帝斩蚩尤于中冀，因名其地曰‘绝辔之野’。见《史记〔·五帝本纪〕》索隐。”

郝懿行疏：“古以冀州为中州之通名，故郭云‘冀州，中土也’。又引《史记》云‘黄帝与炎帝战于阪泉之野’，此《五帝本纪》文。然其下方云‘与蚩尤战于涿鹿之野’，郭氏未引此文，盖漏脱也。《周书·尝麦篇》云：‘蚩尤乃逐帝，争于涿鹿之阿，九隅无遗，赤帝大慑，乃说于黄帝，执蚩尤，杀之于中冀，用名之曰绝辔之野。’《周书》所说即此经云‘攻之冀州之野’也。《焦氏易林〔·坤之临〕》云：‘白龙赤虎，战斗俱怒。蚩尤败走，死于鱼口。’即此经云‘令应龙攻之也’。”《易林》云：“蚩尤败走，死于鱼口。”鱼鼎匕铭文云：“曰：诞又（有）蚰（昏）人，述（坠）王鱼鼎。曰：钦哉，出游水虫！下民无智（知），参蚩尤命。帛（薄）命入羹，忽入忽出，无处其所。”

《太平广记》卷五十六引《集仙录》云：“黄帝讨蚩尤之暴，威所未禁，而蚩尤幻变多方，征风召雨，吹烟喷雾，师众大迷。帝归息太山之阿，昏然忧寝。王母遣使者，被玄狐之裘，以符授帝曰：‘太一在前，天一在后，得之者胜，战则克矣。’符广三寸，长一尺，青莹如玉，丹血为文。佩符既毕，王母乃命一妇人，人首鸟身，谓帝曰：‘我九天玄女也。’授帝以三宫五意阴阳之略，太乙遁甲六壬步斗之术，阴符之机，灵宝五符五胜之文。遂克蚩尤于中冀。”

《路史·后纪四》所载《蚩尤传》云：“阪泉氏蚩尤，姜姓，炎帝之裔也，兄弟八十人。”罗苹注：“《阴经》《遁甲》云：‘蚩尤者，炎帝之后，与少昊治西方之金。’故《祭蚩尤文》云：‘将军敢以牲牢祭尔，炎帝之裔，蚩尤之神。’蚩尤出于炎帝，代弗知也。”

《云笈七签》卷一百载《轩辕本纪》云：“黄帝于是纳五音之策，以审攻战之事。复率诸侯再伐蚩尤于冀州。蚩尤率魑魅魍魉，请风伯雨师，从天大风而来，命应龙蓄水以攻黄帝。黄帝请风伯雨师及天下女袄（妭），以止雨于东荒之地，北隅诸山，黎土羌兵，驱应龙以处南极，杀蚩尤与夸父。不得复上，故其下旱，所居皆不雨。蚩尤乃败于顾泉，遂杀之于中冀，其地因名绝辔之野。既擒杀蚩尤，乃迁其庶类善者于邹屠之乡，其恶者以木械之。帝令画蚩尤之形于旗上，以厌邪魅，名蚩尤旗。杀蚩尤于黎山之丘，掷械于大荒之中、宋山之上，其械后化为枫木之林。所杀蚩尤，身首异处，帝闵之，令葬其首冢于寿张（县名，在郓州，冢高七尺，土人常以十月祀之，则赤气如绛见，谓之蚩尤旗）。其肩髀冢在山阳，其髀冢在巨鹿。”

赤水女子献（汪绂图）

经 文

有钟山者。有女子衣青衣，名曰赤水女子献。——《大荒北经》

图 解

郭璞注："神女也。"

郝懿行疏："《穆天子传》〔卷二〕云：'赤乌之人丌好献女于天子，曰：赤乌氏美人之地也。'似与此经义合。"

吴承志云："'献'当作'魃'。上文有人衣青衣，名曰黄帝女魃，后置之赤水之北，赤水女子魃即黄帝女魃也。此文当本上句之异文，校者两存之，遂成歧出耳。"吴说非也。若果作"魃"，郭璞焉能无说，而注云"神女也"，则不得为"魃"也。又元钞本郭璞《图赞》小题作"赤水女子献"，云："江有窈窕，水生艳滨。彼美灵献，可以寤神。交甫丧佩，无思远人。""彼美灵献"之"献"即此赤水女子献，益可证郭璞所见本必作"献"矣。

赤水女子献（蒋应镐图）

玖拾肆　犬戎

经文

大荒之中，有山名曰融父山，顺水入焉。有人名曰犬戎。黄帝生苗龙，苗龙生融吾，融吾生弄明，弄明生白犬二，有牝牡，是为犬戎，肉食。

——《大荒北经》

有犬戎国。有神人面兽身，名曰犬戎。

——《大荒北经》

犬戎（蒋应镐图）

图解

“白犬”下原无“二”字，今据元钞本增。元钞本郭璞《图赞》云：“犬戎之先，出自白狗。厥育有二，自相配偶。实犬豕心，禀气所受。”“厥育有二”即指经文“白犬二”，可证郭璞所见本必有“二”字矣。

经文“有牝牡”上原有“白犬”二字，今据元钞本删。今本盖后人误以上文“二”字为重文符号，遂添“白犬”二字也。

犬戎（《古今图书集成·神异典》卷二九）

玖拾伍　韩流

韩流（汪绂图）

经　文

流沙之东，黑水之西，有朝云之国、司彘之国。黄帝妻雷祖，生昌意。昌意降处若水，生韩流。韩流擢首谨耳，人面豕喙，麟身渠股，豚止，取淖子曰阿女，生帝颛顼。

——《海内经》

图　解

郭璞注："《竹书》云：'昌意降居若水，产帝乾荒。'乾荒即韩流也，生帝颛顼。"

郭璞注："擢首，长咽。谨耳，未闻。"吴任臣云："《路史〔·后纪八·高阳〕》颛顼（乾荒）亦'擢首而谨耳'，注：'谨耳，小耳也。'"郝懿行疏："《说文》云：'颛，头颛颛谨皃。''顼，头顼顼谨皃。'即谨耳之义。然则颛顼命名，岂以头似其父故与？《说文》又云：'擢，引也。'《方言》〔卷三〕云：'擢，拔也。'拔引之则长，故郭训擢为长矣。"

韩流（蒋应镐图）

郭璞注："渠，车辋，言跰脚也。《大传》曰：'如大车之渠。'"《路史·后纪八·高阳》"渠股"，罗苹注云："渠，巨也。"

郭璞注："止，足。"

郝懿行疏："《大戴礼·帝系篇》云：'昌意娶于蜀山氏之子，谓之昌仆氏，产颛顼。'郭引《世本》作'浊山氏'。浊、蜀古字通，'浊'又通'淖'，是'淖子'即'蜀山子'也。'曰阿女'者，《初学记》九卷引《帝王世纪》云'颛顼母曰景仆，蜀山氏女，谓之女枢'是也。"

玖拾陆　柏高

经文

流沙之东，黑水之间，有山名不死之山。华山、青水之东，有山名曰肇山，有人名曰柏高，柏高上下于此，至于天。

——《海内经》

柏高（汪绂图）

图解

郭璞注：“柏子高，仙者也。”

郝懿行疏：“《庄子·天地篇》云：‘尧治天下，伯成子高立为诸侯。禹时，伯成子高辞为诸侯而耕。’《史记·封禅书》说神仙之属有‘羡门子高’，未审即一人否？又郭注《穆天子传》〔卷一〕云：‘古伯字多从木。’然则柏高即伯高矣。伯高者，《管子·地数篇》有‘黄帝问于伯高’云云，盖黄帝之臣也。帝乘龙鼎湖而伯高从焉，故高亦仙者也。”

元钞本郭璞《图赞》云：“子高恍惚，乘云升霞。翱翔天际，下集嵩华。眇焉难希，求之谁家。”

玖拾柒　黑人

黑人（《学海群玉·山海异物》）

经　文

又有黑人，虎首鸟足，两手持蛇，方啖之。

——《海内经》

图　解

杨慎云："今南中有夷名娥昌，其人手持蛇啖之。其采樵归，笼中捕蛇数十，蛇亦不能去。不知何术也，疑即此类。"

胡文焕《山海经图》卷下"黑人"条图说云："南海之内，巴遂山中，有黑人，虎首，两手持两蛇啖之。"《三才图会·人物》"黑人"条同。《事物绀珠》卷二十八"黑人"条云："虎首，两手持两蛇啖之，出巴逐（遂）山。"

黑人（胡文焕图）

黑人（汪绂图）

黑人（蒋应镐图）

黑人（《三才图会·人物》卷一四）

黑人（《三才图会·鸟兽》卷四）

玖拾捌　延维

经　文

有人曰苗民。有神焉，人首蛇身，长如辕，左右有首，衣紫衣，冠旃冠，名曰延维，人主见而飨食之，伯天下。

——《海内经》

延维（汪绂图）

旃（zhān）

图　解

郭璞注："齐桓公出田于大泽，见之，遂霸诸侯。亦见《庄周》，作'朱冠'。"

郝懿行疏："《庄子·达生篇》云：'委蛇，其大如毂，其长如辕，紫衣而朱冠。其为物也，恶闻雷车之声，则捧其首而立，见之者殆乎霸也。'"

元钞本郭璞《图赞》云："委蛇霸祥，桓见致病。管子雅晓，穷理折命。吉凶由人，安有咎庆。"

《博物志·异兽》云："小山有兽，其形如鼓，一足如蠡。泽有委蛇，状如毂，长如辕，见之者霸。"

延维（《古今图书集成·神异典》卷二一九）

经文"见"原作"得"，今据藏经本改。《庄子·达生》作"见之者殆乎霸"，《博物志·异兽》作"见之者霸"，郭注作"见之，遂霸诸侯"，皆言"见之"。"得"，《说文》古文作"㝵"，与"见"形近易讹。

《史记·封禅书》索隐引《列异传》云："陈仓人得异物以献之，道遇二童子，云：'此名为媦，在地下食死人脑。'媦乃言云：'彼二童子名陈宝，得雄者王，得雌者伯。'乃逐童子，化为雉。秦穆公大猎，果获其雌，为立祠。祭，有光、雷电之声。雄止南阳，有赤光长十余丈，来入陈仓祠中。"可与延维并观。

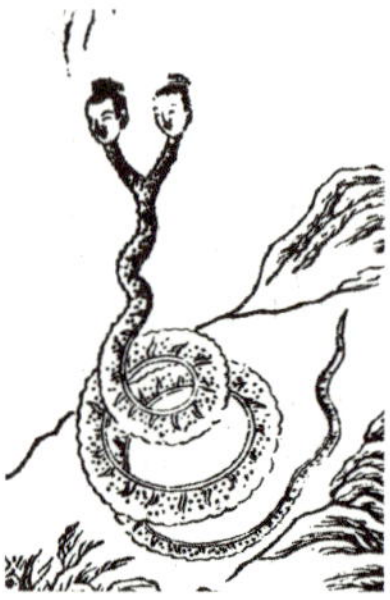

延维（蒋应镐图）

玖拾玖　相顾之尸

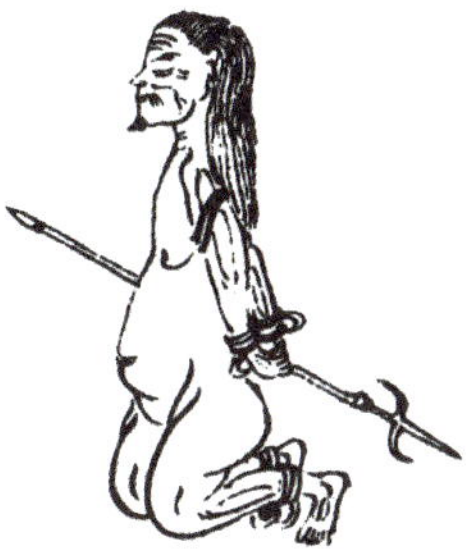

相顾之尸（汪绂图）

经　文

北海之内，有反缚盗械，带戈，常倍之佐，名曰相顾之尸。

——《海内经》

图　解

郭璞注："亦贰负臣危之类。"

颜师古《汉书·惠帝纪》注云："《山海经》贰负之臣、相柳之尸皆云盗械。"似颜师古所见《山海经》"相顾"作"相柳"。

元钞本郭璞《图赞》云："盗械之尸，谁者所执。"

异域篇

不死圖

壹　结匈国

结匈国（《古今图书集成·边裔典》卷一〇七）

经文

结匈国在西南，其为人结匈。南山在其东南。自此山来，虫为蛇，蛇号为鱼。一曰南山在结匈东南。

——《海外南经》

图解

郭璞注：“臆前胅出，如人结喉也。”

郝懿行疏：“《说文》云：‘胅，骨差也。读与跌同。’郭注《尔雅〔·释畜〕》‘犦牛’云：‘领上肉犦胅起。’义与此同。”

“匈”是“胸”的本字。《说文·肉部》云：“肊，胸骨也。”“臆”即《说文》“肊”字或体，故郭云“臆前胅出”即谓胸骨凸起。

结匈国（蒋应镐图）

贰　羽民国

羽民国（《边裔典》卷一〇七）

经　文

羽民国在其东南，其为人长头，身生羽。一曰在比翼鸟东南，其为人长颊。

——《海外南经》

有羽民之国，其民皆生毛羽。

——《大荒南经》

羽民国（汪绂图）

图　解

郭璞注：“能飞不能远，卵生，画似仙人也。”

郭璞《图赞》云：“鸟喙长颊，羽生则卵。矫翼而翔，能飞不远。人维倮属，何状之反。”

《博物志·外国》云：“羽民国，民有翼，飞不远，多鸾鸟，食其卵，去九疑四万三千里。”

郭璞注：“《启筮》曰：‘羽民之状，鸟喙赤目而白首。’”

郝懿行疏：“《文选·鹦鹉赋》注引《归藏·启〈殷〉筮》曰：‘金水之子，其名曰羽蒙，是生百鸟。’即此也，羽民、羽蒙声相转。”

《异域志》卷下“羽民国”条云：“在海东南岸巘间，有人长颊鸟喙，赤目白首，身生毛羽，能飞不能远，似人而卵生，穴处，即兽蝙蝠之类也。”

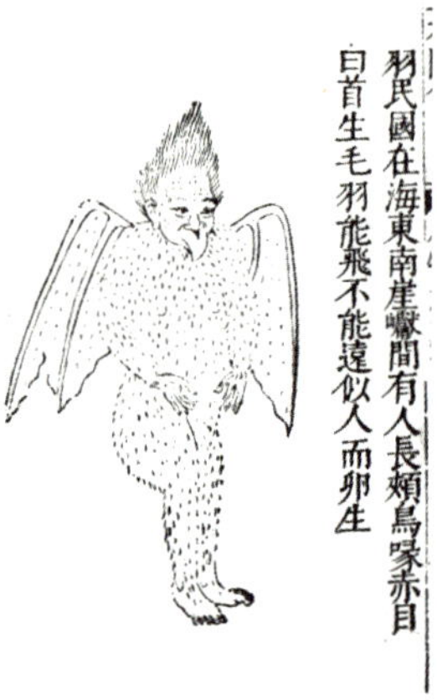

羽民国（《三才图会·人物》卷一四）

羽民国（吴任臣图）

羽民国（《异域图志》）

羽民国（蒋应镐图）

叁 讙头国

讙头国（《古今图书集成·边裔典》卷一〇七）

经文

讙头国在其南，其为人人面有翼，鸟喙，方捕鱼。一曰在毕方东。或曰讙朱国。

——《海外南经》

大荒之中，有人名曰驩头。鲧妻士敬，士敬子曰炎融，生驩头。驩头人面鸟喙，有翼，食海中鱼，杖翼而行。维宜芑、苣、穋、杨是食。有驩头之国。

——《大荒南经》

图解

郭璞注："讙兜，尧臣，有罪，自投南海而死。帝怜之，使其子居南海而祠之。画亦似仙人也。"

郭璞《图赞》云："讙国鸟喙，行则仗羽。潜于海滨，维食杞柜。实维嘉谷，所谓濡黍。"

郝懿行疏："《史记〔·五帝本纪〕》正义引《神异经》云：'南方荒中有人焉，人面鸟喙而有翼，两手足扶翼而行，食海中鱼。'即斯人也。"

《博物志·外国》曰："驩兜国，其民尽似仙人。帝尧司徒。驩兜民常捕海岛中，人面鸟口，去南国万六千里，尽似仙人也。"

《左传·文公十八年》云："昔帝鸿氏有不才子，掩义隐贼，好行凶德，丑类恶物，顽嚚不友，是与比周，天下之民谓之浑敦。"杜预注云："谓驩兜，浑敦，不开通之貌。"孔颖达疏云："服虔用《山海经》，以为'驩兜人面马喙'，浑敦亦为兽名。""马"当为"鸟"字之讹。《史记·五帝本纪》集解引贾逵云："帝鸿，黄帝也。"杜预注亦云："帝鸿，黄帝。"则驩兜为黄帝之子。丁惟汾《俚语证古》："驩兜为浑敦之双声音转。"浑敦，《史记·五帝本纪》作"浑沌"。章炳麟《新方言·释言》："《左传》'浑敦'，杜解谓不开通之貌。《庄子·应帝王篇》：'中央之帝为浑沌，无七窍'，亦此义也。今音转谓人不开通者为昏蛋。"昏蛋即浑蛋。

讙（huān）
驩（huān）
芑（qǐ）
苣（jù）
穋（lù）

讙头国（汪绂图）

讙头国（蒋应镐《海外南经》图）

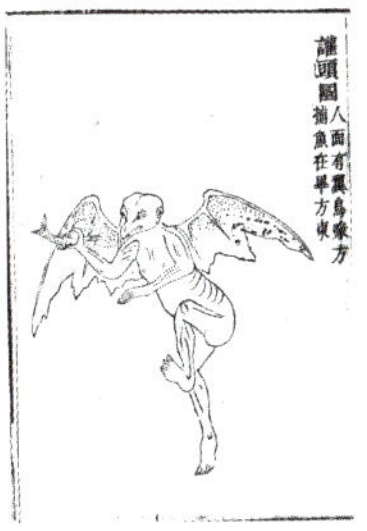

讙头国（吴任臣图）

肆 厌火国

厌火国（汪绂图）

经文

厌火国在其国南，兽身黑色，炎火出其口中。一曰在讙朱东。

——《海外南经》

图解

郭璞注："言能吐火，画似猕猴而黑色也。"

郭璞《图赞》云："有人兽体，厥状怪谲。吐纳炎精，火随气烈。推之无奇，理有不热。"

胡文焕《山海经图》卷下"厌火兽"条图说云："厌火国有兽身黑色，火出口中，状似猕猴，如人行坐。"《三才图会·鸟兽》卷四"厌火兽"条同。《事物绀珠》卷二十八"厌虎（火）兽"条云："似猕猴，黑身，口出火，如人行坐。"

《博物志·外国》云："厌光国民，光出口中，形尽似猨猴，黑色。"《博物志》"光"当为"火"字之讹。

厌火兽（蒋应镐图）

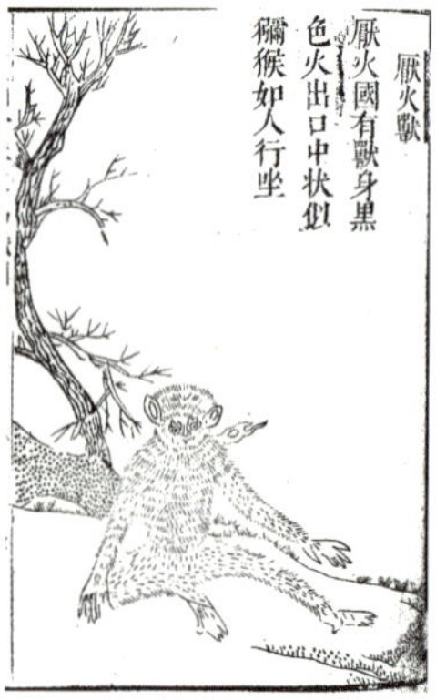

厌火兽（《三才图会·鸟兽》卷四）

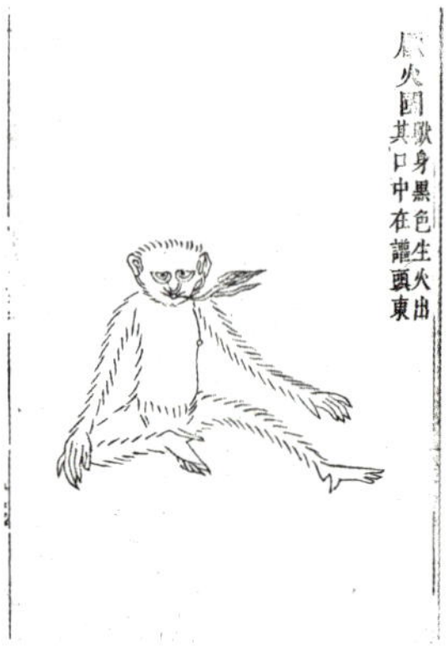

厌火国（吴任臣图）

厌火国（《古今图书集成·边裔典》卷一〇七）

伍 三苗国

苗民国（《古今图书集成·边裔典》卷一〇七、卷一三九）

经文

三苗国在赤水东，其为人相随。一曰三毛国。——《海外南经》

西北海外，黑水之北，有人有翼，名曰苗民。颛顼生驩头，驩头生苗民，苗民釐姓，食肉。——《大荒北经》

有人曰苗民。——《海内经》

釐（lí）

图解

郭璞注："昔尧以天下让舜，三苗之君非之，帝杀之。有苗之民叛入南海，为三苗国。"

郝懿行疏："《史记·五帝纪》云：'三苗在江淮、荆州数为乱。'正义曰：'《左传》云：自古诸侯不用王命，虞有三苗也。吴起云：三苗之国，左洞庭而右彭蠡。今江州、鄂州、岳州，三苗之地也。'案《周书·史记篇》云：'外内相间，下挠其民，民无所附，三苗以亡。'是三苗乃国名，高诱注《淮南·墬形训》既云：'三苗，国名，在豫章之彭蠡。'而注《修务训》又云：'浑敦、穷奇、饕餮三族之苗裔，谓之三苗。'非也。"

《太平御览》卷七九〇引《神异经》云："西北荒中有人焉，皆人形，而腋下有翼不能飞，名曰苗民，为人饕餮，淫逸无礼。"又引《外国图》云："昔唐以天下授虞，有苗之君非之。苗之民浮黑水，入南海，是为三苗民。去九疑三万三千里。"

《韩非子·外储说右上》云："尧欲传天下于舜，鲧谏曰：'不祥哉！孰以天下而传之于匹夫乎？'尧不听，举兵而诛杀鲧于羽山之郊。共工又谏曰：'孰以天下而传之于匹夫乎？'尧不听，又举兵而诛共工于幽州之都。于是天下莫敢言无传天下于舜。"则非尧者非仅三苗之君也。

苗民（蒋应镐《大荒北经》图）

臷（dié）
盼（bān）

臷国（《古今图书集成·边裔典》卷一〇七）

经文

臷国在其东，其为人黄，能操弓射蛇。一曰盛国在三毛东。

——《海外南经》

有臷民之国。帝舜生无淫，降臷处，是谓巫臷民。巫臷民盼姓，食谷，不绩不经，服也；不稼不穑，食也。爰有歌舞之鸟，鸾鸟自歌，凤鸟自舞。爰有百兽，相群爰处。百谷所聚。

——《大荒南经》

图解

“臷”原作“𢧀”，《玉篇》云：“臷，国名也，在三苗东。”《说文解字系传》“臷”字云：“《山海经》有‘臷氏国’，‘不绩不经，服也；不稼不穑，食也’。”所谓“臷氏国”，即《大荒南经》之“臷民之国”，今本亦讹作“𢧀”，可知宋初徐锴所见《山海经》尚作“臷”。段玉裁《说文解字注》云：“《山海经》‘臷国’‘臷民国’，今讹作‘𢧀’。”王念孙亦校改“𢧀”作“臷”。段、王校是。《广韵·屑韵》云：“臷，利也。又国名，在三苗国东，出《山海经》。”亦明著此经作“臷”，与《玉篇》合，今据改。

郭璞《图赞》云：“不蚕不丝，不稼不穑。百兽率儛，群鸟拊翼。是号臷民，自然衣食。”

臷国（蒋应镐图）

柒 贯匈国（穿匈国）

穿胸国（《古今图书集成·边裔典》卷九〇）

经文

贯匈国在其东，其为人匈有窍。一曰在盛国东。

——《海外南经》

图 解

郭璞注："《尸子》曰：'四夷之民有贯匈者，有深目者，有长肱者，黄帝之德常致之。'《异物志》曰：'穿匈之国去其衣则无自然者。'盖似效此贯匈人也。"

郝懿行疏："《淮南·墬形训》有'穿胸民'，高诱注云：'穿胸，胸前穿孔达背。'《文选》注王融《曲水诗序》引此经，又引《括地图》，文有脱误。《艺文类聚》九十六卷引《括地图》曰：'禹诛防风氏。夏后德盛，二龙降之。禹使范氏御之以行，经南方，防风神见禹，怒射之。有迅雷，二龙升去。神惧，以刃自贯其心而死。禹哀之，瘗以不死草，皆生，是名穿胸国。'《博物志〔·外国〕》亦同兹说，然黄帝时已有贯匈民，防风之说盖未可信。"

《太平御览》卷七九〇引《异物志》云："穿胸人，其衣则缝布二幅，合两头，开中央，以头贯穿，胸身不突穿。"

元陈元靓《事林广记》前集卷五云："贯胸国在盛国之东，其人胸有窍，尊者去其衣，令卑者以物贯其胸抬之。"

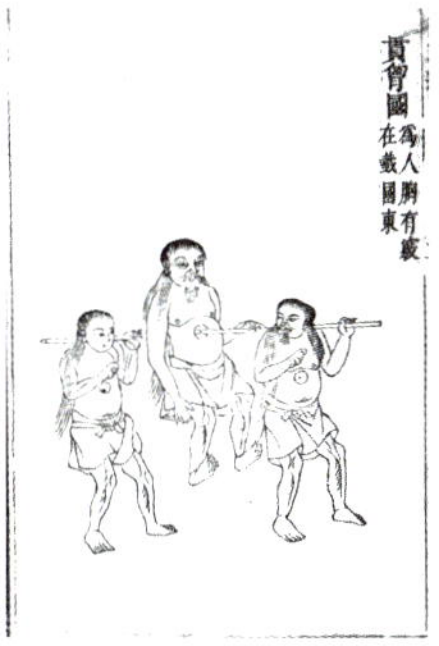

贯胸国（吴任臣图）

穿胸国（《三才图会·人物》卷一四）

穿胸国（《异域图志》）

贯匈国（蒋应镐图）

捌 交胫国

经文

交胫国在其东，其为人交胫。一曰在穿匃东。

——《海外南经》

交胫国（《万宝全书·京本嬴虫录》）

交胫国（汪绂图）

图解

郭璞注："言脚胫曲戾相交，所谓'雕题、交趾'者也。或作'颈'，其为人交颈而行也。"

《礼记·王制》云："南方曰蛮，雕题、交趾。"《后汉书·南蛮传》云："《礼记》称'南方曰蛮，雕题、交阯'，其俗男女同川而浴，故曰交阯。"《太平御览》卷一七二引《交州记》云："南定县人足骨无节，身有毛，卧者更扶始得起。故《山海经》云：'交胫人国脚胫曲戾相交，所以谓之交趾。'"所引此经"人国"当为"国人"之倒，"脚胫曲戾相交，所以谓之交趾"则为郭注。《三才图会·人物》卷十四"交胫国"条云："交胫国国人脚胫曲戾而相交。"

交胫国（《三才图会·人物》卷一四）

交胫国（《古今图书集成·边裔典》卷一〇七）

交胫国（《异域图志》）

交胫国（吴任臣图）

玖 不死国

不死国（《古今图书集成·边裔典》卷一〇七）

经文

不死国在其东，其为人黑色，寿而不死。一曰在交胫东。

——《海外南经》

有不死之国，阿姓，甘木是食。

——《大荒南经》

图解

“不死国”原作“不死民”，而《海外四经》与《海内四经》所叙皆作“某某国”，此独异，非也。郭璞《图赞》小题作“不死国”，知郭璞所见《山海经》本作“不死国”，《太平御览》卷七九〇引此经正作“不死国”，今据改。

郝懿行疏：“《楚词·远游》云：‘仍羽人于丹丘兮，留不死之旧乡。’王逸注引此经言‘有不死之民’。《天问》云：‘何所不死？’王逸注引《括地象》曰‘有不死之国也。’《吕氏春秋·求人篇》云：‘禹南至不死之乡。’”

郭璞注：“有员丘山，上有不死树，食之乃寿。亦有赤泉，饮之不老。”

郭璞注：“甘木，即不死树，食之不老。”

郭璞《图赞》云：“有人爰处，员丘之上。赤泉驻年，神木养命。禀此遐龄，悠悠无竟。”

陶渊明《读山海经十三首》之一云：“自古皆有没，何人得灵长。不死复不老，万岁如平常。赤泉给我饮，员丘足我粮。方与三辰游，寿考岂渠央。”

不死国（《学海群玉·赢虫录》）

不死国（蒋应镐图）

不死国（《三才图会·人物》卷一四）

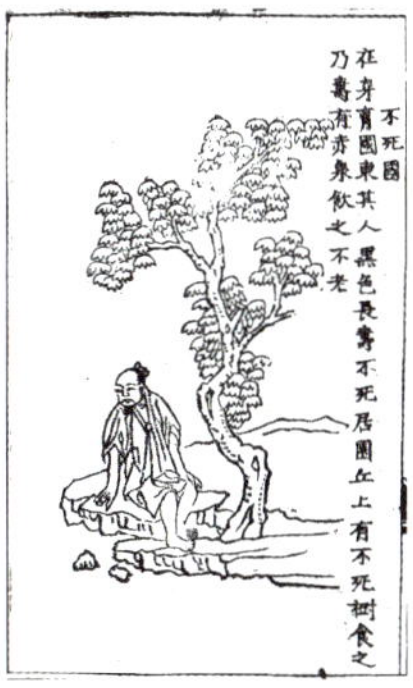
不死国（《异域图志》）

拾　反舌国

经　文

反舌国在其东，其人反舌。一曰在不死东。

——《海外南经》

岐舌国（《古今图书集成·边裔典》卷一〇七）

图　解

“反舌”原作“岐舌”，《艺文类聚》卷十七、《太平御览》卷三六七引此经俱作“反舌”，今据改。《淮南子·墬形训》作“反舌民”，马宗霍《淮南子参证》云：“《海外南经》作岐舌国，郭璞注云：‘其人舌皆岐，或云支舌也。’支与反相近，《淮南》所据《山海经》当为古本，疑《山海经》原作‘反舌’，一误为‘支’，再误为‘岐’，郭氏遂就‘岐’字为释耳。”其说是也。《御览》卷七九〇引此经作“支舌”，《藏经》本郭璞《图赞》小题同，“反”讹作“支”，为其一误；今本作“岐”，盖后人以“支舌”无义而改作“岐”，为其再误。然马氏据此注以为郭璞所见本已误作“岐舌”则非是。《广弘明集》卷三梁江淹《遂古篇》云：“穷陆溟海，又有民兮。长股深目，岂君臣兮。丈夫女子，及三身兮。结胸反舌，一臂人兮。跂踵交胫，与羽民兮。不死之国，皆何因兮。”所举诸民，既见于《淮南子》，又见于《山海经》。《淮南子》“长股”作“修股”，为避刘安父讳而改；“交胫”作“交股”，“不死国”作“不死民”，凡此皆可证江淹所据必为《山海经》而非《淮南子》。《山海经》自郭璞注后，世上所传皆为郭璞注本。陶渊明稍后于郭璞，其《读山海经十三首》所据已为郭璞注本。江淹后于郭璞近二百年，所据亦必为郭璞注本。《遂古篇》既作“反舌”，可反证郭璞注本亦当作“反舌”也。

“其人反舌”四字原无，此经记诸国，皆有“其为人”云云，此独缺，非也，《艺文类聚》卷十七、《太平御览》卷三六七引此经俱有此四字，今据增。

《淮南子·墬形训》有“反舌民”，在穿胸民之次，高诱注：“语不可知而自相晓。一说舌本在前，不向喉，故曰反舌也。南方之国名也。”

反舌国（蒋应镐图）

拾壹　凿齿

经　文

羿与凿齿战于寿华之野，羿射杀之。在昆仑虚东。羿持弓矢，凿齿持盾。一曰戈。

——《海外南经》

有人曰凿齿，羿杀之。

——《大荒南经》

鑿齒國

凿齿国（《古今图书集成·边裔典》卷一〇七）

图　解

郭璞注："凿齿，亦人也，齿如凿，长五六尺，因以名云。"

毕沅云："《淮南子·齐俗篇》云：'尧之时，凿齿为民害。尧乃使羿诛凿齿于畴华之野。'高诱注云：'凿齿，兽名，齿彻颔下，而持戈盾。'案高诱云'兽名'，以凿齿与封豨、脩蛇并列，其实非也。"

郝懿行疏："《淮南·本经训》云：'尧之时，凿齿为民害。尧乃使羿诛凿齿于畴华之野。'高诱注云：'凿齿，兽名，齿长三尺，其状如凿，〔下〕彻颔下，而持戈盾。畴华，南方泽名。'又注《墬形训》'凿齿民'云：'吐一齿出口下，长三尺。'大意与郭注同，唯以凿齿为兽，非也。李善注《长阳赋》引服虔云：'凿齿齿长五尺，似凿，亦食人。'与郭义近。畴华即寿华。"

郭璞《图赞》云："凿齿人类，实有杰牙。猛越九婴，害过长蛇。尧乃命羿，毙之寿华。"

拾贰 三首国

三首国（汪绂图）

经文

三首国在其东，其为人一身三首。一曰在凿齿东。

——《海外南经》

图解

郭璞《图赞》云:“虽云一气，呼吸异道。观则俱见，食则皆饱。物形自周，造化非巧。”

毕沅云 :“《淮南子 · 墬形训》有‘三头民’，高诱注云 :‘身有三头也。’即此。《吕氏春秋〔·求人〕》云 :‘禹西至三面之乡。’”毕校引证《吕氏春秋》“三面之乡”，非也。三面之乡在西方，非此三首国也。

郝懿行疏:“《海内西经》云:‘有三头人，伺琅玕树。’即斯类也。”

《三才图会·人物》卷十四“三首国”条作“三首国在夏后启北，其人一身三首”，“在夏后启北”者为三身国，而《三才图会》又云“三身国在凿齿国东”，盖互误也。

三首国（《古今图书集成·边裔典》卷一〇七）

三首国（蒋应镐图）

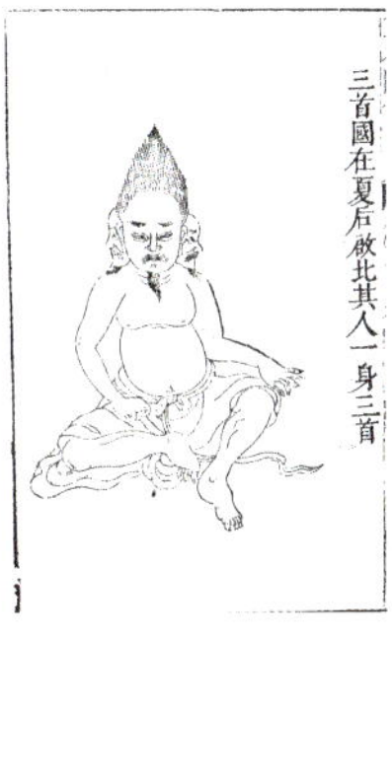

三首国（《三才图会·人物》卷一四）

三身国（《万宝全书·京本赢虫录》）

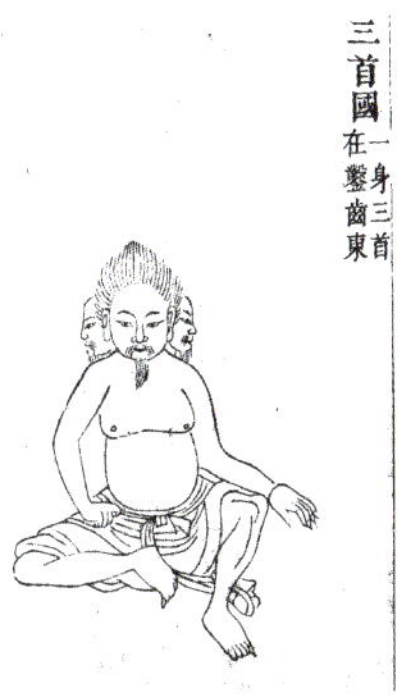

三首国（吴任臣图）

拾叁　周饶国（焦侥国）

经文

周饶国在其东，其为人短小，冠带。一曰焦侥国在三首东。

——《海外南经》

有小人，名曰焦侥之国，几姓，嘉谷是食。

——《大荒南经》

周饶国（蒋应镐《海外南经》图）

图解

郭璞注："《外传》云：'焦侥民长三尺，短之至也。'《诗含神雾》曰：'从中州以东四十万里，得焦侥国，人长尺五寸也。'"

郭璞《图赞》云："群籁舛吹，气有万殊。大人三丈，焦侥尺余。混之一归，此亦侨如。"

毕沅云："《淮南子·墬形训》无此国。周饶即僬侥，音相近也。《周书·王会》有'周头国'，即此。《国语〔·鲁语下〕》曰：'僬侥国人，长三尺，短之至也。'韦昭注云：'僬侥，西南蛮之别名也。'《列子·汤问篇》云：'夏革曰：从中州以东四十万里，得僬侥国人，长一尺五寸。'《淮南子·墬形训》云：'西南方曰僬侥。'高诱注云：'长不满三尺。'《说文》〔'羌'字〕云：'西南僰人、僬侥，从人，盖在坤地，颇有顺理之性。'《括地志》云：'小人国在大秦南，人才三尺，其耕稼之时，惧鹤所食，大秦〔卫〕助之，即僬侥国，其人穴居也。'见《史记〔·大宛列传〕》正义。"

郝懿行疏："'周饶'亦'僬侥'声之转，又声转为'朱儒'。《〔三国志·〕魏志·东夷传》云：'女王国，又有侏儒国在其南，人长三四尺，去女王四千余里。'盖斯类也。"

《太平御览》卷三七八引《外国图》云："僬侥国人长一尺六寸，迎风则偃，背风则伏，眉目具足，但野宿。一曰僬侥长三尺，其国草木夏死而冬生，去九疑三万里。"

焦侥国（蒋应镐《大荒南经》图）

拾肆 长臂国

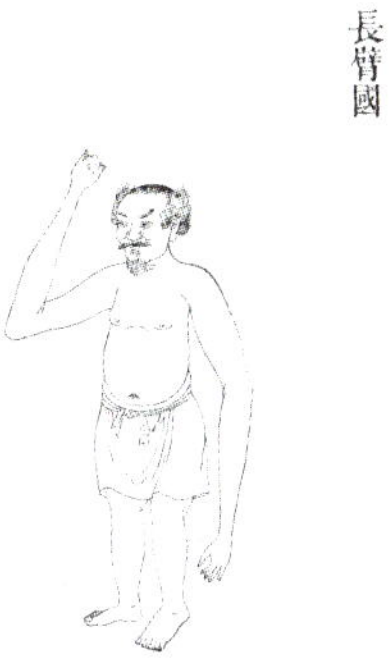

长臂国（《古今图书集成·边裔典》卷九六）

经文

长臂国在其东，捕鱼水中，两手各操一鱼。一曰在焦侥东，捕鱼海中。

——《海外南经》

图解

郭璞注："旧说云：其人手下垂至地。魏黄初中，玄菟太守王颀讨高句丽王宫，穷追之，过沃沮国，其东界临大海，近日之所出，问其耆老，海东复有人否？云：尝在海中得一布褐，身如中人衣，两袖长三丈，即此长臂人衣也。"

郭璞《图赞》云："双臂三丈，体如中人。彼曷为者，长臂之民。修脚是负，捕鱼海滨。"

毕沅云："《淮南子·墬形训》有'修臂国（民）'，高诱注云：'一国民皆长臂，臂长于身，南方之国也。'"

郝懿行疏："《穆天子传》〔卷二〕云：'乃封长肱于黑水之西河。'郭注云：'即长臂人也，身如中国，臂长三丈，魏时在赤海中得此人裾也。'案郭注与此注同，其'中国'当为'中人'字之讹也。"

长臂国（汪绂图）

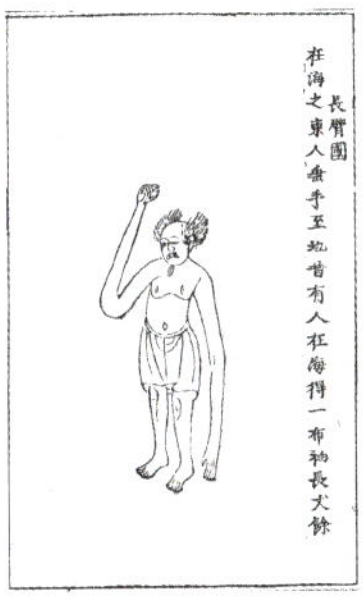

长臂国（《异域图志》）

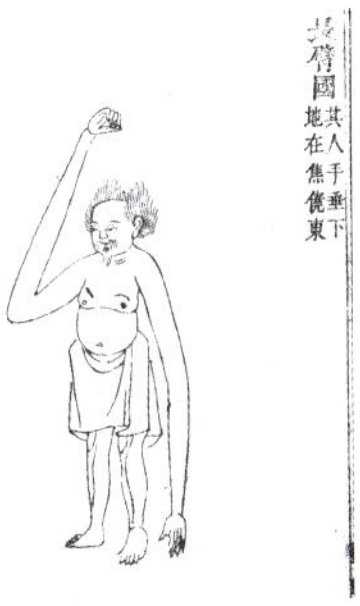

长臂国（吴任臣图）

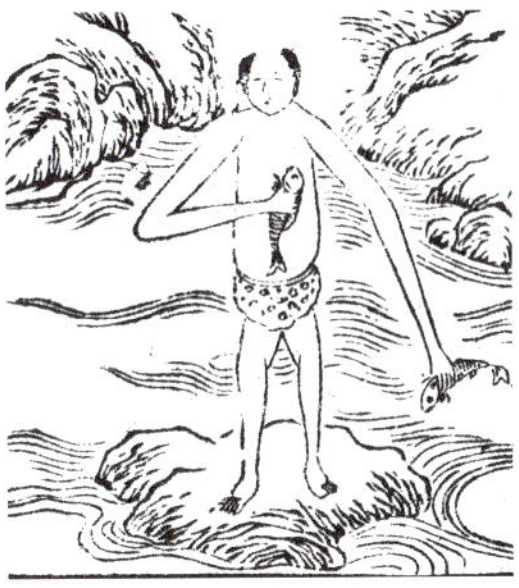
长臂国（蒋应镐图）

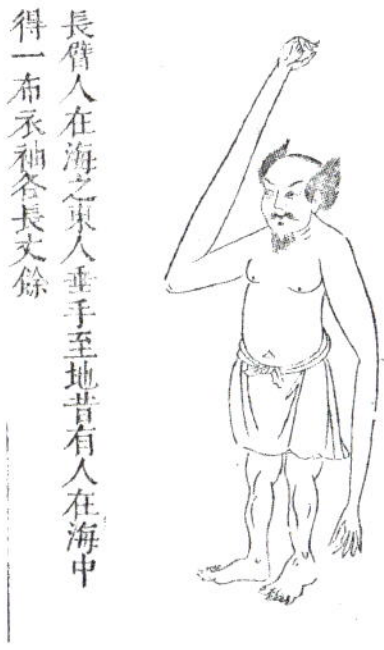

长臂国（《三才图会·人物》卷一四）

长臂国（《万宝全书·京本赢虫录》）

拾伍　三身国

经　文

三身国在夏后启北，一首而三身。

——《海外西经》

大荒之中，有不庭之山，荥水穷焉。有人三身，帝俊妻娥皇，生此三身之国，姚姓，黍食，使四鸟。

——《大荒南经》

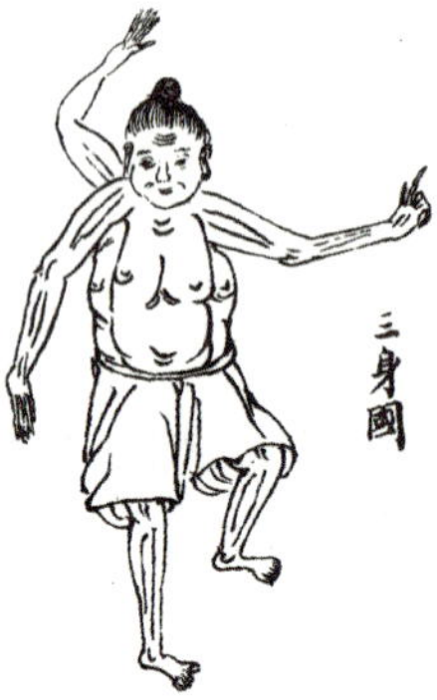

三身国（汪绂图）

荥（xíng）

图　解

吴任臣云：“《淮南子〔·墬形训〕》：‘自西北至西南方，有三身民。’注云：‘三身民，一头三身。’江淹《遂古篇》：‘丈夫女子，至三身兮。’”

郝懿行疏：“《艺文类聚》三十五卷引《博物志》云：‘三身国，一头三身三手。’今此经无‘三手’字。”

《三才图会·人物》卷十四“三身国”条作“三身国在凿齿国东，其人一首三身”，“在凿齿国东”者为三首国，而《三才图会》又云“三首国在夏后启北”，盖互误也。

三身国（蒋应镐《海外西经》图）

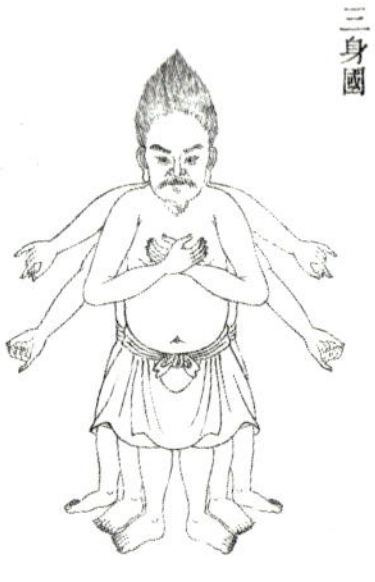

三身国（《古今图书集成·边裔典》卷八七、卷一〇七）

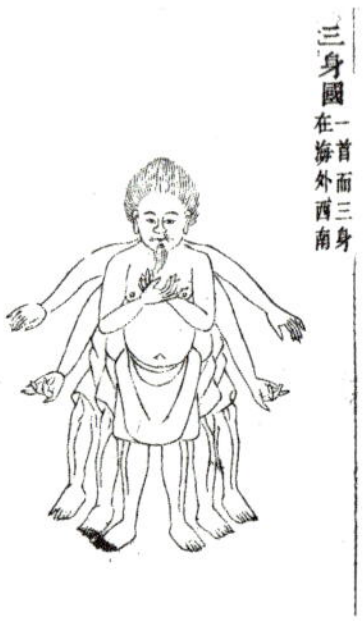

三身国（吴任臣图）

三身国（蒋应镐《大荒南经》图）

三身国（《异域图志》）

一臂国（《古今图书集成·边裔典》卷八七）

经文

一臂国在其北，一臂一目一鼻孔。有黄马，虎文。一目（曰）一手。

——《海外西经》

有一臂民。

——《大荒西经》

图　解

郝懿行疏："郭注《尔雅·释地》'比肩民'云：'此即半体之人，各有一目一鼻孔一臂一脚。'盖本此经为说也。"

郭璞《图赞》云："品物流形，以散混沌。增不为多，减不为损。厥变难原，请寻其本。"

经文"一目"，"目"当为"曰"字之讹。《海外北经》云："深目国，为人举一手，一目在共工台东。"目，郭注云："一作'曰'。"正同此例。"一曰一手"指"一臂"或作"一手"也。《太平御览》卷三七〇引此经即云"一臂国，为人一手"。

一臂国（《万宝全书·京本赢虫录》）

一臂国（蒋应镐图）

一臂国（汪绂图）

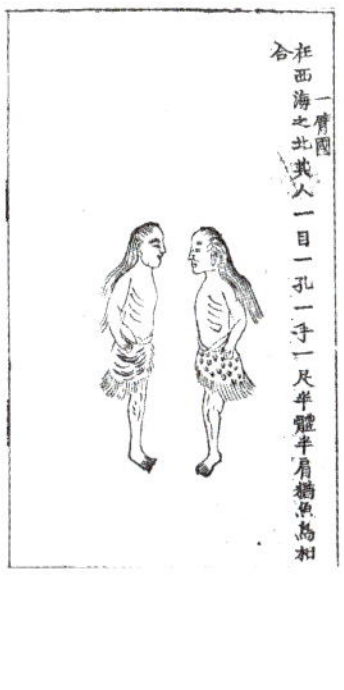

一臂国（《异域图志》）

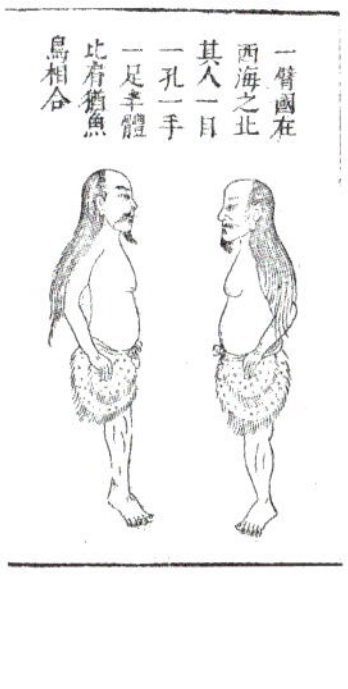

一臂国（《三才图会·人物》卷一三）

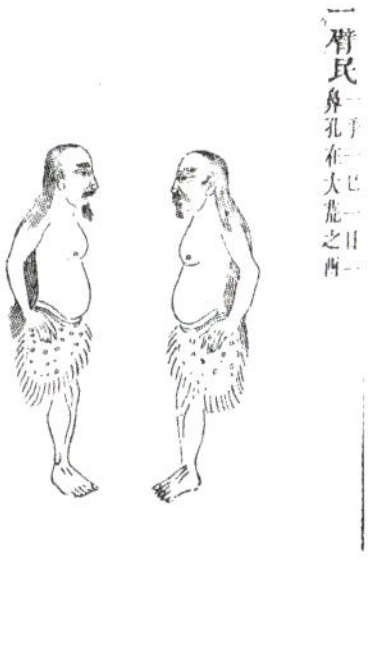

一臂国（吴任臣图）

拾柒　奇肱国

奇肱国（汪绂图）

经文

奇肱之国在其北，其人一臂三目，有阴有阳，乘文马。有鸟焉，两头，赤黄色，在其旁。

——《海外西经》

图解

郭璞注：“其人善为机巧，以取百禽。能作飞车，从风远行。汤时得之于豫州界中，即坏之，不以示人。后十年，西风至，复作遣之。”

郭璞《图赞》云：“妙哉工巧，奇肱之人。因风构思，制为飞轮。凌颓隧轨，帝汤是宾。”

《淮南子·墬形训》记载有“海外三十六国”，依据的就是古本《山海经》，其中“自西北至西南方”的九个国家中有“奇股民、一臂民、三身民”。《海外西经》的叙述方位顺序是从西南方到西北方，与《淮南子》的叙述方位顺序刚好相反。而《海外西经》此节奇肱国前面依次是一臂国、三身国，故《淮南子》的“奇股民、一臂民、三身民”与此经的“三身国、一臂国、奇肱国”正好一一对应。这里出现了“奇肱”与“奇股”的差异，那么谁是正确的呢？马宗霍先生云：“‘股’与‘肱’异义，未审孰是。”表现出审慎的态度。

袁珂先生《山海经校注》云：“《淮南·墬形篇》作‘奇股’。高诱注云：‘奇，只也；股，脚也。’则是独脚人矣。以较独臂，似独脚于义为长。假令独臂，则‘为机巧’‘作飞车’乃戛戛乎其难矣；亦唯独脚，始痛感行路之艰，翱翔云天之思斯由启矣：故‘奇股’乃胜于‘奇肱’。”奇肱国人“为机巧”“作飞车”者，乃《博物志》所载的后起传说，与此经关系不大。此经说的是“乘文马”，而对于乘马而言，独臂人显然要优于独脚人。因此袁先生认为“‘奇股’

奇肱国（蒋应镐图）

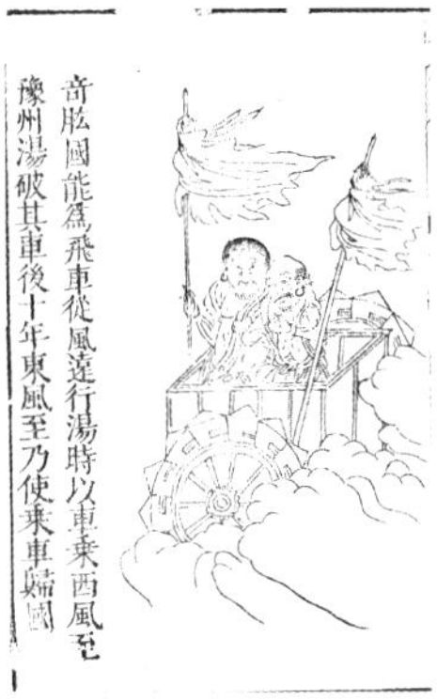

奇肱国（《三才图会·人物》卷一四）

乃胜于‘奇肱’”，证据不足。

赵逵夫先生赞同袁先生之说，并补充论据说：“‘肱’即臂，‘奇肱’即一臂。此条之上一条即一臂国：‘一臂国在其北，一臂、一目、一鼻孔。有黄马，虎文。一目而一手。’前一条既已说过一臂国，有关形天的一条便不当又是‘奇肱国’，而应是‘奇股国’。郭璞注言‘肱或作弘’，可见在晋代以前已误。”（赵逵夫：《滋兰斋文选》，复旦大学出版社，2016年，第5~6页。）赵说证据十分薄弱，不能因为上文已有“一臂国”，下文就不能是“奇肱国”。何况此经明言“其人一臂”，与“奇肱”之称名一致。若果真作“奇股”，据此经文例，则当言“其人一股”或“其人一足”，然“臂”与“股”“足”二字字形皆相差甚远，无由致误。赵逵夫先生引此经文，于“其人一臂”的“臂”字后括注“股”字，显然已经看出“长股国”与“其人一臂”记载之间的矛盾，只好改“一臂”为“一股”来就己说。

张步天先生《山海经解》云：“‘奇’，只也，‘奇肱’即独肱，亦是独臂之意，似与经文‘其人一臂’相合。《淮南子·地形训》‘海外三十六国’‘自西北至西南方’有‘奇股民’，即独脚人，则与奇肱之国不符矣。若以下文‘有鸟’‘在其旁’暗示此国人善于捕鸟度之，捕鸟或以弓矢，或用弹弓，均须双手灵活，则知‘奇肱’为‘奇股’之讹。据此，疑‘其人一臂三目’为正面侧身之形像（象）。”此段论证，如“有鸟”即暗示捕鸟，“一臂”为侧身之形象，几乎全是想象之词，因此认为“奇肱”为“奇股”之讹的结论的论据并不充分。

我们认为，此经作“奇肱”不误，而《淮南子·墬形训》作“奇股”，疑为“奇肱”之误。《淮南子·氾论训》云：“奇肱、修股之民。”高诱注云：“奇肱、修股之民在西南方。”“奇肱”即此经“奇肱国”，而“修股”即《海外西经》“长股之国”，都是基于《山海经》而立说，可证《氾论训》的作者所见《山海经》正作“奇肱”。

我们认为“奇肱”不误的一个关键证据是《吕氏春秋》的记载。《吕氏春秋》为战国末期的著作，稍晚于《山海经》的写作时期。《吕氏春秋·求人》谓禹：“西至……其肱、一臂、三面之乡。”毕沅《吕氏春秋新校正》云：“‘其肱’疑即《海外西经》之‘奇肱’，所谓‘一臂三目’者是也。”奇肱国、一臂国即本此经为说，尤可证古本《海经》作“奇肱”矣。《吕氏春秋·知度》又云：“禹曰：‘若何而治青北、化九阳、奇怪之所际？’”孙诒让《札迻》卷六以“奇怪”即“奇肱”之讹，云：“‘肱’，《说文》作‘厷’，与‘怪’形近，故讹。”可证“奇肱”之名，古已有之。

《大荒南经》云：“有人名曰张弘，在海上捕鱼。海中有张弘之国。”郭璞注云：“或曰即奇肱人。”《大荒西经》云：“有人名曰吴回，奇左，是无右臂。”郭璞注云：“即奇肱也。”郭氏两引“奇肱”为注，则郭璞所见本必作“奇肱”耳。

奇肱国（《古今图书集成·边裔典》卷四五）

奇肱国（吴任臣图）

奇肱国（《异域图志》）

拾捌　丈夫国

丈夫国（《古今图书集成·边裔典》卷八七）

经　文

丈夫国在维鸟北，其为人衣冠带剑。

——《海外西经》

有丈夫之国。

——《大荒西经》

图　解

郭璞注："殷帝太戊使王孟采药于西王母，至此绝粮，不能进，食木实，衣木皮，终身无妻，而生二子，从形中出，其父即死，是为丈夫民。"

郭璞《图赞》云："阴有偏化，阳无产理。丈夫之国，王孟是始。感灵所通，桑石无子。"

毕沅云："《淮南子·墬形训》有'丈夫民'，高诱注云：'其状皆如丈夫，衣黄衣冠，带剑。'"

《太平御览》卷三六一引《玄中记》云："丈夫民，殷帝大戊使王英采药于西王母。至此绝粮，不能进，乃食木实，衣以木皮，终身无妻，产子二人，从背胁间出，其父则死，是为丈夫民，去玉门二万里。"

丈夫国（蒋应镐图）

拾玖　巫咸

经文

巫咸在女丑北，右手操青蛇，左手操赤蛇，在登葆山，群巫所从上下也。

——《海外西经》

巫咸国《古今图书集成·边裔典》卷八七

图解

“巫咸”下原有“国”字，元钞本无，郭璞《图赞》小题作“巫咸”而不作“巫咸国”，《御览》卷五十引此经作“巫咸之神，以右手操青蛇，左手操赤蛇，在葆登，群巫所从上下也”，亦无“国”字，可证元钞本是，今据删。

郭璞注：“采药往来。”

郭璞《图赞》云：“群有十巫，巫咸所统。经枝是搜，术艺是综。采药灵山，随时登降。”

贰拾 女子国

女国（《古今图书集成·边裔典》卷四一）

经文

女子国在巫咸北，两女子居水，周之。一曰居一门中。

——《海外西经》

有女子之国。

——《大荒西经》

图解

郭璞注："有黄池，妇人入浴，出即怀妊矣。若生男子，三岁辄死。周，犹绕也。《离骚》曰：'水周于堂下也。'"

郭璞《图赞》云："简狄有吞，姜嫄有履。女子之国，浴于黄水。乃娠乃字，生男则死。"

毕沅云："《淮南子·墬形训》有'女子民'，高诱注云：'其貌无有须，皆如女子也。'《三国志〔·魏书·乌丸鲜卑东夷传〕》云：'沃沮耆老言有一国在海中，纯女无男。'则高诱说非。"

郝懿行疏："《太平御览》三百六十卷引《外国图》曰：'方丘之上暑湿，生男子，三岁而死。有潢水，妇人入浴，出则乳矣。是去九嶷二万四千里。'今案潢水即此注所谓黄池矣。《〔三国志·〕魏志〔·东夷传〕》云：'沃沮耆老言：有一国在海中，纯女无男。'《后汉书·东夷传》云：'或传其国有神井，窥之辄生子。'亦此类也。"

经文"周"上当脱"水"字，故郭注引"水周于堂下"为证。《太平御览》卷七九〇引此经作"外周之"，"外"即"水"字之讹。

女人国（《古今图书集成·边裔典》卷四二）

女人国（《三才图会·人物》卷一二）

女子国（蒋应镐图）

贰拾壹　轩辕国

经文

轩辕之国在此穷山之际，其不寿者八百岁。在女子北。人面蛇身，尾交首上。

——《海外西经》

轩辕国（汪绂图）

图解

郭璞注："其国在山南边也。《大荒经》曰：'岷山之南。'"

郭璞《图赞》云："轩辕之人，承天之祜。冬不袭衣，夏不扇暑。犹气之和，家为彭祖。"

《庄子·盗跖》云："人上寿百岁，中寿八十，下寿六十。"

闻一多《古典新义·周易义证类纂》引此经，云："以《天官书》'权，轩辕，轩辕黄龙体'证之，是蛇身而尾交首上者即卷龙。其星谓之权者，亦当读为卷。"

轩辕国（蒋应镐图）

贰拾贰　肃慎国

肃慎国（蒋应镐《海外西经》图）

经文

肃慎之国在白民北，有树名曰雒常，先人代帝，于此取衣。

——《海外西经》

大荒之中，有山名曰不咸。有肃慎之国。

——《大荒北经》

图　解

郭璞注：“其俗无衣服，中国有圣帝代立者，则此木生皮可衣也。”

郝懿行疏：“《穆天子传》〔卷四〕云：‘至于苏谷，骨飦氏之所衣被。’郭注云：‘言谷中有草木皮可以为衣被。’《广韵〔·线韵〕》云：‘㮬，青木，皮叶可作衣，似绢，出西域乌耆国。’亦此类也。”

肃慎（《万物绘本大全图》）

经文

长股之国在雒常北，被发。一曰长脚。

——《海外西经》

西北海之外，赤水之东，有长胫之国。

——《大荒西经》

长脚国（《三才图会·人物》卷一四）

图解

郭璞注："国在赤水东也。长臂人身如中人而臂长三丈，以类推之，则此人脚过三丈矣。黄帝时至。或曰：长脚人常负长臂人入海中捕鱼也。"

吴任臣云："《竹书纪年》：'黄帝五十九年，长股氏来宾。'《穆天子传》〔卷二〕：'天子乃封长肱于黑水之西河，是曰留骨之邦。'即长股也。《淮南子〔·墬形训〕》海外三十六国有修股民，又《泛论训》曰：'奇肱、修股之民，是非各异，习俗相反。'江淹《遂古篇》云：'长股深目，岂君臣兮。'"

郭璞《图赞》云："双臂三丈，体如中人。彼曷为者，长臂之人。修脚是负，捕鱼海滨。"

郭璞注："或曰有乔国，今伎

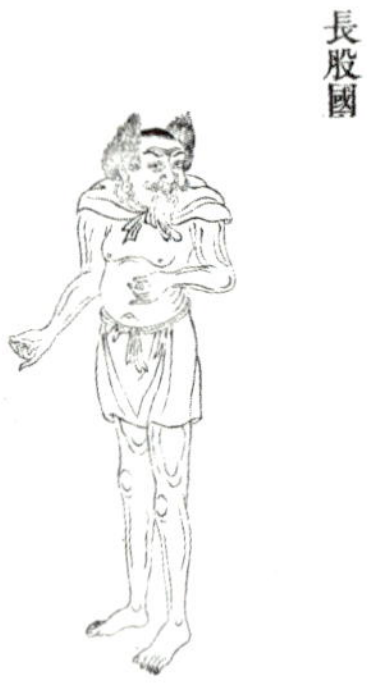

长股国（《古今图书集成·边裔典》卷四五）

长胫国（蒋应镐《大荒西经》图）

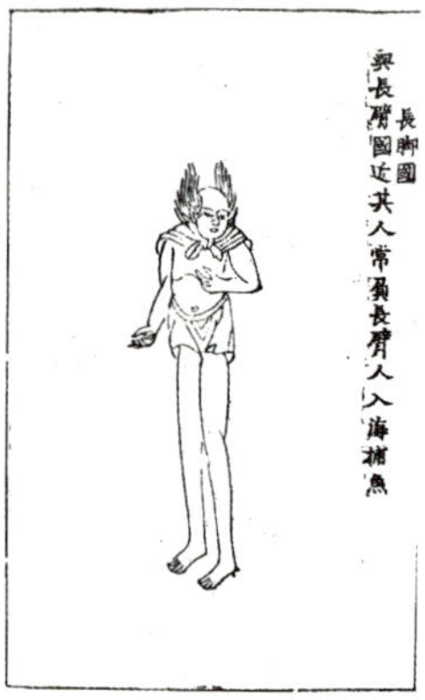

长脚国（《异域图志》）

长脚国（《万物绘本大全图》）

家乔人，盖象此身。”

吴任臣云：“乔人，双木续足之戏，今曰蹁蹻。”

《事林广记》前集卷五云：“长臂国在海之东，其人垂手至地。昔有人在海中得布衣，两袖长丈有余。又有长脚人，常负长臂人入海捕鱼，今之橇（与轿同）人盖象此也，与长臂国相连。”《三才图会·人物》卷十四“长脚国”条云：“长脚国人与长臂国近，其人常负长臂人入海捕鱼。”

长股国（蒋应镐《海外西经》图）

长股国（汪绂图）

长股国（吴任臣图）

长脚国（《万宝全书·京本赢虫录》）

贰拾肆　无脊国

脊（qǐ）

经文

无脊之国在长股东，为人无脊。

——《海外北经》

无脊国（汪绂图）

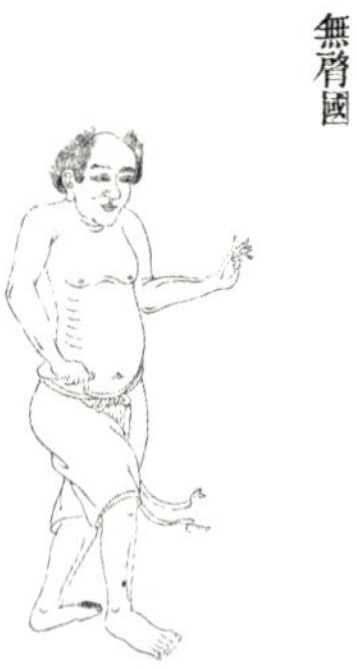

无脊国（《古今图书集成·边裔典》卷一三九）

图解

郭璞注："脊，肥肠也。其人穴居，食土，无男女，死即薶之，其心不朽，死百廿岁，乃复更生。"

郭璞《图赞》云："万物相传，非子则根。无脊因心，构肉生魂。所以能然，尊形者存。"

《博物志·异人》云："无启民，居穴食土，无男女。死埋之，其心不朽，百年还化为人。细民，其肝不朽，百年而化为人。皆穴居处，二国同类也。"

《酉阳杂俎·境异》云："无启民，居穴食土。其人死，其心不朽，埋之，百年化为人。録民，膝不朽，埋之，百二十年化为人。细民，肝不朽，埋之，八年化为人。"

《太平御览》卷七九七引《外国图》云："无继民，穴居食土，无夫妇。死则埋之，心不朽，百年复生。去玉门四万六千里。"

《事林广记》前集卷五云："无脊国在北海外，为人无脊，穴居，死即埋之，其心不朽，二千岁乃复生之。"《永乐大典》卷三〇〇七引此注作"脊，即肠也。其人穴居，男女死即埋之，其心不朽，死经二千岁乃复生也"。

《异域志》卷下"无脊国"条云："在东海中，人无肥肠，食土穴居。男女死即埋之，其心不朽，百年化为人。録民，膝不朽，埋之，百二十年化为人。细民，肝不朽，埋之，八年化为人。"《三才图会·人物》卷十四"无脊国"条略同《异域志》。

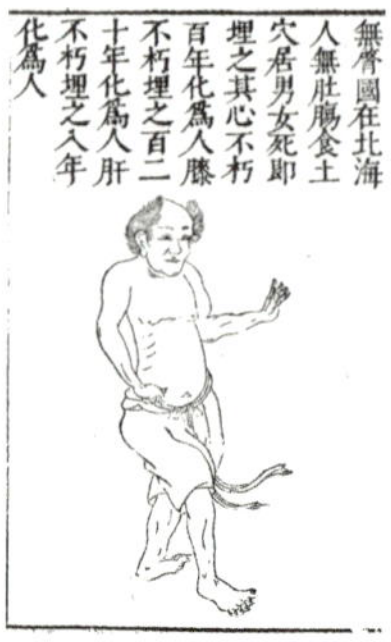

无脊国（《三才图会·人物》卷一四）

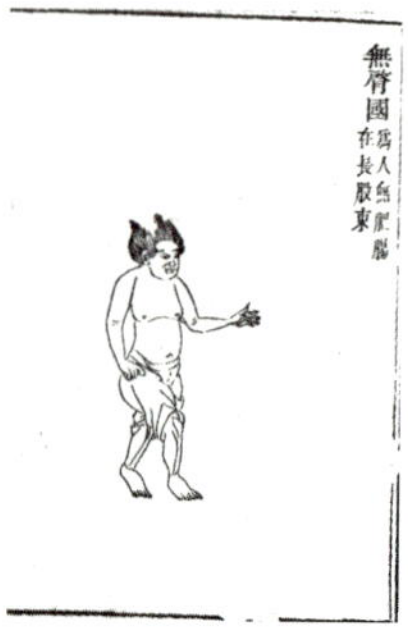

无脊国（吴任臣图）

贰拾伍　一目国

一目国（《古今图书集成·边裔典》卷一三九）

经　文

一目国在其东，其为人一目，中其面而居。一曰有手足。

——《海外北经》

有人一目，当面中生。一曰（目）是威姓，少昊之子，食黍。

——《大荒北经》

图　解

郭璞《图赞》云："苍四不多，此一不少。子野冥瞽，洞见无表。形犹逆旅，所贵维眇。"

《淮南子·墬形训》云："西北方曰一目。"高诱注云："国人一目，在面中央。"

《异域志》卷下"一目国"条云："在北海外，其人一目当其面，而手足皆具也。"《三才图会·人物》卷十三"一目国"条同。

一目国（《万宝全书·京本赢虫录》）

一目国（汪绂图）

一目国（蒋应镐《海外北经》图）

一目国（蒋应镐《大荒北经》图）

一目国（《异域图志》）

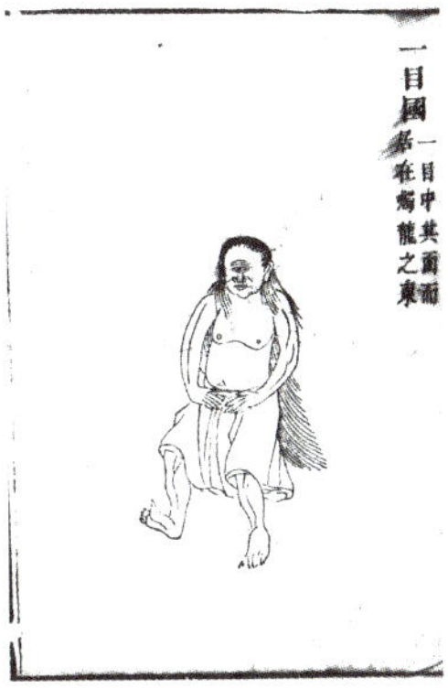

一目国（吴任臣图）

贰拾陆　柔利国

经文

柔利国在一目东，为人一手一足，反膝，曲足居上。一曰留利之国，人足反折。

——《海外北经》

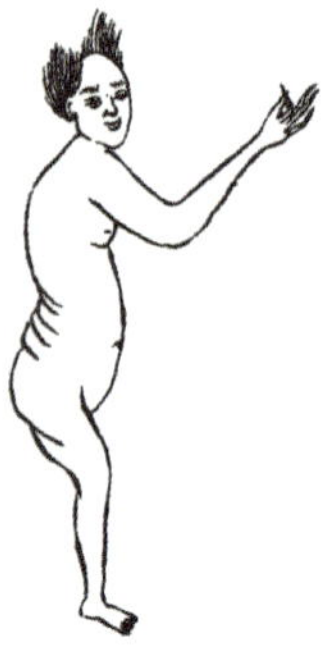

柔利国（汪绂图）

图解

郭璞注："一脚一手反卷曲也。"

郭璞《图赞》云："柔利之人，曲脚反肘。子求之容，方此无丑。所贵者神，形于何有。"

郝懿行疏："《博物志〔·异人〕》作'子利国人，一手二足，拳反曲'，疑'二'当为'一'，'子'当为'柔'，并字形之讹也。"

《事林广记》前集卷五云："柔利国，其人反膝，曲足居上，一手一足。"《异域志》卷下"柔利国"条云："国人类妖，非人比也，曲膝向前，一手一足。《山海经》云：'在一目国东。'"

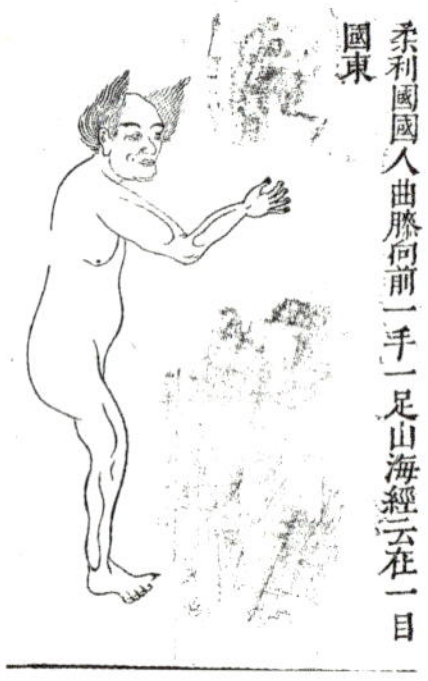

柔利国（《三才图会·人物》卷一四）

柔利国（蒋应镐图）

柔利国（《万宝全书·京本嬴虫录》）

柔利国（《古今图书集成·边裔典》卷一三九）

柔利国（《异域图志》）

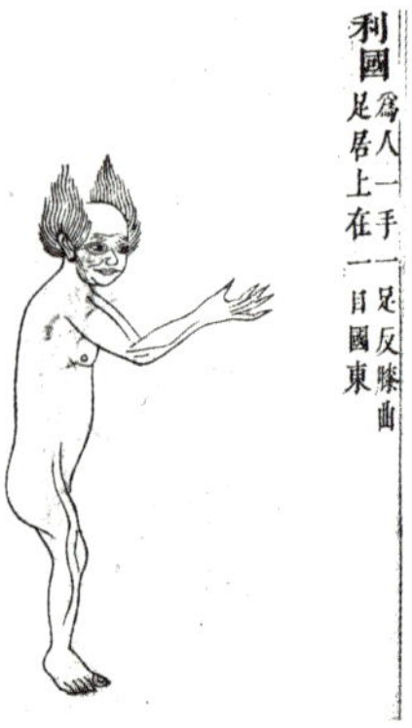

柔利国（吴任臣图）

贰拾柒 深目国

深目国（《古今图书集成·边裔典》卷一三九）

经文

深目国在其东，其为人举一手。一曰在共工台东。

——《海外北经》

有人方食鱼，名曰深目民之国，昐姓，食鱼。

——《大荒北经》

图解

元钞本郭璞《图赞》云："深目类胡，但服（眼）绝缩。轩辕道隆，款塞归服。穿胸长服（股），同会异域。"

毕沅云："《淮南子·墬形训》有'深目民'，在句婴民之次。《周书·王会》云：'目深桂。'孔晁注云：'目深，亦南蛮也。'"

深目国当以深目为说，此云"举一手"，疑有误。

深目国（蒋应镐《海外北经》图）

贰拾捌　无肠国（无腹国）

经　文

无肠之国在深目东，其为人长而无肠。

——《海外北经》

又有无肠之国，是任姓，无继子，食鱼。

——《大荒北经》

无腹国（《古今图书集成·边裔典》卷一〇七）

图　解

郭璞注："为人长大，腹内无肠，所食之物直通过。"

郭璞《图赞》云："无肠之人，厥体维洞。心实灵府，余则外用。得一自全，理无不共。"

郝懿行疏："《神异经》云：'有人知往，有腹无五藏，直而不旋，食物径过。'疑即斯人也。"

根据《图赞》"厥体维洞"，似郭璞所见本作"无腹"也。今本作"无肠"，犹《大荒西经》"女娲之肠"，郭注云："或作'女娲之腹'。""肠""腹"形近易讹也。《永乐大典》卷三〇〇七"无脊人"条引此经注皆同今本；又"无腹人"条引此经云："无腹国在深目国东，其人无腹。"《金楼子·志怪篇》云："无腹国人，长而无腹。"本此经为说，亦作"无腹"。《事林广记》前集卷五云："聂耳国在无腹国之东。"又云："无腹国在深国（目）国东，其人男女皆无腹。"盖所见本亦作"无腹"。《异域志》卷下"无腹国"条云："在海东南，男女皆无腹肚。其说恐谬，无腹安能生育。"

无腹国（《异域图志》）

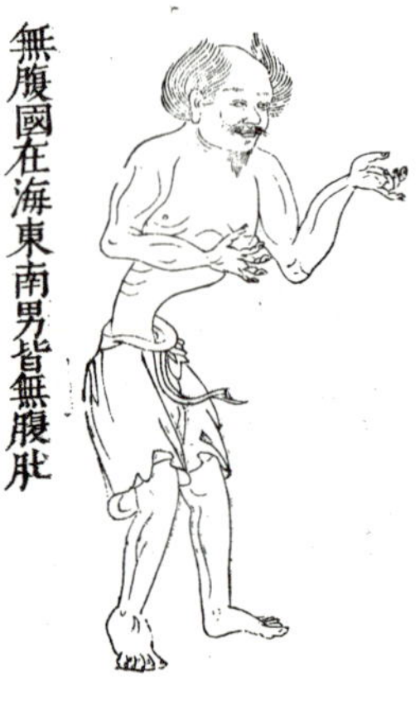

无腹国（《三才图会·人物》卷一四）

无肠国（《古今图书集成·边裔典》卷一三九）

贰拾玖　聂耳国

聂耳国（《古今图书集成·边裔典》卷一三九）

经　文

聂耳之国在无肠国东，使两文虎，为人以两手聂其耳。县居海水中，及水所出入奇物。两虎在其东。

——《海外北经》

聂耳国（蒋应镐图）

图　解

郭璞注："言耳长，行则以手摄持之也。"

郭璞《图赞》云："聂耳之国，海渚是县。雕虎斯使，奇物毕见。形有相须，手不离面。"

毕沅云："'聂'当为'耴'。《淮南子·墬形训》无此国，而有云'夸父、耽耳在其北方'，此文亦近夸父国，盖即耽耳国也。《说文》云：'耴，耳垂也。'与'聸耳'义同。郭云'以手摄持'，用'摄'字义释之，以下有'两手聂其耳'文，恐非。"

毕说是也，聂耳当为耳大垂之义，清华简《楚居》云："厥状聂耳。"正用此义。《海经》诸国多形貌怪异，耳大垂亦为形貌怪异之一种。然下文云"为人以两手聂其耳"，故郭注云"以手摄持"，盖此经作者已不知"聂耳"本义，误以为"两手聂其耳"也。《淮南子·墬形训》云："夸父、耽耳在其北方。"高诱注云："耽耳，耳垂在肩上。或作'摄'，以两手摄耳，居海中。"后说盖本此经为说。

《事林广记》前集卷五云："聂耳国在无腹国之东，其人虎文，两手聂耳而行，耳长及颊，行则手捧之。"

《异域志》卷下"聂耳国"条云："其人与兽相类，在无腹国东。其人虎文，耳长过腰，手捧耳而行。"

聂耳国（《异域图志》）

聂耳国（《三才图会·人物》卷一四）

聂耳国（吴任臣图）

聂耳国（《万宝全书·京本赢虫录》）

聂耳国（汪绂图）

叁拾　拘缨国

经　文

拘缨之国在其东，其人以一手把缨。一曰利缨之国。寻木长千里，在拘缨南，生河上西北。

——《海外北经》

拘缨国（《古今图书集成·边裔典》卷一三九）

图　解

郭璞注："言其人常以一手持冠缨也。或曰：'缨'宜作'瘿'。"

郝懿行疏："《淮南·墬形训》有'句婴民'，高诱注云：'句婴读为九婴，北方之国。'即此也。'句婴'疑即'拘缨'，古字通用，郭义恐非。高氏'读为九婴'，未详也。郭云'缨宜作瘿'，是国盖以'一手把瘿'得名也。"

《吕氏春秋·任数》云："南抚多颗。"高诱注："南极之国。""多"疑即"句"字之讹，颗、瘿字同。闻一多《天问疏证》以"女歧无合，焉取夫九子"之"九子"为"九婴"，与"句婴""拘缨""多颗"同，"皆古民族推源神话中之神话人物，故或为人名，或为地名，而地名随民族而迁徙，故地又或在南，或在北也"。

叁拾壹 跂踵国

跂（qǐ）

跂踵国（汪绂图）

经 文

跂踵国在拘缨东，其为人大，两足皆大。一曰大踵。

——《海外北经》

图 解

郭璞注："其人行，脚跟不着地也。《孝经钩命诀》曰：'焦侥跂踵，重译款塞也。'"

毕沅云："《淮南子·墬形训》'自东南至东北方'，起此国，高诱注云：'跂踵民，踵不至地，以五指行也。'又案李善注《文选〔·曲水诗序〕》引高诱注作'反踵'，云：'其人南行，迹北向也。'"

郝懿行疏："《竹书》云：'夏帝癸六年，岐踵戎来宾。'《吕氏春秋·当染篇》云：'夏桀染于歧踵戎。'即此也。高诱注《淮南·墬形训》云：'跂踵民，踵不至地，以五指行也。'又《文选·曲水诗序》注引高诱注作'反踵'，云：'反踵，国名，其人南行，迹北向也。'案'跂踵'之为'反踵'，亦犹'岐舌'之为'反舌'矣，已见《海外南经》。《玉篇》说跂踵国，与郭注同。"

毕、郝二氏以李善注《文选·曲水诗序》引高诱注作"反踵"为《墬形训》"跂踵"之异文，大误。实则"反踵"见《淮南子·氾论训》，高诱注云："反踵，国名，其人南行，武迹北向。"与《墬形训》之"跂踵"判然有别。袁珂先生以经文"其为人大"之"大"字为衍文，非也。《藏经》本郭璞《图赞》云："厥形虽大，斯脚则企。跳步雀踊，踵不阂地。应德而臻，款塞归义。""厥形虽大"一句正释此经"其为人大"也，可知郭璞所见本必作"其为人大"。"跂踵"之"跂"，本字作"企"，《说文·人部》云："企，举踵也。"即郭注"脚跟不着地”之义。《尔雅·释鸟》云：“鳬雁丑，其足蹼，其踵企。”《释文》云：“‘企’字或作‘跂’。”故“跂踵”与“企踵”可通。据《图赞》“斯脚则企”，可知经文“两足皆大”当作“两足皆企”，今本作“大”当为涉上下文而误。

跂踵国（《古今图书集成·边裔典》卷一二四）

跂踵国（蒋应镐图）

叁拾贰　欧丝之野

欧丝国（《古今图书集成·边裔典》卷一三九）

经文

欧丝之野在大踵东，一女子跪，据树欧丝。

——《海外北经》

图解

郭璞注："言啖桑而吐丝，盖蚕类也。"

郭璞《图赞》云："女子鲛人，体近蚕蚌。出珠匪甲，吐丝匪蛹。化出无方，物岂有种。"

杨慎《山海经补注》云："世传蚕神为女子，谓之马头娘。《后汉〔书·礼仪〕志》曰'宛窳'，盖此类也。"

叁拾叁　大人国

经文

大人国在其北，为人大，坐而削船。——《海外东经》

有波谷山者。又有大人之国。——《大荒东经》

大人国（汪绂图）

图解

吴任臣云："《淮南子〔·时则训〕》云：'自碣石山过朝鲜，贯大人之国。'注曰：'朝鲜，乐浪县，大人国在其东。'《博物志〔·外国〕》曰：'大人国，其人孕三十六年，生白头，其儿则长大，能乘云而不能走，盖龙类，去会稽四万六千里。'"

王崇庆云："坐而削船，言其大也。"

郝懿行疏："'削'当读若'稍'，削船谓操舟也。"

《庄子·达生》云："津人操舟若神。"

大人国（《古今图书集成·边裔典》卷四二）

大人国（蒋应镐《大荒东经》图）

君子国（汪绂图）

经文

君子国在其北，衣冠带剑，食兽，使二文虎在其旁。有薰华草，朝生夕死。

——《海外东经》

有东口之山。有君子之国，其人衣冠带剑。

——《大荒东经》

图解

郭璞注："其人好让不争。"郭注"其人好让不争"原作经文，元钞本作注文，但"不争"二字在"好让"上，《御览》卷七九〇引此经亦作注文，云"其人好不争也"，"好"下脱"让"字，今据正。

元钞本郭璞《图赞》云："东方气仁，国有君子。薰华是食，雕虎是使。雅好礼让，端委论理。"

《太平御览》卷八九四引《括地图》云："君子民带剑，使两文虎，衣野丝，土方千里，多薰华之草，好让，故为君子国。薰华草朝生夕死。"

君子国（《古今图书集成·边裔典》卷四二）

君子国（《三才图会·人物》卷一三）

叁拾伍　黑齿国

经文

黑齿国在其北，其为人黑齿，食稻啖蛇，有蛇一赤一青，在其旁。一曰在竖亥北，为人黑首，食稻使蛇，其一蛇赤。

——《海外东经》

有黑齿之国。帝俊生黑齿，姜姓，黍食，使四鸟。

——《大荒东经》

黑齿国（汪绂图）

图解

郭璞注："《东夷传》曰：'倭国东四千余里，有裸国，裸国东南有黑齿国，船行一年可至也。'《异物志》云：'西屠染齿。'亦以放此人。"

郝懿行疏："黑齿国，姜姓，帝俊之裔，见《大荒东经》。《淮南·墬形训》有'黑齿民'。《周书·王会篇》云：'黑齿白鹿白马。'又《伊尹四方令》云：'正西漆齿。'非此也。《〔三国志·〕魏志·东夷传》云：'女王国东，渡海千余里，复有国，皆倭种。又有侏儒国在其南，人长三四尺，去女王四千余里。又有裸国、黑齿国复在其东南，船行一年可至。'此即郭所引也。"

叁拾陆　玄股国

鷗（ōu）

玄股国（汪绂图）

经文

玄股之国在其北，其为人衣鱼，食鷗，使两鸟夹之。一曰在雨师妾北。
——《海外东经》

有招摇山，融水出焉。有国曰玄股，黍食，使四鸟。
——《大荒东经》

图解

郭璞注:“髀以下尽黑，故云。”

吴任臣云:“《楚辞〔·天问〕》:‘黑水玄趾。’周〔拱辰〕氏注云:‘玄股之国是也。’《淮南子〔·墬形训〕》海外三十六国有玄股民，高诱注曰:‘玄股，其股黑，两鸟夹之。’”

郭璞注：“以鱼皮为衣也。”

郝懿行疏：“今东北边有鱼皮岛夷，正以鱼为衣也。其冠以羊鹿皮，戴其角如羊鹿然。”

鷗即鸥字，海鸥。

玄股国（《古今图书集成·边裔典》卷四二）

叁拾柒　毛民国

鞈（gé）

经文

毛民之国在其北，其为人身生毛。一曰在玄股北。

——《海外东经》

有毛民之国，依姓，食黍，使四鸟。禹生均国，均国生役采，役采生修鞈，修鞈杀绰人。帝念之，潜以为国，是此毛民。

——《大荒北经》

毛民国（汪绂图）

图解

郭璞注："今去临海郡东南二千里，有毛人在大海中洲岛上，为人短小，面体尽有毛，如猪，能穴居，无衣服。晋永嘉四年，吴郡司盐都尉戴逢在海边得一船，上有男女四人，状皆如此。言语不通，送诣丞相府，未至，三人道死，唯有一人在。上赐之妇，生子，出入市井，渐晓人语，自说其所在是毛民也。《大荒经》云'毛民食黍'者是矣。"

郭璞《图赞》云："牢悲海鸟，西子骇麋。或贵穴倮，或尊裳衣。物我相倾，孰了是非。"

毕沅云："《淮南子·墬形训》有毛民，高诱注云：'其人体半生毛，若矢镞也。'"

《御览》卷七九〇引《土物

毛民国（蒋应镐《大荒北经》图）

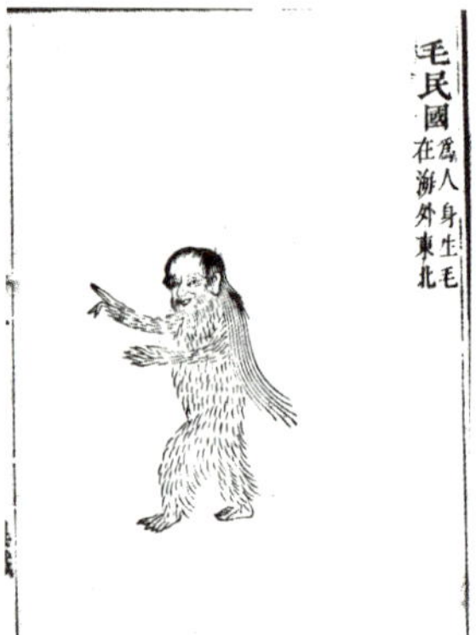

毛民国（吴任臣图）

志》云："毛人之洲，乃在涨屿。身无衣服，凿地穴处。虽云象人，不知言语。齐长五尺，毛如熊豕。众辈相随，是捕鸟鼠。"注云："无五谷，惟捕鸟鼠鱼肉以为食耳。""毛如熊豕"之"豕"疑当为"猪"字，与上下韵。

《异域志》卷下"长毛国"条云："国在玄股之北，居大海中。人短小，面体皆有长毛，被发，无衣，与猩猩之属同。妇人做王，有城池，种田，居穴中。晋永嘉四年曾获得之，莫晓其语。"

毛民国（《古今图书集成·边裔典》卷四二）

毛民国（《古今图书集成·边裔典》卷一三九）

叁拾捌　劳民国

经文

劳民国在其北，其为人黑。或曰教民。一曰在毛民北，为人面目手足尽黑。

——《海外东经》

劳民国（《古今图书集成·边裔典》卷四二）

图解

郭璞注："食果草实也。有一鸟两头。"

毕沅云："《淮南子·墬形训》有劳民，高诱注云：'正理躁扰不定也。'"

劳民国（蒋应镐图）

叁拾玖　雕题国

雕题国（《古今图书集成·边裔典》卷一〇七）

经文

伯虑国、离耳国、雕题国、北朐国皆在郁水南。郁水出湘陵南山。一曰相虑。

——《海内南经》

图　解

郭璞注："黔涅其面，画体为鳞采，即鲛人也。"

郝懿行疏："《伊尹四方令》云：'正西雕题。'《楚词·招魂》王逸注云：'雕，画。题，额。言南极之人，雕画其额，常食蠃蜯也。'《桂海虞衡志》云：'黎人女及笄，即黥颊为细花纹，谓之绣面女。'亦其类也。郭云'即鲛人'，恐非，或有讹字。鲛人见刘逵《吴都赋》注。"

《礼记·王制》云："南方曰蛮，雕题、交趾。"郑注云："谓刻其肌，以丹青涅之。"孔疏云："雕谓刻也，题谓额也，谓以丹青雕刻其额。"

肆拾　氐人国

氐人国（《异域图志》）

经文

氐人国在建木西，其为人人面而鱼身，无足。

——《海内南经》

有氐人之国。炎帝之孙，名曰灵恝，灵恝生氐人，是能上下于天。

——《大荒西经》

互人（汪绂《大荒西经》图）

恝（jiá）

图　解

郭璞注："尽胸以上人，胸以下鱼也。"

元钞本郭璞《图赞》云："炎帝之苗，实生互（氐）人。死则复苏，厥半为鳞。云雨是托，浮游天津。"

《异域志》卷下"氐（氐）人国"条云："在建木西，其状人面鱼身，有手无足，胸以上似人，以下似鱼。能人言，有群类，巢居穴处为生，有酋长。"

氐人国（蒋应镐图）

氐人国（《古今图书集成·边裔典》卷一〇七）

氐人（汪绂《海内南经》图）

氐人国（吴任臣图）

氐人国（《三才图会·人物》卷一三）

氐人国（《万宝全书·京本赢虫录》）

经文

匈奴、开题之国、列人之国并在西北。

——《海内南经》

肆拾壹 匈奴

匈奴（《古今图书集成·边裔典》卷一二一）

图解

郭璞注："一曰猃狁。"

毕沅云："《周书·王会》云：'伊尹曰：正北匈奴。'《穆天子传》〔卷二〕有'曹奴'，疑亦此，曹、匈音相近。"

郝懿行疏："《史记·匈奴传》索隐引应劭《风俗通》云：'殷时曰獯粥，改曰匈奴。'又晋灼云：'尧时曰荤粥，周曰猃狁，秦曰匈奴。'案已上三名并一声之转。"

匈奴（《三才图会·人物》卷一二）

经　文

有人曰大行伯，把戈。其东有犬封国。

——《海内北经》

犬封国曰犬戎国，状如犬。有一女子，方跪进柸食。有文马，缟身朱鬣，目若黄金，名曰吉量，乘之寿千岁。

——《海内北经》

狗国（《古今图书集成·边裔典》卷一二九）

图　解

郭璞注："昔盘瓠杀戎王，高辛以美女妻之，不可以训，乃浮之会稽东南海中，得三百里地封之，生男为狗，生女为美人，是为狗封之国也。"

《艺文类聚》卷九四引《玄中记》云："狗封氏者，高辛氏有美女，未嫁。犬戎为乱。帝曰：'有讨之者，妻以美女，封三百户。'帝之狗名盘护，三月而杀犬戎之首来。帝以为不可训民，乃妻以女，流之会稽东南二万一千里，得海中土，方三千里而封之。生男为狗，生女为美女。"

"犬封国曰犬戎国"一句有误，从此经文例上看，此经无"某某国曰某某国"之例；从音韵上看，封古音为东韵帮纽，戎为冬韵日纽，韵部可通，但声纽悬隔，故古无二字相通之例。颇疑犬封国、犬戎国本属二国，则此经经文原作"犬封国，状如犬。有一女子，方跪进柸食。犬戎国，有文马，缟身朱鬣，目若黄金，名曰吉量，乘之寿千岁"，本分属二国，传写误合为一国也。

盘瓠（《三才图会·人物》卷一二）

盘瓠（《异域图志》）

狗国（《三才图会·人物》卷一二）

犬封国（蒋应镐图）

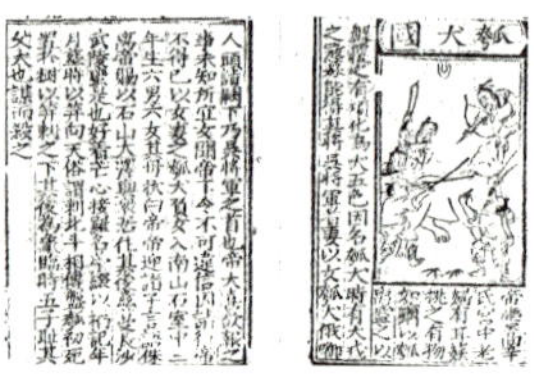

瓠犬国（《万宝全书·京本赢虫录》）

狗国（《万物绘本大全图》）

肆拾叁　犬戎国

犬戎（汪绂图）

经文

犬封国曰犬戎国，状如犬。有一女子，方跪进杯食。有文马，缟身朱鬣，目若黄金，名曰吉量，乘之寿千岁。

——《海内北经》

大荒之中，有山名曰融父山，顺水入焉。有人名曰犬戎。黄帝生苗龙，苗龙生融吾，融吾生弄明，弄明生白犬二，有牝牡，是为犬戎，肉食。

——《大荒北经》

图解

郭璞注："《周书》曰：'犬戎文马，赤鬣白身，目若黄金，名曰吉黄之乘，成王时献之。'《六韬》曰：'文身朱鬣，眼若黄金，项若鸡尾，名曰鸡斯之乘。'《大传》曰：'駮身朱鬣鸡目。'《山海经》亦有'吉黄之乘寿千岁'者。惟名有不同，说有小错，其实一物耳。今博举之，以广异闻也。"

郭璞《图赞》云："金精朱鬣，龙行骏跱。拾节鸿鹜，尘不及起。是谓吉黄，释圣牖里。"

《太平御览》卷八九三引《太公六韬》云："商王拘周伯昌于羑里。太公与散宜生金十镒，求天下珍物，以免君之罪。于是得犬戎氏文马，毫毛朱鬣，目如黄金，项如鸡尾，名鸡斯之乘，以献商王。"又引《尚书大传》云："散宜生之犬戎氏取美马，驄身朱髦鸡目者，取九六焉，陈于纣之庭。纣出见之，还而观之，曰：'此何人也？'散宜生遂趋而进曰：'吾西蕃之臣昌之使者。'"

犬戎（蒋应镐《大荒北经》图）

经文

鬼国在贰负之尸北，其为物人面而一目。一曰贰负神在其东，为物人面蛇身。

——《海内北经》

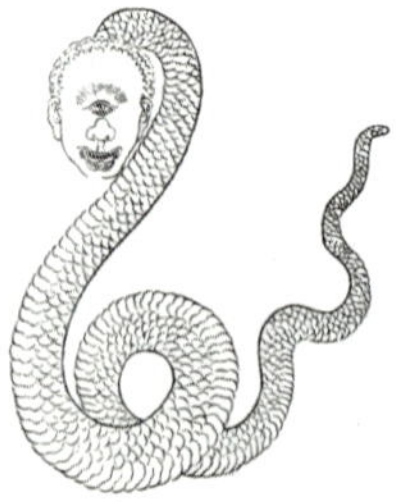

鬼国（《古今图书集成·边裔典》卷一）

图解

郝懿行疏："《伊尹四方令》云：'正西鬼亲。'又《〔三国志·〕魏志·东夷传》云：'女王国北有鬼国。'《论衡·订鬼篇》引此经曰：'北方有鬼国。'"

鬼国（蒋应镐图）

肆拾伍　姑射国

姑射国（蒋应镐图）局部

经　文

列姑射在海、河州中。

姑射国在海中，属列姑射，西南，山环之。

——《海内北经》

图　解

《广博物志》卷八引此经，注云："刘昼《新论〔·风俗〕》云：'胡之北有射姑之国，其亲死，弃尸于江中，谓之水仙。'意是姑射之误。"

姑射国（蒋应镐图）

肆拾陆　小人国

经文

有小人国，名曰靖人。

——《大荒东经》

小人（汪绂图）

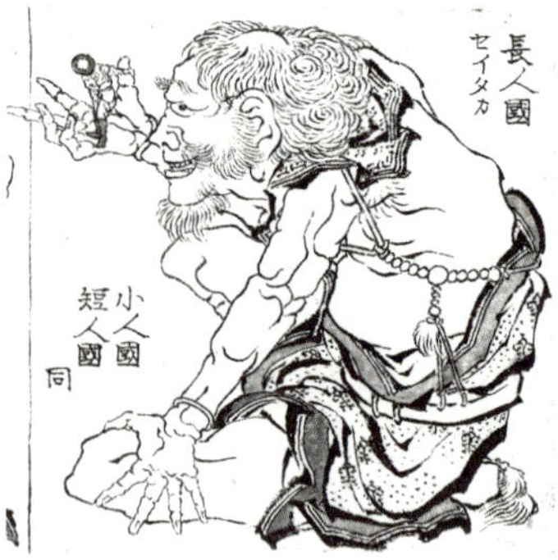

小人国（《万物绘本大全图》）

图　解

郭璞注："《诗含神雾》曰：'东北极有人，长九寸。'殆谓此小人也。或作'竫'，音同。"元钞本《图赞》小题与正文皆作"竫人"，知郭璞所见本作"竫"。郭注"或作竫"三字当为后人校语也。

元钞本郭璞《图赞》云："焦峣极么，竫人又小。四体取具，眉目财了。大人长臂，与之共狡。"

《异域志》卷下"小人国"条云："《山海经》曰：'东方有小人国，名曰竫。'长九寸，海鹤遇而吞之。昔商人曾至海中见之，乃在海尾间穴所也。"

《三才图会·人物》卷十四"小人国"条云："东方有小人国，名曰竫，长九寸，海鹤遇而吞之，故出则郡（群）行。"

柳宗元《行路难三首》之一云："北方竫人长九寸，开口抵掌更笑喧。啾啾饮食滴与粒，生死亦足终天年。睢盱大志小成遂，坐使儿女相悲怜。"

小人国（《万宝全书·京本嬴虫录》）

小人国（《异域图志》）

小人国（吴任臣图）

小人国（《三才图会·人物》卷一四）

小人国（《古今图书集成·边裔典》卷四二）

小人国（蒋应镐图）

肆拾柒　盖余国

盖余国（《古今图书集成·边裔典》卷四二）

经　文

有盖余之国。有神，八首人面，虎身十尾，名曰天吴。

——《大荒东经》

图　解

《边裔典》“盖余国”画的是水神天吴形象。

经文

有困民国，勾姓，而食。有人曰王亥，两手操鸟，方食其头。

——《大荒东经》

肆拾捌 困民国

困民国（《古今图书集成·边裔典》卷四二）

图解

《边裔典》“困民国”画的是王亥的形象。

肆拾玖　卵民国

卵民国（《古今图书集成·边裔典》卷一〇七）

经文

有卵民之国，其民皆生卵。

——《大荒南经》

图解

郭璞注："即卵生也。"

郭璞注："羽民国"也是说"卵生"。《博物志·外国》云："羽民国，民有翼，飞不远，多鸾鸟，民食其卵，去九疑四万三千里。"

伍拾　盈民国

经文

有盈民之国，於姓，黍食。又有人，方食木叶。

——《大荒南经》

盈民国（汪绂图）

图解

郝懿行疏："《吕氏春秋·本味篇》高诱注云：'赤木、玄木，其叶皆可食，食之而仙也。'又《穆天子传》〔卷四〕云：'有模堇，其叶是食明后。'亦此类。"

《海内经》云："有嬴民，鸟足。"盈、嬴字通，疑为一国。

伍拾壹　季釐国

季釐国（汪绂图）

经　文

有襄山，又有重阴之山。有人食兽，名曰季釐。帝俊生季釐，故曰季釐之国。有缗渊，少昊生倍伐，倍伐降处缗渊。有水四方，名曰俊坛。

——《大荒南经》

图　解

郝懿行疏："文十八年《左传》云：'高辛氏才子八人，有季狸。'狸、釐声同，疑是也。是此帝俊又为帝喾矣。"

伍拾贰　蜮民国

扜（yū）
蜮（yù）

经文

有蜮山者，有蜮民之国，桑姓，食黍，射蜮是食。有人方扜弓射黄蛇，名曰蜮人。

——《大荒南经》

蜮民国（汪绂图）

图解

郭璞注：“蜮，短狐也，似鳖，含沙射人，中之则病死。此山出之，亦以名云。”

元钞本郭璞《图赞》云：“蛡惟怪□，短狐灾气。南越是珍，蜮人斯贵。惟性所安，孰知正味。”“蛡”疑“蜮”字之误。

郝懿行疏：“《说文》云：‘蜮，短狐也，似鳖，三足，以气射害人。’《楚词·大招》云：‘鰅鳙短狐。’王逸注云：‘鰅鳙，短狐类也。短狐，鬼蜮也。’《大招》又云：‘魂虖无南，蜮伤躬只。’王逸注云：‘蜮，短狐也。’引《诗〔·小雅·何人斯〕》云‘为鬼为蜮’。短狐，《汉书》作‘短弧’，《五行志》云：‘蜮在水旁，能射人，射人有处，甚者至死，南方谓之短弧。’颜师古注云：‘即射工也，亦呼水弩。’《广韵〔·德韵〕》引《玄中记》云：‘长三四寸，蟾蜍、鸑鷟、鸳鸯悉食之。’”

蜮民国（《古今图书集成·边裔典》卷一〇七）

伍拾叁　张弘国

张弘国（《古今图书集成·边裔典》卷一〇七）

经　文

有人名曰张弘，在海上捕鱼。海中有张弘之国，食鱼，使四鸟。有人焉，鸟喙有翼，方捕鱼于海。

——《大荒南经》

图　解

汪绂云：“‘张’当作‘长’，‘弘’当作‘肱’，即长臂之国也。身在海上而捕鱼海中，其肱之长可知矣。”

郝懿行疏：“‘张弘’或即‘长肱’，见《穆天子传》〔卷二〕，郭注云：‘即长臂人。’见《海外西经》。”

伍拾肆　菌人

经文

有小人，名曰菌人。

——《大荒南经》

菌人（汪绂图）

图解

毕沅云："此即《大荒东经》靖人也。"

伍拾伍　北狄国

北狄（汪绂图）

经文

有北狄之国。黄帝之孙，曰始均，始均生北狄。

——《大荒西经》

图解

《太平御览》卷八〇一引《后魏书》云：“黄帝子昌意少子，受封北土。其裔始均仕尧世，逐女魃于弱水北，民赖其勋，帝舜嘉之，命为田祖。”

伍拾陆　寿麻国

经　文

有寿麻之国。南岳娶州山女，名曰女虔。女虔生季格，季格生寿麻。寿麻正立无景，疾呼无响。爰有大暑，不可以往。

——《大荒西经》

寿麻（汪绂图）

图　解

元钞本《图赞》云:“寿麛之人，靡景靡响。受气自然，禀之无象。玄俗是微（征），验之于往。”

《逸周书·王会篇》“州靡费费”,陈逢衡《逸周书补注》谓“州靡”即此经“寿麻”。《天问》“靡蓱九衢”,闻一多《天问疏证》云:“寿麻即升麻,知之者,《神农本草》曰:‘升麻一名周麻。’而国名寿麻,《吕氏春秋·任数篇》作‘寿靡’,《周书·王会篇》《尔雅·释草》疏引《尚书大传》作‘州靡’,寿、周、州音同。寿麻一作周麻，犹寿靡一作州靡也……寿麻又曰疏麻,《九歌·大司命》曰‘折疏麻兮瑶华’,王注曰:‘疏麻,神麻也。’疏麻为神异之草,而寿、疏声复近,疏麻当亦即寿麻。”

伍拾柒 三面人

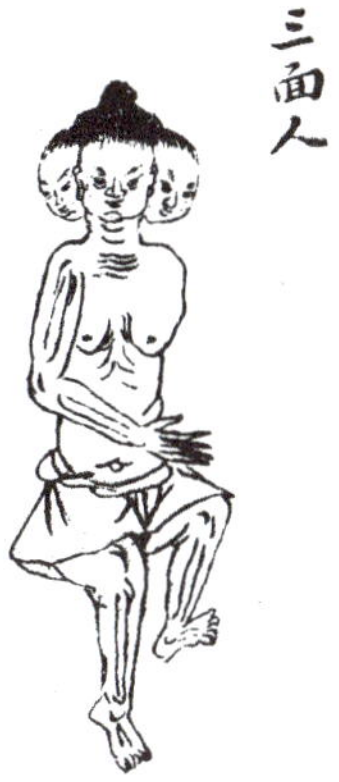

三面人（汪绂图）

经文

大荒之中，有山名曰大荒之山，日月所入。有人焉，三面，是颛顼之子，三面一臂，三面之人不死，是谓大荒之野。

——《大荒西经》

图解

郭璞注："言人头三边各有面也。玄菟太守王颀至沃沮国，问其耆老，云：'常有一破船随波出在海岸边，上有一人，项中复有面，与语不解了，不食而死。'此是两面人也。《吕氏春秋》曰'一臂三面之乡'也。"

郝懿行疏："《吕氏春秋·求人篇》云：'禹西至一臂三面之乡。'本此。郭说两面人本《〔三国志·〕魏志·东夷传》。"

元钞本郭璞《图赞》云："禀形一躯，气有万变。长体有益，无若三面。不劳倾睇，可以并见。"

三面人（蒋应镐图）

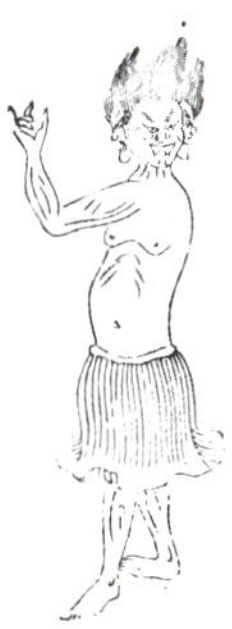

三面人（吴任臣图）

伍拾捌 儋耳国

儋（dān）

儋耳国（蒋应镐图）

经文

有儋耳之国，任姓，禺号子，食谷。

——《大荒北经》

图解

郭璞注："其人耳大下垂，儋在肩上，朱崖儋耳，镂画其耳，亦以放之也。"

毕沅云："此似释《海外北经》聂耳国也，《淮南子〔·墬形训〕》作'耽耳'。"

郝懿行疏："《淮南子〔·墬形篇〕》作'耽耳'，《博物志〔·异人〕》作'檐耳'，皆'儋耳'之异文也。'儋'依字当为'瞻'，见《说文》。此是北瞻耳也。《吕氏春秋·任数篇》曰：'北怀儋耳。'高诱注云：'北极之国。'正谓是也。其南瞻耳，经谓之'离耳'，见《海内南经》。又聂耳国见《海外北经》，与此异。"

《说文·耳部》云："瞻，垂耳也。从耳詹声。南方瞻耳之国。"段注云："古只作耽，一变为瞻耳，再变则为儋耳矣。"

《太平御览》卷七九〇引《异物志》云："儋耳夷，生则镂其头，皮尾相连。并镂其耳匡为数行，与颊相连，状如鸡腹，下垂肩。"

长耳国（《万物绘本大全图》）

高丽国（《古今图书集成·边裔典》卷二五）

经　文

东海之内，北海之隅，有国名曰朝鲜，（天毒）其人水居，偎人爱人。

——《海内经》

图　解

元钞本郭璞《图赞》小题作“朝鲜”，云：“箕子避商，自窜朝鲜。□潜倭移，靡化不善。贤者所在，岂有隐显。”

毕沅云：“《列子·〔黄帝篇〕》云：‘列姑射山，有神人，不偎不爱，仙圣为之臣。’亦此义也。”

高丽国（《三才图会·人物》卷一二）

天竺国（《三才图会·人物》卷一二）

经文

东海之内，北海之隅，有国名曰朝鲜，（天毒）其人水居，偎人爱人。

——《海内经》

图解

郭璞注："朝鲜，今乐浪郡也。"

郭璞注："天毒，即天竺国，贵道德，有文书、金银、钱货，浮屠出此国中也。晋大兴四年，天竺胡王献珍宝。"

汪绂云："朝鲜在东北海隅，人多水居，此所云是矣。天毒一名身毒，一名天竺，即西方佛国，今在云南之西，葱岭之南，而此以与朝鲜并言，误矣。"

从上下文来看，此节必无"天毒"二字。经云"东海之内，北海之隅"，则此地当在东北隅。郭注"天毒"称"天竺胡王"，"胡"为西域之称。郭注"朝鲜"云"今乐浪郡"，则郭璞确知二国不相邻。经文二国相邻，郭璞无说，似郭璞所见本二国本不相邻，一也。据此经文例看，凡云"有国名曰某某"，"某某"皆为一国之名，此独为二国之名，与文例不符，二也。元钞本《图赞》小题作"朝鲜"，云："箕子避商，自窜朝鲜。□潜倭秽，靡化不善。贤者所在，岂有隐显。"据此节经文而言，亦不及天毒，则郭璞所见本此经实无"天毒"二字可知，三也。又从"天毒"有郭注来看，则"天毒"并非衍文，而应在《海内经》中。下节云"西海之内，流沙之中，有国名曰壑市"，与天毒方位正合，疑天毒本在此节之下，"壑市"节之上。《水经·禹贡山水泽地注》云："流沙在西海郡北，又径浮渚，历壑市之国，又径于鸟山之东。"浮渚、壑市、鸟山相连，而壑市、鸟山皆在此经下文。“浮渚”在“壑市”之上，疑即此经“天毒”。《史记·大宛列传》云大夏“东南有身毒国”，《索隐》引孟康云：“即天竺也，所谓浮图胡也。”天毒、天竺一也，浮渚、浮图一也。据此可知郦道元《水经注》云流沙“径浮渚，历壑市，径乌山”者，实本此经而立说也。又此经下文云：“西海之内，流沙之中，有国名曰壑市。”又云：“流沙之西，有乌山者。”《水经注》浮渚（天毒）在壑市、乌山之前，则“天毒”节经文疑作“西海之内，流沙之东，有国名曰天毒”，一东、一中、一西，与《水经注》方位顺序合。后“天毒”节经文在传写过程中，仅余“天毒”二字及郭注，遂与“朝鲜”节误合，作“有国名曰朝鲜、天毒”，遂成今本。

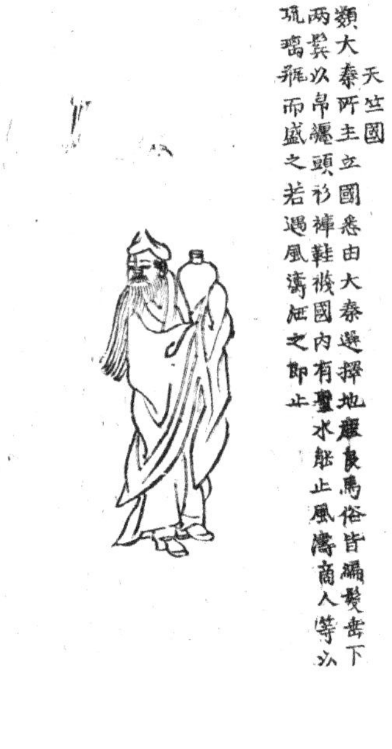

天竺国（《异域图志》）

天竺国（《万宝全书·京本赢虫录》）

陆拾壹　禺中国

经文

南海之内，黑水、青水之间，有木名曰若木，若水出焉。有禺中之国。有列襄之国。有灵山，有赤蛇在木上，名曰蝡蛇，木食。

——《海内经》

禺中国（《古今图书集成·边裔典》卷一〇七）

蝡（ruǎn）

图解

郭璞注：“言不食禽兽也。”

汪绂云：“不螫人，不伤物也。”

郝懿行疏：“《大荒南经》云：‘宋山有赤蛇，名育蛇。’但此在木上为异。”

陆拾贰　列襄国

列襄国（《古今图书集成·边裔典》卷一〇七）

经文

有列襄之国。有灵山，有赤蛇在木上，名曰蠕蛇，木食。

——《海内经》

图解

列襄国与上节禺中国的构图相似。

陆拾叁　盐长国

经文

有盐长之国，有人焉，鸟首，名曰鸟氏。

——《海内经》

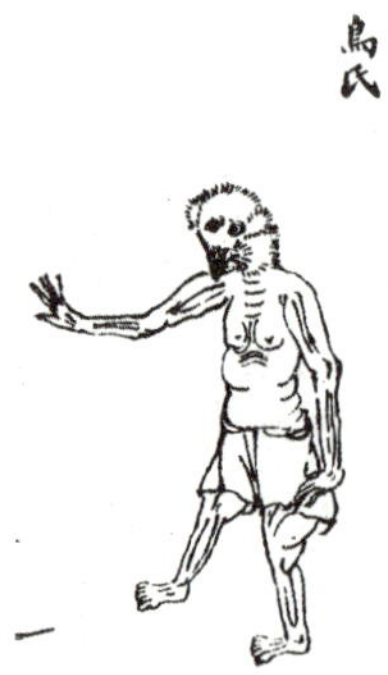

鸟氏（汪绂图）

图解

郭璞注："今佛书中有此人，即鸟夷也。"

郝懿行疏："'鸟氏'，《御览》〔卷七九七〕引作'鸟民'，今本'氏'字讹也。鸟夷者，《史记·夏本纪》及《地理志》并云：'鸟夷皮服。'《大戴礼·五帝德篇》云'东有鸟夷'是也。又《秦本纪》云：'大费生子二人，一曰大廉，实鸟俗氏。'《索隐》云：'以仲衍鸟身人言，故为鸟俗氏。'亦斯类也。"

盐长国（《古今图书集成·边裔典》卷一〇七）

盐长国（蒋应镐图）

陆拾肆　朱卷国

朱卷国《古今图书集成·边裔典》卷一〇七

经　文

又有朱卷之国，有黑蛇，青首，食象。

——《海内经》

图　解

郭璞注："即巴蛇也。"

汪绂云："朱卷疑即朱提也，音殊匙。黑蛇即巴蛇也。以上数条大略皆川贵之间国。"

陆拾伍 嬴民

经文

有嬴民，鸟足。有封豕。

——《海内经》

嬴民（汪绂图）

图解

"嬴民"，《边裔典》作"嬴民"，所据为误本也。

封豕，郭璞注："大猪也，羿射杀之。"

郭璞《图赞》云："有物贪婪，号曰封豕。荐食无餍，肆其残毁。羿乃饮羽，献帝效技。"

嬴民（《古今图书集成·边裔典》卷一〇七）

嬴民（蒋应镐图）

氐羌（汪绂图）

经文

伯夷父生西岳，西岳生先龙，先龙是始生氐羌，氐羌乞姓。

——《海内经》

图解

郭璞注："伯夷父，颛顼师，今氐羌其苗裔也。"

郝懿行疏："《竹书》云：'成汤十九年，氐羌来贡。''武丁三十四年，氐羌来宾。'《周书·王会篇》云：'氐羌鸾鸟。'孔晁注云：'氐地之羌不同，故谓之氐羌。'郭云'伯夷父，颛顼师'者，《汉书·古今人表》云：'柏夷亮父，颛顼师。'《新序·杂事五》云：'颛顼学伯夷父。'是郭所本也。柏与伯通，凡古今人名'伯'者，《表》皆书作'柏'字也。"

《吕思勉读史札记·鬼方考》云："'乞姓'疑亦'允姓'之讹。"《大荒西经》："有氐人之国。炎帝之孙，名曰灵恝，灵恝生氐人。"恝，郭注云："音如券契之契。"吕思勉复谓"与乞姓之乞，音同字异"，似又不以为误。顾颉刚《史林杂识初编》"氐"条云："'乞'疑为'允'之讹文。《左传》纪戎事，谓姜戎与陆浑之戎同出瓜州，而陆浑为允姓。"

陆拾柒　玄丘民

经　文

北海之内，有山名曰幽都之山，黑水出焉。其上有玄鸟、玄蛇、玄豹、玄虎、玄狐蓬尾。有大玄之山，有玄丘之民。

——《海内经》

玄丘民（汪绂图）

图　解

郭璞注：“言丘上人物尽黑也。”

元钞本郭璞《图赞》云：“幽都玄丘，其上有国。儵虎蓬狐，群物尽黑。是赞委羽，穷海之比（北）。”

郝懿行疏：“《水经·温水注》云：‘林邑国人以黑为美，〔《离骚》〕所谓玄国。’亦斯类也。”

玄丘国（《古今图书集成·边裔典》卷一三九）

陆拾捌 赤胫民

赤胫民（汪绂图）

经 文

有大幽之国，有赤胫之民。

——《海内经》

图 解

郭璞注："膝已下正赤色。"

元钞本郭璞《图赞》云："或黑其股，或赤其胫。形不虚授，皆循厥性。知周万类，通之惟圣。"

陆拾玖　钉灵国

钉灵（汪绂图）

经　文

有钉灵之国，其民从膝已下有毛，马蹄，善走。

——《海内经》

丁零国（《万宝全书·京本赢虫录》）

钉灵国（吴任臣图）

图　解

郭璞注："《诗含神雾》曰：'马蹄自鞭其足，日行三百里。'"

郝懿行疏："钉灵，《说文》作'丁零'，一作'丁令'。《通考》云：'丁令国有二，乌孙长老言，北丁令有马胫国，其人声音似雁鹜，从膝以上身头人也，膝以下生毛，马胫马蹄，不骑马而走，疾于马。'案《通考》所说，见裴松之注《三国志〔·魏志·乌丸鲜卑东夷传〕》引《魏略》云。"

元钞本郭璞《图赞》云："马蹄之羌，挥鞭自策。厥步如驰，难与等迹。体无常形，惟理所适。"

《事林广记》前集卷五云："丁灵国在海内，其人从膝下生毛，马蹄，善走，自鞭其脚，一日可行三百。"

钉灵国（《古今图书集成·边裔典》卷一三九）

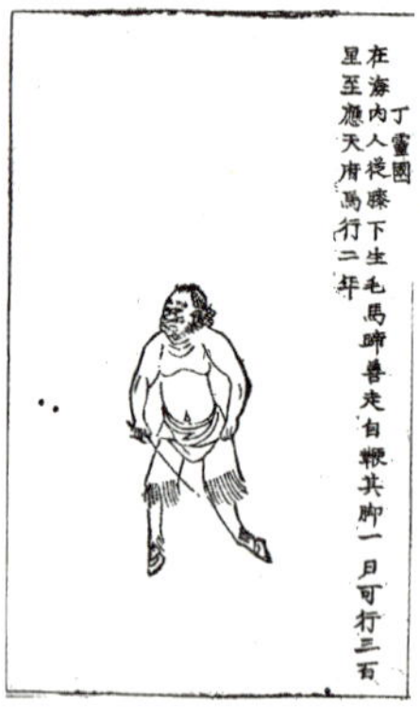

丁零国（《异域图志》）

钉灵国（蒋应镐图）

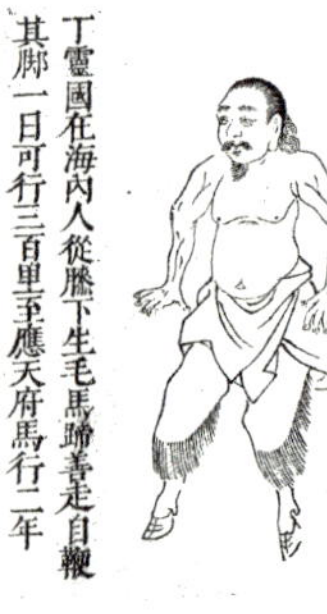

丁零国（《三才图会·人物》卷一三）

兽族篇

猼訑圖

壹 狌狌（猩猩）

猩猩（胡文焕图）

经文

《南山经》之首，曰䧿山。其首曰招摇之山，临于西海之上。……有兽焉，其状如禺而白耳，伏行人走，其名曰狌狌，食之善走。——《南山首经》

狌狌知人名，其为兽如豕而人面，在舜葬西。——《海内南经》

有青兽，人面，名曰猩猩。——《海内经》

图解

《南山首经》和《海内南经》写作“狌狌”,《海内经》写作“猩猩”,“狌狌”是古字，“猩猩”是今字。

《南山首经》说狌狌像禺，禺是什么动物呢？《说文》说“禺，母猴属,头似鬼”,“母猴”就是“猕猴”，所以郭璞注说：“禺，似猕猴而大，赤目长尾，今江南山中多有。”

《山海经》的《山经》在介绍动植物的时候，往往会涉及该动植物的药用价值。文中说“食之善走”，就是指吃了狌狌肉能够让人跑得更快。先秦的时候，医术与巫术还没分家，正处于巫医阶段，孔子就曾引用过当时南方人的一句话：“人而无恒，不可以作巫医。”(《论语·子路》)因此《山经》所说诸物的药用价值，反映的是巫医的观念。阜阳汉简《万物》说：“智（蜘）蛛令人疾行也。”又说：“服乌喙百日，令人善趋也。”“疾行”“善趋”与“善走”的意思一样，都具有让人快跑的功效。《史记·秦本纪》说：“蜚廉生恶来。恶来有力，蜚廉善走，父子俱以材力事殷纣。”父子二人，一个跑得快，一个力气大，是秦的先祖，但都助纣为虐，落了个坏名声。郭璞《山海经图赞》说：“狌狌似猴，走立行伏。櫰木挺力，少辛明目。蜚廉迅足，

猩猩（汪绂《海内南经》图）

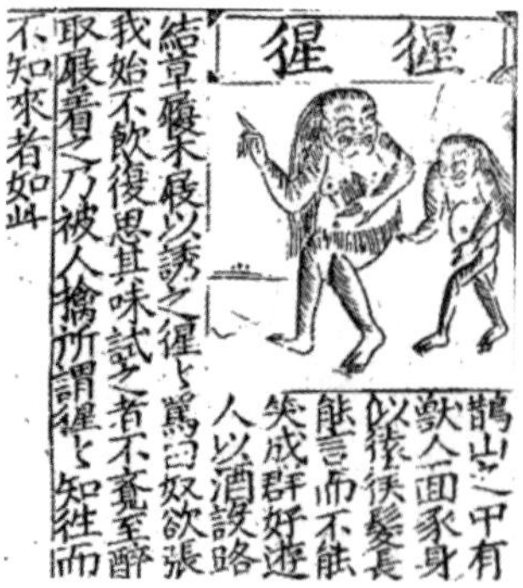

猩猩（《学海群玉·山海异物》）

猩猩（汪绂《南山首经》图）

岂食斯肉。”蜚廉跑得快，难道是吃了狌狌肉吗？用的就是《史记》的典故。

《海内南经》说狌狌像猪，但长着像人的面孔。《逸周书·王会解》说：“都郭生生若黄狗，人面，能言。”生生就是狌狌，又说成像狗。《水经·叶榆河注》说：“猩猩兽形若黄狗，又状貆豘。”狌狌形状不同的描写，反映的是古人对同一动物的观察，主观感受却不同的个体差异现象。《山海经》的《山经》和《海经》原本是不同的书，后来到西汉末刘向、刘歆整理后才合为一书，所以二者即使是描写同一事物，它的文字却往往不同。

郭璞《山海经图赞》说：“狌狌之状，乍豚乍犬。厥性识往，为物警辨。以酒招灾，自贻婴罥。”《后汉书·西南夷传》李贤注引《南中志》说：“猩猩在山谷中，行无常路，百数为群。土人以酒若糟设于路；又喜屩子，土人织草为屩，数十量相连结。猩猩在山谷见酒及屩，知其设张者，即知张者先祖名字，乃呼其名而骂云：‘奴欲张我！’舍之而去。去而又还，相呼试共尝酒。初尝少许，又取屩子着之，若进两三升，便大醉，人出收之，屩子相连不得去，执还内牢中。人欲取者，到牢边语云：‘猩猩，汝可自相推肥者出之。’既择肥竟，相对而泣。”讲的正是狌狌明知是骗，还是被骗的悲惨故事，是“猩猩知往而不知来”（《淮南子·氾论训》）的生动写照，正可以作为郭璞《图赞》的注脚。

古人还认为狌狌肉是美味佳肴。《吕氏春秋·本味》说：“肉之美者，猩猩之唇。”《水经·叶榆河注》则说：“有猩猩兽，形若黄狗，又状貆豘。人面，头颜端正，善与人言，音声丽妙，如妇人好女。对语交言，闻之无不酸楚。其肉甘美，可以断谷，穷年不厌。”

《山海经》古图，以胡文焕《山海经图》为一系，《三才图会》、

猩猩（《三才图会·鸟兽》卷四）

猩猩（蒋应镐《海内南经》图）

吴任臣《山海经图》、《古今图书集成》图、清彩绘本、文奎堂本图都源于胡文焕图；蒋应镐图和汪绂图为一系。两系的不同之处在于，蒋应镐图和汪绂图都是根据《山海经》的经文来绘图的，所以他们的图和《山海经》经文的契合度高；而胡文焕《山海经图》承自北宋舒雅《山海经图》，舒雅图又承自梁朝张僧繇《山海经图》，其图画与《山海经》经文往往不是很契合。如胡文焕图的狌狌身体无毛而披发垂地的形象，与汪绂图大异其趣，很难看出二者描绘的是同一事物。胡文焕图与《山海经》经文契合度不高的原因是该图不仅仅是根据《山海经》绘制而成，同时还参考了其他文献的信息。《尔雅翼》卷十九“猩猩”条说：“后世之谈猩猩者，以为若妇人，被发，但足无膝。常群行，遇人则以手自掩其形。……然则其状大抵皆如人，与狒狒不甚相远，荀卿曰：‘今夫猩猩形相，亦二足无毛也。’既言二足，而又言无毛，则去人不远矣。”所说猩猩“若妇人”“被发”和“无毛”等，与胡文焕图所绘形象基本一致，可以看出胡文焕图接受了其他文献信息是无可怀疑的。

猩猩（《古今图书集成·禽虫典》卷八八）

猩猩（蒋应镐《南山首经》图）

贰 白猿

经文

又东三百里，曰堂庭之山，多棪木，多白猿。

——《南山首经》

白猿（胡文焕图）

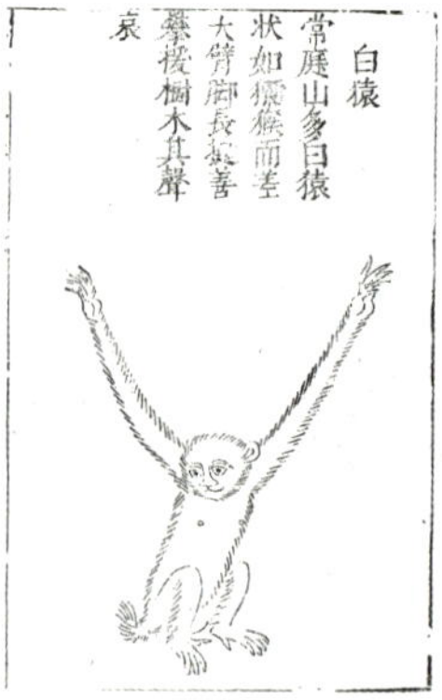

白猿（《三才图会·鸟兽》卷四）

棪（yǎn）

图解

郭璞注：“今猿似猕猴而大，臂脚长，便捷，色有黑有黄。鸣，其声哀。”《水经·江水注》说：“每至晴初霜旦，林寒涧肃，常有高猿长啸，属引凄异，空谷传响，哀转久绝。故渔者歌曰：‘巴东三峡巫峡长，猿鸣三声泪沾裳。’”

郭璞《山海经图赞》说：“白猿肆巧，由基抚弓。应眄而号，神有先中。数如循环，其妙无穷。”养由基是古代有名的善射之人，《淮南子·说山训》说：“楚王有白蝯，王自射之，则搏矢而熙；使养由基射之，始调弓矫矢，未发而蝯拥柱号矣，有先中中者也。”“蝯”即“猿”的古字。

猿在古人心目中既长寿，又能变化。《太平御览》卷九一〇引《抱朴子》：“《王策记》称猿寿五百岁则变而为玃，千岁则变为老人。”又引《吴越春秋》说：“赵王问范蠡手战之术，范蠡答曰：‘臣闻赵有处女，国人称之，愿王请问之手战之道也。’于是王乃请女。女将北见王，道逢老人，自称袁公。袁公问女曰：‘闻子善为剑，愿得一观之。’处女曰：‘妾不敢有所隐也，惟公所试！’公即挽林杪之竹似桔槔，末折堕地，女接取其末。袁公操其本而刺处女，应节入之，三入，女因举杖击之，袁公则飞上树，化为白猿。”

白猿（汪绂图）

白猿（蒋应镐图）

叁 鹿蜀

鹿蜀（《古今图书集成·禽虫典》卷一二三）

经文

又东三百七十里，曰杻阳之山，其阳多赤金，其阴多白金。有兽焉，其状如马而白首，其文如虎而赤尾，其音如谣，其名曰鹿蜀，佩之宜子孙。

——《南山首经》

图解

《山海经》除了有现实的动物，如猩猩、白猿等外，还有一些非现实的动物，这类非现实的动物往往都是各类动物的杂糅。它们一般会有一个主体形象，这个主体形象实际上就是动物的躯干，文字描述用“其状如某”或“某身”来表示，比如鹿蜀的主体形象就是“马”。躯干之外的首、尾和四肢，以及毛发、花纹等往往和主体形象有差异。比如鹿蜀就长着白色的脑袋和红色的尾巴，皮毛像老虎，发出的声音像人在唱歌。（经文“其音如谣”，郭璞注：“如人歌声。”）

非现实的动物除了形象怪异之外，往往还具有药用的价值，比如鹿蜀的药用价值就是“宜子孙”。古人对生儿育女十分重视，《孟子·离娄上》说：“不孝有三，无后为大。”因此，“子孙如云”是古人的一种理想。宋代高承《事物纪原》卷十“鹿蜀”条说：“杻阳山有兽，状如马而白首，虎文赤尾，其音如人歌谣，名曰鹿蜀，人佩其皮尾，宜子孙。”宋代陈元

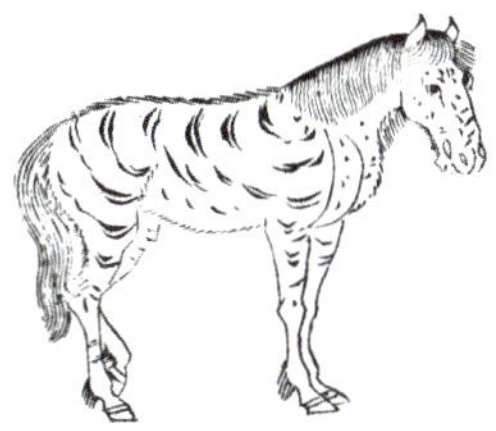

鹿蜀（胡文焕图）

鹿蜀（汪绂图）

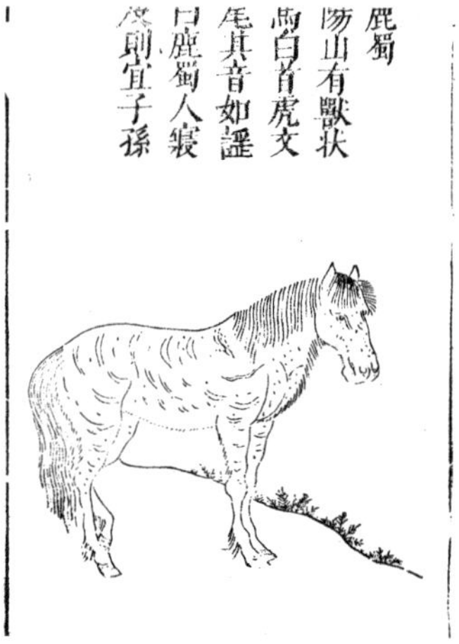

鹿蜀（《三才图会·鸟兽》卷四）

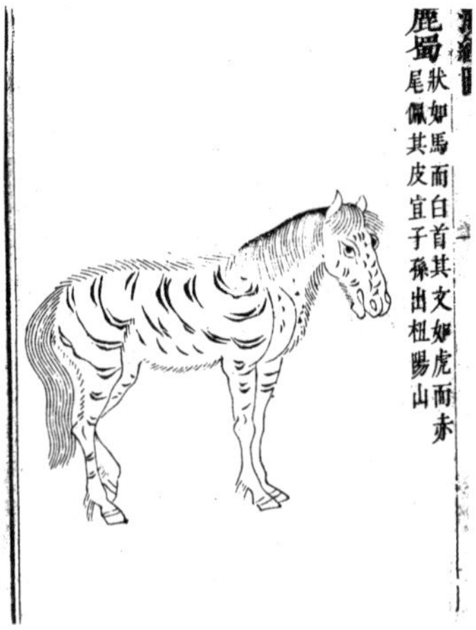

鹿蜀（吴任臣图）

鹿蜀（蒋应镐图）

靓《事林广记》别集卷十一“鹿蜀”条说：“杻阳山有兽，状如马而白首，虎文赤尾，其音如谣，如歌谣也，名曰鹿蜀，人寝其皮，宜子孙。”鹿蜀是如此神奇，人只要佩戴它的皮毛就能够多子多孙。郭璞《图赞》就热情地歌颂说：“鹿蜀之兽，马质虎文。骧首吟鸣，矫足腾群。佩其皮毛，子孙如云。”

实际上，早在《诗经》时代，“宜子孙”的愿望就已经形诸歌咏，《诗经·周南·螽斯》：

螽斯羽，诜诜兮。宜尔子孙，振振兮。

螽斯羽，薨薨兮。宜尔子孙。绳绳兮。

螽斯羽，揖揖兮。宜尔子孙，蛰蛰兮。

螽就是蝗虫，蝗虫多子，所以诗人用它来比喻人的多子，表示对多子者的祝贺。

郭郛《山海经注证》认为鹿蜀就是斑马，《山海百灵图》就收有斑马。斑马，古代又称作“福禄”，《怪奇鸟兽图》就收有“福禄”。

我们认为，《山海经》记载的动物既有自然界的现实动物，又有自然界并不存在的神奇动物。《山海经》对现实动物不作描写，而对神奇动物都有描写，鹿蜀显然属于神奇动物。神奇动物可能会以现实动物作为原型，在现实动物的基础上夸张变形而来。至于鹿蜀的原型是否就是斑马，很难确定，我们引用郭郛的观点，是为了增加大家的见闻。

肆 类

类（汪绂图）

经文

又东四百里，曰亶爰之山，多水，无草木，不可以上。有兽焉，其状如狸而有髦，其名曰类，自为牝牡，食者不妒。

——《南山首经》

图 解

《证类本草》卷十七“灵猫”条引《异物志》说：“灵狸一体，自为阴阳。”《本草纲目》卷五十一“灵猫”条说：“按段成式言，香狸有四外肾，则自能牝牡者，或由此也。刘郁《西使记》云：‘黑契丹出香狸，文似土豹，其肉可食，粪溺皆香如麝气。’杨慎《丹铅录》云：‘予在大理府见香猫如狸，其文如金钱豹。此即《楚辞》所谓“乘赤豹兮载文狸”，王逸注为神狸者也。《南山经》所谓“亶爰之山有兽焉，状如狸而有髦，其名曰类，自为牝牡，食者不妒。”《列子》亦云：“亶爰之兽，自孕而生曰类。”疑即此物也。又《星禽真形图》，心月狐有牝牡两体，其神狸乎？’珍按：刘、杨二说与《异物志》所说相合，则类即灵狸无疑矣，类、狸字音亦相近也。”杨慎、李时珍都认为类就是狸，可能是正确的。

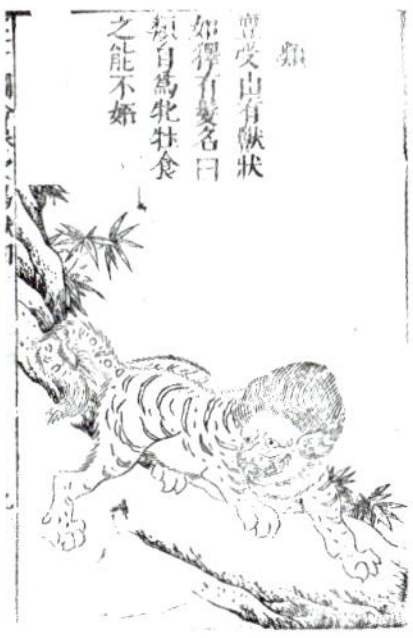

类（《三才图会·鸟兽》卷四）

类（吴任臣图）

类（蒋应镐图）

类（胡文焕图）

《说文·女部》说："妒，妇妒夫也。"类自为牝牡，其药效是治疗"妒"，恐怕是出于巫术式的联想思维。郭璞《图赞》说："类之为兽，一体兼二。近取诸身，用不假器。窃窕是佩，不知妒忌。"正好说明了这种巫术思维的联系。值得注意的是，关于类兽的用法，经文说的是食用，郭璞《图赞》却说是"佩"，可能是失误。

类（《古今图书集成·禽虫典》卷一二三）

类（《万宝全书·山海异物》）

伍 猼訑

猼訑（汪绂图）

经文

又东三百里，曰基山。……有兽焉，其状如羊，九尾四耳，其目在背，其名曰猼訑，佩之不畏。

——《南山首经》

图解

猼訑（bó tuó）

郭璞《图赞》说："猼訑似羊，眼反在背。视之则奇，推之无怪。若欲不恐，厥皮可佩。"

宋代《事林广记》别集卷十一"�"条说："基山有兽如羊，九尾四耳，其目在背，名曰羄羓，取其皮毛之属佩之，令人不恐，宜远行。"古人远行是一件充满风险的事情，而佩猼訑的皮毛可以让人免于恐惧，可以说是古人的护身符，因此特别适宜远行时"佩"之。

猼訑（蒋应镐图）

人的危险往往来自眼睛看不到的身后，所谓"明枪易躲，暗箭难防"，就是说的这个道理。猼訑的眼睛长在背上，来自身后的危险系数自然可以大大降低，这或许就是它能"佩之不畏"（郭璞注："不知恐畏。"）的原因吧。

猼訑《古今图书集成·禽虫典》卷一二三

猼訑（吴任臣图）

九尾狐（汪绂《海外东经》图）

经文

又东三百里，曰青丘之山。……有兽焉，其状如狐而九尾，其音如婴儿，能食人，食者不蛊。

——《南山首经》

青丘国在其北，其狐四足九尾。一曰在朝阳北。

——《海外东经》

有青丘之国，有狐，九尾。

——《大荒东经》

图解

狐在古人心目中的形象不太好，“狐假虎威”的故事就很好地说明了这一点。汉代许慎《说文解字》说：“狐，祆兽也，鬼所乘之。”“祆”与“妖”字通。《太平御览》卷九〇九引《玄中记》：“五十岁之狐为淫妇，百岁狐为美女。又为巫神。”又引《名山记》：“狐者，先古之淫妇也，其名曰紫，紫化而为妇，故其名自称阿紫。”所以宋代朱熹称“狐，妖媚之兽”（《诗·卫风·有狐》朱熹《集传》）。清代王琦说“狐，妖兽，说者以为先古淫妇所化，善为媚惑人，故称狐媚”（李贺《神弦曲》“青狸哭血寒狐死”王琦注）。这说的是普通狐狸。

狐狸有了九条尾巴，就由妖兽变成了瑞兽。汉代班固《白虎通·封禅》：“德至鸟兽则凤凰翔，鸾鸟舞，麒麟臻，白虎到，狐九尾，白雉降，白鹿见，白鸟下。”《艺文类聚》卷九十九引《瑞应图》：“九尾狐者，六合一同则见。文王时，东夷归之。”所以郭璞《图赞》说：“青丘奇兽，九尾之狐。有道祥见，出则衔书。作瑞周文，以标灵符。”他注《大荒东经》“有狐九尾”说：“太平则出而为瑞也。”

据记载，大禹娶涂山氏女为妻，就是因应九尾狐的到来。《艺文类聚》卷九十九引《吕氏春秋》说：

禹年三十未娶，行涂山，恐时暮失嗣，辞曰：“吾之娶，必有应

九尾狐（蒋应镐《南山首经》图）

也。”乃有白狐九尾而造于禹。禹曰：“白者，吾服也。九尾者，其证也。”于是涂山人歌曰：“绥绥白狐，九尾庞庞。成于家室，我都攸昌。”于是娶涂山女。

《南山首经》说“有兽焉，其状如狐而九尾”，郭璞注：“即九尾狐。”郝懿行因为心中先存有九尾狐为瑞应兽的观念，看到经文说此兽“能食人”，大为怀疑：“郭注《大荒东经》‘青丘国九尾狐’云：‘太平则出而为瑞’，此经云‘能食人’，则非瑞应兽也。且此但言‘状如狐’，非即真狐。郭云‘即九尾狐’，似误。”郝懿行怀疑郭璞注是错误的，其证据有二：一是九尾狐为瑞应兽，不应云“能食人”。实际上九尾狐为瑞应兽的观念是后起的，不能根据后起的观念来怀疑《山海经》“能食人”的记载。二是说“其状如狐”，非真狐也。《西山首经》钱来之山，“有兽焉，其状如羊而马尾，名曰羬羊”，羬羊状如羊，与九尾狐状如狐，正好可以互相比较。因此郭璞注不误，郝懿行的怀疑反而是错误的。先秦文献《逸周书·王会解》说：“青丘狐九尾。”可见青丘有九尾狐的传说在先秦是一个普遍的认识。

九尾狐的药用价值是能够使“食者不蛊”，郭璞注说：“啖其肉，令人不逢妖邪之气。或曰：蛊，蛊毒。”郭说不确。《说文》：“蛊，腹中虫也。”蛊可能是腹中生虫的疾病。

《海外东经》的“四足”二字是衍文，所谓衍文，就是文献传写过程中后人添加进去的文字，不是原本所有。为什么说“四足”二字是衍文呢？因为“四足”是兽类的正常形态，而《山海经》对动物的描写有一个原则，即不描写正常形态。比如说兽类的正常形态是四条腿，那它就不会说“四足”。而非正常形态往往会被记载下来，因此《山海经》就出现了诸如“三足”“六足”“八足”等非常形态的描写。

九尾狐（汪绂《南山首经》图）

九尾狐（《古今图书集成·禽虫典》卷七〇）

九尾狐
青丘國在海東
之北有狐四足
九尾汲郡云栢
杼子出征嘗獲
一狐九尾

九尾狐（《三才图会·鸟兽》卷四）

九尾狐（吴任臣图）

柒 狸力

狸力（汪绂图）

经文

《南次二经》之首，曰柜山。……有兽焉，其状如豚，有距，其音如狗吠，其名曰狸力，见则其县多土功。

——《南次二经》

柜（jǔ）

图解

汪绂云：“距，足爪也。”郝懿行疏：“《说文》云：‘距，鸡距也。’”

狸力兽的样子像猪，长着一对鸡爪，声音像狗叫，它的出现意味着那个地方会有繁重的土木工程。

狸力（《古今图书集成·禽虫典》卷一二三）

狸力（蒋应镐图）

捌 长右

经文

东南四百五十里，曰长右之山，无草木，多水。有兽焉，其状如禺而四耳，其名曰长右，其音如吟，见则郡县大水。

——《南次二经》

长右（汪绂图）

图解

《山海经》里的非现实动物，除了具有药用价值外，有的还有预兆灾害或祥瑞的能力。就灾害而言，水灾和旱灾是对古人影响最大的两种自然灾害。为了尽量避免灾害带来的破坏，人们自然特别关注与灾害预警有关的种种事物。《山海经》中能够预警灾害的动物或许就是这种观念的产物。长右山的长右就是这样一种能够预兆洪水的动物，它一出现就会有洪水发生。因此，郭璞《图赞》说：“长右四耳，厥状如猴。实为水祥，见则横流。”

长右的长相特别，形状像猴，而有四只耳朵。它的声音特别，像人在呻吟。（郭璞注：“如人呻吟声。”）长右奇特的形象和声音使它容易被人记住和认识。

我国古代，商羊是最有名的能够预兆大水的动物。《孔子家语·辩政》记载了孔子和商羊的故事：

齐有一足之鸟，飞集于宫朝，下止于殿前，舒翅而跳。齐侯大怪之，使使聘鲁问孔子。孔子曰：“此鸟名曰商羊，水祥也。昔童儿有屈其一脚，振讯两肩而跳。且谣曰：‘天将大雨，商羊鼓舞。’今齐有之，其应至矣，急告民趋治沟渠，修堤防，将有大水为灾。”顷之，大霖雨，水溢泛诸国，伤害民人，惟齐有备不败。景公曰：“圣人之言，信而征矣。”

所以《论衡·变动》说："商羊者，知雨之物也，天且雨，屈其一足起舞矣。"苏轼在《次韵章传道喜雨》诗中还用到了"商羊"的典故："山中归时风色变，中路已觉商羊舞。"

长右（《古今图书集成·禽虫典》卷一二三）

长右（吴任臣图）

长右（蒋应镐图）

玖 猾褢

经文

又东三百四十里，曰尧光之山，其阳多玉，其阴多铁，多金。有兽焉，其状如禺，人面彘鬣，穴居而冬蛰，其名曰猾褢，其音如斲木，见则县有大繇。

——《南次二经》

猾衷（胡文焕图）

褢（huái）
斲（zhuó）

图解

经文原无“禺”字，作“其状如人”。然而根据《山经》文例，只有神才可以说“如人”，猾褢是兽，而说“如人”，显然有误。胡文焕《山海经图》卷下“猾衷”条图说云：“尧光山有兽，状如猕猴，人面彘鬣，穴居冬蛰，名曰猾衷，音如斫木声，见多猺（徭）役。”图也绘作猴形人面。陈元靓《事林广记》别集卷十一“山海灵怪”下“猾裹”条云：“尧光山有兽，状如猴，人面彘鬣，穴居冬蛰，名曰猾裹，音如斫木声，见则国有徭役不宁也。”与胡文焕《山海经图》图说合，二者皆承自北宋舒雅《山海经图》。胡文焕《山海经图》“猾衷”与《事林广记》“猾裹”都是“猾褢”的形误。《事林广记》作“如猴”，《山海经图》作“如猕猴”，按照此经文例来推测，原文当作“如禺”，《南山首经》招摇之山，“有兽焉，其状如禺而白耳，伏行人走，其名曰狌狌”，郭璞注：“禺，似猕猴而大，赤目长尾，今江南山中多有。”胡文焕《山海经图》卷上“长彘”条图说云：“有兽状如猴，四耳。”《南次二经》长右之山“猴”正作“禺”，都可以证明图说的“猴”或“猕猴”在《山经》里都写作“禺”。因此，我们根据《事林广记》《山海经图》的描写，可以证明经文“其状如”下面应该有一个“禺”字，这里就直接补上“禺”字。

经文“面”原作“而”，《事林广记》与《山海经图》都写作“人面彘鬣”，而且胡文焕图也绘作人面之形，这里就直接改作“面”字。

猾衷（《学海群玉·山海异物》）

猾衷（《三才图会·鸟兽》卷四）

猾裹（吴任臣图）

猾裹的声音“如斲木”，郭璞注：“如人斲木声。”清代学者惠栋手校《山海经》却认为：“斲木，鸟名。《尔雅·释鸟》曰：‘鴷，斲木。’《淮南子》曰：‘斲木愈龋。’”惠栋认为“斲木”是鸟名（即今天的啄木鸟）的看法可能有误。郭璞认为“斲木”是砍斫木头的看法是正确的。《南山首经》杻阳之山，“旋龟，其音如判木”；《中次六经》密山，“旋龟，其状鸟首而鳖尾，其音如判木”，“斲木”与“判木”的意思相同，可以互证。

猾裹的出现会带来“大繇”，郭璞注：“谓作役也。或曰其县是乱。”郭注认为“繇”字有两种解释，云“谓作役也”，读“繇”为“徭”；又云“或曰其县是乱”，则读“繇”为“摇”，“摇”是“乱”的意思。郭璞《图赞》说：“猾裹之兽，见则兴役。应政而出，匪乱不适。天下有道，幽形匿迹。”一曰“见则兴役”，一曰“匪乱不适”，把两种解释都写进《赞》文。

猾裹（蒋应镐图）

猾裹（汪绂图）

猾裹（《古今图书集成·禽虫典》卷一二三）

拾 彘

经文

又东五百里，曰浮玉之山。……有兽焉，其状如虎而牛尾，其音如吠犬，其名曰彘，是食人。

——《南次二经》

长彘（胡文焕图）

图 解

胡文焕《山海经图》卷上“长彘”条图说云：“浮玉山有兽，状如猴，四耳，虎毛而牛尾，其音如犬吠，名曰长彘，食人，见则大水。”《三才图会·鸟兽》卷四“长彘”条同，所说与此经所描写的“彘”不合。不仅如此，此兽经文分明叫“彘”，而《山海经图》却写成“长彘”，这是怎么回事呢？

答案是《山海经图》的作者摆了乌龙，错误地将“长右”和“彘”两种动物合二为一，生造出“长彘”这个莫须有的动物出来。《南次二经》长右之山，“有兽焉，其状如禺而四耳，其名曰长右，其音如吟，见则郡县大水”，可知《山海经图》图说云“状如猴，四耳”，“见则大水”者，本来说的是“长右”；“虎毛而牛尾，其音如犬吠”者，说的才是“彘”。

为什么会出现这样的乌龙呢？原来郭璞写《山海经图赞》，有的是一个动物写一个《图赞》，有的是多个动物合写一个《图赞》，有点像《史记》，有的是一个人一个《传》，有的是多个人合写在一个《传》里。郭璞就将“长右”和“彘”合写在一个《赞》里，题目叫作“长右彘”，《赞》文云：“长右四耳，厥状如猴。实为水祥，见则横流。彘虎其身，厥尾如牛。”其中“长右四耳，厥状如猴。实为水祥，见则横流”四句写的是“长右”，“彘虎其身，厥尾如牛”二句写的是“彘”。我们怀疑古本《图赞》下附有经文以作说明，此《图赞》为“长右”与“彘”之合赞，故所附经文也应包括长右节与此节部分经文。作《山海经图》者，或本《图赞》，故“长右彘”误为“长彘”，图说亦合二节经文为一。

彘（《古今图书集成·禽虫典》卷一二三）

彘（汪绂图）

彘（蒋应镐图）

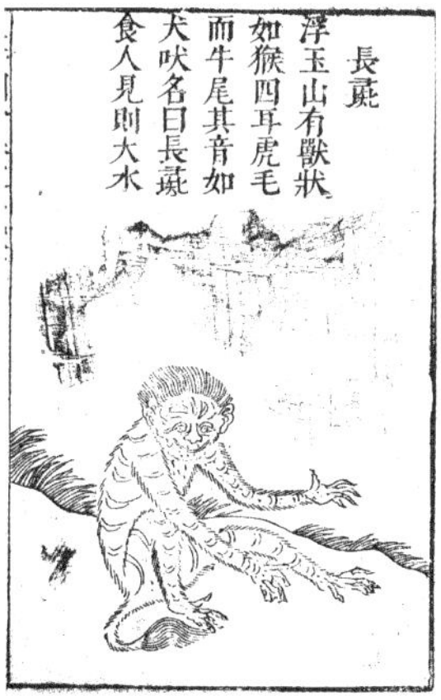

长彘（《三才图会·鸟兽》卷四）

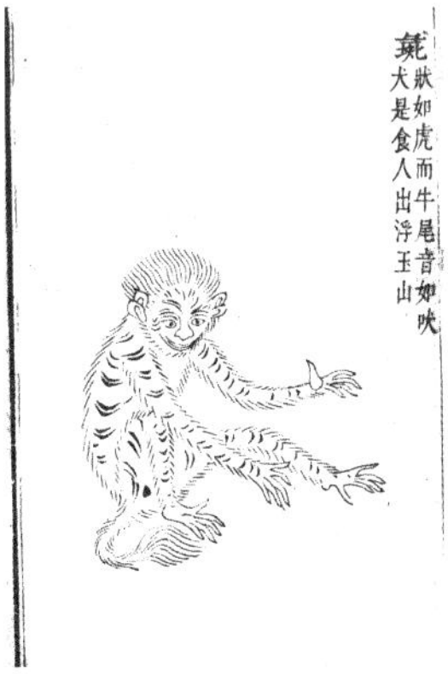

彘（吴任臣图）

䍺（汪绂图）

经文

又东四百里，曰洵山，其阳多金，其阴多玉。有兽焉，其状如羊而无口，不可杀也，其名曰䍺。

——《南次二经》

䍺（蒋应镐图）

䍺（huán）

图 解

䍺是一种像羊却没有嘴巴的动物，没有嘴巴，自然不用进食。而动物为了食物，往往会给自己带来杀身之祸，这样的情景每时每刻都在大自然中上演。䍺虽然没有嘴巴，却因祸得福，经文说它“不可杀”，郭璞注说：“禀气自然。”郝懿行疏说：“不可杀，言不能死也。无口，不食而自生活。”郭璞《图赞》：“有兽无口，其名曰患。害气不入，厥体无间。至理之尽，出乎自然。”表达的就是这一层意思。《赞》文“患”就是经文中的“䍺”。

《玉篇 · 羊部》说：“䍺，句（旬）山有兽，名之曰䍺，其状如羊，禀气自然也，不可杀之。”根据的是经文与郭璞注文。胡文焕《山海经图》卷上“䍺”条图说云：“旬山有兽，状如羊而无口，黑色，名曰䍺（音还），其性顽狠，人不可杀，其禀气自然。”相较经文而言，图说多了“黑色”的描述，这应该是《山海经图》作者所添加。

䍺（胡文焕图）

䍺（吴任臣图）

䍺（《三才图会 · 鸟兽》卷四）

《古今图书集成 · 禽虫典》卷一二三

拾贰　蛊雕

蛊雕（《古今图书集成·禽虫典》卷一二三）

经文

又东五百里，曰鹿吴之山。……有兽焉，名曰蛊雕，其状如雕（豹）而有角，其音如婴儿，是食人。

——《南次二经》

蛊雕（蒋应镐图）

图解

蛊雕，经文说“其状如雕。”郭璞注：“雕似鹰而大尾长翅。”事实上，这段经文里面，暗含一个不易被人发现的文献错误，那就是“其状如雕”的“雕”字。或许有人会说，郭璞都为“雕”字作了注，怎么会错误呢？实际上，在《山海经》早期版本即宋、元、明本中都没有这一句郭注，而到了清康熙年间成书的吴任臣《山海经广注》才首次出现这句郭注，其后的项絪本、黄晟本、毕沅《山海经新校正》、郝懿行《山海经笺疏》才都有了这句郭注。《本草纲目》卷四十九“雕”条云：“雕似鹰而大，尾长翅短。”明显可以看出，首见于清吴任臣《山海经广注》的这条注文，是根据《本草纲目》所作的旁注之文，而且“翅”下又脱一“短”字。这条郭注既然不是郭璞所作，那么它就不能作为“雕”字不误的证据了。

经文“其状如雕”，文从字顺，为什么会认为“雕”字是错误的呢？首先，从《山海经》的行文体例来看，“雕”字就值得怀疑。《山海经》在描写非现实动物形体的时候，往往是将不同动物的形体糅合在一起，以体现动物的“异”与“非常”。虽然说《山海经》描写的动物往往是不同动物的杂糅，但还是遵循一定的规律，就是在说“其状如某”的时候，如果动物是兽，那“其状如某”的“某”就是兽；如果动物是鸟，那“其状如某”的“某”就是鸟。如《西次三经》钟山，“钦䲹化为大鹗，其状如雕而黑文，白首赤

蛊雕（汪绂图）

蛊雕（胡文焕图）

喙而虎爪，其音如晨鹄，见则大兵。鼓亦化为鵕鸟，其状如鸱，赤足而直喙，黄文而白首，其音如鹄，见则其邑大旱。”鹗、鵕皆为鸟属，故云“如雕”“如鸱”。此经蛊雕是兽，而云“如雕”，违背了《山海经》的行文体例，显然有误。其次，古代典籍中有蛊雕“如豹”的记载。如北宋王黼《重修宣和博古图录》卷十一云：“《山海经》所载异兽，挟翅者多矣……如豹之虫（蛊）雕。”明确说《山海经》记载的异兽虫（蛊）雕是“如豹”，可知他所看见的《山海经》“如雕”作“如豹”。又如明代胡文焕《山海经图》卷下“蛊雕”条图说云：“鹿吴山有兽，名曰蛊雕，状如豹而鸟喙，有一角，音如婴儿，食人。”图像亦绘作豹形，明代王圻《三才图会·鸟兽》卷四“蛊雕”条同。明代黄一正《事物绀珠》卷二十八“蛊雕”条亦云：“如豹，鸟喙一角，音如婴儿，食人。”与胡氏图说合。胡文焕的《山海经图》承自北宋舒雅《山海经图》，而舒雅《山海经图》又承自梁朝张僧繇的《山海经图》，故保存了古本《山海经》的信息。因此，《山海经》原文当作“其状如豹”，今本作“如雕”当涉上文“蛊雕”而误矣。经文既然作“豹”，那么这条关于“雕”的郭注必非郭璞所作，为后人据误本所作的旁记之文，又得到了进一步的证明。

相较经文而言，《山海经图》图说多了“鸟喙”的描述，图也绘作鸟嘴的形式。《禽虫典》的图脱胎于胡文焕图或吴任臣图，但把鸟嘴改绘成了兽嘴。

蛊雕（《三才图会·鸟兽》卷四）

蛊雕（吴任臣图）

拾叁 犀

犀（汪绂图）

经文

东五百里，曰祷过之山，其上多金、玉，其下多犀、兕，多象。

——《南次三经》

狌狌西北有犀牛，其状如牛而黑。

——《海内南经》

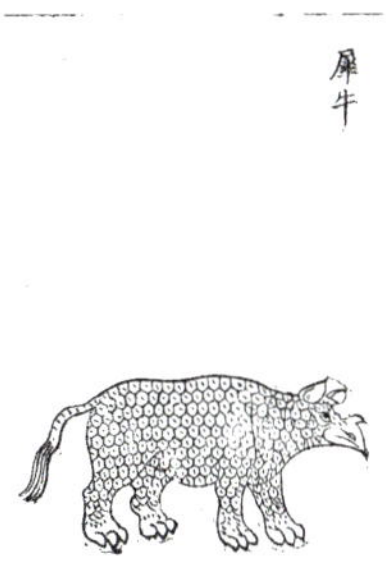

犀牛（《异域图志·异域禽兽图》）

图解

《南次三经》郭璞注："犀，似水牛，猪头，庳脚，脚似象，有三蹄。大腹，黑色，三角：一在顶上，一在额上，一在鼻上。在鼻上者小而不堕，食角也。好啖棘，口中常洒血沫。"郭璞《图赞》："犀头似猪，形兼牛质。角则并三，分身互出。鼓鼻生风，壮气隘溢。"就是根据注文来写的《赞》。

犀（《三才图会·鸟兽》卷三）

犀（《古今图书集成·禽虫典》卷六八）

犀（蒋应镐图）

《太平御览》卷八九〇引《林邑国记》："犀行过丛林，不通，便开口露齿，前向直指，棘林自开。"又引《南越志》："高州平之县巨海有大犀，其出入有光，水为之开。"难怪《西游记》中牛魔王的坐骑辟水金睛兽的原型就是犀牛。

《本草经》说："犀角，味苦，寒。主百毒蛊疰，邪鬼，瘴气，杀钩吻、鸩羽、蛇毒，除邪，不迷惑魇寐。久服轻身。"因此，犀角后来衍化出了能够照见怪物的传说。《晋书·温峤传》记载温峤"至牛渚矶，水深不可测，世云其下多怪物，峤遂毁犀角而照之。须臾，见水族覆火，奇形异状，或乘马车着赤衣者。峤其夜梦人谓己曰：'与君幽明道别，何意相照也？'"

经文

东五百里，曰祷过之山，其上多金、玉，其下多犀、兕，多象。

——《南次三经》

兕在舜葬东，湘水南，其状如牛，苍黑，一角。

——《海内南经》

兕（汪绂《南次三经》图）

图解

郭璞注：“兕，亦似水牛，青色，一角，重三千斤。”胡文焕《山海经图》卷上“兕”条图说：“祷过山多兕，状如野牛，青色，一角，长三尺余，似马鞍，善触，身重千斤，其皮坚厚，可以制铠。”段注本《说文》：“兕如野牛，青色，其皮坚厚，可为铠。”《国语·晋语八》：“昔吾先君唐叔射兕于徒林。”韦昭注：“兕，似牛而青，善触人。”《玄应音义》卷十九“兕犀”条引《南州异物志》说兕“角长二尺余，形似马鞭柄，其皮坚，可为铠甲”；又引《广志》说兕“角班似瑇瑁，足有十爪”。《尔雅·释兽》邢昺疏引《交州记》说：“兕

兕（《古今图书集成·禽虫典》卷六八）

出九德，有一角，角长三尺余，形如马鞭柄。”马鞭柄可能中间低，两端高，和马鞍相似。胡文焕图和图说无疑是综合了此经与其他文献的记载。

郭璞《图赞》:“兕惟壮兽，似牛青黑。力无不倾，自焚以革。皮充武备，角助文德。”

《埤雅》卷三“兕”条说:“兕善抵触，故先王之制罚，爵以兕角为之。酒，阳物也，而善发人之刚，其过则在抵触，故先王制此，以为酒戒。《诗》曰:‘兕觥其觩，旨酒思柔。’此之谓也。”可作郭《赞》“角助文德”的注脚。

兕（蒋应镐《海内南经》图）

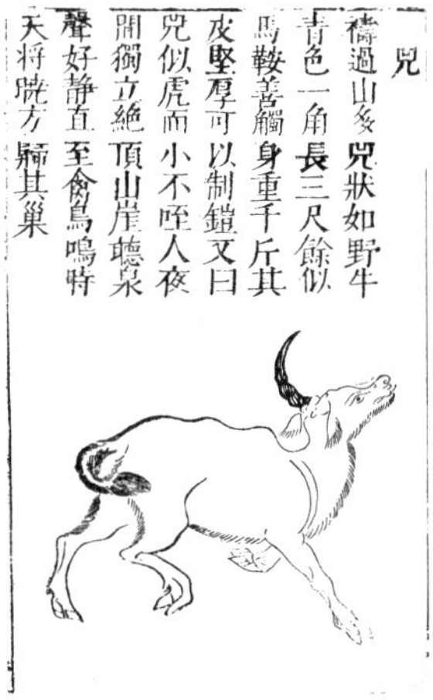

兕

禱過山多兕狀如野牛青色一角長三尺餘似馬鞍善觸身重千斤其皮堅厚可以制鎧又曰兕似虎而小不咥人夜間獨立絶頂山崖聽泉聲好静直至禽鳥鳴時天将曉方歸其巢

兕（《三才图会·鸟兽》卷四）

拾伍 象

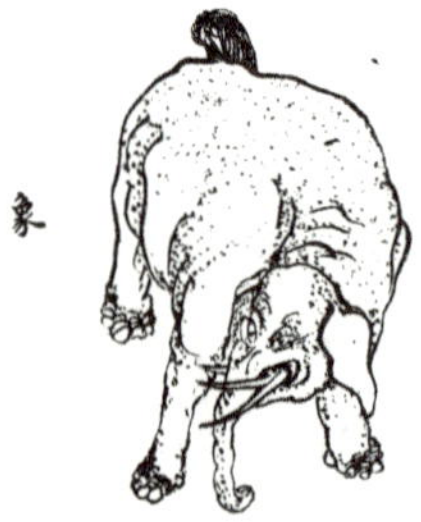

象（汪绂图）

经文

东五百里，曰祷过之山，其上多金、玉，其下多犀、兕，多象。

——《南次三经》

图解

郭璞注："象，兽之最大者，长鼻，大者牙长一丈，性妒，不畜淫子。"《说文》："象，长鼻、牙，南越大兽，三年一乳。"自古以来，象牙都被视为珍贵之物。《初学记》卷二十九引万震《南州异物志》："俗传象牙岁脱，犹爱惜之，掘地而藏之。人欲取，当作假牙潜往易之，觉则不藏故处。"

《太平御览》卷八九〇引万震《南州异物志》："象之为兽，形体特诡。身倍数牛，目不逾狶。鼻为口役，望头若尾。驯良承教，听言则跪。素牙玉洁，载籍所美。服重致远，行如丘徙。"郭璞《图赞》："象实魁梧，体巨貌诡。肉兼十牛，目不逾豕。望头如尾，动若丘徙。"两相比较，可以看出郭璞的大象《图赞》借鉴化用了万震《南州异物志》的文字。

宋代周去非《岭外代答》卷九"象"条云："交趾山中有石室，唯一路可入，周围皆石壁，交人先置刍豆于中，驱一雌驯象入焉。乃布甘蔗于道以诱野象，俟来食蔗，则纵驯雌入野象群，诱之以归。既入，因以巨石窒其门。野象饥甚，人乃缘石壁饲驯雌，野象见雌得饲，始虽畏之，终亦狎而求之。益狎，人乃鞭之以箠，少驯则乘而制之。凡制象，必以钩。交人之驯象也，正跨其颈，手执铁钩以钩其头。欲象左，钩头右；欲右，钩左；欲却，钩额；欲前，不钩；欲象跪伏，以钩正案其脑。复重案之，痛而号鸣，人见其号也，遂以为象能声喏焉。人见其群立而行列齐也，不知其有钩以前却左右之也。盖象之为兽也，形虽大而不胜痛，故人得以数寸之钩驯之。久久亦解人意，见乘象者来，低头跪膝，人登其颈，则奋而起行。象头不可俯，颈不可回，口隐于颐，去地犹远，其饮食运动，一以鼻为用。鼻端深大，可以开闭，其中又有小肉夹，虽芥子亦可拾也。每以鼻取食，即就爪甲击去泥垢而后卷以入口。其饮水亦以鼻吸而卷纳诸口。村落小民新篘熟，野象逐香而来，以鼻破壁而入饮，人之大患也。象足如柱，无指而有爪甲，登高山，下峻阪，渡深水，其形臃肿，而乃捷甚。交人呼而驱之，似能与之言者。”详细描写了驯服野象的过程，直到现在，驯象还是使用这种方法。

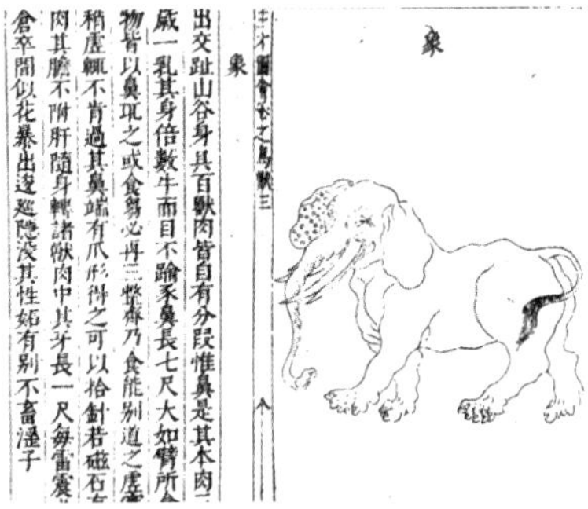
三才圖會鳥獸三
象
出交趾山谷身具百獸肉皆自有分段惟鼻是其本肉
歲一乳其身倍數牛而目不踰豕鼻長七尺大如臂所
物皆以鼻取之或食芻必再三整飭乃食能別道之虛
稍虛輒不肯過其鼻端有爪形得之可以拾針若磁石
肉其膽不附肝隨身轉諸獸肉中其牙長一尺每雷震
倉卒間似花暴出逡巡隱沒其性妬有別不畜淫子

《三才图会·鸟兽》卷三

象《古今图书集成·禽虫典》卷六〇

拾陆 羬羊

经 文

《西山经》华山之首，曰钱来之山，其上多松，其下多洗石。有兽焉，其状如羊而马尾，名曰羬羊，其脂可以已腊。

——《西山首经》

羬羊（胡文焕图）

羬（qián）
腊（xī）

图 解

羬羊是长着马尾巴的羊，形体高大（《尔雅》），角却很细（《说文》）。

郭璞注：“今大月氏国有大羊，如驴而马尾。《尔雅》云：‘羊六尺为羬。’谓此羊也。”其《图赞》说：“月氏之羊，其类在野。厥高六尺，尾亦如马。何以审之，事见《尔雅》。”郝懿行疏说《太平御览》卷九〇二引郭义恭《广志》云：“大尾羊细毛薄皮，尾上旁广，重且十斤，出康居。”与郭璞注相合。

《太平广记》卷四三九引《异物志》云：“月氏有羊，大尾，稍割以供宾，亦稍自补复。”《太平御览》卷九〇二引《凉州异物志》云：“有羊大尾，车推乃行，用累其身。”羬羊因为尾巴太大，需要用车子推行，是成语“尾大不掉”的生动写照。

羬羊（汪绂图）

羬羊（《三才图会·鸟兽》卷四）

羬羊（蒋应镐图）

“羬”，《说文》作“麙”，二字为异体字。《说文》谓“麙”：“山羊而大者，细角。”段玉裁《说文解字注》说“此七字文理不顺，疑有误，当作‘山羊而大角者’”。段玉裁的说法是错误的，从《说文》的说解体例来看，原文当作“似山羊而大者，细角”，比如“麠”字，《说文》即云：“似鹿而大。”可证。

羬羊的药用价值是能够治疗“腊”，郭璞注“治体皴腊”是也。汪绂《山海经存》云：“腊，皮肤皴裂之病。”郝懿行疏说：“今人以羊脂疗皴有验。”可以看出，羬羊“可以已腊”是根据实际生活经验总结出来的。

胡文焕《山海经图》卷上“羬羊”条图说云：“华山有兽，状如羊，马尾，名曰羬羊。《尔雅》云：‘羊六尺为羬。’即此羊也。脂可以治皵。”《三才图会·鸟兽》卷四“羬羊”条同，唯“皵”作“皴”。

羬羊（《古今图书集成·禽虫典》卷一一一）

羬羊（吴任臣图）

拾柒　㸲牛

经文

又西八十里，曰小华之山，其木多荆、杞，其兽多㸲牛。

——《西山首经》

㸲牛（汪绂图）

㸲（zuó）

图解

郭璞注："今华阴山中多山牛、山羊，肉皆千斤，牛即此牛也。"

郝懿行疏："《穆天子传》〔卷二〕云：'舂山爰有野牛、山羊。'郭注云：'今华阴山有野牛、山羊，肉皆千斤。'与此注同，是此注'山牛'当为'野牛'。"

吴任臣云："㸲牛即牦牛。"

《本草纲目》卷五十一"牦牛"条云："《山海经》作㸲牛，西人呼为竹牛，因角理如竹也，或云'竹'即'㸲'音之转。"《昨梦录》云："西夏有竹牛，重数百斤，角甚长而黄黑相间，用以制弓极佳。"

葱聋（胡文焕图）

经文

又西八十里，曰符禺之山。……其兽多葱聋，其状如羊而赤鬣。

——《西山首经》

葱聋（蒋应镐图）

图解

郝懿行疏："此即野羊之一种，今夏羊亦有赤鬣者。"

胡文焕《山海经图》卷上"葱聋"条图说云："符遇山有兽，名曰葱聋，状如羊，赤鬣而黑首。"《三才图会·鸟兽》卷四"葱聋"条同。相较经文而言，《山海经图》图说多了"黑首"的描述，但图却没有绘作黑色的脑袋。晚于《山海经图》的《万宝全书》就把葱聋画作黑色的脑袋。晚于《万宝全书》的日本《怪奇鸟兽图》同样把葱聋画作黑色的脑袋，毫无疑问是受到了《万宝全书》的影响，而且二者构图较为接近，也可证明。

葱聋（《古今图书集成·禽虫典》卷一二三）

葱聋（汪绂图）

葱聋（《三才图会·鸟兽》卷四）

葱聋（吴任臣图）

经文

又西五十二里，曰竹山。……有兽焉，其状如豚而白毛，毛大如笄而黑端，名曰豪彘。

——《西山首经》

豪猪（胡文焕图）

图解

郭经文“毛”字原不作重文，元钞本重“毛”字，《太平御览》卷九〇三引同，今据增。

《说文·希部》“㣇”字云：“豕鬣如笔管者。豪，籀文。”《玉篇·豕部》“豪”字云：“毛如笄而端黑也。”本此经为说。

豪彘，郭璞注：“貆猪也，夹髀有麄（粗）豪，长数尺，能以脊上豪射物，亦自为牝牡。吴楚呼为鸾猪，亦此类也。”郭璞《图赞》：“刚鬣之族，号曰豪彘。毛如攒锥，中有激矢。厥体兼资，自为牝牡。”就是根据注文而作。

豪彘，又叫豪猪，扬雄《长杨赋》即作“豪猪”，俗称箭猪。汪绂《山海经存》：“今豪猪也，一名貆，又名鸾猪，其状似猪，其脚如狸。”

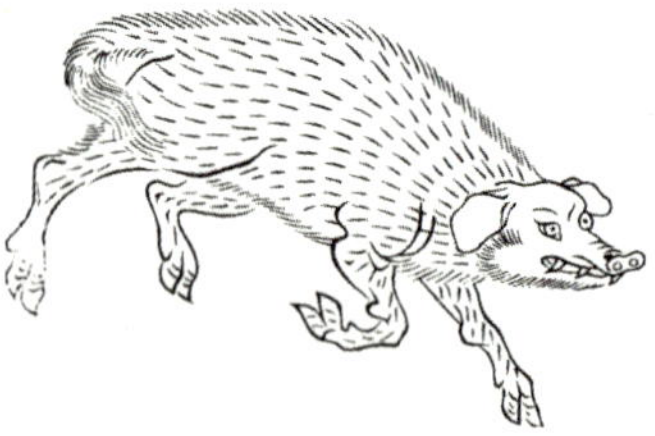

豪彘（《古今图书集成·禽虫典》卷一一九）

豪彘（吴任臣图）

豪猪（《三才图会·鸟兽》卷四）

宋代周去非《岭外代答》卷九“山猪”条云：“山猪即毫（豪）猪，身有棘刺，能振发以射人，二三百为群，以害苗稼，州峒中甚苦之。”

李时珍《本草纲目》卷五十一“豪猪”条说：“豪猪处处深山中有之，多者成群害稼。状如猪，而项脊有棘鬣，长近尺许，粗如箸，其状似笄及猬刺，白本而黑端，怒则激去，如矢射人。羌人以其皮为靴。郭璞云：‘狟猪自为牝牡而孕也。’张师正《倦游录》云：‘南海有泡鱼，大如斗，身有棘刺，能化为豪猪。巽为鱼，坎为豕，岂巽变坎乎？’”

豪彘（汪绂图）

豪彘（蒋应镐图）

嚣（胡文焕图）

经文

又西七十里，曰羭次之山。……有兽焉，其状如禺而长臂，善投，其名曰嚣。

——《西山首经》

嚣（蒋应镐图）

图 解

郭璞注："亦在畏兽画中，似猕猴。投，掷也。"《图赞》云："嚣兽长臂，为物好掷。"汪绂《山海经存》说："此亦猿类也。投，掷也。自攀援投掷也，或曰以石掷人。"

毕沅校："'嚣'当为'夒'，形相近，字之误也。《说文》：'夒，母猴，似人。'"郝懿行疏："嚣、夒声相近。"毕、郝以为"嚣"即"夒"，未必是。

胡文焕《山海经图》卷下"嚣"条图说云："嵛次山有兽状如寓，长臂善杀，名曰嚣。""杀（繁体作殺）"当为"投"字的形近之误。

嚣（汪绂图）

嚣（《古今图书集成·禽虫典》卷一二三）

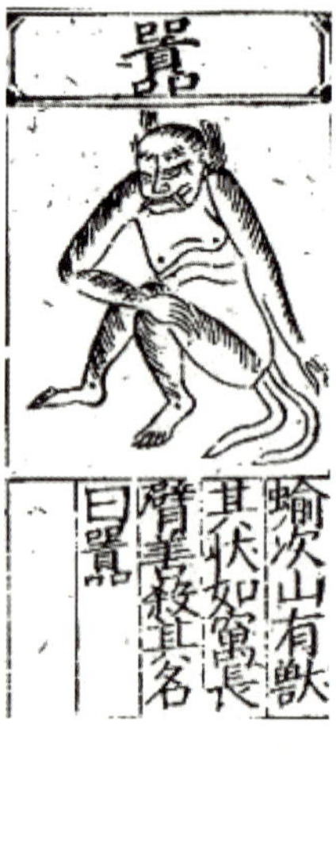

嚣（《学海群玉·山海异物》）

嚣（《三才图会·鸟兽》卷四）

贰拾壹　猛豹

猛犳（胡文焕图）

经文

又西百七十里，曰南山。……兽多猛豹。

——《西山首经》

图　解

郭璞注："猛豹，似熊而小，毛浅有光泽，能食蛇，食铜铁，出蜀中。"郭注"食蛇"二字，王念孙校删"食"字，校改"蛇"作"𦧇"，盖"蛇"或作"虵"，项絪本即作"虵"，虵、𦧇形近易讹也。𦧇、舐为异体字。王念孙校实际上根据的是《尔雅》郭璞注。郭璞注《尔雅·释兽》"貘，白豹"云："似熊，小头庳脚，黑白驳，能舐食铜铁。"正作"舐食铜铁"。郭璞注《中次九经》"崃山"云："山有九折坂，出狛。狛似熊而黑白驳，亦食铜铁也。"狛、貘字同，皆无"食蛇"之说，可证王校是也。郝懿行疏云："猛豹，即貘豹也。……貘豹、猛豹声近而转。"郝疏是也，《列子·天瑞篇》《释文》《慧琳音义》卷十六"貘豹"条引此经"猛豹"皆作"貘豹"可证。

有学者认为貘就是今天的大熊猫，郭郛《山海经注证》即云："《中国动物志·兽纲·食肉目》释为大熊猫。"《王力古汉语字典》"貘"字云："兽名。《说文》：'貘，似熊而黄黑色，出蜀中。'《尔雅·释兽》：'貘，白豹。'郭璞注：'似熊，小头庳脚，黑白驳，能舐食铜铁及竹节。'所述有似大熊猫。"用了一个"似"字，表现出审慎的态度。

明代胡文焕《山海经图》既收"猛豹"，又收"貘"。其中"猛犳（豹）"条云："南山有兽，名曰猛犳（豹），似熊而毛彩有光泽，其食铜铁。"本此经、注为说。"貘"条云："南方山谷中有兽，名曰貘，象鼻犀目，牛尾虎足，身黄黑色，

猛豹（《三才图会·鸟兽》卷四）

猛豹（蒋应镐图）

人寝其皮辟瘟，图其形可辟邪，舐食铜铁，不食他物。”当是根据其他书的记载所作的描写。《山海经图》对“猛豹”和“貘”的文字描写虽然都有“食铜铁”的相同说法，但二者不但分列，而且所描绘的图像完全不同，说明《山海经图》的作者认为二者并不是同一种动物。《山海经图》所绘“貘”的形象和今天的马来貘相近，说明《山海经图》的作者认为貘并不是大熊猫。

王引之认为古代的貘有两种，一是白豹，一是长得像熊而且能食铜铁的动物。王引之《经义述闻》卷二十八“貘白豹”条云：“郭曰：‘似熊，小头庳脚，黑白驳，能舐食铜铁及竹骨。骨节强直，中实少髓，皮辟湿。或曰：豹白色者别名貘。’引之谨案：上文‘虎窃毛谓之虦猫’，下文‘甝白虎，虪黑虎’，皆言虎豹之属，非言熊属也。豹与熊殊类，似熊者不得谓之豹，当以后说为长。《说文》：‘豹，似虎圜文。’《大雅·韩奕》正义引陆机《疏》曰：‘毛赤而文黑，谓之赤豹；毛白而文黑，谓之白豹。’貘盖毛白而文黑者，貘之为言犹白也（似熊而黑白驳之貘，与白豹之貘，皆以白得名，而一为白豹，一为食铜铁之兽，不得混为一谈）。《逸周书·王会篇》‘不令支玄獏（与貘同）’，孔晁注曰：‘獏，白豹，玄獏则黑豹。’《列子·天瑞篇》：‘青宁生程，程生马。’《释文》引《尸子》云：‘程，中国谓之豹，越人谓之貘。’又引《山海经》云：‘南山多貘豹。’郭注云：‘貘是豹之白者。’（今本《西山经》‘貘豹’作‘猛豹’，注曰：‘猛豹，

猛豹（《万宝全书·山海异物》）

似熊而小，毛浅有光泽，能舐食铜铁，出蜀中。’与《列子》《释文》所引不同。盖貘有二义，故郭注两释之，而后人遂删其一也。然正文既言‘貘豹’，则是白豹之别名，而非食铜铁之兽矣。貘、猛古字同，犹虴蛨之为虴蜢。）此皆《尔雅》所谓‘貘’也。《说文》:‘貘，似熊而黄黑色，出蜀中。’未尝以为《尔雅》之白豹。《字林》:‘貘，似熊而白黄，出蜀郡。一曰白豹。’然则‘似熊而白黄’者，非白豹明矣。”王说是也，此经“猛豹”之“孟”与“貘”相通，是“白色”的意思，因此“猛豹”就是“白豹”的意思。猛豹既然是白豹，和像熊且能食铜铁的貘是两种不同的动物，那么郭郛认为猛豹就是大熊猫的看法显然就是错误的。

今颇有人相信《山海经》“猛豹”就是大熊猫，为免以讹传讹，故略加考辨如上。

貘（胡文焕图）

猛豹（汪绂图）

贰拾贰　熊

经　文

又西三百二十里，曰嶓冢之山。……兽多犀、兕、熊、罴。

——《西山首经》

熊（汪绂图）

图　解

熊，《说文》:“兽似豕，山居，冬蛰。”《艺文类聚》卷九十五引陆玑《毛诗草木鸟兽虫鱼疏》云：“熊能攀缘上高树，见人则颠倒投地而下。冬入穴而蛰，始春而出。”

宋代陆佃《埤雅》卷三“熊”条云:“熊似豕，坚中，山居，冬蛰，当心有白脂如玉，味甚美，俗呼熊白。其胆春在首，夏在腹，秋在左足，冬在右足。好举木而引气，谓之熊经，《庄子》所谓‘熊经鸟伸’是也。冬蛰不食，饥则自舐其掌，故其美在掌，而《孟子》曰‘熊掌亦我所欲也’。”

下面我们看三则与熊有关的传说。其一见于《太平御览》卷九〇八引《琐语》:“晋平公梦见赤熊窥屏，恶之而有疾，使问子产。子产曰：‘昔共工之卿曰浮游，既败于颛顼，自没沉淮之渊，其色

熊（《古今图书集成·禽虫典》卷六七）

赤，其言善笑，其行善顾，其状如熊，常为天王祟，见之堂上则王天下者死，见之堂下则邦人骇，见之门则近臣忧，见之庭则无伤。今窥君之屏，病而无伤，祭颛顼、共工则瘳。’公如其言而疾间。”其二见于《太平御览》卷九〇八引陶渊明《续搜神记》：“熊无穴，居大树孔中。东土呼熊为‘子路’，以物击树云：‘子路可起！’于是便下。不呼则不动也。”其三见于南朝宋刘敬叔《异苑》卷八：“元嘉三年，邵陵高平黄秀无故入山，经日不还。其儿根生寻觅，见秀蹲空树中，从头至腰，毛色如熊。问其何故，答云：‘天谪我如此，汝但自去。’儿哀恸而归。逾年伐山人见之，其形尽为熊矣。”

熊（《三才图会·鸟兽》卷三）

经文

又西三百二十里，曰嶓冢之山。……兽多犀、兕、熊、罴。

——《西山首经》

罴（汪绂图）

图解

郭璞注："罴，似熊而黄白色，猛憨，能拔树。"郝懿行指出吴氏本郭注："能拔树"下有"一云长头高脚"六字。《尔雅·释兽》："罴，如熊，黄白文。"郭璞注："似熊而长头高脚，猛憨多力，能拔树木，关西呼曰貑罴。"与郝说合。

宋代陆佃《埤雅》卷四"罴"条云："《释兽》云：'罴，如熊，黄白文。'罴似熊而大，为兽亦坚中，长首高脚，从（纵）目，能缘能立，遇人则擘而攫之。俗云：'熊罴眼直，恶人横目。'《淮南子》曰'熊罴之动以攫搏，兕牛之动以觝触'是也。其白生于心之下，肓之上，亦如熊白而粗，秋冬则有，春夏则亡。猛憨多力，能拔大木，故《书》曰：'以有熊罴之士，不二心之臣。'熊罴之士，以力言也。《诗》曰：'维熊维罴，男子之祥。维虺维蛇，女子之祥。'熊罴，阳物也，强力壮毅，故为男子之祥。虺蛇，阴物也，柔弱隐伏，故为女子之祥。盖人之精神与天地阴阳流通，故梦之吉凶各以其类至。俗说熊罴富脂，至春膘痒，即登高木自坠，谓之扑膘。今人畜熊，以梃挞之，更致壮长，盖放于此。旧说师（狮）子、虎见之而伏，豹见之而瞑，熊见之而跃。"

柳宗元写了一篇《罴说》：

鹿畏貙，貙畏虎，虎畏罴。罴之状，被发人立，绝有力而甚害人焉。楚之南有猎者，能吹竹为百兽之音。昔云持弓矢罂火而即之山，为鹿鸣以感其类，伺其至，发火而射之。貙闻其鹿也，趋而至。

其人恐，因为虎而骇之。貙走而虎至，愈恐，则又为罴，虎亦亡去。罴闻而求其类，至，则人也，捽搏挽裂而食之。今夫不善内而恃外者，未有不为罴之食也。

短短百余字，就把专门依赖外力而不自强者的可悲命运揭示出来，发人深思。文中说罴“被发人立”，这一点成了《三才图会》和《禽虫典》的主体构形。罴能人立，所以又被称为“人熊”。《本草纲目》卷五十一“熊”条即说：“俗呼熊为猪熊，罴为人熊、马熊，各因形似以为别也。”

（《古今图书集成·禽虫典》卷六七）

罴（《三才图会·鸟兽》卷四）

贰拾肆　谿边

经　文

又西三百五十里，曰天帝之山。……有兽焉，其状如狗，名曰谿边，席其皮者不蛊。

——《西山首经》

谿边（汪绂图）

图　解

元钞本郭璞《图赞》小题与正文皆作“边谿”，云：“边谿类豹，皮厌妖蛊。”疑此经“狗”是“豹”的误字。

郝懿行疏：“此即狗属也。《史记·封禅书》云：‘秦德公磔狗邑四门，以御蛊灾。’义盖本此。”

谿边（《古今图书集成·禽虫典》卷一二三）

玃（jué）
貜（yīng）

玃（胡文焕图）

贰拾伍　玃如

经文

西南三百八十里，曰皋涂之山。……有兽焉，其状如鹿而白尾，马足人手而四角，名曰玃如。

——《西山首经》

图　解

经文“玃如”原作“貜如”，郝懿行疏认为“貜”应为“玃”字之误，元钞本、文畬堂本作“玃”，元钞本郭璞《图赞》小题与正文俱作“玃”，可证郭璞所见本作“玃”，今据改。《广雅·释地》云：“西方有兽焉，如鹿，白尾，马足人手，四角，其名曰玃如。”本此经为说，同样写作“玃如”。元钞本郭璞《图赞》云：“玃如之兽，鹿状四觡。马足人手，其尾则白。皃兼三形，攀木缘石。”“皃”是“貌”的古字，“皃兼三形”是指玃如兼有鹿、马、人的形状。

经文说玃如兽“马足人手”，既云“马足”，又云“人手”，似乎自相矛盾，所以郭璞注只好说：“前两脚似人手。”言下之意是后两脚像马足。胡文焕《山海经图》卷上“玃”条图说作“前两脚似人手，后两脚似马蹄”，就是根据郭璞注而言的。我们看各图都是前两脚画作人手，后两脚画作马蹄，显然都是承继胡文焕《山海经图》的构思。

实际上，郭璞的解释是错误的。《东次四经》北号之山，“有鸟焉，其状如鸡而白首，鼠足而虎爪，其名曰鬿雀”，“鼠足而虎爪”意思是脚像老鼠腿但脚爪却像老虎的爪子。“马足人手”当和“鼠足而虎爪”表达的意思相似，即脚如马腿，但是脚掌却像人手。《说文·手部》：“手，拳也。”段注：“今人舒之为手，卷之为拳，其实一也，故以手与拳二篆互训。”此经“手”字的意思是指手掌，不包含手臂。因此，玃如四脚正确的画法应该

玃（《三才图会·鸟兽》卷三）

玃如（吴任臣图）

是马腿加上像人手的脚掌。

值得注意的是，胡文焕图、《三才图会》图和《万宝全书》的图都写作“玃”，没有“如”字。《事林广记》别集卷十一“玃”条云：“皋涂山有兽，状如鹿，前脚似人，后脚似马蹄，四角，名玃。”胡文焕《山海经图》卷上“玃”条图说云：“皋涂山有兽，状如白鹿，前脚似人手，后两脚似马蹄，四角，名玃。”可以看出，胡文焕承继的古本《山海经图》就已经作“玃”。《三才图会》的图像是承继的胡文焕图，图说部分却是完全按照“玃”字来写的，玃是猴类，和图像的形貌完全不相干，这是《三才图会》作者漫不经心所造成的错误。

玃如（汪绂图）

玃如（《古今图书集成·禽虫典》卷一二三）

玃如（蒋应镐图）

玃（《万宝全书·山海异物》）

犟

犟（mín）

犟（汪绂图）

经文

又西百八十里，曰黄山。……有兽焉，其状如牛而苍黑，大目，其名曰犟。

——《西山首经》

图 解

经文“大目”,《篆隶万象名义》“犟”字作“犬目”。然而郭璞《图赞》说“犟兽大眼”,则当以作“大目”为是。

毕沅校：“《汲冢周书·王会》云：‘数楚每牛，每牛者，牛之小者也。’‘犟’非古字，当为‘每’。”就是说“犟”形状像牛，形体较小，却长着一双大眼睛。

犟（蒋应镐图）

旄牛（犛牛）

犛（lí）

经文

又西二百里，曰翠山，其上多棕、楠，其下多竹箭，其阳多黄金、玉，其阴多旄牛。

——《西山首经》

又北二百里，曰潘侯之山。……有兽焉，其状如牛而四节生毛，名曰旄牛。

——《北山首经》

东北百里，曰荆山，其阴多铁，其阳多赤金，其中多犛牛。

——《中次八经》

旄牛（胡文焕图）

图解

潘侯之山旄牛，郭璞注："今旄牛背、膝及胡、尾皆有长毛。"胡文焕《山海经图》卷下"旄牛"条图说云："侯山有兽，状如牛，其足有四节而毛长，名曰旄牛。"《三才图会·鸟兽》卷四"旄牛"条同，"侯山"前面脱一"潘"字。

荆山犛牛，郭璞注："旄牛属也，黑色，出西南徼外也。音狸，一音来。"犛牛，《尔雅·释畜》作"犣牛"，郭璞注："旄牛也。髀、膝、尾皆有长毛。"犛、犣一声之转。

犛牛（汪绂《中次八经》图）

犛（《古今图书集成·禽虫典》卷一〇五）

旄牛（蒋应镐《北山首经》图）

旄牛（《万宝全书·山海异物》）

翠山旄牛，汪绂《山海经存》云：“旄牛一名犛牛，长毛尺许，尾背项膝毛尤长，可为旄纛之用，巴蜀之西南多有之。”《说文》云：“犛，西南夷长髦牛也。”说明犛牛与旄牛指的是同一种动物。李时珍却主张犛牛、旄牛非一，《本草纲目》卷五十一“犛牛”条云：“犛牛出西南徼外，居深山中野牛也。状及毛、尾俱同牦牛，牦小而犛大，有重千斤者。其尾名曰牦，亦可为旌旄缨帽之用。”旄牛的尾巴可以作“旌旄缨帽之用”，但却给自己带来了危害。郭璞《图赞》就是从这一点来写的：“牛充兵机，兼之者旄。冠于旌鼓，为军之标。匪肉致灾，亦毛之招。”

旄牛（汪绂《西山首经》图）

旄牛（《古今图书集成·禽虫典》卷一〇五）

旄牛（《三才图会·鸟兽》卷四）

犛（《三才图会·鸟兽》卷四）

贰拾捌 麢

麢（汪绂图）

经 文

又西二百里，曰翠山，其上多棕、楠，其下多竹箭，其阳多黄金、玉，其阴多旄牛、麢、麝。

——《西山首经》

图 解

郭璞注："麢，似羊而大，角细员，好在山崖间。"《尔雅·释兽》:"麢，大羊。"郭璞注:"麢羊，似羊而大，角员锐，好在山崖间。"与此注合。《说文·鹿部》云:"麢，大羊而细角。"即郭注所本。

麢羊又作"羚羊",《本草经》有"羚羊角"。又作"零羊"，陶弘景《名医别录》有"零羊角"。由于麢羊角有药用价值，故后人对麢羊的关注重点就在它的角上，并产生了种种神异之说。

《埤雅》卷五"羚羊"条云:"羚羊似羊而大，角有圆绕蹙文，夜则悬角木上以防患。语曰：'麢羊挂角。'此之谓也。今以其角为马排沫，特善。《字说》云：'鹿比其类，环其角外向以自防。麢独栖其角木上，是所谓靁。夫其如此，亦以远害。其靁也，亦所以为灵也。'""靁"与"零"通，零落也，表示麢羊独栖的意思。可以看出，吴任臣《山海经图》"麢羊"条图说就是根据《埤雅》来写的。

《尔雅翼》卷二十"麢"条云："麢，大羊，似羊而大，角圆锐，好在山崖间。夜宿，以角挂木，不着地。其角多节，蹙蹙圆绕，弯中深锐紧小，犹有挂痕。耳边听之，集集鸣者良。慢无痕者，非也。其角号为有神，故能辟去不祥。今之金刚者，出西域，状若紫石英，百炼不消，切玉如泥，置之山顶，亦陷石而入，及金处，同类相见而止，可谓坚矣。惟此角能坏之。麢虽大羊，而性与羊异，

麢羊（吴任臣图）

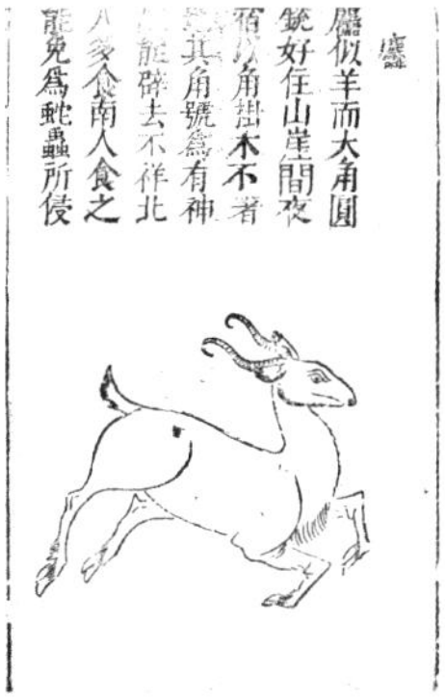

麢（《三才图会·鸟兽》卷三）

故字从鹿，而《释兽》叙在麐（麠）、麔之前，今人只作‘羚’。北人多食，南人食之，免为蛇虫所侵。”《三才图会》的图说就是根据《尔雅翼》来写的。

《本草纲目》卷五十一“麢羊”条：“按《寰宇志》云：‘安南高石山出羚羊，一角极坚，能碎金刚石。’则羚固有一角者矣。”只有《万宝全书》的麢羊画作一只角，图说云：“高右（石）山中有羚羊，首生一角而中实，极坚，能碎金刚等石。”与《寰宇志》说同。其他图的麢羊都画作两只角。陶弘景《本草经集注》“零羊角”注谓零羊“多两角者，一角者为胜”。

《三才图会》的麢羊角尖向后弯曲如钩，吴任臣图的麢羊角尖则向前弯曲如钩，都是对“麢羊挂角”说法的写实。《怪奇鸟兽图》的麢羊角则没有弯曲，与众不同。

羚羊（《万宝全书·山海异物》）

麢羊（《古今图书集成·禽虫典》卷一一一）

经文

又西二百里，曰翠山，其上多棕、楠，其下多竹箭，其阳多黄金、玉，其阴多旄牛、麢、麝。

——《西山首经》

麝（汪绂图）

图解

郭璞注："麝，似獐而小，有香。"《尔雅·释兽》："麝父，麕足。"郭璞注："脚似麕，有香。"《说文·鹿部》云："麝，如小麋，脐有香。"

由于麝能分泌出麝香，而麝香具有药用价值。《本草经》称麝香"主辟恶气，杀鬼精物"，"久服除邪，不梦寤魇寐"。《本草别录》甚至说它能"久服通神仙"，可谓神乎其神。因此后人对麝的关注重点就在它的香上，并产生了种种神异之说。

陶弘景《本草经集注》云："麝形似獐，恒食柏叶，又啖蛇，五月得香，往往有蛇皮骨，故麝香疗蛇毒。今以蛇蜕皮裹麝香弥香，则是相使也。其香正在麝阴茎前皮内，别有膜裹之。……生香，人云是其精溺凝作之，殊不尔。麝夏月食蛇虫多，至寒香满，入春患急痛，自以脚剔出之，着屎溺中覆之，皆有常处。人有遇得，乃至一斗五升也。用此香乃胜杀取者。带麝非但香，亦辟恶。以真者一子，置颈间枕之，辟恶梦及尸疰鬼气。"唐代诗人张祜《寄题商洛王隐居》诗云"寻麝采生香"，可见生香需要仔细寻觅，得来非易。

宋代陆佃《埤雅》卷三"麝"条云："《释兽》云：'麝父，麕足。'麝如小鹿，有香，故其文从鹿从射。虎豹之文来田，狸麝之香来射，则其皮与脐之为累也。今商、汝山中多群麝，所遗粪常就一，虽远逐食，必还走其地，不敢遗迹

麝（《三才图会·鸟兽》卷二）

他所，虑为人获。人反以是从迹其所在，必掩群而取之。盖麝绝爱其香，每为人所迫逐，势且急，即自投高岩，举爪剔出其香，就絷且死，犹拱四足保其脐。吴筠《玄猿赋》以为‘麝怀香以贾害，狙伐巧而招射’，谓是也。陶氏云：‘麝形似獐，今俗谓之香獐，常食柏叶，故《养生论》云虱处头而黑，麝食柏而香也。’又云：‘啖蛇，今以蛇蜕裹麝弥香。夏月食蛇多，至寒香满，入春脐内亟痛，即自以足剔出之，置屎溺中覆之，皆有常处。’象退齿，犀退角，麝退香，皆辄藏覆，知自珍其货也。赵辟公《杂说》云：‘西北之麝噬虺而食柏，故其香结。东南山溪有松而无柏，故麝不结也。’”《三才图会》“麝”条的图说就是根据《埤雅》来写的。唐代诗人李商隐《商於》诗云“投岩麝退香”，可见麝投岩退香的说法早已有之。

《本草纲目》卷五十一“麝”条李时珍说：“麝之香气远射，故谓之麝。或云麝父之香来射，故名，亦通。”《事物绀珠》卷二十八“麝”条云：“麝，射也，形（行）疾如箭。”为得名之又一说。

麝（《古今图书集成·禽虫典》卷七七）

叁拾 朱厌

朱厌（汪绂图）

经文

又西四百里，曰小次之山，其上多白玉，其下多赤铜。有兽焉，其状如猿而白首赤足，名曰朱厌，见则大兵。

——《西次二经》

图解

朱厌的样子像猿猴，脑袋是白色的，四脚是红色的。它的出现预示着会发生大的战争。因此郭璞《图赞》说：“凫徯朱厌，见则有兵。类异感同，理不虚行。推之自然，厥数难明。”

汪绂图的朱厌是白色的脑袋，黑色的身体。《禽虫典》图的朱厌则是全身白色。吴任臣《山海经广注》引明代黄一正《事物绀珠》卷二十八云：“朱厌如猿，白身赤足。”《禽虫典》的作者显然是根据吴任臣注来画的，所以全身画作白色。实际上，吴任臣的引文有误，今检《事物绀珠》，仍然作“白首赤足”，与《山海经》相同。

朱厌（《古今图书集成·禽虫典》卷一二三）

朱厌（蒋应镐图）

叁拾壹　虎

虎（汪绂《西次二经》图）

经文

西南三百里，曰女床之山。……其兽多虎、豹、犀、兕。

——《西次二经》

又南水行八百里，曰岐山，其木多桃、李，其兽多虎。

——《东次三经》

图解

《说文》："虎，山兽之君。"就是说虎是百兽之王。

关于老虎的形状，《太平御览》卷八九二引吴氏《虎赋》云："盖其状也，诞节缓腕，续背连骸，细腰鼓胸，方口大鼻，似黼组杂间，若锦锈（绣）相连。"可谓善于形容。

传说老虎能够吞食鬼魅，因此它成了辟邪之物。《太平御览》卷八九一引《风俗通》云："虎者，阳物，百兽之长也，能噬食鬼魅。今人卒得病，烧皮饮之。系其衣服亦辟恶。此甚验。"《风俗通义·祀典》"桃梗、苇茭、画虎"条云："谨案《黄帝书》：'上古之时，有荼与郁垒昆弟二人，性能执鬼。度朔山上，立桃树下，简阅百鬼，无道理，妄为人祸害，荼与郁垒缚以苇索，执以食虎。'于是县官常以腊除夕，饰桃人，垂苇茭，画虎于门，皆追效于前事，冀以御凶也。"

《尔雅翼》卷十九"虎"条云："虎，大寒之月始交，七月而生，性至猛烈，虽遭逐，犹复徘徊顾步。其伤重者，辄咆哮作声而去，听其声之多少，以知其去之近远，率鸣一声者为一里。靠嵓倚木而死，终不僵仆。其搏物不过三跃，不中辄舍之。其食物值耳辄止，以为触其名，名耳故也。尝伤人者，耳辄有缺若锯。夜视以一目放光，一目看物。猎人候而射之，目光堕地，得之如白石，或曰即虎魄也。又知冲破，能画地以卜，今人有画物上推其奇偶者，谓之虎卜。"《三才图会》"虎"条的图说就是根据《尔雅翼》来写的。

虎（《三才图会·鸟兽》卷三）

《殷芸小说》记载了一个孔子、子路与虎的故事，甚是有趣：

孔子尝游于山，使子路取水，逢虎于水所，与共战，揽尾得之，内怀中；取水还，问孔子曰：“上士杀虎如之何？”子曰：“上士杀虎持虎头。”又问曰：“中士杀虎如之何？”子曰：“中士杀虎持虎耳。”又问：“下士杀虎如之何？”子曰：“下士杀虎捉虎尾。”子路出尾弃之。因恚孔子曰：“夫子知水所有虎，使我取水，是欲死我。”乃怀石盘，欲中孔子。又问：“上士杀人如之何？”子曰：“上士杀人使笔端。”又问：“中士杀人如之何？”子曰:“中士杀人用舌端。”又问:“下士杀人如之何？”子曰：“下士杀人怀石盘。”子路出而弃之，于是心服。

虎（汪绂《东次三经》图）

虎（《古今图书集成·禽虫典》卷六一）

叁拾贰　豹

豹（汪绂《西次二经》图）

经文

西南三百里，曰女床之山……其兽多虎、豹、犀、兕。

——《西次二经》

东北百里，曰荆山，其阴多铁，其阳多赤金，其中多旄牛，多豹、虎。

——《中次八经》

图解

《说文》:“豹，似虎，圜文。”所以《山海经》每每“虎、豹”连文。圜文即圆文，所以《三才图会》和《禽虫典》所画豹的身体布满了圆纹。

《本草纲目》卷五十一“豹”条引苏颂云:“豹有数种,《山海经》有玄豹;《诗》有赤豹，尾赤而文黑也;《尔雅》有白豹，即貘也，毛白而文黑。”

古人认为豹胎是美味,《韩非子·喻老》云:“昔者纣为象箸而箕子怖，以为象箸必不加于土铏，必将犀玉之杯。象箸玉杯必不羹菽藿，则必旄象豹胎。”《太平御览》卷八九二引《帝王世纪》云:“纣为玉箸，箕子曰:‘玉箸必食熊蹯豹胎。’”豹胎和熊掌相提并论，所以《本草纲目》卷五十一“豹”条李时珍说:“豹胎至美，为八珍之一。”

豹

豹（汪绂《中次八经》图）

豹（《古今图书集成·禽虫典》卷六六六）

豹（《三才图会·鸟兽》卷三）

叁拾叁　麋鹿

经　文

又西三百五十里，曰西皇之山，其阳多金，其阴多铁，其兽多麋鹿、牸牛。

——《西次二经》

麋（汪绂图）

图　解

汪绂图分为麋和鹿，他是把“麋鹿”分开来读，认为是麋和鹿两种动物。但从经文来看，“麋鹿”与“牸牛”对举，显然“麋鹿”应该连读，是一种动物。

《埤雅》卷四“麋”条云：“《白虎通》曰：‘熊为兽巧猛，麋为兽迷惑，故天子射熊，诸侯射麋。’麋，水兽也，青黑色，肉蹄，一牡能乘十牝，鹿属也，故麋之文从鹿从米，则以麋性善迷故也。”《三才图会》“麋”条图说就是根据《埤雅》而作的。

传说麋有四只眼睛，《埤雅》卷四“麋”条云：“麋有四目，其二夜目也，《类从》所谓‘目下有窍，夜即能视之’是也。”所以《淮南子·说山训》云：“孕妇见兔而子缺唇，见麋而子四目。”

麋（《古今图书集成·禽虫典》卷七三）

鹿（汪绂图）

麋（《三才图会·鸟兽》卷三）

叁拾肆 举父

举父（汪绂图）

经文

《西次三经》之首，曰崇吾之山。……有兽焉，其状如禺而文臂，豹尾而善投，名曰举父。

——《西次三经》

图解

郭璞注："或作'夸父'。"

郝懿行疏："《尔雅》云：'貜父善顾。'非此。又云：'豦，迅头。'郭注云：'今建平山中有豦，大如狗，似猕猴，黄黑色，多髯鬣，好奋迅其头，能举石擿人，貜类也。'如郭所说，惟能举石擿人，故经曰'善投'，亦因名'举父'。举、豦声同，故古字通用。举、夸声近，故或作夸父。"因此诸图所画举父都作举石欲投之状。

举父（《古今图书集成·禽虫典》卷一二三）

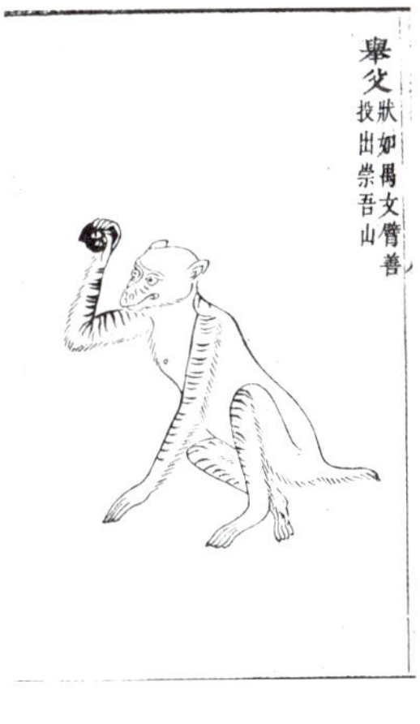

举父（吴任臣图）

举父（蒋应镐图）

叁拾伍　士蝼

士蝼（蒋应镐图）

经　文

西南四百里，曰昆仑之丘。……有兽焉，其状如羊而四角，名曰士蝼，是食人。

——《西次三经》

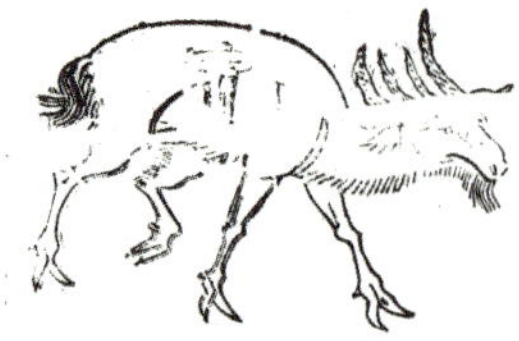

士貜（胡文焕图）

图　解

士蝼虽然长得像羊，但却是吃人的凶兽。

胡文焕《山海经图》卷下“士貜”条图说云：“昆仑之丘，有兽名曰士貜，状如羊，四角，其锐难当，触物则毙，食人。”其中“其锐难当，触物则毙”二句实为郭璞《山海经图赞》中的文字，郭璞《图赞》“士蝼兽钦原鸟”条云：“士蝼食人，四角似羊。钦原类蜂，大如鸳鸯。触物则毙，其锐难当。”根据经文，“触物则毙，其锐难当”本指钦原鸟而言，作《山海经图》图说者误读《赞》文，把它归之于士蝼，显然是错误的。《事物绀珠》卷二十八“士蝼”条云：“如羊，四锐角，触物则毙，食人。”根据的是《山海经图》。

士蝼（吴任臣图）

士蝼（《三才图会·鸟兽》卷四）

士蝼（《古今图书集成·禽虫典》卷一二三）

士貜（《万用正宗·山海异物》）

叁拾陆 狡

狡犬（胡文焕图）

经文

又西三百五十里，曰玉山，是西王母所居也。……有兽焉，其状如犬而豹文，其角如牛，其名曰狡，其音如吠犬，见则其国大穰。

——《西次三经》

狡犬（《万宝全书·山海异物》）

图解

胡文焕《山海经图》卷上“狡犬”条图说云：“玉山有兽，名曰狡，犬状而豹文，牛角而大（犬）声，巨口黑身，见者天下大穰。《韩子》云：‘穰岁之稔也。’”其中“巨口黑身”一句是根据《说文》的记载，《说文·犬部》“狡”字云：“少狗也。匈奴地有狡犬，巨口而黑身。”

《逸周书·王会解》云：“匈奴狡犬。狡犬者，巨身，四尺果。”“果”字当为“口赤”二字之误合，“口赤”二字原当在“巨”字下。《稽瑞》“豹犬口巨”注引《周书·王会》作“匈奴献豹犬，豹犬巨口赤身，四足”，可证；“豹犬”又为“狡犬”之误。《急就篇》卷三云：“豭豮狡犬野鸡雏。”颜师古注云：“狡犬，匈奴中大犬也，巨口赤身。”诸书所说狡犬不同，应该是传闻异辞的缘故。

狡（《古今图书集成·禽虫典》卷一二三）

狡（汪绂图）

狡（蒋应镐图）

狡（《三才图会·鸟兽》卷四）

经文

又西二百八十里，曰章莪之山，无草木，多瑶、碧，所为甚怪。有兽焉，其状如赤豹，五尾一角，其音如击石，其名曰狰。

——《西次三经》

狰（汪绂图）

图解

胡文焕《山海经图》卷上“狰”条图说云：“狰状如赤豹，五尾一角，音如击石。”与此经同。

郭璞《图赞》云：“章莪之山，奇怪所宅。有兽似豹，厥色惟赤。五尾一角，鸣如击石。”

《广韵·耕韵》“狰”字云：“兽名，似豹，一角五尾。”与此经同。《广韵·静韵》“狰”字云：“兽如狐，有翼。又音争。”《集韵·静韵》“狰”字则云：“兽名，飞狐也。”当是另外一种动物。

狰（《古今图书集成·禽虫典》卷一二三）

狰（吴任臣图）

狰（蒋应镐图）

狰（《三才图会·鸟兽》卷四）

叁拾捌　天狗

天狗（《古今图书集成·禽虫典》卷一二三）

经　文

又西三百里，曰阴山。……有兽焉，其状如狸而白首，名曰天狗，其音如榴榴，可以御凶。

——《西次三经》

图　解

我们看天狗图，除了蒋应镐图、汪绂图和日本《怪奇鸟兽图》外，其他图的天狗嘴里都叼着一条蛇。胡文焕《山海经图》卷下“天狗”条图说云：“阴山有兽，状如狸，白首，名曰天狗，食蛇，其音如猫，佩之可以御凶。”《三才图会·鸟兽》卷四“天狗”条同。

天狗（胡文焕图）

天狗（蒋应镐图）

《分类补注李太白诗》卷一《大猎赋》元萧士赟注引《山海经》云：“阴山有兽，状如狸，白首，名曰天狗，食蛇，其音如猫，佩之可御凶。”所引实为舒雅《山海经图》。《事林广记》别集卷十一“天狗”条云：“阴山有兽，状如狸，白首，名天狗，食蛇，音如猫，佩之可御凶也。”《事物绀珠》卷二十八“天狗”条云：“如狸，白首，音如猫，食蛇。”都有“食蛇”二字，元钞本《图赞》云：“乾麻不长，天狗不大。厥质虽小，攘灾除害。气之相生，在乎食带。”“食带”就是“食蛇”，《庄子·齐物论》“蝍蛆甘带”，带，《释文》引崔譔云：

“蛇也。”又引司马彪云:“小蛇也。”郭璞为了押韵而改“食蛇”为“食带”。所谓“气之相生,在乎食带”者,就是说天狗能够食蛇,所以“可以御凶”。因此,根据《图赞》“食带”,可以知道郭璞所看到的《山海经》应该有“食蛇”二字。

天狗(《三才图会·鸟兽》卷四)

天狗(吴任臣图)

天狗(《学海群玉·山海异物》)

天狗(汪绂图)

叁拾玖　獓狪

獓狪（汪绂图）

经文

又西二百二十里，曰三危之山。……其上有兽焉，其状如牛，白身四角，其豪如披蓑，其名曰獓狪，是食人。

——《西次三经》

獓狪（áo yè）

图解

獓狪的样子像牛，但却是个喜欢吃人的凶兽。它有四只角，身上长满浓毛，像披着蓑衣一样。郭璞《图赞》说：“兽有獓狪，毛如被苫。”“被”同“披”，苫是草垫的意思。郭璞不说“披蓑”，而说“被苫”，因为《图赞》全文写作：“江疑所居，风云是潜。兽有獓狪，毛如被苫。鵧鸟一头，厥身则兼。”是为了押韵而改的。

獓狪（《古今图书集成·禽虫典》卷一二三）

獓狪（吴任臣图）

獓狪（蒋应镐图）

经文

西水行百里，至于翼望之山，无草木，多金、玉。有兽焉，其状如狸，一目而三尾，名曰讙，其音如夺百声，是可以御凶，服之已瘅。

——《西次三经》

讙（汪绂图）

图解

讙，各图或者写作“貆”。郭璞注:“讙，或作‘原’。”郭璞《图赞》都写作“獂”，很可能郭璞所看见的《山海经》就写作“獂”，“獂”和“貆”是异体字，那么“原”就是“獂/貆”字的省文。《说文》“貆”字，朱骏声《说文通训定声》：“疑与貛、貒同类，或即貛之异文，均未可定。”此经獂、讙为异文，可证朱说是正确的，那么此经“讙”可能就是貛这种动物。

经文说讙只有一只眼睛，但胡文焕图、《三才图会》和《怪奇鸟兽图》都画作两只眼睛。

经文又说讙有三条尾巴，元钞本郭璞《图赞》说“獂兽六尾”，胡文焕《山海经图》卷下“貆”条图说和《三才图会·鸟兽》卷四“貆”条图说都写作“五尾”，

讙（《古今图书集成·禽虫典》卷一二三）

貆（《三才图会·鸟兽》卷四）

而《怪奇鸟兽图》却画作七条尾巴。

讙的声音很特别，郭璞说它“能作百种物声”，就是说它能发出各种事物的声音，是动物界声音模仿秀当之无愧的冠军。

古人认为讙还具有药用价值，它既可以用来抵御不祥之事，又可以用来治疗黄疸病。

豲（胡文焕图）

豲（《学海群玉·山海异物》）

讙（蒋应镐图）

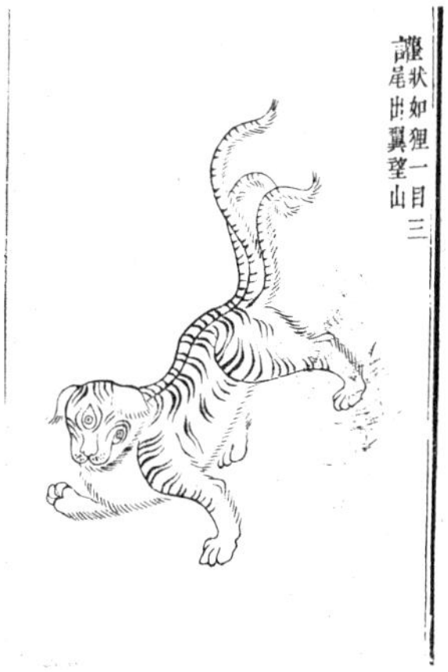

讙（吴任臣图）

经文

又北百二十里，曰上申之山，上无草木而多硌石，下多榛、楛。其兽多白鹿。

——《西次四经》

白鹿（汪绂图）

图解

据《逸周书·王会解》的记载，黑齿国曾经向周王进献白鹿。

白鹿在古人的心目中是一种瑞应兽，政通人和、天下太平的时候，它就会出现。《艺文类聚》卷九十九引《孝经援神契》说："德至鸟兽，则白鹿见。"《开元占经》卷一一六引《晋中兴征祥说》："白鹿者，仁兽也，王者明惠及下则见。色若霜雪白，牝牡不与紫鹿为群。"又引《天镜》云："王者仁明则白鹿至。""爱民人，白鹿见。"

《抱朴子·对俗》："虎及鹿、兔，皆寿千岁，寿满五百岁者，其毛色白。"古人认为鹿年满五百岁后，它的毛发就会变为白色，成为白鹿。

《艺文类聚》卷九十五引袁山松《白鹿诗序》云："荆门山临江，皆绝壁峭峙，壁立百余丈，亘带激流，禽兽所不能履。北岸有一白鹿，鹿泅过江，行人见之，乘刀竞逐，谓至山下必得鹿，忽然若飞，超冈而去，于今此壁谓之白鹿山。"描写的是一头能够飞行的白鹿。

白鹿（《异域图志·异域禽兽图》）

肆拾贰 白狼

白狼（汪绂图）

经文

又北二百二十里，曰盂山，其阴多铁，其阳多铜，其兽多白狼、白虎。

——《西次四经》

图解

白狼和白鹿一样，也是一种瑞应兽。《艺文类聚》卷九十九引《瑞应图》：“白狼，王者仁德明哲则见。一本曰：王者进退，动准法度则见。周宣王时，白狼见，犬戎灭。”又引《田俅子》云：“商汤为天子，都于亳。有神手牵白狼，口衔金钩，而入汤庭。”因此，郭璞《图赞》说：“矫矫白狼，有道则游。应符变质，乃衔灵钩。惟德是适，出殷见周。”

经　文

又北二百二十里，曰盂山，其阴多铁，其阳多铜，其兽多白狼、白虎。

——《西次四经》

白虎（汪绂图）

图　解

白虎是一种瑞应兽，《艺文类聚》卷九十九引《瑞应图》云："白虎者，仁而不害，王者不暴虐，恩及行苇则见。"又引《孝经援神契》云："德至鸟兽，白虎见。"《开元占经》卷一一六引《晋中兴征祥说》云："王者仁而不害，则白虎见。白虎者，仁兽也，虎而白色，缟身如雪，无杂毛，啸则风兴。"因此，郭璞《图赞》云："甝甝之虎，仁而有猛。其质载皓，其文载炳。应德而扰，止我邦境。"

肆拾肆　蛮蛮

蛮蛮（汪绂图）

经文

又西二百里，至刚山之尾。洛水出焉，而北流注于河，其中多蛮蛮，其状鼠身而鳖首，其音如吠犬。

——《西次四经》

蛮蛮（蒋应镐图）

图解

“蛮蛮”，胡文焕图和《三才图会》都写作“蛮”。郭璞《图赞》云：“鼠身鳖头，厥号曰蛮。”可能郭璞所看见的《山海经》就单写作“蛮”。《事林广记》别集卷十一“蛮”条云：“刚山，洛水出焉，北注于河。……名曰蛮，鼠尾人首，音如犬吠。”说蛮是“鼠尾人首”，与此经不同，根据郭璞《图赞》可以知道经文不误，则《事林广记》的记载是错误的。胡文焕《山海经图》卷上“蛮”条图说云：“岗山，洛水出焉，北注河，中有兽，名曰蛮，其状鼠身鳖首，音如犬吠。”《三才图会·鸟兽》卷四“蛮”条同。

郝懿行疏：“蛮蛮之兽，与比翼鸟同名，疑即獱也。獱、蛮声相近。《说文》云：‘猵或作獱，獭属。’《文选·羽猎赋》注引郭氏《三苍解诂》曰：‘獱似狐，青色，居水中，食鱼。’”

蛮（胡文焕图）

蛮蛮（《古今图书集成·禽虫典》卷一二三）

蛮蛮（吴任臣图）

蛮（《三才图会·鸟兽》卷四）

肆拾伍 駮

经文

又西三百里，曰中曲之山，其阳多玉，其阴多雄黄、白玉及金。有兽焉，其状如马而白身黑尾，一角，锯牙虎爪，音如鼓，其名曰駮，是食虎豹，可以御兵。

——《西次四经》

北海内，有兽焉，其状如马，名曰騊駼。有兽焉，其名曰駮，状如白马，锯牙，食虎豹。

——《海外北经》

駮（胡文焕图）

駮（bó）

图解

駮的样子像马，有着白色的身体和黑色的尾巴，头上长着一只角，牙齿像锯子，脚像虎爪，吼声像在击鼓，能够吞食虎豹。因此，郭璞《图赞》说：“駮惟马类，实畜之英。腾髦骧首，嘘天雷鸣。气无不凌，吞虎辟兵。”

《管子·小问》云：“桓公乘马，虎望见之而伏。桓公问管仲曰：‘今者寡人乘马，虎望见寡人而不敢行，其故何也？’管仲对曰：‘意者君乘駮马而洀桓，迎日而驰乎？’公曰：‘然。’管仲对曰：‘此駮象也。駮食虎豹，故虎疑焉。’”齐桓公所乘之马颜色不纯，故称駮马，同时駮马迎着太阳奔驰，颇有几分駮的意象，因此老虎怀疑是駮，伏地不动。駮的霸气，可见一斑。

駮，《逸周书·王会解》称为“兹白”，说：“义渠以兹白。兹白者若白马，锯牙，食虎豹。”孔晁注：“兹白，一名駮者也。”駮缓读即为兹白，因此二者实际上就是一种动物。

駮（《古今图书集成·禽虫典》卷七九）

駮（《三才图会·鸟兽》卷四）

駮（吴任臣图）

駮（蒋应镐图）

駮（汪绂图）

肆拾陆 穷奇

穷奇（汪绂图）

经文

又西二百六十里，曰邽山。其上有兽焉，其状如牛，猬毛，名曰穷奇，音如獆狗，是食人。

——《西次四经》

穷奇状如虎，有翼，食人从首始，所食被发，在蜪犬北。一曰从足。

——《海内北经》

獆（háo）

蜪（táo）

图解

穷奇是一种吃人的凶兽，《山海经》关于它的形貌的记载有两种不同的说法：一种说它的样子像牛，身上的毛像刺猬的毛，声音如同狗的嚎叫；一种说它的样子像虎，长着翅膀，正如成语所说的“如虎添翼”。

穷奇（《古今图书集成·禽虫典》卷一二三）

胡文焕《山海经图》卷上“穷奇”条图说云：“邽山有兽，状如牛，骡尾猬毛，音如嗥狗，斗乃助不直者，名曰穷奇，亦能食人。”相较《山海经》，《山海经图》多了“骡尾”的描写。

《说郛》本《神异经》云：“西北有兽焉，状似虎，有翼能飞，便剿食人。知人言语，闻人斗辄食直者，闻人忠信辄食其鼻，闻人恶逆不善辄杀兽往馈之，名曰穷奇，亦食诸禽兽也。”注云：“埠按别本云：穷奇似牛而狸尾，尾长曳地，其声似狗，狗头人形，钩爪锯牙。逢忠信之人，啮而食之；逢奸邪者，则禽（擒）禽兽而伺之。”完全是一个助纣为虐的典型。

据说少皞有一个不孝之子，名字也叫穷奇，《左传·文公十八年》云：“少皞氏有不才子，毁信废忠，崇饰恶言，靖谮庸回，服谗搜慝，以诬盛德，天下之民谓之穷奇。”因为他的行为和凶兽穷奇相似，所以老百姓就用凶兽的名字来称呼他。

穷奇（胡文焕图）

穷奇（蒋应镐图）

穷奇（《三才图会·鸟兽》卷四）

穷奇（《万宝全书·山海异物》）

经　文

又西三百二十里，曰鸟鼠同穴之山。——《西次四经》

肆拾柒　鸟鼠同穴

鸟鼠同穴（胡文焕图）

图　解

郭璞注："今在陇西首阳县西南，山有鸟鼠同穴。鸟名曰鵌，鼠名曰鼵。鼵如人家鼠而短尾，鵌似燕而黄色。穿地入数尺，鼠在内，鸟在外而共处。"鸟和鼠是不同种类的动物，按理说是不能共处的，但鵌和鼵却能够和谐共处，因此郭璞《图赞》说："鵌鼵二虫，殊类同归。聚不以方，或走或飞。不然之然，难以理推。"是无法用常理来解释的。

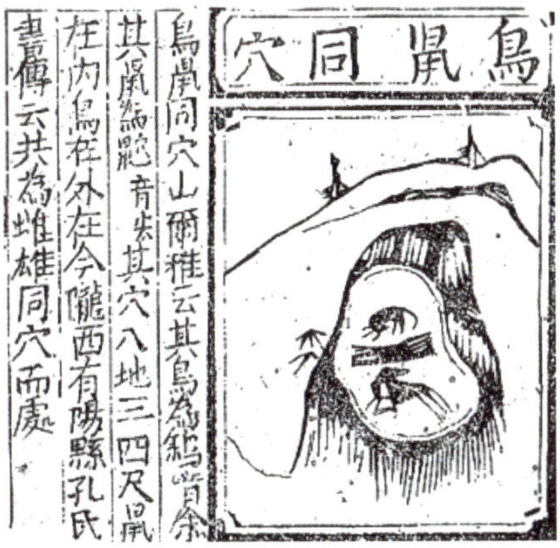

鸟鼠同穴（《万用正宗·山海异物》）

鸟鼠同穴（《古今图书集成·禽虫典》卷五三）

鸟鼠同穴（蒋应镐图）

鵌鸟（《三才图会·鸟兽》卷一）

鸟鼠同穴（吴任臣图）

经文

西南三百六十里，曰崦嵫之山。……有兽焉，其状马身而鸟翼，人面蛇尾，是好举人，名曰孰湖。

——《西次四经》

孰湖（汪绂图）

图解

孰湖的身体像马，脑袋像人，长着一双鸟的翅膀和一条蛇尾，喜欢抱举人。因此郭璞《图赞》说：“孰湖之兽，见人则抱。”

孰湖（蒋应镐图）

孰湖（《古今图书集成·禽虫典》卷一三三）

肆拾玖　水马

水马（胡文焕图）

经文

又北二百五十里，曰求如之山。……其中多水马，其状如马，文臂牛尾，其音如呼。

——《北山首经》

图解

水马，顾名思义，是能够生活在水里的一种马。郭璞注："汉武元狩四年，燉煌渥洼水出马，以为灵瑞者，即此类也。"认为水中出马是一种好的预兆。根据《汉书·武帝纪》，元鼎四年秋，"马生渥洼水中"，郭注"元狩四年"，当为误记。

郭璞《图赞》："马实龙精，爰出水类。渥洼之骏，是灵是瑞。昔在夏后，亦有河驷。"

水马（《三才图会·鸟兽》卷二）

水马（汪绂图）

伍拾　臞疏

臞踈（胡文焕图）

经文

又北三百里，曰带山，其上多玉，其下多青碧。有兽焉，其状如马，一角有错，其名曰臞疏，可以辟火。

——《北山首经》

臞疏（蒋应镐图）

臞（huān）

图解

《事林广记》别集卷十一“臞踈”条云：“带山有兽，状如马，首有角，名曰臞踈，四蹄，可以错石。”胡文焕《山海经图》卷上“臞踈”条图说云：“带山有兽，状如马，首有角，可以错石，名曰臞踈。”

臞疏（汪绂图）

臞疏（《古今图书集成·禽虫典》卷一二三）

臞踈（《三才图会·鸟兽》卷四）

臞疏（吴任臣图）

伍拾壹　孟槐

猛槐（胡文焕图）

经　文

又北四百里，曰谯明之山。……有兽焉，其状如貆而赤豪，其音如榴榴，名曰孟槐，可以御凶。

——《北山首经》

猛槐（《三才图会·鸟兽》卷四）

貆（huán）

图　解

孟槐，各图或写作“猛槐”，它的样子像貆，貆就是豪猪，俗称箭猪，蒋应镐图、汪绂图的孟槐就浑身长满像箭一样的毛。

孟槐的声音像榴榴，榴榴应该是动物的名称，但具体是什么动物，已不可知。胡文焕《山海经图》的图说将“榴榴”写作“鼺鼠”，可能是作者也不知道“榴榴”是哪种动物，就改作读音相近的“鼺鼠”。

孟槐可以御凶，郭璞注：“辟凶邪气也，亦在《畏兽画》中也。”因此他的《图赞》说：“孟槐似貆，其豪则赤。列象《畏兽》，凶邪是辟。气之相胜，莫见其迹。”

胡文焕《山海经图》卷上“猛槐”条图说云：“谯明之山有兽，状如貆，赤毫，鲁猪也，其一声如鼺鼠，名曰猛槐，图之可以御凶。”“鲁猪”疑为“豪猪”之误；“一声”的“一”字为衍文，《三才图会》的刻印者已经意识到“一”字是衍文，因此“声”前面的“一”字留为空白。

孟槐（蒋应镐图）

孟槐（汪绂图）

孟槐（《古今图书集成·禽虫典》卷一二三）

伍拾贰 橐驼

橐驼（汪绂图）

经 文

又北三百八十里，曰虢山。……其兽多橐驼。

——《北山首经》

橐驼（蒋应镐图）

橐（tuó）

图 解

橐驼，今天称作骆驼。郭璞注：“有肉鞍，善行流沙中，日行三百里，其负千斤，知水泉所在也。”《艺文类聚》卷九十四引《博物志》云：“敦煌西渡流沙，往外国，济沙千余里，中无水，时有伏流处，人不能知。骆驼知水脉，过其处，辄停不行，以足踏地。人于所踏处掘之，辄得水也。”郭璞《图赞》：“驼惟奇畜，肉鞍是被。迅骛流沙，显功绝地。潜识泉源，微乎其智。”《史记·匈奴列传》：“其奇畜则橐驼。”所以郭璞《赞》文说“驼惟奇畜”。

骆驼不仅能够知道泉源所在，还能够预测风暴，《周书·异域传下》云：“西北有流沙数百里，夏日有热风，为行旅之患。风之欲至，唯老驼知之，即鸣而聚立，埋其口鼻于沙中。人每以为候，亦即将毡拥蔽鼻口。其风迅驶，斯须过尽。若不防者，必至危毙。”

《尔雅翼》卷二十二“驼”条云：“驼，外国之奇畜，背有两封如鞍，其足三节，色苍褐，负物至千斤，日行三百里。凡欲掮载，辄先屈足受之，所载未尽其量，终不起。古语谓之橐佗，橐，囊也；佗，负荷也。今云骆驼，盖‘橐’音之转。”“所载未尽其量，终不起”，意思是说骆驼负载没有达到极限，自己就不站立起来，称得上是既勤勉又诚实的人类助手。

骆驼（《古今图书集成·禽虫典》卷一〇三）

驼（《三才图会·鸟兽》卷三）

伍拾叁　耳鼠

耳鼠（胡文焕图）

经文

又北二百里，曰丹熏之山。……有兽焉，其状如鼠而菟首麋耳，其音如獋犬，以其尾飞，名曰耳鼠，食之不腜（眯），又可以御百毒。

——《北山首经》

图解

耳鼠的样子像鼠，却长着兔子的脑袋和麋鹿的耳朵，声音像狗的嚎叫。耳鼠能够依靠自己的尾巴，像鸟儿一样飞翔。胡文焕《山海经图》图说云耳鼠飞翔是依靠它的髯须，因此图也特别画出髯须飞扬的样子。但是我们看郭璞《图赞》说“翘尾翻飞，奇哉耳鼠”，证明郭璞所看见的《山海经》确实是写作“尾飞”的。《山海经图》的作者大概觉得用尾巴飞翔太不可思议，因此才改作“髯飞”。

耳鼠（《万用正宗·山海异物》）

耳鼠的药用价值是可以治疗“腜”这种病，又可以抵御百毒。根据郭璞注，“腜”是“大腹”的意思。《本草纲目》卷四十八“鸓鼠”条引此经“腜”作“眯”，胡文焕《山海经图》卷下“耳鼠”条图说同样作“眯”。“眯”是做噩梦的意思，而且《山海经》的很多地方都提到“食之不眯”，因此我们认为这里的“腜”字应该是“眯”的误字。郭璞《图赞》说：“蹠实以足，排虚以羽。翘尾翻飞，奇哉耳鼠。厥皮惟良，百毒是御。”

耳鼠（汪绂图）

胡文焕《山海经图》卷下“耳鼠”图说云：“丹熏山有兽，状如鼠而兔首麋耳，音如鸣犬，以其髯飞，名曰耳鼠，食之不眯，可以御百毒。”

《三才图会》说耳鼠就是鼯鼠。吴任臣《山海经广注》云：“即鼯鼠，飞生鸟也，状如蝙蝠，暗夜行飞，其形翅联四足及尾，与蝠同，故曰以尾飞。”与《三才图会》说同。

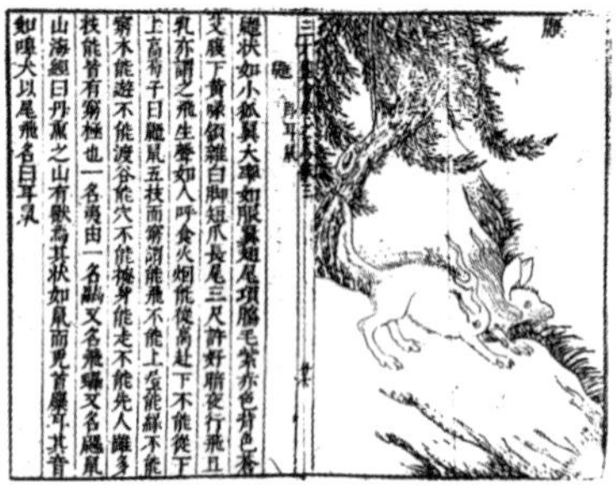
鼯 附耳鼠

鼯狀如小狐翼大寧如服翼短尾項脇毛紫赤色背色蒼艾腹下黄喙頷雜白脚短爪長尾三尺許好暗夜行飛且乳亦謂之飛生聲如人呼食火烟能從高赴下不能從下上高荀子曰鼯鼠五技而窮謂能飛不能上屋能緣不能窮木能遊不能渡谷能穴不能掩身能走不能先人雖多技能皆有窮極也一名夷由一名鼺又名飛蠝又名鼯鼠山海經曰丹熏之山有獸焉其狀如鼠而兔首麋耳其音如嗥犬以尾飛名曰耳鼠

鼯（《三才图会·鸟兽》卷三）

鼯鼠（《古今图书集成·禽虫典》卷八四）

耳鼠（蒋应镐图）

伍拾肆　孟极

孟极（汪绂图）

经文

又北二百八十里，曰石者之山。……有兽焉，其状如豹而文题白身，名曰孟极，是善伏，其鸣自呼。

——《北山首经》

图解

孟极的样子像豹，额头有花纹（郭璞注："题，额也。"），身子是白色的，善于隐藏，（王崇庆《山海经释义》："善伏，言善藏也。"）叫声就像在喊自己的名字"孟极～孟极"一样。

孟极（《古今图书集成·禽虫典》卷一二三）

孟极（蒋应镐图）

伍拾伍 幽頞

頞（è）

经文

又北百十里，曰边春之山。……有兽焉，其状如禺而文身，善笑，见人则卧，名曰幽頞，其鸣自呼。

——《北山首经》

幽頞（蒋应镐图）

幽頞（胡文焕图）

图解

幽頞的样子像猕猴，毛皮像布满花纹一样，喜欢笑，看见人就睡觉装死，（郭璞注："言佯眠也。"汪绂《山海经存》："见人则卧，佯死也。"）叫声就像在喊自己的名字"幽頞～幽頞"一样。

郭璞《图赞》说："幽頞似猴，俾愚作智。触物则笑，见人佯睡。好用小慧，终见婴系。"讽刺幽頞喜欢要小聪明，以为趴在地上装死就能躲过猎人的抓捕，却不知道猎人把它直接捆绑起来带走，反而更加省力，真是"聪明反被聪明误"了。

胡文焕《山海经图》卷下"幽頞"条图说云："古山，上无草木，有泚水，西注于河中。有兽，文背，善笑，见人则佯卧，名曰幽頞，其鸣自呼。"其中"古山，上无草木，有泚水，西注于河中"几句是把上节经文"石者之山"的文字误合在此节经文前面，显然是错误的。

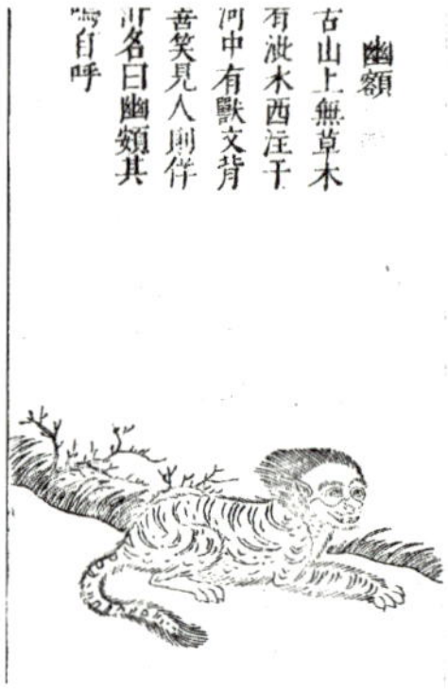

幽頞（《三才图会·鸟兽》卷四）

幽頞（《古今图书集成·禽虫典》卷一二三）

幽頞（汪绂图）

伍拾陆　足訾

足訾（汪绂图）

经文

又北二百里，曰蔓联之山，其上无草木。有兽焉，其状如禺而有鬣，牛尾文臂马蹄，见人则呼，名曰足訾，其鸣自呼。

——《北山首经》

訾（zī）

图　解

足訾的样子像猕猴却长着鬣毛，尾巴像牛尾，四脚有花纹，蹄子像马蹄，看见人就大声呼喊，叫声就像在喊自己的名字“足訾～足訾”一样。

足訾（《古今图书集成·禽虫典》卷一二三）

足訾（蒋应镐图）

伍拾柒 诸犍

犍（jiān）

诸犍（《古今图书集成·禽虫典》卷一二三）

经 文

又北百八十里，曰单张之山，其上无草木。有兽焉，其状如豹而长尾，人首而牛耳，一目，名曰诸犍，善吒，行则衔其尾，居则蟠其尾。

——《北山首经》

诸犍（胡文焕图）

图 解

经文说诸犍“人首”，就是说长着人的脑袋。胡文焕《山海经图》卷下“诸犍”条图说云：“单张山有兽，状如豹而尾长至首，牛鼻，直目，名曰诸犍，善叱，行则衔其尾，居则蟠之。”吴任臣《山海经图》卷三“诸犍”条图说“人首”作“人身”，明显是误字。

诸犍最引人瞩目的是它的长尾，行走时需要衔着尾巴，停下来的时候需要盘曲尾巴。

诸犍（汪绂图）

诸犍（蒋应镐图）

诸犍（《三才图会·鸟兽》卷四四）

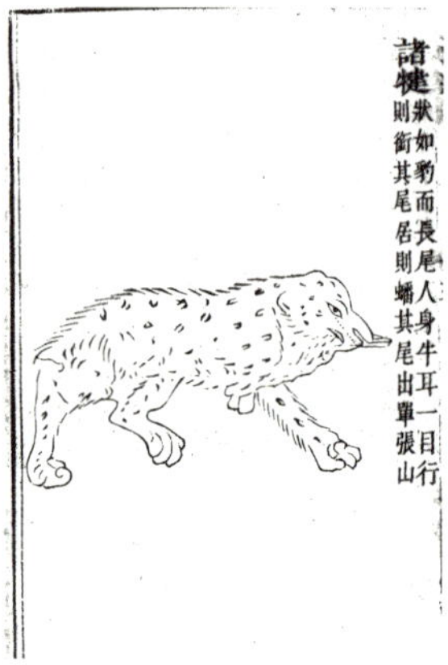

诸犍（吴任臣图）

伍拾捌 那父

经文

又北三百二十里，曰灌题之山。……有兽焉，其状如牛而白尾，其音如訆，名曰那父。

——《北山首经》

那父（汪绂图）

訆（jiào）

图解

那父的样子像牛，尾巴是白色的。它的声音"如訆"，郭璞注说是"如人呼唤"。

那父（蒋应镐图）

那父（《古今图书集成·禽虫典》卷一二三）

经 文

又北二百里，曰少咸之山，无草木，多青碧。有兽焉，其状如牛而赤身，人面马足，名曰窫窳，其音如婴儿，是食人。

——《北山首经》

窫窳龙首，居弱水中，在狌狌知人名之西，其状如龙首，食人。

——《海内南经》

贰负之臣曰危，危与贰负杀窫窳。

——《海内西经》

窫窳（汪绂《北山首经》图）

伍拾玖 窫窳

窫窳（yà yǔ）

图 解

《山经》所记载的窫窳属于凶兽类，而《海经》的窫窳称“尸”，显然属于神人类。它们的形象不同，兽类的窫窳样子像牛，长着人的面孔，四脚像马脚；神人类的窫窳一说是蛇身人面，一说是长着龙首。无论是兽族的窫窳，还是神人族的窫窳，共同的特点就是喜欢吃人。

《尔雅·释兽》：“貏貐，类貙，食人，迅走。”《述异记》卷上云：“貏貐，兽中最大者，龙头马尾虎

窫窳（《古今图书集成·禽虫典》卷一二三）

窫窳（蒋应镐《北山首经》图）

经文

开明东有巫彭、巫抵、巫阳、巫履、巫凡、巫相，夹窫窳之尸，皆操不死之药以距之。窫窳者，蛇身人面，贰负臣所杀也。

——《海内西经》

有窫窳，龙首，是食人。

——《海内经》

爪，长四百尺，善走，以人为食。遇有道君即隐藏，无道君即出食人。”所说窫窳形状与此经不同。

窫窳被危和贰负杀害，可能死得冤枉，所以六大神巫试图用不死之药救活它。

窫窳（汪绂《海内西经》图）

窫窳（《古今图书集成·神异典》卷二九）

窫窳（蒋应镐《海内西经》图）

陆拾　山𤟤

山浑（胡文焕图）

经文

又北二百里，曰狱法之山。……有兽焉，其状如犬而人面，善投，见人则笑，其名曰山𤟤，其行如风，见则天下大风。

——《北山首经》

山𤟤（《三才图会·鸟兽》卷四）

𤟤（huī）

图　解

山𤟤的样子像狗却长着人的面孔，善于投掷，看见人就笑。因为山𤟤行走如风，所以它一出现天下就会刮起大风，这自然是古人的一种巫术思维。郭璞《图赞》："山𤟤之兽，见乃欢唬。厥性善投，行如矢缴。是惟气精，出则风作。"

胡文焕《山海经图》卷上"山浑（𤟤）"条图说云："狱法山有兽，状如大（犬），人面，善踯（掷），见人则笑，名曰山𤟤，其行疾如风，见则大风起。"

山𤟤（蒋应镐图）

山𤟤（汪绂图）

《文选·吴都赋》："𤟤子长啸。"刘逵注："𤟤子，猿类，猿身人面，见人则啸。"又称"𤟤子"，属于猿的一种，看见人不是欢笑而是像猿一样长啸。

《尔雅翼》卷十九"狒狒"条说狒狒"一名山𤟤"，反映出古人把《山海经》中的非现实动物和现实动物建立联系的一种努力。

狒狒（《古今图书集成·禽虫典》卷八八）

山𤟤（吴任臣图）

陆拾壹 诸怀

诸怀（汪绂图）

经文

又北二百里，曰北岳之山，多枳、棘、刚木。有兽焉，其状如牛而四角，人目彘耳，其名曰诸怀，其音如鸣雁，是食人。

——《北山首经》

图解

诸怀是一种吃人的凶兽，它的样子像牛，长着四只角，人眼猪耳，声音像大雁。

《玉篇》有一个“㺃”字，云：“兽似牛，四角人目。”就是此经的诸怀。

诸怀（《古今图书集成·禽虫典》卷一二三）

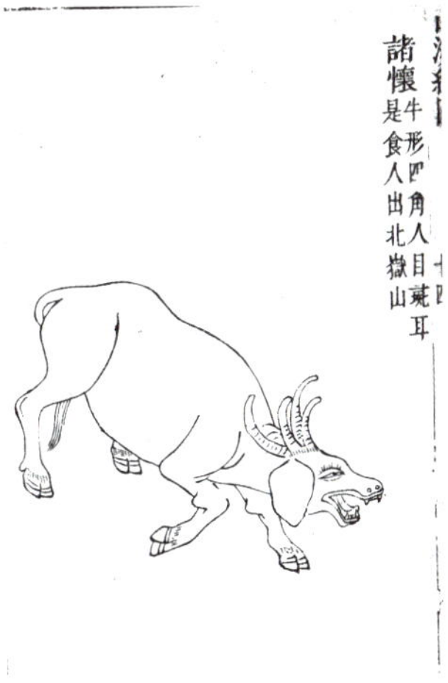

诸怀（吴任臣图）

诸怀（蒋应镐图）

马（《三才图会·鸟兽》卷三）

经 文

又北百里，曰罴差之山，无草木，多马。

——《北山首经》

图 解

郭璞注："野马也，似马而小。"

郝懿行疏："《穆天子传》〔卷一〕云：'野马走五百里。'郭注云：'野马，亦如马而小。'《尔雅·释畜》云：'野马'，郭注云：'如马而小，出塞外。'"

野马（《尔雅音图》）

陆拾叁　狕

狕（汪绂图）

经文

又北百七十里，曰隄山。……有兽焉，其状如豹而文首，名曰狕。

——《北山首经》

狕（yǎo）

图解

狕的样子像豹，头上有花纹，因此郭璞《图赞》说：“有兽如豹，厥文惟缛。”

狕（蒋应镐图）

狕（《古今图书集成·禽虫典》卷一二三）

闾麋（汪绂图）

经文

又北五十里，曰县雍之山，其上多玉，其下多铜，其兽多闾、麋。

——《北次二经》

闾（《三才图会·鸟兽》卷四）

图解

汪绂图图题作“闾麋”，显然是错误的。闾和麋分别是两种不同的动物，《中次八经》荆山，“其兽多闾、麈”；女几之山，“其兽多豹、虎，多闾、麋、麖、麂”；纶山，“其兽多闾、麈、麢、㚖”，都可以证明“闾”是一种动物的名称。

郭璞注：“闾，即羭也，似驴而岐蹄，角如麢羊，一名山驴。《周书》曰：‘北唐以闾。’亦见《乡射礼》。”《仪礼·乡射礼》“于郊则闾中”，郑玄注：“闾，兽名，如驴，一角。或曰如驴，歧蹄。《周书》曰：‘北唐以闾。’”即郭注所本。

《尔雅翼》卷二十二“闾”条云：“闾之为物罕见，唯《周书·王会篇》：‘北唐戎贡以闾，闾似隃冠。’不知隃冠之为何物。而《北山经》：‘县瓮之山，其兽多闾、麋。’郭氏曰：‘闾，即羭也，似驴歧蹄，角如羚羊，一名山驴。’说者言山驴，以为山羊之类，大如鹿，皮堪靴用。两角大小如山羊，一边有蹙文。又疏慢者为山驴，则虽歧蹄而不一角。”《三才图会》“闾”条图说依据的就是《尔雅翼》。闾图的两角一有花纹，一无花纹，同样是根据《尔雅翼》两角“一边有蹙文”来描绘的。

闾（《古今图书集成·禽虫典》卷一二三）

陆拾伍 駮马

駮（bó）

经文

又北三百五十里，曰敦头之山，其上多金、玉，无草木。旄水出焉，而东流注于印泽，其中多駮马，牛尾而白身，一角，其音如呼。

——《北次二经》

駮马（汪绂图）

图解

駮马牛尾一角，生活在水中，因此郭璞《江赋》云：“駮马腾波以嘘蹀。”《初学记》卷八引《南越志》云：“平定县东巨海有駮马，似马，牛尾一角。”则海中也有駮马。

駮马（《古今图书集成·禽虫典》卷一二三）

駮马（吴任臣图）

駮马（蒋应镐图）

陆拾陆 狍鸮

经文

又北三百五十里，曰钩吾之山，其上多玉，其下多铜。有兽焉，其状羊身人面，其目在腋下，虎齿人爪，其音如婴儿，名曰狍鸮，是食人。

——《北次二经》

狍鸮（汪绂图）

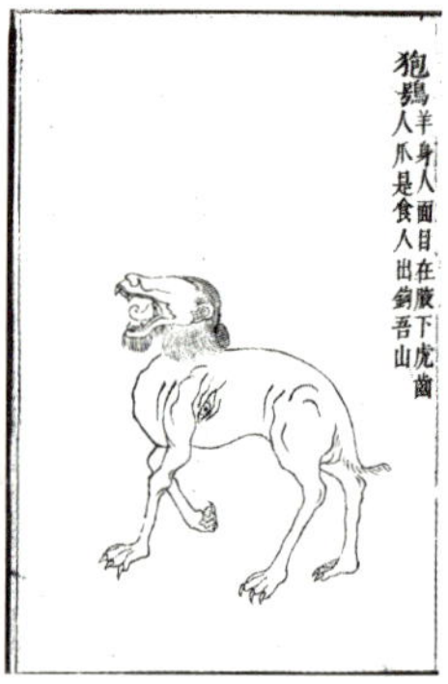

狍鸮（吴任臣图）

狍鸮（páo xiāo）

图 解

狍鸮样子像羊，长着人的面孔、老虎的牙齿和人的手掌，眼睛在腋窝下，声音像婴儿一样，却是喜欢吃人的凶兽。

郭璞注："为物贪婪，食人未尽。还害其身，像在夏鼎。《左传》所谓'饕餮'是也。"

《吕氏春秋·先识览》云："周鼎著饕餮，有首无身，食人未咽，害及其身，以言报更。"是郭注的依据。《尔雅翼》卷二十一"饕餮"条云："饕餮，羊身而人面，其目在腋下，虎齿人爪，音如婴儿，食人。"《三才图会》作"饕餮"，图说根据的是《尔雅翼》。

郭璞《图赞》云："狍鸮贪婪，其目在腋。食人未尽，还自龈割。图形九鼎，是谓不若。"

狍鸮（《古今图书集成·禽虫典》卷一二三）

饕餮（《三才图会·鸟兽》卷四）

饕餮（蒋应镐图）

陆拾柒　独狢

狢（yù）

独狢（汪绂图）

经文

又北三百里，曰北嚣之山。……有兽焉，其状如虎而白身，犬首马尾彘鬣，名曰独狢。

——《北次二经》

图解

独狢兽样子像虎，却有着白色的身体，狗的脑袋，马的尾巴，猪的鬣毛。

《说文·犬部》“独”字云：“一曰北嚣山有独狢兽，如虎，白身豕鬣，尾如马。”根据的就是此经。

独狢（《古今图书集成·禽虫典》卷一二三）

独狢（蒋应镐图）

陆拾捌　居暨

经文

又北三百五十里，曰梁渠之山。……其兽多居暨，其状如彙而赤毛，其音如豚。

——《北次二经》

居暨（汪绂图）

彙（huì）

图解

彙就是刺猬。居暨兽的样子像刺猬，毛是红色的，声音如同猪叫。因此郭璞《图赞》云：“居暨豚鸣，如彙赤毛。”

居暨（蒋应镐图）

居暨《古今图书集成·禽虫典》卷一二三

䮝马（胡文焕图）

经　文

《北次三经》之首，曰太行之山。其首曰归山，其上有金、玉，其下有碧。有兽焉，其状如麢而四角，马尾而有距，其名曰䮝，善还，其鸣自訆。

——《北次三经》

䮝（hún）

图　解

距，《说文》："鸡距也。"即雄鸡的后爪。还，郭璞注："还，音旋，旋舞也。"訆，与"叫"字同。

䮝兽的样子像麢羊，却有四只角，马的尾巴，雄鸡的后爪，善于盘旋而舞，叫声就像在喊自己的名字"䮝~䮝"一样。

郭璞《图赞》云："䮝兽四角，马尾有距。涉历归山，腾崄跃岨。厥貌惟奇，如是旋舞。"

胡文焕《山海经图》卷上"䮝马"条图说云："归山有兽，状如鹰（音麦）而四角，马尾有距，名曰䮝（始昆切），善还（言旋），其鸣自呼。""鹰"明显是"麢"的误字。我们看胡文焕图，䮝的四脚的脚掌没有画成鸡爪，而是把嘴画成了鸡嘴的样子，可能是把"距"字错误理解成了"鸡嘴"。《三才图会》根据的是胡文焕图，可能觉得"鹰"是个误字，就大胆改成"鹿"字。《学海群玉》的作者看见"䮝马"图是鸟嘴，又大胆改作"其状如牛，鹰首"。

䮝（《古今图书集成·禽虫典》卷一二三）

䮝（汪绂图）

䮝马（《学海群玉·山海异物》）

䮝（吴任臣图）

䮝马（《三才图会·鸟兽》卷四）

䮝（蒋应镐图）

天马（蒋应镐图）

经 文

又东北二百里，曰马成之山，其上多文石，其阴多金、玉。有兽焉，其状如白犬而黑头，见人则飞，其名曰天马，其鸣自訆。

——《北次三经》

天马（《古今图书集成·禽虫典》卷一二三）

图 解

天马兽的样子像白狗，却长着黑脑袋，看见人就飞翔起来，它的声音就像在叫唤自己的名字。

郭璞《图赞》：“龙凭云游，腾蛇假雾。未若天马，自然凌翥。有理悬运，天机潜御。”

胡文焕《山海经图》卷下“天马”条图说云：“马成山有兽，状如白犬，黑头，见人则飞（不由翅飞），名曰天马，其鸣自呼，见则丰穰。”多出“见则丰穰”一句，就是说天马的出现会带来五谷丰登。

天马（胡文焕图）

天马（汪绂图）

天马（《三才图会·鸟兽》卷四）

天马（吴任臣图）

柒拾壹 飞鼠

飞鼠（胡文焕图）

经 文

又东北二百里，曰天池之山，其上无草木，多文石。有兽焉，其状如兔而鼠首，以其背飞，其名曰飞鼠。

——《北次三经》

飞鼠（吴任臣图）

图 解

“以其背飞”，郭璞注：“用其背上毛飞，飞则仰也。”杨慎《山海经补注》：“此即《文选》所谓飞蝠，云南姚安、蒙化有之，余所亲见也，其肉可食，其皮治难产。”汪绂《山海经存》：“盖背有长毛而仰飞也。”蒋应镐图和汪绂图的飞鼠图就是画成仰飞的形状。

胡文焕《山海经图》卷上“飞鼠”条图说云：“天地（池）山有兽，状如兔而鼠首，以其背毛飞，飞即伸，名曰飞鼠。”

《文选·上林赋》：“蜼玃飞蠝。”张揖注：“飞蠝，飞鼠也，其状如兔而鼠首，以其髯飞。”因此郭璞《图赞》云：“或以尾翔，或以髯凌。飞鼠鼓翰，倏然背腾。固无常所，唯神所凭。”

飞鼠（《古今图书集成·禽虫典》卷八二）

飞鼠（《学海群玉·山海异物》）

飞鼠（《三才图会·鸟兽》卷四）

飞鼠（蒋应镐图）

飞鼠（汪绂图）

经文

又东三百里，曰阳山，其上多玉，其下多金、铜。有兽焉，其状如牛而赤尾，其颈腎，其状如句瞿，其名曰领胡，其鸣自詨，食之已狂。

——《北次三经》

领胡（汪绂图）

柒拾贰 领胡

腎（shèn）

图解

腎，即“肾”字。“其颈腎”就是颈项上有像肾一样的肉瘤。郭璞注：“句瞿，斗也。”

《太平御览》卷七六二引《通俗文》云：“木瓢为斗。”腎与木瓢形状相似，故经云“状如句瞿”。

郝懿行疏引《元和郡县志》云：“海康县多牛，项上有骨，大如覆斗，日行三百里，即《尔雅》所谓犦牛。疑此是也。”

领胡（《古今图书集成·禽虫典》卷一二三）

领胡（蒋应镐图）

柒拾叁　⿰羊東⿰羊東

⿰羊東（dōng）

经文

又北三百里，曰泰戏之山，无草木，多金、玉。有兽焉，其状如羊，一角一目，目在耳后，其名曰⿰羊東⿰羊東，其鸣自訆。

——《北次三经》

⿰羊東（胡文焕图）

⿰羊東（《三才图会·鸟兽》卷三）

图解

胡文焕《山海经图》卷上“⿰羊東”条图说云：“泰戏山有兽，状如羊，一角一目，目在耳后，名曰⿰羊東，其鸣自呼。滹沱之水出焉。今滹江河出雁门卤城县南是也。此兽现时，主国内祸起，宫中大不祥也。”就是说⿰羊東⿰羊東的出现会给国内带来灾祸，给宫廷带来不好的事情。

杨慎《奇字韵》卷一“⿰羊東”条云：“按《晋志》，今产于代州雁门谷口，俗呼为耩子，见则岁丰。”《晋志》就是明代的《山西通志》。杨慎认为⿰羊東⿰羊東就是俗称的耩子，它的出现预兆着五谷丰登。

⿰羊東⿰羊東（蒋应镐图）

⿰羊東⿰羊東（《古今图书集成·禽虫典》卷一二三）

⿰羊東⿰羊東（汪绂图）

⿰羊東（《学海群玉·山海异物》）

⿰羊東⿰羊東（吴任臣图）

柒拾肆 獂

经 文

又北四百里，曰乾山。……有兽焉，其状如牛而三足，其名曰獂，其鸣自詨。

——《北次三经》

獂（汪绂图）

獂（yuán）

图 解

獂兽的样子像牛，却只有三只脚，它的叫声就像在呼喊自己的名字。

獂，《玉篇·牛部》作“犿”，云：“兽似牛，三足。”

獂（《古今图书集成·禽虫典》卷一二三）

獂（吴任臣图）

獂（蒋应镐图）

柒拾伍　罴九

罴（汪绂图）

经文

又北五百里，曰伦山。……有兽焉，其状如麋，其州在尾上，其名曰罴九。

——《北次三经》

图解

郭璞注："州，窍也。"汪绂《山海经存》云："后窍也。"州就是肛门的意思。动物的肛门都在尾巴之下，罴九兽的肛门在尾巴之上，因此郭璞《图赞》云："窍生尾上，号曰罴九。"

罴（《古今图书集成·禽虫典》卷一二三）

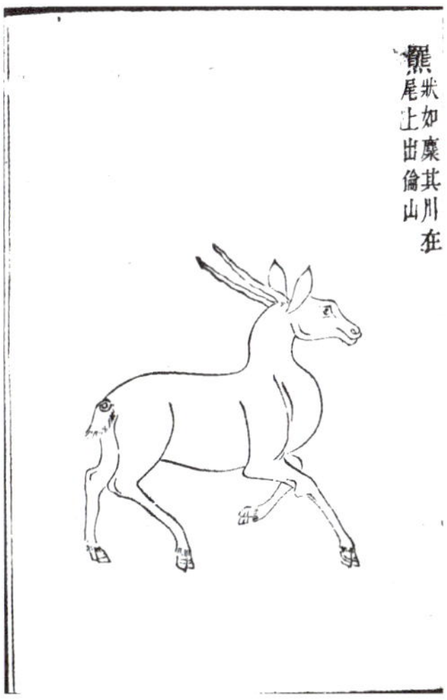

罴（吴任臣图）

罴九（蒋应镐图）

柒拾陆　从从

从从（汪绂图）

经文

又南三百里，曰栒状之山。……有兽焉，其状如犬，六足，其名曰从从，其鸣自詨。

——《东山首经》

从从（蒋应镐图）

栒（xún）

图解

从从，又写作“猣猣”。元钞本《图赞》小题与正文俱作“猣猣”，《藏经》本《图赞》小题作“从从”，正文作“猣猣”。《事物纪原》卷十、《事林广记》别集卷十一、《事物绀珠》卷二十八皆作“猣猣”。

从从兽的样子像狗，却有六只脚，因此郭璞《图赞》说“猣猣之状，似狗六脚”。

《事物纪原》卷十“猣猣”条云：“拘扶山有兽，状如犬而六足，尾长丈余，名曰猣猣，其鸣自呼。取其皮，可御瘴疠。”《事林广记》别集卷十一“猣猣”条末句作“可以御瘴疠也”，余同。《事物绀珠》卷二十八“猣猣”条云：“如犬六足，尾长丈余，其名自呼。取其皮，可御瘴。”其中“可御瘴疠”者，误以下文箴鱼“食之无疫疾”属此，显然错误。

从从（《古今图书集成·禽虫典》卷一二四）

从从（吴任臣图）

柒拾柒　狪狪

狪（tóng）

狪狪（汪绂图）

经　文

又南三百里，曰泰山，其上多玉，其下多金。有兽焉，其状如豚而有珠，名曰狪狪，其鸣自訆。

——《东山首经》

图　解

狪狪兽的样子像猪，身体内却含孕着珠子，它的叫声就像在呼喊自己的名字。

郭璞《图赞》：“蚌则含珠，兽何不可。狪狪如豚，被褐怀祸。患难无由，招之自我。”

狪狪（《古今图书集成·禽虫典》卷一二四）

狪狪（蒋应镐图）

柒拾捌　軨軨

軨（líng）

经文

《东次二经》之首，曰空桑之山。……有兽焉，其状如牛而虎文，其音如钦，其名曰軨軨，其鸣自叫，见则天下大水。

——《东次二经》

軨軨（汪绂图）

图解

軨軨兽的样子像牛，皮毛却有着老虎的斑纹，它的声音好像人在呻吟，叫声好像在呼喊自己的名字“軨軨～軨軨”，它的出现会给天下带来洪水的灾害。

軨軨《古今图书集成·禽虫典》卷一二四

軨軨（蒋应镐图）

犰狳（汪绂图）

经 文

又南三百八十里，曰余峨之山。……有兽焉，其状如菟而鸟喙，鸱目蛇尾，见人则眠，名曰犰狳，其鸣自訆，见则虫蝗为败。

——《东次二经》

犰狳（qiú yú）

图 解

犰狳兽的样子像兔子，却长着鸟的嘴巴、猫头鹰的眼睛和蛇的尾巴，看见人就假装睡觉，叫声好像在呼喊自己的名字“犰狳~犰狳”，它的出现会给农作物带来蝗虫的灾害。因此郭璞《图赞》说：“犰狳之兽，见人佯眠。与灾协气，出则无年。此岂能为，归之于天。”

犰狳（《古今图书集成·禽虫典》卷一二四）

犰狳（蒋应镐图）

捌拾 朱獳

朱獳（胡文焕图）

经文

又南三百里，曰耿山，无草木，多水碧，多大蛇。有兽焉，其状如狐而鱼翼，其名曰朱獳，其鸣自訆，见则其国有恐。

——《东次二经》

獳（rú）

图 解

朱獳兽的样子像狐狸，却长着鱼鳍，猫头鹰的眼睛和蛇的尾巴，看见人就假装睡觉，叫声好像在呼喊自己的名字“朱獳～朱獳”，它的出现会给国内带来恐慌。因此郭璞《图赞》说：“朱獳无奇，见则邑骇。通感靡诚，维数所在。因事而作，未始无待。”

胡文焕《山海经图》卷下“朱獳”条图说云：“耿山有兽，状如狐而鱼鬣，名曰朱獳，其鸣自呼，见则国有大恐。”

《事林广记》别集卷十一“朱獳”条云：“耿山有兽，状如狐而鱼鬣，名曰朱獳，其鸣自呼，见则国有恐，人民多灾，主岁大饥也。”

朱獳（汪绂图）

朱獳（《古今图书集成·禽虫典》卷一二四）

朱獳（蒋应镐图）

朱獳（《三才图会·鸟兽》卷四）

朱獳（吴任臣图）

捌拾壹　獙獙

獙（bì）

大旱（胡文焕图）

经文

又南三百里，曰姑逢之山，无草木，多金、玉。有兽焉，其状如狐而有翼，其音如鸿雁，其名曰獙獙，见则天下大旱。

——《东次二经》

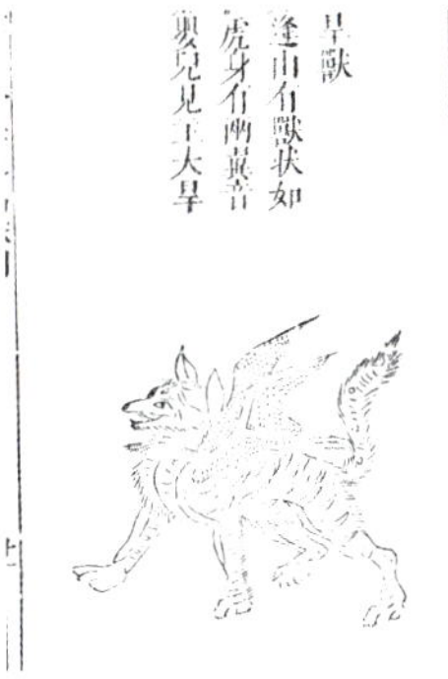

旱兽（《三才图会·鸟兽》卷四）

图解

獙獙兽的样子像狐狸，却长着翅膀，叫声像鸿雁，它的出现会给天下带来旱灾。郭璞《图赞》说：“獙獙如狐，有翼不飞。”空有一双翅膀，却不能飞翔。

胡文焕《山海经图》卷下“獘”条图说云：“如逢山有兽，状如狐，有翼，音如雁，名曰獘，见则大旱。”单作“獘”，内容和此经相同。

胡文焕《山海经图》卷下“大旱”条图说云：“如逢山有兽，状如狐，虎身，有两翼，音如婴儿，见主大旱。”内容和此经有同有异。

獙獙（吴任臣图）

獙獙（汪绂图）

獘（胡文焕图）

獙獙（蒋应镐图）

獘（《三才图会·鸟兽》卷四）

獙獙（《古今图书集成·禽虫典》卷一二四）

蠪蛭（胡文焕图）

捌拾贰　蠪蛭

经文

又南五百里，曰凫丽之山，其上多金、玉，其下多箴石。有兽焉，其状如狐而九尾九首，虎爪，名曰蠪蛭，其音如婴儿，是食人。

——《东次二经》

图解

蠪蛭是喜欢吃人的凶兽，它的样子像狐狸，却有九个脑袋和九条尾巴，四脚如同虎爪，声音像婴儿。

《事林广记》别集卷十一“蠪蚳”条云：“凫丽山有兽，状如狐而九首九尾，虎爪马鬣，名曰蠪蚳，音如婴儿，见则十一岁大穰也。”《事物绀珠》卷二十八“蠪蚳”条云：“音龙蛭，如狐，九首九尾，虎爪，音如婴儿，见则丰稔十年。”胡文焕《山海经图》卷下“蠪蛭”条图说云：“凫丽山有兽，其状如狐而九首九尾，虎爪，名曰蠪蛭，音如婴儿。”与《事林广记》相较，无“马鬣”“见则十一岁大穰”句。

蠪蛭（《古今图书集成·禽虫典》卷一二四）

蠪蛭（《三才图会·鸟兽》卷四）

蠪蛭（吴任臣图）

蠪蛭（汪绂图）

蠪蛭（蒋应镐图）

捌拾叁 峳峳

峳（yóu）

峳峳（汪绂图）

经文

又南五百里，曰碮山，南临碮水，东望湖泽。有兽焉，其状如马而羊目，四角牛尾，其音如獆狗，其名曰峳峳，见则其国多狡客。

——《东次二经》

图解

峳峳兽的样子像马，却有着羊的眼睛、牛的尾巴和四只角，它的声音像狗的嚎叫，它一出现就会有奸狡之人出来为非作歹。

郭璞《图赞》："治在得贤，亡由失人。峳峳之来，乃致狡宾。归之冥应，谁见其津。"

峳峳（蒋应镐图）

峳峳（《古今图书集成·禽虫典》卷一二四）

峳峳（吴任臣图）

经文

又《东次三经》之首，曰尸胡之山。……有兽焉，其状如麋而鱼目，名曰犰胡，其鸣自訆。

——《东次三经》

犰胡（汪绂图）

犰（wǎn）

图解

犰胡兽的样子像麋鹿，却长着鱼的眼睛，它的叫声好像在呼喊自己的名字“犰胡～犰胡”。

郭璞《图赞》云：“犰胡之状，似麋鱼眼。”

犰胡（《古今图书集成·禽虫典》卷一二四）

犰胡（蒋应镐图）

捌拾伍　精精

精精（汪绂图）

经　文

又南水行九百里，曰踇隅之山。……有兽焉，其状如牛而马尾，名曰精精，其鸣自叫。

——《东次三经》

图　解

精精兽的样子像牛，却长着马的尾巴，它的叫声好像在呼喊自己的名字“精精～精精”。

郭璞《图赞》：“精精如牛，以尾自辨。”

精精（蒋应镐图）

精精（《古今图书集成·禽虫典》卷一二四）

捌拾陆 獦狚

经文

又《东次四经》之首，曰北号之山。……有兽焉，其状如狼，赤首鼠目，其音如豚，名曰獦狚，是食人。

——《东次四经》

猲狚（汪绂图）

獦狚（gé dàn）

图解

经文“獦狚”原作“猲狚”，郝懿行校“狚”为“狚”字之讹，王念孙亦校改经文“狚”作“狚”，吕调阳《五藏山经传》作“獦狚”，《广韵·曷韵》《集韵·曷韵》“狚”字注引此经俱同，今据改。

獦狚是喜欢吃人的凶兽，它的样子像狼，有着红色的脑袋，老鼠的眼睛，声音像猪。

元代《古今韵会举要》卷二十七“狚”字注引此经作“赤眉鼠目”，《山海经》对动物的描写都没有涉及“眉”，因此“赤眉”应是“赤首”的误字。

猲狚（《古今图书集成·禽虫典》卷一二四）

獦狚（蒋应镐图）

捌拾柒　当康

当庚（胡文焕图）

经　文

又东南二百里，曰钦山。……有兽焉，其状如豚而有牙，其名曰当康，其鸣自叫，见则天下大穰。

——《东次四经》

当康（蒋应镐图）

图　解

当康又作“当庚”。经文说当康兽有牙，然而野兽本来就有牙，用不着专门记载。《六帖补》卷十一“有牙”作“有介”，“介”与“甲”字通。《中次十一经》云：“依轱之山，有兽焉，其状如犬，虎爪有甲，其名曰獜。”同样突出该兽的“有甲”之形。胡文焕《山海经图》卷上“当庚”图没有画作有牙的形状，而于其背绘浓毛似披甲形，可能所见的《山海经》就作“有甲”。蒋应镐图画作有牙之形，是根据今本而绘。

胡文焕《山海经图》卷上“当庚”条图说云：“钦山有兽，状如豚，名曰当庚，其鸣自呼，见则天下大穰。《韩子》曰：‘穰岁之稔也。’”《事林广记》别集卷十一“当庚”条云：“钦山中有兽，状如豚，名曰当庚，其鸣似呼，见则天下大和穰。《韩子》曰：‘和岁之兽。’”

《万宝全书》和《学海群玉》记载当庚是“人面”，是其他书所没有的。日本《怪奇鸟兽图》的当庚兽画作人脸，那是因为它是根据明朝末年日用类书如《万宝全书》等来绘制的。

当康（《古今图书集成·禽虫典》卷一二四）

当康（汪绂图）

当庚（《三才图会·鸟兽》卷四）

当庚（《学海群玉·山海异物》）

经文

又东北二百里，曰剡山，多金、玉。有兽焉，其状如彘而人面，黄身而赤尾，其名曰合窳，其音如婴儿。是兽也，食人，亦食虫蛇，见则天下大水。

——《东次四经》

合窳（汪绂图）

剡（shàn）

图解

合窳兽的样子像猪，却有着人的面孔，黄色的身体，红色的尾巴。它的声音像婴儿，既吃人，又吃各种虫蛇。它的出现会带来洪水灾害。因此郭璞《图赞》说："猪身人面，号曰合窳。厥性贪残，物为不咀。至阴之精，见则水雨。"

《事林广记》别集卷十一"合窳"条云："剡山有兽，如彘，人面赤尾，名合窳，食人食蛇，见则大水。"《事物绀珠》卷二十八"合窳"条云："如猪，人面黄身赤尾，血食。"

合窳（《古今图书集成·禽虫典》卷一二四）

合窳（蒋应镐图）

捌拾玖　蜚

蜚（汪绂图）

经文

又东二百里，曰太山，上多金、玉、桢木。有兽焉，其状如牛而白首，一目而蛇尾，其名曰蜚，行水则竭，行草则死，见则天下大疫。

——《东次四经》

蜚（fěi）

图解

蜚兽浑身散发着令人恐惧的气息，它涉过水水就会枯竭，走过草草就会枯死，它的出现会给天下带来瘟疫。郭璞注说：“言其体含灾气也。其《铭》曰：‘蜚之为名，体似无害。所经枯竭，甚于鸩厉。万物斯惧，思尔遐逝。’”郭璞《图赞》又说：“蜚则灾兽，跂踵厉深。会所经涉，竭水槁林。禀气自然，体此殃淫。”蜚的出现，万物都感到恐惧，都希望它赶快离开。

吴任臣《山海经广注》云:“《春秋·庄二十五年》:‘秋有蜚。’刘侍读《春秋解》引此谓‘蜚状若牛，一目虬尾’。江休复《杂志》亦云：‘唐彦猷有旧本《山海经》，说蜚处渊则涸，行木则枯。《春秋》所书，似即此物。若是负蠜，不当云有，谓之多可也。’未审是非。又《字汇》:‘犕似牛,白首一目。’疑为此兽。《篇海》引经又作‘蜚’。《五侯鲭》云:‘蜚生太山,行水水竭,行草草枯。’”刘侍读即宋代刘敞。《春秋》之“蜚”为现实动物，此经之“蜚”为神话动物，不能混为一谈。

《事林广记》别集卷十一“蜚”条云：“大山有兽，如牛，一目，白首蛇尾，能令水竭草死，见则兵役。”《事物绀珠》卷二十八“蜚”条云：“如牛，白首，一目蛇尾，行草则枯，行水则竭，见则兵役。”《事林广记》与《事物绀珠》皆作“见则兵役”，明显是将此经“疫”误读作“役”了。

蜚（《古今图书集成·禽虫典》卷一二四）

蜚（蒋应镐图）

蜚（吴任臣图）

玖拾 𪊨

𪊨（汪绂图）

经文

《中山经》薄山之首，曰甘枣之山。……有兽焉，其状如䖘鼠而文题，其名曰𪊨，食之已瘿。——《中山首经》

𪊨（nuó）

图解

䖘，郭璞注："音虺，字亦或作'虺'。""䖘"可能是"鼣"的误字，《中次十一经》倚帝之山，"有兽焉，其状如鼣鼠，白耳白喙，名曰狙如"，即作"鼣鼠"。

题，额头的意思。《说文》："瘿，颈瘤也。"即脖子上的肉瘤。

𪊨兽的样子像䖘鼠，额头上有花纹，人们食用它可以治疗脖子上的肉瘤。

𪊨（《古今图书集成·禽虫典》卷一二四）

𪊨（蒋应镐图）

玖拾壹　朏朏

朏（fěi）

朏朏（汪绂图）

经文

又北四十里，曰霍山，其木多榖。有兽焉，其状如狸而白尾，有鬣，名曰朏朏，可以已忧。

——《中山首经》

图解

朏朏兽的样子像狸猫，有着白色的尾巴，头上还长有鬣毛。朏朏兽的药用价值在于可以治疗忧愁病，因此郭璞《图赞》说：“朏朏之皮，终年行歌。”

朏朏（蒋应镐图）

朏朏（《古今图书集成·禽虫典》卷一二四）

玖拾贰　䨼蚔

经文

又西二百里，曰昆吾之山，其上多赤铜。有兽焉，其状如彘而有角，其音如号，名曰䨼蚔，食之不眯。

——《中次二经》

䨼蚔（汪绂图）

图解

䨼蚔兽的样子像猪，却长着两只角，声音像人号哭，吃了它就不会做噩梦。

䨼蚔（蒋应镐图）

䨼蚔（《古今图书集成·禽虫典》卷一二四）

玖拾叁 马肠

马肠（胡文焕图）

经文

又西二百里，曰蔓渠之山。……有兽焉，其名曰马肠，其状人面虎身，其音如婴儿，是食人。

——《中次二经》

图解

马肠，又写作“马腹”。马肠是吃人的凶兽，样子像老虎，却长着人的面孔，声音像婴儿。

郭璞《图赞》云：“马肠之物，人面似虎。”

马肠（蒋应镐图）

马腹（《古今图书集成·禽虫典》卷一二四）

马腹（汪绂图）

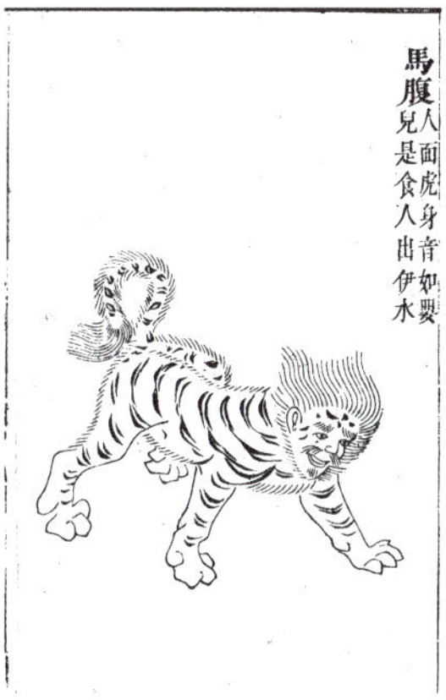

马腹（吴任臣图）

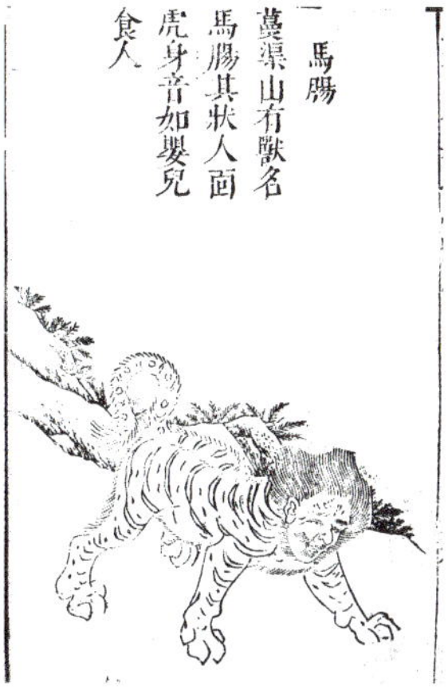

马肠（《三才图会·鸟兽》卷四）

玖拾肆　夫诸

经文

《中次三经》萯山之首，曰敖岸之山。……有兽焉，其状如白鹿而四角，名曰夫诸，见则其邑大水。

——《中次三经》

夫诸（汪绂图）

图解

夫诸兽的样子像白鹿，却长着四只角，它的出现预示那个地方会发生洪水灾害。

夫诸（蒋应镐图）

夫诸（《古今图书集成·禽虫典》卷一二四）

玖拾伍　麐

麐（汪绂图）

经文

西五十里，曰扶猪之山，其上多礝石。有兽焉，其状如貉而八目，其名曰麐。

——《中次四经》

图解

麐（yín）

麐兽的样子像貉，却长着八只眼睛。

经文“八目”原作“人目”，元钞本《山海经》作“八目”，郭璞《图赞》云：“有兽八目，厥号曰麐。”知郭璞所见《山海经》作“八目”，今据改。《玉篇·鹿部》“麐”字、《广韵·真韵》“麐”字引此经作“似貉而八目”，《篆隶万象名义》“麐”字作“如貉目八”，《集韵·谆韵》“麐”字作“如貉八目”，都可以证明作“八目”是正确的。《山海百灵图》的麐兽画着八只眼睛，根据的是古本《山海经》，而蒋应镐图、汪绂图和《禽虫典》都画着人眼，根据的是今本《山海经》。

麐（《古今图书集成·禽虫典》卷一二四）

麐（蒋应镐图）

经文

又西百二十里，曰釐山。……有兽焉，其状如牛，苍身，其音如婴儿，是食人，其名曰犀渠。

——《中次四经》

犀渠（汪绂图）

图解

犀渠是吃人的凶兽，它的样子像牛，身子是青色的，声音像婴儿。

犀渠（蒋应镐图）

犀渠《古今图书集成·禽虫典》卷一二四）

玖拾柒 獬

獬（汪绂图）

经文

又西百二十里，曰釐山。……滽滽之水出焉，而南流注于伊水。有兽焉，名曰獬，其状如獳犬而有鳞，其毛如彘鬣。

——《中次四经》

獬（xié）

图 解

吴任臣《山海经广注》云:“獳犬,怒犬也。”汪绂《山海经存》云:“獳，犬之多毛者，此兽其体有鳞，而毛出鳞间，如彘鬣也。”

獬兽的样子像獳犬，身上长满鳞甲，它的毛像猪鬃。毕沅《山海经新校正》认为獬就是獭。

郭璞《图赞》云:“獬若青狗，有鬣（鬣）被鲜（鳞）。”清彩绘本的獬就画作青色。

獬（蒋应镐图）

獬（《古今图书集成·禽虫典》卷一二四）

獬（吴任臣图）

麖（汪绂图）

经文

又东十里，曰尸山，多苍玉，其兽多麖。

——《中次五经》

图解

郭璞注："似鹿而小，黑色。"

毕沅曰："郭说非也。《尔雅〔·释兽〕》：'麠，大鹿（麃）。'《说文》云：'牛尾一角。或从京。'则此是大鹿。凡云'京'，皆大也，郭义失之。"

《汉书·地理志下》云："山多麈麖。"颜师古注云："麖，似鹿而小。"本郭注也。《慧琳音义》卷六十五引《字林》云："麖，似鹿而大，一角。"

玖拾玖　山膏

山膏（汪绂图）

经　文

又东二十里，曰苦山。有兽焉，名曰山膏，其状如逐，赤若丹火，善詈。

——《中次七经》

逐（dùn）

图　解

逐，郭璞注：“即‘豚’字。”《事物绀珠》卷二十八“山膏”条云：“状如豚，赤若火，善詈人。”即作“豚”字。

山膏兽的样子像猪，通身红得像丹火，喜欢骂人，因此郭璞《图赞》说：“山膏如豚，厥性好骂。”

山膏（《古今图书集成·禽虫典》卷一二四）

壹〇〇 文文

经文

又东五十二里，曰放皋之山。……有兽焉，其状如蜂，枝尾而反舌，善呼，其名曰文文。

——《中次七经》

文文（汪绂图）

图解

汪绂《山海经存》云："枝尾，尾两岐也。反舌，舌善翻弄，如百舌鸟也。"郝懿行疏："枝尾，岐尾也。《说文》云：'燕，枝尾，反舌者。'盖舌本在前，不向喉。《淮南·墜形训》有反舌民。"枝尾就是岐尾，像燕子的尾巴。一般而言，舌头都是舌根在后，舌尖在前，而反舌恰好相反，郝懿行的解释是正确的。

文文（《古今图书集成·禽虫典》卷一二四）

文文兽的样子像蜂子，尾巴分叉，舌头是倒着生的，喜欢呼唤。郭璞《图赞》："文兽如蜂，枝尾反舌。"

汪绂图的文文画成蜂子，而《禽虫典》的文文画成兽的样子，但特别突出它的蜂腰。

壹〇壹 麈

麈（汪绂图）

经文

东北百里，曰荆山。……其兽多闾、麈。

——《中次八经》

黑水之南，有玄蛇，食麈。

——《大荒南经》

图解

麈，郭璞注："似鹿而大也。"

《埤雅》卷三"麈"条云："似鹿而大，其尾辟尘，以置蒨帛中，能令岁久红色不黦。又以拂毡，令毡不蠹。盖蝇点变白，麈尾留红，而狐白貂鼠之类，燕见之则毛脱，物有相制，其异如此。今麋鹿丑，亦喜红，南人取之，则衣绛服而舞，麋鹿辄注视不动，因以利刀刺之。《名苑》曰：'鹿之大者曰麈，群鹿随之，皆视麈所往，麈尾所转为准。于文主鹿为麈，而古之谈者挥焉，良为是也。'"

麈（《古今图书集成·禽虫典》卷七三）

麈（《三才图会·鸟兽》卷三）

麈（蒋应镐图）

麂（汪绂图）

经文

又东北百二十里，曰女几之山，其上多玉，其下多黄金，其兽多豹、虎，多闾、麋、麖、麂。

——《中次八经》

麂（《三才图会·鸟兽》卷三）

图 解

郭璞注："麂，似獐而大，猥毛，狗脚。"《玄应音义》卷十三"麋麂"条引《说文》云："麂，似麞（獐）而大，猥毛狗足也。"与今本《说文》异，当为古本《说文》。郭注盖本古本《说文》也。

"麂"又作"麐"，《尔雅·释兽》云："麐，大麕，旄毛狗足。"郭璞注："旄毛猥长。"

《尔雅翼》卷二十"麐"条云："麐，大麕，旄毛狗足，能上木，好作声。《字说》曰：'麂，虎所在必鸣以告，鹿属冯而安者，亦其声几几然，出东南山谷。'今有山林处皆有，而均、房、襄、汉间尤多，实獐类也。大獐毛长狗足者名麐，南人往往食其肉，然坚韧（韧），不及獐味美，多食之能动痼疾，其皮作履舄，胜于众皮。又有一种类麐而大者，名麖。《山海经》曰：'女几之山，其兽多麖、麐。'《宋书·符瑞志》：'银麂，刑罚得中，民不为非则至。'"《三才图会》的图说依据的就是《尔雅翼》。

《太平御览》卷九〇六引《临海记》云："郡西北候官山有三足麂，其声嘶嗄。二千石官长将有代谢则麂嗄鸣矣，民以为常占，未曾一失。"

麂（《古今图书集成·禽虫典》卷七六）

㚔（汪绂图）

经　文

又东北三百五十里，曰纶山。……其兽多闾、麈、麢、㚔。

——《中次八经》

㚔（chuò）

图　解

郭璞注："㚔，似菟而鹿脚，青色。"《说文·㲋部》云："㲋，兽也，似兔青色而大，头与兔同，足与鹿同。"是郭所本。

壹〇肆 牛

经文

又东北一百里，曰美山，其兽多兕、牛，多闾、麈，多豕、鹿。

——《中次八经》

牛（《三才图会·鸟兽》卷三）

图解

汪绂《山经》的动物都是野生动物，此牛是指野牛，不是农家畜养的牛。

《埤雅》卷三“牛”条云：“孔子曰：‘牛羊之字，以形举也。’牛象角头三、封尾之形。牛，土畜也；马，火畜也。土缓而和，火性健决躁速，故《易》坤为牛，乾为马。”

壹〇伍　豕

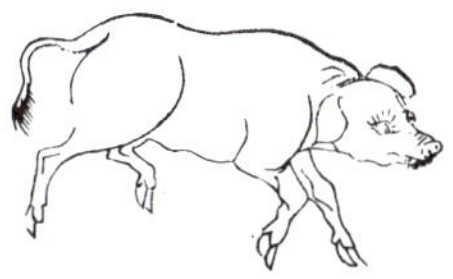

豕（《三才图会·鸟兽》卷三）

经文

又东北一百里，曰美山，其兽多兕、牛，多闾、麈，多豕、鹿。

——《中次八经》

图解

豕指的是野猪。

《埤雅》卷五“豕”条云：“彘也，竭其尾，故谓之豕。犬喜雪，马喜风，豕喜雨，故天将久雨，则豕进涉水波。《诗》曰：‘有豕白蹢，烝涉波矣。月离于毕，俾滂沱矣。’此之谓也。”

豕（《古今图书集成·禽虫典》卷一一九）

壹〇陆 鹿

经文

又东北一百里，曰美山，其兽多兕、牛，多闾、麈，多豕、鹿。

——《中次八经》

鹿（《三才图会·鸟兽》卷三）

图解

鹿的种类很多，上文麈就是鹿的一种，此鹿是泛指。

《埤雅》卷三“鹿”条云：“《字统》曰：‘鹿性警防，分背而食，以备人物之害。’盖鹿萃善走者，分背而食，食则相呼，群居则环其角外向，以防物之害已。”

鹿（《古今图书集成·禽虫典》卷七三）

夔牛（汪绂图）

经文

又东北三百里，曰岷山。……其兽多犀、象，多夔牛。

——《中次九经》

图解

郭璞注："今蜀山中有大牛，重数千斤，名为夔牛。晋太兴元年，此牛出上庸郡，人弩射杀，得三十八担肉。即《尔雅》所谓'魏'。"夔牛，又写作"犪牛"，《尔雅·释畜》："犩牛。"郭璞注："即犪牛也，如牛而大，肉数千斤，出蜀中。《山海经》曰：'岷山多犪牛。'"《释文》引《字林》云："黑色而大，重三千斤。"

郭璞《图赞》："西南巨牛，出自江岷。体若垂云，肉盈千钧。虽有逸力，难以挥轮。"

《古文苑·蜀都赋》云："其旁则有期牛兕旄。"章樵注："期、夔声相近。"则夔牛又称期牛。

《事林广记》别集卷十一"犪牛"条云："岷山多犪牛，今蜀山有之，肉重千斤，可设阱杀之。"

犩牛（《尔雅音图》）

壹〇捌　狏狼

狏（shì）

经文

又东四百里，曰蛇山。……有兽焉，其状如狐而白尾长耳，名曰狏狼，见则国内有兵。

——《中次九经》

狏狼（汪绂图）

图解

《玉篇》云："狏，时尔切，兽如狐，白尾。"郭璞注："音虵。""虵"即"蛇"字。

狏狼的样子像狐狸，却长着白尾巴和长耳朵，它的出现预示着国内会发生战争。郭璞《图赞》云："狏狼之出，兵不外击。"

狏狼（《古今图书集成·禽虫典》卷一二四）

狏狼（蒋应镐图）

壹〇玖　猿

猨
猨臂通肩刻之
可以爲笛聲圓
於竹猨猴屬長
臂善嘯便攀援
故其字从援

猿（《三才图会·鸟兽》卷四）

经文

又东五百里，曰鬲山。……其兽多犀、象、熊、罴，多猨、蜼。

——《中次九经》

图解

猨是猿的异体字，《埤雅》卷四“猨”条云：“猨臂通肩，刻之可以为笛，声圆于竹。猨，猴属，长臂善啸，便攀援，故其字从援省。”《三才图会》图说就是根据《埤雅》写的。

蜼（《三才图会·鸟兽》卷四）

经 文

又东五百里，曰鬲山。……其兽多犀、象、熊、罴，多猨、蜼。

——《中次九经》

蜼（汪绂图）

图 解

郭璞注："蜼，似猕猴，鼻露上向，尾四五尺，头有岐，苍黄色。雨则自县（悬）于树，以尾塞鼻，或以两指塞之。"

《尔雅翼》卷二十"蜼"条云："蜼，狖也，似猕猴而大，黄黑色，尾长数尺，似獭尾，末有岐，鼻露向上，雨则自挂于木，以尾塞鼻，或以两指。江东人亦取养之，为物捷健。《江赋》曰'迅蜼临虚以骋巧'是也。蜼读如赠遗之遗，又读如橘柚之柚，其作柚音者或为狖，音义皆同。孙愐不审，乃于一音中分之，云：'蜼，兽名，似猿。狖，似猕猴。'不知似猿者即此猕猴。《淮南子》曰：'猿狖失木而禽于狐狸，非其所也。'其《招隐》曰：'猿狖群啸兮虎豹嗥。'古者有蜼彝，画蜼于彝，谓之宗彝。又施之象服，夫服器必取象此等者，非特以其智而已，盖皆有所表焉。"《三才图会》的图说就是根据《尔雅翼》来写的。

郭璞《图赞》云："寓属之才，莫过于蜼。雨则自悬，塞鼻以尾。厥形虽陋，列象宗彝。"

蜼（蒋应镐图）

蜼（《古今图书集成·禽虫典》卷八七）

壹壹壹 雍和

雍和（汪绂图）

经文

又东南三百里，曰丰山。有兽焉，其状如蝯，赤目赤喙黄身，名曰雍和，见则国有大恐。

——《中次十一经》

图解

袁珂师云：“蝯同猨，即今猿字。”雍和兽的样子像猿猴，却有着红色的眼睛和嘴巴，黄色的身子。它的出现会给国内带来大的恐慌。

雍和（《古今图书集成·禽虫典》卷一二四）

壹壹贰 獜

獜（汪绂图）

经文

又东南三十里，曰依轱之山，其上多杻、橿，多苴。有兽焉，其状如犬，虎爪有甲，其名曰獜，善駚坌，食者不风。

——《中次十一经》

獜（lìn）
駚坌（yǎng fèn）

图解

不风，郭璞注："不畏天风。"郭璞认为风是自然之风，因此《图赞》说："有兽虎爪，厥号曰獜。好自跳扑，鼓甲振奋。若食其肉，不觉风迅。"

汪绂《山海经存》云："不风，不畏风。或云无风疾也。"

郝懿行疏："礫狗止风，见《尔雅·释天》注及郑司农《大宗伯》注。此物盖亦狗类也。又案此物形状颇似鲮鲤，鲮、獜声近，后世亦用鲮鲤疗风痹。"

俞樾《读山海经》云："蔓联之山白鸡，'食之已风'；鼓镫之山荣草，'食之已风'，凡言风者皆病名。已风者，有病而可已也，不风者，无病人食之不病也。"

我们认为风应该是疾病的名称，"不风"和"已风"的含义相同，都是治疗风疾的意思。

獜兽的样子像狗，却长着老虎的爪子，身有鳞甲，善于奔跑。因为獜跑得很快，像风一样，根据古代巫医理论，吃了它可以治疗风疾。

獜（《古今图书集成·禽虫典》卷一二四）

獜（蒋应镐图）

玄豹（胡文焕图）

经　文

又东南二十五里，曰即谷之山，多美玉，多玄豹。

——《中次十一经》

北海之内，有山名曰幽都之山，黑水出焉。其上有玄鸟、玄蛇、玄豹、玄虎、玄狐蓬尾。

——《海内经》

图　解

玄豹，即黑豹也。

胡文焕《山海经图》卷下“玄豹”条图说云：“怀涂山有玄豹，虎身白点，文王囚羑里，散宜生得之，献于纣王，纣王大悦。”

《稽瑞》引《六韬》云：“文王拘羑里，散宜生至宛怀涂山得玄豹献纣，免西伯之难。”

《太平御览》卷八九二引《帝王世纪》云：“纣为玉箸，箕子曰：‘玉箸必食熊蹯豹胎。’散宜生献纣黑豹。”

《韩非子·喻老》云：“翟人有献丰狐、玄豹之皮于晋文公，文公受客皮而叹曰：‘此以皮之美自为罪。’”

玄豹（汪绂图）

玄豹（《异域图志·异域禽兽图》）

玄豹（《三才图会·鸟兽》卷四）

壹壹肆 猍

猍（lì）

经文

又东南二十里，曰乐马之山。有兽焉，其状如彙，赤如丹火，其名曰猍，见则其国大疫。

——《中次十一经》

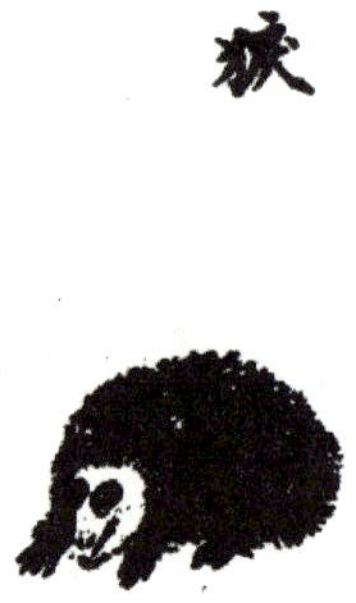

猍（汪绂图）

图解

彙，即刺猬。

猍兽的样子像刺猬，浑身红得像丹火。它的出现预示着国内会发生大瘟疫。

猍（《古今图书集成·禽虫典》卷一二四）

壹壹伍 頡

頡（汪绂图）

经文

又东南二十五里，曰葴山。视水出焉，东南流注于汝水，其中多人鱼，多蛟，多頡。

——《中次十一经》

頡（xié）

图解

頡，郭璞注："如青狗。"《中次四经》釐山，"有兽焉，名曰獺，其状如獳犬而有鳞，其毛如彘鬣"，郭璞《图赞》云"獺如青狗"，可见郭璞是把頡和獺看作是一种动物。

毕沅《山海经新校正》认为頡是"'獭'字之假音"，就是水獭。

壹壹陆　狙如

经文

又东三十里，曰倚帝之山，其上多玉，其下多金。有兽焉，其状如鼣鼠，白耳白喙，名曰狙如，见则其国有大兵。

——《中次十一经》

狙如（汪绂图）

鼣（fèi）

图解

狙如兽的样子像鼣鼠，耳朵和嘴巴却是白色的。它的出现预示着国内会发生大的战争。

郭璞《图赞》：“狙如微虫，厥体无害。见则师兴，两阵交会。物之所感，焉有小大。”

狙如（《古今图书集成·禽虫典》卷一二四）

狙如（蒋应镐图）

壹壹柒　狏即

狏即（汪绂图）

经文

又东三十里，曰鲜山。……有兽焉，其状如膜犬，赤喙赤目白尾，见则其邑有火，名曰狏即。

——《中次十一经》

狏（yí）

图　解

汪绂《山海经存》云：“‘膜’当作‘獏’。膜犬即白豹也，亦似犬。”

郝懿行疏：“膜犬者，郭注《穆天子传》云：‘西膜，沙漠之乡。’是则膜犬即西膜之犬。今其犬高大𤞤毛，猛悍多力也。”

狏即兽的样子像膜犬，而嘴巴和眼睛是红色的，尾巴是白色的。它的出现预示着那个地方会发生火灾。

狏即（《古今图书集成·禽虫典》卷一二四）

狏即（蒋应镐图）

壹壹捌 梁渠

经文

又东北七十里，曰历石之山。……有兽焉，其状如狸而白首，虎爪，名曰梁渠，见则其国有大兵。

——《中次十一经》

梁渠（胡文焕图）

图解

梁渠兽的样子像狸猫，却有白色的脑袋，老虎的爪子。它的出现预示着国内会发生大的战争。

胡文焕《山海经图》卷下“梁渠”条图说云：“磨石山有梁渠，如狸，白首虎爪，见则国有兵。”

梁渠（汪绂图）

梁渠（《古今图书集成·禽虫典》卷一二四）

梁渠（《三才图会·鸟兽》卷四）

梁渠（蒋应镐图）

壹壹玖　闻獜

獜（lín）

经文

又东三百五十里，曰几山。……有兽焉，其状如彘，黄身白首白尾，名曰闻獜，见则天下大风。

——《中次十一经》

闻獜（汪绂图）

图解

闻獜兽的样子像猪，却是黄身子，白脑袋，白尾巴。它的出现预示着天下就会刮大风。

胡文焕《山海经图》卷上“㺊”条图说云：“㺊，状如彘，黄身白首白尾，见则大风。”因此，诸图都把闻獜称作“㺊”。

闻獜（《古今图书集成·禽虫典》卷一二四）

㺊（胡文焕图）

㺊（《三才图会·鸟兽》卷四）

经文

又东南二百里，曰即公之山。……有兽焉，其状如龟而白身赤首，名曰蛫，是可以御火。

——《中次十二经》

蛫

蛫（汪绂图）

蛫（guǐ）

图解

蛫兽样子像乌龟，却是白色的身子，红色的脑袋，它可以用来防御火灾。

《事林广记》别集卷十一“蛫”条云：“即公山有兽，状如龟，白首赤身，其名曰蛫，可以御火灾。”与此经“白身赤首”不同。

蛫《古今图书集成·禽虫典》卷一二四）

蛫（蒋应镐图）

壹贰壹　并封（屏蓬）

并封（汪绂图）

经文

并封在巫咸东，其状如彘，前后皆有首，黑。

——《海外西经》

有兽，左右有首，名曰屏蓬。

——《大荒西经》

图解

并封的样子像猪，却前后都有脑袋。郭璞《图赞》云："龙过无头，并封连载。物状相乖，如骥分背。数得自通，寻之愈阂。"

郝懿行疏："《周书·王会篇》云：'区阳以鳖封，鳖封者，若彘，前后有首。'是鳖封即并封，并、鳖声转也。《大荒西经》又作'屏蓬'，皆一物。"

《尔雅·释训》云："甹夆，掣曳也。"郝懿行《尔雅义疏》云："甹夆者，盖'德律'之省。《说文》'德''律'并云：'使也。'又云：'俜，使也。'声借为'荓蜂'。《诗·小毖》传：'荓蜂，瘳曳也。'正义引孙炎曰：'谓相掣曳入于恶也。'《文选·海赋》云：'或掣掣泄泄于裸人之国。'掣泄即掣曳。《海外西经》

并封（《古今图书集成·禽虫典》卷一二四）

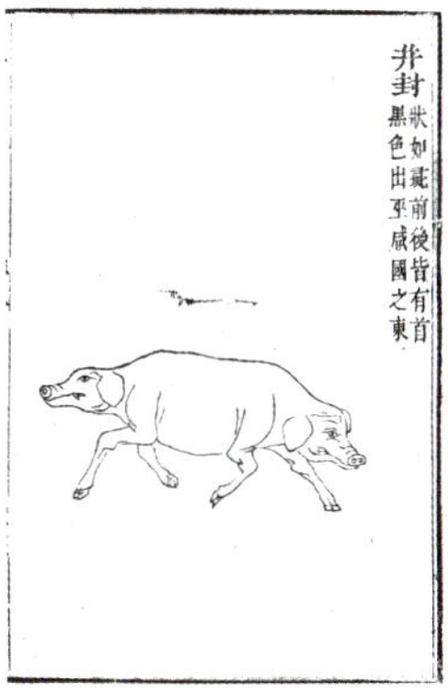

并封（吴任臣图）

云‘并封，其状如彘，前后有首’，《大荒西经》又作‘屏蓬，左右有首’。盖‘屏蓬’与‘荓蜂’俱字之假音，其义则同。又借为‘并蠭’，《潜夫论·慎微篇》引《诗》作‘莫与并蠭’。”

屏蓬，郭璞注：“即并封也，语有轻重耳。”

王謇批校《山海经》云：“《中次六经》：‘平逢之山，有神焉，其状如神（人）而二首，名曰骄虫，是为螫虫，实惟蜂蜜之庐。’是无论前后有首，左右有首，或任何二首者，均得谓之屏蓬或平逢或并封也。”

屏蓬（汪绂《大荒西经》图）

并封（蒋应镐《海外西经》图）

屏蓬（蒋应镐《大荒西经》图）

壹贰贰　乘黄

乘黄（胡文焕图）

经文

白民之国在龙鱼北，白身被发。有乘黄，其状如狐，其背上有角，乘之寿二千岁。

——《海外西经》

乘黄（蒋应镐图）

图　解

郭璞注：“《周书》曰：‘白民乘黄，似狐，背上有两角。’即飞黄也。《淮南子》曰：‘天下有道，飞黄伏皂。’”

郭璞《图赞》：“飞黄奇骏，乘之难老。揣角轻腾，忽若龙矫。实鉴有德，乃集厥皂。”

胡文焕《山海经图》卷下“乘黄”条图说云：“西海外白民国有乘黄马，白身被发，状如狐，其背上首角，乘之寿二千岁。”“首角”明显是“有角”之误。我们看他的图，头上一角，背上两角，共有三角，因为画工是根据文字描写来绘图的，可能并不知道文字有错误。《三才图会·鸟兽》卷四“乘黄”条图说“首角”作“有角”，则不误。

《太平御览》卷八九六引《符瑞图》云：“腾黄者，神马也，其色黄，一名乘黄，亦曰飞黄，或曰吉黄，或曰翠黄，一名紫黄。其状如狐，背上有两角，出白氏之国，乘之寿三千岁。黄帝乘之。”

乘黄（《古今图书集成·禽虫典》卷八九）

乘黄（《三才图会·鸟兽》卷四）

乘黄（吴任臣图）

乘黄（汪绂图）

壹贰叁　騊駼

经文

北海内，有兽焉，其状如马，名曰騊駼。

——《海外北经》

騊駼（蒋应镐图）

騊駼（táo tú）

图解

《说文·马部》云："騊駼，北野之良马。"

《尔雅·释畜》"騊駼马"，《释文》引《字林》云："北狄良马也，一曰野马也。"又引《瑞应图》云："幽隐之兽也，有明王在位即至。"

郭璞《图赞》云："騊駼野骏，产自北域。交颈相摩，分背翘陆。虽有孙阳，终不能服。"

《尔雅翼》卷十八"騊駼"云："《释畜》曰：'騊駼马。'《山海经》曰：'北海内，兽状如马。'騊駼，兽之善走者，既如马而又善走，故马之良者取以为名。古之命马者，大抵皆如是，既取兽之狡轻，而又参以其毛物。唯夫马之良者，既著称于世，而兽不常见。后之博物者，又鲜能考名实所从起，象类所从附，故往往但存良马之名，而没野兽之实。"

騊駼马（《尔雅音图》）

壹贰肆　罗罗

罗罗（蒋应镐图）

经文

有青兽焉，状如虎，名曰罗罗。
——《海外北经》

罗罗（《古今图书集成·禽虫典》卷一二四）

图解

明代朱谋㙔《骈雅·释兽》云：“青虎谓之罗罗。”

《事物绀珠》卷二十八“罗罗”条云：“如虎，白色。”“白色”与经云“青兽”不合，应该是“青色”的误字。

经文

旄马，其状如马，四节有毛，在巴蛇西北，高山南。

——《海内南经》

旄马（胡文焕图）

图解

郭璞注：“《穆天子传》所谓豪马者。亦有旄牛。”

胡文焕《山海经图》卷上“旄马”条图说云：“南海外有旄马，状如马而足有四节，垂毛，即《穆天子传》所谓毫马也，在巴蛇西北，高山之南。”《事物绀珠》卷二十八“旄马”条说：“足有四节，垂毛，出南海外。”

旄马（《万宝全书·山海异物》）

旄马（汪绂图）

旄马（吴任臣图）

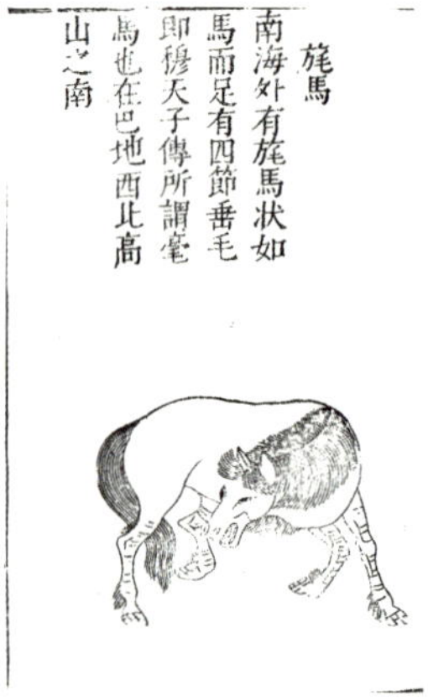

旄马（《三才图会·鸟兽》卷四）

壹贰陆 开明兽

开明兽（汪绂图）

经文

海内昆仑之虚在西北，帝之下都。昆仑之虚方八百里，高万仞。上有木禾，长五寻，大五围。面有九井，以玉为槛。面有九门，门有开明兽守之，百神之所在。在八隅之岩，赤水之际，非仁羿莫能上冈之岩。……开明兽身大类虎而九首，皆人面，东向立昆仑上。

——《海内西经》

图解

郭璞注："天兽也。《铭》曰：'开明为兽，禀资乾精。瞪视昆仑，威振百灵。'"郝懿行疏："《铭》亦郭氏《图赞》也。"今本郭璞《图赞》云："开明天兽，禀兹金精。虎身人面，表此桀形。瞪视昆山，威慑百灵。"与《铭》文不同。

开明兽（蒋应镐图）

开明兽（《古今图书集成·禽虫典》卷一二四）

经文

犬封国曰犬戎国，状如犬。有一女子，方跪进柸食。有文马，缟身朱鬣，目若黄金，名曰吉量，乘之寿千岁。

——《海内北经》

吉量（蒋应镐图）

图解

郭璞注：“《周书》曰：‘犬戎文马，赤鬣白身，目若黄金，名曰吉黄之乘，成王时献之。’《六韬》曰：‘文身朱鬣，眼若黄金，项若鸡尾，名曰鸡斯之乘。’《大传》曰：‘駮身朱鬣鸡目。’《山海经》亦有‘吉黄之乘寿千岁’者。惟名有不同，说有小错，其实一物耳。今博举之，以广异闻也。”

《太平御览》卷八九三引《太公六韬》云：“商王拘周伯昌于美里。太公与散宜生金十镒，求天下珍物，以免君之罪。于是得犬戎氏文马，毫毛朱鬣，目如黄金，项如鸡尾，名鸡斯之乘，以献商王。”又引《尚书大传》云：“散宜生之犬戎氏取美马，驳身朱髦鸡目者，取九六焉，陈于纣之庭。纣出见之，还而观之，曰：‘此何人也？’散宜生遂趋而进曰：‘吾西蕃之臣昌之使者。’”

郭璞《图赞》：“金精朱鬣，龙行骏跱。拾节鸿鹜，尘不及起。是谓吉皇，释圣牖里。”

蝎（táo）

经文

蝎犬如犬，青，食人从首始。

——《海内北经》

蝎犬（蒋应镐图）

图解

蝎，郭璞注："音陶。或作'蚼'，音钩。"

毕沅《山海经新校正》云："《说文》云：'北方有蚼犬，食人。'则当为'蚼'。"《说文》"蚼"字段注云："《海内北经》：'蝎犬如犬，青，食人从首始。'郭注：'蝎音陶。或作蚼，音钩。'按作'蚼'为是，正许所本也。《周书》：'渠搜以鼩犬，能飞，食虎豹。''鼩'同'蚼'，借'鼱鼩'字为之耳。《大戴礼》作'渠搜贡虚犬'，'虚'亦音之转也。今本《周书》作'鼩犬'，依《文选·王融〈曲水诗序〉》〔注〕正。"《学海群玉》和《怪奇鸟兽图》都作"鼩犬"。

鼩犬（《学海群玉·山海异物》）

壹贰玖　阘非

阘（tà）

经　文

昆仑虚北所，有阘非，人面而兽身，青色。

——《海内北经》

闒非（蒋应镐图）

图　解

郭璞《图赞》云：“人面兽身，是谓阘非。”

驺虞（胡文焕图）

经文

林氏国有珍兽，大若虎，五采毕具，尾长于身，名曰驺吾，乘之日行千里。

——《海内北经》

图解

郭璞注："《六韬》云：'纣囚文王，闳夭之徒诣林氏国，求得此兽献之，纣大悦，乃释之。'《周书》曰：'史林酋耳，酋耳若虎，尾参于身，食虎豹。'《大传》谓之'怪兽'。"

郭璞《图赞》云："怪兽五采，尾参于身。矫足千里，倏忽若神。是谓驺虞，《诗》叹其仁。"

胡文焕《山海经图》卷上"驺虞"条图说云："林氏国在海外，有仁兽，如虎，五采，尾长于身，不食生物，名曰驺虞，乘之日行千里。《六韬》云：'纣囚文王，其臣闳夭求得此兽献之，纣大悦，乃释文王。'"卷下"酋耳"条图说云："英林山有酋耳，周成王时曾献之，尾长于身，食虎豹。王者威及四夷则此兽至。"

驺虞（《学海群玉·山海异物》）

驺吾（汪绂图）

《埤雅》卷五“驺虞”条云：“驺虞尾参于身，白虎黑文，西方之兽也，王者有至信之德则应。不践生草，食自死之肉。《传》曰白虎仁，即此是也。夫其色见于白，其文见于黑。又义兽也，而名之曰虎，则宜正以杀为事，今反不履生草，食自死之肉，盖仁之至也。故序《诗》者曰：‘仁如驺虞则王道成也。’《山海经》曰：‘驺虞五采毕具，尾长于身，乘之日行千里’。”

驺吾（《古今图书集成·禽虫典》卷五八）

驺虞（《三才图会·鸟兽》卷三）

驺吾（蒋应镐图）

驺虞（吴任臣图）

壹叁壹　夔

夔（胡文焕图）

经文

东海中有流波山，入海七千里。其上有兽，状如牛，苍身而无角，一足，出入水则必风雨，其光如日月，其声如雷，其名曰夔。黄帝得之，以其皮为鼓，橛以雷兽之骨，声闻五百里，以威天下。

——《大荒东经》

图解

郭璞注："雷兽，即雷神也，人面龙身，鼓其腹者。橛，犹击也。"

郭璞《图赞》云："剥夔□鼓，雷骨作桴。声震五百，响骇九州。神武以济，尧炎平尤。"

《事林广记》别集卷十一"夔"条云："东海中有兽，如牛无角，一足，出则有风雨，其音如雷，名夔。"

胡文焕《山海经图》卷上"夔"条图说云："东海中有兽，状如牛，苍身无角，一足，出入则有风雨，其音如雷，名曰夔。黄帝得之，以其皮冒鼓，复取其骨击之似雷，声闻五百里。"

郝懿行疏："《说文》云：'夔，神魖也，如龙，一足，从夊，象有角、手、人面之形。'薛综注《东京赋》云：'夔，木石之怪，如龙，有角，鳞甲光如日月，见则其邑大旱。'韦昭注《国语〔·鲁语下〕》云：'夔一足，越人谓之山缫。'案此三说，夔形状俱与此经异也。《庄子·秋水篇》释文引李云：'黄帝在位，诸侯于东海流山得奇兽，其状如牛，苍色，无角，一足能走，出入水即风雨，目光如日月，其音如雷，名曰夔。黄帝杀之，取皮以冒鼓，声闻五百里。'盖本此经为说也。"

《玉篇·夊部》"夔"字云："黄帝时兽也，以其皮为鼓，声闻五百里。"《广韵·脂韵》"夔"字云："兽名，似牛，一足，无角，其音如雷，皮可以冒鼓。"皆本此经为说也。此经云夔状如牛，皮可蒙鼓，后遂传为其状如鼓。《御览》卷八八六引《博物志》云："山有

夔（《三才图会·鸟兽》卷二）

夔，其形如鼓，一足。”《庄子·达生》云：“山有夔。”《释文》引司马彪云：“状如鼓而一足。”成玄英疏云：“大如牛，状如鼓，一足而行。”《法苑珠林》卷四十五引《白泽图》云：“山之精名夔，状如鼓，一足而行。以其名呼之，可使取虎狼豹。”

《庄子·秋水》云：“夔怜蚿，蚿怜蛇，蛇怜风，风怜目，目怜心。夔谓蚿曰：‘吾以一足跉踔而行，予无如矣。’”成玄英疏引《山海经》云：“东海之内，有流波之山，其山有兽，状如牛，苍色，无角，一足而行，声音如雷，名之曰夔。昔黄帝伐蚩尤，以夔皮冒鼓，声闻五百里也。”《御览》卷八九九引《庄子》云：“声氏之牛夜亡而遇夔，止而问焉：‘我尚有四足，动而不善；子一足而起踊，何以然？’夔曰：‘以吾一足王于子矣。’”皆以夔一足为说。

后世对神话作理性化之解释，遂借孔子之口，以“一足”为“一而足”。《韩非子·外储说左下》云：“鲁哀公问于孔子曰：‘吾闻古者有夔一足，其果信有一足乎？’孔子对曰：‘不也，夔非一足也。夔者忿戾恶心，人多不说喜也。虽然，其所以得免于人害者，以其信也，人皆曰：独此一，足矣。夔非一足也，一而足也。’哀公曰：‘审而是固足矣。’一曰：哀公问于孔子曰：‘吾闻夔一足，信乎？’曰：‘夔，人也，何故一足？彼其无他异，而独通于声，尧曰：夔一而足矣。使为乐正。故君子曰：夔有一，足。非一足也。’”《吕氏春秋·察传》云：“鲁哀公问于孔子，曰：‘乐正夔一足，信乎？’孔子曰：‘昔者舜欲以乐传教于天

夔（《万宝全书·山海异物》）

下，乃令重黎举夔于草莽之中而进之，舜以为乐正。夔于是正六律，和五声，以通八风，而天下大服。重黎又欲益求人，舜曰：夫乐，天地之精也，得失之节也，故唯圣人为能和。乐之本也。夔能和之，以平天下。若夔者，一而足矣。故曰夔一足，非一足也。'”《孔丛子·论书》云：“〔鲁哀〕公曰：'吾闻夔一足，有异于人，信乎？' 孔子曰：'昔重黎举夔而进，又欲求人而佐焉。舜曰：夫乐，天地之精也，唯圣人为能和六律，均五声，知乐之本，以通八风。夔能若此，一而足矣。故曰一足，非一足也。' 公曰：'善！'”《论衡·书虚》云：“唐、虞时，夔为大夫，性知音乐，调声悲善。当时人曰：'调乐如夔，一足矣。' 世俗传言：'夔一足。'”

夔以神兽，神话历史化则为乐正，盖因其声如雷，皮可为鼓之故也。《尚书·尧典》云：“帝曰：'夔，命汝典乐，教胄子，直而温，宽而栗，刚而无虐，简而无傲。诗言志，歌永言，声依永，律和声。八音克谐，无相夺伦，神人以和。' 夔曰：'於！予击石拊石，百兽率舞。'”《皋陶谟》云：“夔曰：'戛击鸣球，搏拊琴瑟以咏。祖考来格。虞宾在位，群后德让。下管鼗鼓，合止柷敔，笙镛以间，鸟兽跄跄。箫韶九成，凤皇来仪。' 夔曰：'於！予击石拊石，百兽率舞，庶尹允谐。'”《荀子·成相》云：“夔为乐正鸟兽服。” 杨倞注云：“谓 '击石拊石，百兽率舞' '笙镛以间，鸟兽跄跄' 也。”《左传·昭公二十八年》云：“乐正后夔取之。” 杜预注云：“夔，舜典乐之君长。”

《说苑·君道》云：“当尧之时，夔为乐正。”《大戴礼·五帝德》云：“夔作乐，以歌籥舞，和以钟鼓。”《礼记·乐记》云：“夔始作乐，以赏诸侯。”郑玄注云：“夔，舜时典乐者也。”《艺文类聚》卷十一引《帝王世纪》云：“夔为乐正，神人以和。”《长短经·大体》云：“夔为乐正。”

夔（汪绂图）

夔（《古今图书集成·禽虫典》卷一二四）

夔（吴任臣图）

壹叁贰

跊踼

跊（chù）

跊踼（汪绂图）

经文

南海之外，赤水之西，流沙之东，有兽，左右有首，名曰跊踼。

——《大荒南经》

跊踼（蒋应镐图）

图　解

跊踼，明成化本等《山海经》写作“跊踼”。

毕沅《山海经新校正》云:“《庄子〔·达生〕》云:‘西北方之下者，泆阳处之。’陆德明《音义》云:‘司马曰:泆阳，豹头马尾。一作狗头。一云神名也。’《吕氏春秋·本味》云:‘伊尹曰:肉之美者，述荡之挈。’高诱注曰:‘兽名,形则未闻。’案即是此也。又案‘跊踼’当为‘述荡’之误。”根据毕沅的看法，此经“跊踼”应作“跊踼”,和《庄子》的“泆阳”及《吕氏春秋》的“述荡”读音相近，是同一名称的不同写法。

跊踼（《古今图书集成·禽虫典》卷一二四）

跊踼（吴任臣图）

壹叁叁　双双

双双（蒋应镐图）

经　文

有三青兽相并，名曰双双。

——《大荒南经》

图　解

郭璞注："言体合为一也。《公羊传》所云'双双而俱至'者，盖谓此也。"郝懿行疏："郭引《宣五年传》文也，杨士勋（徐彦）疏引旧说云：'双双之鸟，一身二首，尾有雌雄，随便而偶；常不离散，故以喻焉。'是以双双为鸟名，与郭异也。"蒋应镐本经文作"三青兽"，但图却画作三只并排而立的鸟。汪绂《山海经存》经文即作"三青鸟"，可能是受了蒋应镐图的影响而改的。

《事物绀珠》卷二十八"双双"条云："三青兽合体为一，出流沙。"

郭璞《图赞》云："赤水之东，兽有双双。厥体虽合，心实不同。动必方躯，走则齐踪。"

双双（《古今图书集成·禽虫典》卷一二四）

双双（吴任臣图）

狼（汪绂图）

经文

南海之中，有汜天之山，赤水穷焉。赤水之东，有苍梧之野，舜与叔均之所葬也。爰有文贝、离俞、鴟久、鹰贾、委维、熊、罴、象、虎、豹、狼、视肉。

——《大荒南经》

图 解

《尔雅翼》卷十九“狼”条云：“狼，贪猛之兽，聚物而不整，故称狼藉，又称粒米狼戾。”《三才图会》的图说就是根据《尔雅翼》来写的。

《埤雅》卷四“狼”条云：“狼大如狗，青色，作声诸窍皆沸，盖今训狐鸣则亦后窍应之。豺祭狼卜，又善逐兽，皆兽之有才智者，故豺从才，狼从良作也。里语曰：‘狼卜食。’狼将远逐食，必先倒立以卜所向。故今猎师遇狼辄喜，盖狼之所向，兽之所在也，其灵智如此。故古之造式者，木用槐瘿枣瘤，而以狼牙为柱，取其灵智也。”

狼（《古今图书集成·禽虫典》卷七〇）

狼（《三才图会·鸟兽》卷四）

壹叁伍　两黄兽

经文

西北海之外，大荒之隅，有山而不合，名曰不周，有两黄兽守之。

——《大荒西经》

不周山两黄兽（汪绂图）

图解

经文说“两黄兽”，并未说是哪种野兽，汪绂图自然是凭着感觉来画的。

壹叁陆　天犬

天犬（胡文焕图）

经文

有赤犬，名曰天犬，其所下者有兵。

——《大荒西经》

图解

郭璞注：“《周书》云：‘天狗所止地尽倾，余光烛天为流星，长数十丈，其疾如风，其声如雷，其光如电。’吴楚七国反时，吠过梁国者是也。”郝懿行《山海经订讹》认为郭注“《周书》”应该是“《汉书》”的误字。

郝懿行疏：“《汉书·天文志》云：‘天狗，状如大流星，有声，其下止地，类狗，所坠及，望之如火光，炎炎中天。其下圜，如数顷田处，上锐，见则有黄色，千里破军杀将。’又云：‘狗，守御类也，天狗所降，以戒守御。

天犬（汪绂图）

天犬（蒋应镐图）

吴楚攻梁，梁坚城守，遂伏尸流血其下。'”

郭璞《图赞》云：“阚阚天犬，光为飞星。所经邑灭，所下地倾。七国作变，吠过梁城。”

胡文焕《山海经图》卷下“天犬”条图说云：“天门山有赤犬，名曰天犬，其所现处主有兵。乃天狗之星光飞流注而生，所生之日或数十，其行如风，声如雷，光如电。吴楚七国叛时，尝吠过梁野。”《三才图会·鸟兽》卷四“天犬”条同。

天犬（《万宝全书·山海异物》）

天犬（《三才图会·鸟兽》卷四）

戎宣王尸（汪绂图）

经　文

大荒之中，有山名曰融父山，顺水入焉。有人名曰犬戎。黄帝生苗龙，苗龙生融吾，融吾生弄明，弄明生白犬，白犬有牝牡，是为犬戎，肉食。有赤兽，马状无首，名曰戎宣王尸。

——《大荒北经》

图　解

戎宣王尸，郭璞注："犬戎之神名也。"吴任臣《山海经广注》云："此神兽状，非真兽也。"

戎宣王尸（《古今图书集成·禽虫典》卷一二四）

壹叁捌　封豕

经文

有嬴民，鸟足。有封豕。

——《海内经》

封豕（汪绂图）

图解

郭璞注：“大猪也，羿射杀之。”

郝懿行疏：“《楚词·天问》云：‘冯珧利玦（决），封豨是射。’王逸注云：‘封豨，神兽也。言羿猎射封豨，以其肉膏祭天地（帝）。’《淮南·本经训》云：‘尧之时，封豨为民害，尧乃使羿禽封豨于桑林。’是皆郭所本也。然大猪所在皆有，非必即羿所射者。《初学记》〔卷二十九〕及《艺文类聚》〔卷九十六〕引《符子》曰：‘有献燕昭王大豕者，邦人谓之豕仙，死而化为鲁津伯。’又《吴志》云：‘孙休永安五年，使察战到交阯调孔爵、大猪。’斯皆封豕之类也。”

郭璞《图赞》云：“有物贪婪，号曰封豕。荐食无餍，肆其残毁。羿乃饮羽，献帝效技。”

箘狗（汪绂图）

经文

又有青兽如菟，名曰箘狗。

——《海内经》

图解

箘，郝懿行云："盖古菌字。"菟与"兔"字同。《大荒南经》云："有小人，名曰菌人。"因此箘狗可能是小型犬。

箘狗《古今图书集成·禽虫典》卷一二四

经文

北海之内，有山名曰幽都之山，黑水出焉。其上有玄鸟、玄蛇、玄豹、玄虎、玄狐蓬尾。

——《海内经》

玄虎（汪绂图）

黸（shù）

图解

玄虎即黑虎，黑虎又称作“黸”。《尔雅·释兽》：“黸，黑虎。”郭璞注：“晋永嘉四年，建平秭归县槛得之。状如小虎而黑，毛深者为斑。”

《尔雅翼》卷十九“黸”条云：“虎，猛物也，以色别之，则黄质黑章者无异名，窃毛者谓之虦猫，白者为甝，黑者为黸，此物同而别者也。黸亦有斑，但以浅色为质，深色为章耳。《海内经》：‘幽都之山，黑水出焉，其上有黑鸟、黑蛇、黑豹、黑虎、黑狐蓬尾。’此黸之所聚。而孟山兽多白狼、白虎，鸟多白雉、白翟，两山之间，而鸟兽各以其毛色相从，理之不可晓者。然黸尤猛，今野人言三虎之别，黄虎窃人羊豕，多方窥伺得之；黑虎所见无不取；白虎坐食而已，不甚搏杀。或云黄是其幼弱者，黑者适壮，白者则老矣，此亦理之近者也。郭氏称晋永嘉中秭归县槛得黑虎，状如小虎而黑，毛深者为斑。此岂偶得其小者尔？未可全据也。”

黸，黑虎（《尔雅音图》）

壹肆壹　玄狐

黑狐（胡文焕图）

经文

北海之内，有山名曰幽都之山，黑水出焉。其上有玄鸟、玄蛇、玄豹、玄虎、玄狐蓬尾。

——《海内经》

图解

玄狐就是黑狐，黑狐古时是瑞应兽之一。《稽瑞》引《孙氏瑞应图》云：“王者政治太平则黑狐见。”

胡文焕《山海经图》卷上“黑狐”条图说云：“北山有黑狐者，神兽也。王者能致太平则此兽见。四夷来贡，周成王时尝有之。”

黑狐（《古今图书集成·禽虫典》卷七〇）

玄狐（汪绂图）

黑狐（《万宝全书·山海异物》）

黑狐
北山有黑狐者神
獸也王者能致太
平則此獸見四夷
來貢周成王時嘗
有之

黑狐（《三才图会·禽虫典》卷四）

羽禽篇

鸚鵡圖

壹 鵸鵌

鵸鵌（《三才图会·鸟兽》卷二）

经文

又东三百里，曰基山。……有鸟焉，其状如鸡而三首六目，六足三翼，其名曰鵸鵌，食之无卧。

——《南山首经》

鵸鵌（胡文焕图）

图　解

鵸鵌（biē fū）

鵸鵌又写作“鷩鵌”，《广雅·释地》云：“南方有鸟焉，三首六目，六足三翼，其名曰鷩鵌。”

无卧，郭璞注：“使人少眠。”胡文焕《山海经图》卷下“鵸鵌”条图说云：“基山有鸟，状如鸡，三首六目，六足三翼，名鵸鵌，食之令人少睡。”

为什么叫“鵸鵌”呢？是因为它性子急，或者飞行速度快。钱大昭《广雅疏义》云：“此鸟命名之义，因其急性也。”黄侃《尔雅音训·释鸟》认为“鵸鵌”与“蝙蝠”“蟞蚨”都是因为飞得急速而得名。《释名·释首饰》云：“鷩雉，山雉也，性急憋，不可生服，必自杀。”《列子·力命篇》“憋懯”，张湛注云：“急速之貌。”

郭璞《图赞》云：“鵸鵌六足，三翅并翚。”鵸鵌鸟有三个翅膀，难怪飞得这么快。

郭郛《山海经注证》认为鵸鵌就是白腹锦鸡。

鵸鵌（《万宝全书·山海异物》）

鵸鵌（汪绂图）

鵸鵌（吴任臣图）

鵸鵌（蒋应镐图）

贰 灌灌

经文

又东三百里，曰青丘之山。……有鸟焉，其状如鸠，其音若呵，名曰灌灌，佩之不惑。

——《南山首经》

灌灌（汪绂图）

图解

其音若呵，郭璞注："如人相呵呼声。"

惑，郭璞认为是"迷惑"的意思，因此他的《图赞》说："厥声如诃，厥形如鸠。佩之辨惑，出自青丘。"陶渊明《读山海经》诗云："青丘有奇鸟，自言独见尔。本为迷者生，不以喻君子。"同样认为"惑"是"迷惑"的意思。

《灵枢·大惑》云："余尝上于清泠之台，中阶而顾，匍匐而前，则惑。""惑"是头昏眼花的意思。宋代欧阳修《乞出第一札子》："缘臣疾患累日，气血虚乏，头目昏眩，不能久立。"因此，此经的"惑"字可能也是疾病名称，即昏眩的意思。阜阳汉简《万物》云："鸮（雏）鸟之解惑也。"同样是用鸟去治疗昏眩病，与此经用灌灌鸟治疗昏眩是同样的道理。

郭郛《山海经注证》认为灌灌就是鹳。

灌灌（《古今图书集成·禽虫典》卷五三）

灌灌（蒋应镐图）

叁 鴸

鴸（胡文焕图）

经文

《南次二经》之首，曰柜山。……有鸟焉，其状如鸱而人手，其音如痹，其名曰鴸，其鸣自号也，见则其县多放士。

——《南次二经》

鸱（chī）

痹（bì）

鴸（zhū）

图解

古代的鹞鹰和猫头鹰等都可以称作“鸱”。这里的“鸱”具体指哪种鸟，已经难以确知。神话学家袁珂先生《山海经全译》把“鸱”翻译成“鹞鹰”，动物学家郭郛《山海经注证》认为鸱是“猫头鹰类”，都只能说是个人的看法。

人手，郭璞注:“其脚如人手。”就是说鴸鸟的两只脚像人的手。

痹，郭璞注：“未详。”

吴任臣《山海经广注》引《字汇》云：“痹，音脾，鸟名，鴒鹑之雌者。”鴒鹑，即“鹌鹑”。

汪绂《山海经存》云：“其音如痹者，谓其音如有喉病也，或曰音如鹎鸦也。”

毕沅《山海经新校正》云:“疑为‘鼙’字之假音。”鼙是小鼓的意思。

《尔雅·释鸟》云：“鶉，鹑，其雄鹊，牝庳。”郭璞注：“鹑，鴒属。”郝懿行《尔雅义疏》云：“庳者,《南山经》云‘柜山有鸟，其音如痹’，岂是欤？”尚不能确定。《正字通·疒部》“痹”字云：“未有鸟名痹者，独《尔雅》:‘鶉，鹑，雄鹊，牝痹。’疑涉讹误。使雌鴒鹑必以痹名之，则群鸟之雌皆当有定名，此谬说之无据者也。”虽群鸟之雌非必有定名，然《尔雅·释鸟》云:“桃虫，鷦，其雌鴱。”雌鸟亦有专名。且《尔雅》书中，动物以牝、牡而有专名者很多，可知《正字通》作者所言非也。

郭郛《山海经注证》认为“其音如痹”意思是“鸣声低沉”。

我们认为，痹究竟是表示动物的名称，还是形容声音的状

鴸（蒋应镐图）

态，就目前的资料而言，是难以确定的。

鴸鸟的样子像鸱，双脚却像人的手，声音像痺，叫声像在呼唤自己的名字“鴸～鴸”。它的出现预示着那个地方会流放贤士。

郭璞《图赞》云：“彗星横天，鲸鱼死浪。鴸鸣于邑，贤士见放。厥理至微，言之无况。”

陶渊明《读山海经》诗云：“鸣鴸见城邑，其国有放士。念彼怀王世，当时数来止。”

郭郛《山海经注证》认为鴸鸟就是红角鸮或者鹈。

鴸（《古今图书集成·禽虫典》卷五三）

鴸（汪绂图）

鴸（吴任臣图）

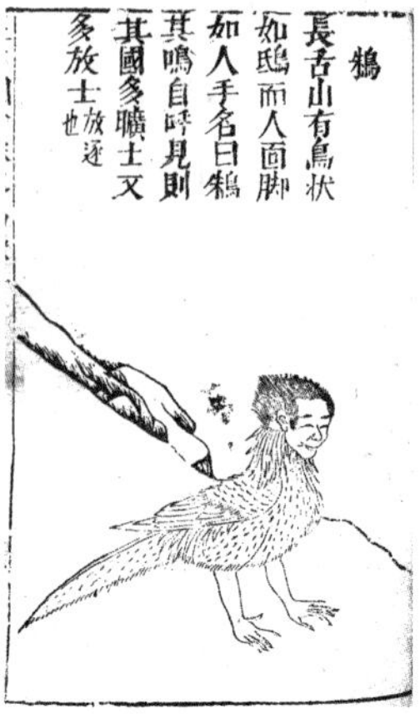

鴸（《三才图会·鸟兽》卷二）

肆 瞿如

瞿如（胡文焕图）

经文

东五百里，曰祷过之山。……有鸟焉，其状如䴔而白首，三足，人面，其名曰瞿如，其鸣自号也。

——《南次三经》

图解

郭璞注："䴔，似凫而小，脚近尾。"郭郛《山海经注证》认为䴔就是䴔䴖。

瞿如鸟的样子像䴔，却长着白脑袋，三只脚，人的脸，叫声像在呼唤自己的名字"瞿如～瞿如"。

胡文焕《山海经图》卷下"瞿如"条图说云："祷过山有鸟，状如䴔，似凫脚而小，长尾，白首，三面二足，名曰瞿如，其鸣亦自呼。"瞿如鸟的图也画成三个脑袋，两只脚，和《山海经》的经文不能吻合。我们知道，《山海经》的神奇动物与现实动物不同。比如鸟有两只脚，是正常的情况，如果神奇动物也是两只脚，那么就是正常情况，它就不会描写出来。只有和正常情况不同，它才会描写出来，比如"一足""三足""四足"等等。从这个原则来看，《山海经图》的图说写成"二足"，不符合

䴔䴖（《尔雅音图》）

鶿（《尔雅音图》）

瞿如（《古今图书集成·禽虫典》卷五三）

瞿如（蒋应镐图）

瞿如（汪绂图）

《山海经》的叙述体例，显然是错误的。郭璞《图赞》说“瞿如三手，厥状似鵁”，可以看出经文写作“三足”是正确的，因此《山海经图》的“二足”应该是“三足”之误。至于“三面”，就是“三首”的意思，而“三首”与经文“白首”的差异，是因为“三”与“白”字形相近，容易抄写错误。《篆隶万象名义》“鸜”字云：“如鵁三首。”《广韵·药韵》云：“鸜，三首三足鸟。”二书所依据的《山海经》，都是写作“三首”。因此，我们认为古本《山海经》可能写作“有鸟焉，其状如鵁而三首，三足，人面，其名曰瞿如”。

郭郛《山海经注证》认为瞿如就是鸬鹚，也就是俗称的鱼鹰或水老鸦。《尔雅·释鸟》云：“鶿，鷧。”郭璞注：“即鸬鶿也。觜头曲如钩，食鱼。”

瞿如（《三才图会·鸟兽》卷二）

瞿如（吴任臣图）

伍 凤鸟

鸑鷟（胡文焕图）

经文

又东五百里，曰丹穴之山，其上多金、玉。丹水出焉，而南流注于渤海。有鸟焉，其状如鹤，五采而文，名曰凤鸟，首文曰德，翼文曰顺，背文曰义，膺文曰仁，腹文曰信。是鸟也，饮食自歌自舞，见则天下安宁。

——《南次三经》

鸑鷟（yuè zhuó）

图解

鸑鷟是凤鸟的别名，因此诸图或写作“鸑鷟”。胡文焕《山海经图》卷下“鸑鷟”条图说云：“丹穴山有鸑鷟者，凤之属也，亦神鸟也，如凤，五色而多紫。《国语》曰：‘周之兴也，鸑鷟鸣于岐。’”

《说文》“凤”字云：“天老曰：‘凤之象也，鸿前麟后，蛇颈鱼尾，鹳颡鸳思，龙文虎背，燕颔鸡喙，五色备举。出于东方君子之国，翱翔四海之外，过昆仑，饮砥柱，濯羽弱水，莫宿风穴。见则天下大安宁。’”

凤（《三才图会·鸟兽》卷一）

郭璞《图赞》云：“凤皇灵鸟，实冠羽群。八象其体，五德其文。附翼来仪，应我圣君。”

所谓“五德其文”，即经文所说“首文曰德，翼文曰顺，背文曰义，膺文曰仁，腹文曰信”。所谓“八象其体”，段玉裁《说文解字注》“凤”字下谓即“麐前，鹿后，蛇颈，鱼尾，龙文，龟背，燕颔，鸡喙”。

凤凰（《古今图书集成·禽虫典》卷五）

《太平御览》卷九一五“凤”条引《帝王世纪》云：“有大鸟，鸡头，鷰（燕）喙，龟颈，龙形，麟翼，鱼尾，其状如鹤，体备五色。”

《埤雅》卷八“凤”条云：“凤，神鸟也，俗呼鸟王。羽虫三百六十而凤为之长。”

鸑鷟（《万宝全书·山海异物》）

鸑鷟（《三才图会·鸟兽》卷二）

《岭外代答》卷九“山凤凰”条云：“凤凰生丹穴，丹穴，南方也。今邕州溪峒高崖之上，人迹不至之处，乃有凤凰巢焉，五色成章，大逾孔雀，如今所画，而头特大。百鸟遇之，必环列而立，其顶之冠常盛水，雌雄更饮。未始下人间，南人谓之山凤凰。”

凤皇（汪绂图）

陆 颙

鵰（胡文焕图）

经文

又东四百里，曰令丘之山。……有鸟焉，其状如枭，人面四目而有耳，其名曰颙，其鸣自号也，见则天下大旱。

——《南次三经》

图解

“颙”，宋本、毛本、成化本、王本《山海经》都作“鵰”，《玉篇·鸟部》云：“鵰，似枭，人面四目有耳，见则大旱。”

《尔雅·释鸟》云：“枭，鸱。”《五杂组·物部一》云：“猫头鸟即枭也。”又云：“枭、鸮、鸺鹠、鵋鶀、训狐、猫头皆一物而异名，种类繁多。”枭即今猫头鹰。

颙鸟的样子像猫头鹰，却长着人的脸，四只眼睛，两只耳朵，它的叫声像在呼喊自己的名字“颙～颙”。颙的出现预示着那个地方会发生大旱灾。

郭璞《图赞》：“颙鸟栖林，鱄鱼处川。俱为旱征，灾延普天。测之无象，厥类惟玄。”

胡文焕《山海经图》卷下“鵰”条图说云：“鸡山有鸟，状如枭，人面四目，有耳，名曰鵰鵰，其鸣自呼，见则大旱。”“鸡山”是上节经文的山名；“鵰”字作重文，《事物绀珠》卷二十八“鵰鵰”条同。

郭郛《山海经注证》认为颙鸟就是黄嘴角鸮。

鵰（《三才图会·鸟兽》卷二）

颙（《古今图书集成·禽虫典》卷五三）

颙（汪绂图）

颙（吴任臣图）

颙（蒋应镐图）

柒　䳋渠

䳋渠（汪绂图）

经　文

西四十五里，曰松果之山。……有鸟焉，其名曰䳋渠，其状如山鸡，黑身赤足，可以已𦢊。

——《西山首经》

䳋渠（蒋应镐图）

䳋（tóng）
𦢊（báo）

图　解

山鸡，又称山雉，俗称野鸡。《尔雅·释鸟》云："鷩，山雉。"郭璞注："长尾者。"《博物志·物性》云："鷩雉长尾，雨雪，惜其尾，栖高树杪，不敢下食，往往饿死。"《异苑》卷三云："山鸡爱其毛羽，映水则舞。魏武时，南方献之，帝欲其鸣舞而无由。公子苍舒令置大镜其前，鸡鉴形而舞，不知止，遂乏死。"

𦢊，郭璞注："谓皮皴起也。"就是皮肉皲裂肿起的意思。

䳋渠，毕沅《山海经新校正》云："《尔雅》作'雝渠'，《汉书·司马相如》赋作'庸渠'，《说文》作'雝渠'，皆即此鸟。'䳋'非古字，当为'雝'。"

《尔雅·释鸟》云："鹡鸰，雝渠。"郭璞注："雀属也。飞则鸣，行则摇。"鹡鸰，又作"脊令"，《尔雅翼》卷十七"脊令"条云："脊令，水鸟，大如鷃雀，长脚长尾尖喙，背上青灰色，腹下白，颈下黑，如连钱，故杜阳人谓之连钱。飞则鸣，行则摇，不能自舍。"

郭郛《山海经注证》认为䳋渠就是水雉。

䳋渠（《古今图书集成·禽虫典》卷五三）

山雉（《尔雅音图》）

鹡鸰，雝渠（《尔雅音图》）

捌 赤鷩

鷩（bì）

赤鷩（汪绂图）

经文

又西八十里，曰小华之山。……鸟多赤鷩，可以御火。

——《西山首经》

鷩雉（《尔雅音图》）

图解

《说文·鸟部》:“鷩，赤雉也。”所以此经称作“赤鷩”。

郭璞注 :“赤鷩，山鸡之属，胸腹洞赤，冠背金黄，项绿，尾中有赤，毛彩鲜明。”赤鷩，《尔雅·释鸟》称“鷩雉”，云 :“似山鸡而小，冠背毛黄，腹下赤，项绿，色鲜明。”

《埤雅》卷九“鷩雉”条云 :“鷩似山鸡而小，冠背毛黄，项上绿，色鲜明，胸腹洞赤。《西山经》所谓赤鷩，可以御火者也。”

赤鷩可以防御火灾，或许是因为它的颜色为红色，而火也是红色，基于巫术思维“以毒攻毒”的原理，因此具有防御火灾的功能。

鷩雉（《古今图书集成·禽虫典》卷一八）

鷩雉（《三才图会·鸟兽》卷二）

玖 鴖

经文

又西八十里，曰符禺之山。……其鸟多鴖，其状如翠而赤喙，可以御火。

——《西山首经》

鴖（汪绂图）

鴖（mín）

图解

郭璞注:“翠，似燕而绀色也。”《尔雅·释鸟》云:“翠，鹬。”郭璞注:“似燕，绀色。”与此注同。翠就是翠鸟。

可以御火，郭璞注:“畜之辟火灾也。”

郭郛《山海经注证》认为鴖鸟就是冠鱼狗。

鴖（《古今图书集成·禽虫典》卷五二）

鴖（蒋应镐图）

翠，鹬（《尔雅音图》）

拾 肥遗

肥遗（汪绂图）

经文

又西七十里，曰英山。……有鸟焉，其状如鹑，黄身而赤喙，其名曰肥遗，食之已疠，可以杀虫。

——《西山首经》

图解

《尔雅·释鸟》云："鹩，鹑。"鹑就是鹌鹑。

郭璞注："疠，疫病也。或曰恶创。"疫病，即瘟疫。《玉篇·疒部》："疠，疫气也。"恶创，即麻风病。《说文》云："疠，恶疾也。"

郝懿行疏："虫盖蛲蛔之属。"指肚子里的寄生虫。

郭郛《山海经注证》认为肥遗就是竹鸡。

鹩，鹑（《尔雅音图》）

肥遗（蒋应镐图）

肥遗（《古今图书集成·禽虫典》卷五三）

拾壹 橐𩇯

橐𩇯（胡文焕图）

经文

又西七十里，曰羭次之山。……有鸟焉，其状如枭，人面而一足，名曰橐𩇯，冬见夏蛰，服之不雷。——《西山首经》

橐𩇯（tuó féi）

图解

吴任臣《山海经广注》云:“孙愐《唐韵》云:‘鷵，土精也，似雁，一足，黄色。’《广州志》:‘独足鸟，一名山萧鸟，大如鹄，其色苍，其声自呼。’《临海志》云:‘独足鸟，文身赤口，昼伏夜飞，将雨转鸣，即孔子所谓商羊也。’《河图》曰：‘鸟一足名独立，见则主勇强。’《南史〔·陈本纪下〕》:‘陈之将亡，有鸟一足，集其殿庭，以觜画地成文。’凡此皆一足鸟，亦橐𩇯类。”

《事林广记》别集卷十一“䨲𩇯”条云：“羭次山有鸟，状似袅（枭）而人面，一足，名曰䨲𩇯，冬出夏蛰，人取其羽毛置于衣中，则不畏雷。”胡文焕《山海经图》

橐𩇯（《古今图书集成·禽虫典》卷五三）

橐𩇯（蒋应镐图）

橐𩇯（吴任臣图）

䨲𩇯（《三才图会·鸟兽》卷二）

卷上“蠹𩇯”条图说云 :“大次山有鸟，状如枭而人面，一足，名曰蠹𩇯，冬出而夏蛰，人以羽毛置诸衣中，则不畏雷霆。”《事物绀珠》卷二十七“橐𩇯”条云:“如枭，人面一足，冬见夏蛰，人以其羽置衣中，不畏雷，出大次山。”

郭璞《图赞》云:“有鸟人面，一脚孤立。性与时反，冬出夏蛰。带其羽毛，迅雷不入。”橐𩇯鸟的习性与雷刚好相反，它是冬天出现而夏天蛰伏不见，雷是夏天出现而冬天不见，因此橐𩇯鸟有不怕雷的功效。毋庸讳言，这种功效是巫术思维的产物。

郭郛《山海经注证》认为橐𩇯鸟就是短耳鸮。

蠹𩇯（《学海群玉·山海异物》）

枭𩇯（汪绂图）

拾贰 尸鸠

尸鸠（汪绂图）

经文

又西百七十里，曰南山。……鸟多尸鸠。

——《西山首经》

图解

郭璞注："尸鸠，布谷类也。"即布谷鸟。

《尔雅·释鸟》云："鸤鸠，鴶鵴。"郭注云："今之布谷也。"与此注同。

郭郛《山海经注证》认为尸鸠就是尸鹫、兀鹫。

鸤鸠（《古今图书集成·禽虫典》卷二八）

鸤鸠（《尔雅音图》）

鸤鸠（《三才图会·鸟兽》卷一）

拾叁　白翰

白翰（汪绂图）

经　文

又西三百二十里，曰嶓冢之山。……鸟多白翰。

——《西山首经》

嶓（bō）

图　解

郭璞注："白翰，白鵫也，亦名鵫雉，又曰白雉。"白翰又写作"白雗"。

《尔雅·释鸟》云："雗雉，鵫雉。"郭璞注："今白鵫也，江东呼白雗，亦名白雉。"李时珍《本草纲目》卷四十八"白鹇"条认为白鹇即"白雗"，云："按《尔雅》白雉名雗，南人呼'闲'字如'寒'，则'鹇'即'雗'音之转也。当作白雗，如锦鸡谓之文雗也。雗者，羽美之貌。"又云："鹇似山鸡而色白，有黑文如涟漪，尾长三四尺，体备冠距，红颊赤嘴丹爪，其性耿介。李太白言其卵可以鸡伏。"

雉（《古今图书集成·禽虫典》卷一八）

雗雉，鵫雉（《尔雅音图》）

拾肆 栎

经文

又西三百五十里，曰天帝之山。……有鸟焉，其状如鹑，黑文而赤翁，名曰栎，食之已痔。

——《西山首经》

栎鸟（汪绂图）

栎（lì）

图解

郭璞注："翁，颈下毛。"《说文·羽部》云："翁，颈毛也。"翁就是颈项上的毛。

栎鸟的样子像鹌鹑，黑色的斑纹，红色的颈毛。栎鸟的药用价值是可以治疗痔疮。

郭郛《山海经注证》认为栎鸟就是红腹鹰。

拾伍 数斯

数斯（胡文焕图）

经文

西南三百八十里，曰皋涂之山。……有鸟焉，其状如鸱而人足，名曰数斯，食之已瘿。

——《西山首经》

图解

《说文》："瘿，颈瘤也。"即脖子上的肉瘤。

胡文焕《山海经图》卷下"数斯"条图说云："卓（皋）涂山有鸟，状如鸦（鸱），人足，名曰数斯，食之已瘿。"

数斯鸟的样子像鸱鸟，却长着两只人脚，吃了它可以治疗脖子上的肉瘤。

郭郛《山海经注证》认为数斯就是鹰鸮。

数斯（汪绂图）

数斯（《古今图书集成·禽虫典》卷五三）

数斯（蒋应镐图）

數斯
卓塗山有鳥
狀如鴉人足
名曰數斯食
之已瘿

数斯（《三才图会·鸟兽》卷二）

斯 瘿
其狀如鴉
人足名瘿
斯食之已
瘿

数斯（《万宝全书·山海异物》）

鹦䳇（汪绂图）

经文

又西百八十里，曰黄山。……有鸟焉，其状如鸮，青羽赤喙，人舌能言，名曰鹦鴞。

——《西山首经》

鹦䳇（《三才图会·鸟兽》卷一）

图解

鸮，即猫头鹰。

郭璞注："鹦鴞，舌似小儿舌，脚指前后各两。扶南徼外出五色者，亦有纯赤、白者，大如雁也。"

郭璞《图赞》云："鹦䳇慧鸟，栖林啄蕊。四指中分，行则以觜。自贻伊笼，见幽坐伎。"

《太平御览》卷九二四引《南方异物志》云："鹦䳇鸟有三种：一种青，大如乌臼；一种白，大如鸱鸮；一种五色，大于青而小于白者。交州以南尽有之。白及五色出杜薄州。凡鸟四指，三向后；此鸟两指向前，两指向后，异于凡鸟也。行则以口啄地，然后足从之。"

《埤雅》卷九"鹦䳇"条云："鹦䳇，人舌能言，青羽赤喙，其状如鸮。《鸮鵩赋》所谓'苍鹰鸷而受绁，鹦䳇慧而入笼'者也。《曲礼》曰：'鹦䳇能言，不离飞鸟。猩猩能言，不离禽兽。'旧说众鸟足趾前三后一，其目下睑眨上。唯鹦䳇四趾齐分，两睑俱动如人目。"

鹦䳇（《古今图书集成·禽虫典》卷四三）

鹦鴞（蒋应镐图）

拾柒 鸓

鸓（汪绂图）

经文

又西二百里，曰翠山。……其鸟多鸓，其状如鹊，赤黑而两首四足，可以御火。

——《西山首经》

鸓鸟（蒋应镐图）

鸓（lěi）

图解

鹊，即喜鹊。

鸓，又作“𪆂”。《玉篇·鸟部》“𪆂”字云：“如鹊，赤黑色，两首四足。”

《事林广记》别集卷十一“𪆂”条云：“翠山有鸟名𪆂，状如鹊，两首四足，赤眉黑身，可以御火。”胡文焕《山海经图》卷下“𪆂鸟”条图说云：“东华山有鸟，状如鹊，色赤黑，一身二首四足。”

郭璞《图赞》云：“数斯人脚，厥状似鸱。鳘兽大眼，有鸟名鸓。两头四足，翔若合飞。”

火焰的颜色是赤黑色，鸓鸟的颜色也是赤黑色，因此鸓鸟可以用来防御火灾，这是基于巫术思维的原理。

闻一多先生在《伏羲考》一文里说：“《山海经》等书里凡讲到‘左右有首’，或‘前后有首’，或‘一身二首’的生物时，实有雌雄交配状态之误解或曲解。（正看为前后有首，侧看为左右有首，混言之则为一身二首。）”鸓鸟正是一身二首，因此闻先生认为“鸓”与《礼记·月令》“累牛腾马”之“累”通，郑玄注训为“乘匹之名”，就是雌雄交配的意思。

𪆂鸟（《三才图会·鸟兽》卷二）

鸓（吴任臣图）

𪆂鸟（胡文焕图）

鸓（《古今图书集成·禽虫典》卷五三）

拾捌　鸾鸟

鸞

鸾（汪绂图）

经文

西南三百里，曰女床之山。……有鸟焉，其状如翟而五采文，名曰鸾鸟，见则天下安宁。

——《西次二经》

鸾鸟（蒋应镐图）

图解

郭璞注："翟，似雉而大，长尾。"翟，又作"鸐"，《尔雅·释鸟》云："鸐，山雉。"郭璞注："长尾者。"与此注同。山雉就是山鸡，又称野鸡。

郭璞注："旧说鸾似鸡形，瑞鸟也，周成王时，西戎献之。"

《说文·鸟部》云："鸾，亦神灵之精也。赤色，五采，鸡形。鸣中五音，颂声作则至。周成王时氐羌献鸾鸟。"《玉篇·鸟部》云："鸾鸟似雉，见则天下安宁。"

郭璞《图赞》云："鸾翔女床，凤出丹穴。拊翼相和，以应圣哲。击石靡咏，韶音其绝。"

胡文焕《山海经图》卷下"鸾鸟"条图说云："女床山有鸟，状如翟，玉乘（五采）毕备，身如雉而尾长，名曰鸾，见则天下太平。周成王时，西戎来献。"

《广雅·释鸟》云："鸾鸟，凤皇属也。"《艺文类聚》卷九十引《决录注》记载蔡衡的话，说："凡象凤者有五，多赤色者凤，多青色者鸾。"我们看清代余曾三《百花鸟图》所绘鸾鸟就是以青色为主。

鸾（《学海群玉·山海异物》）

鸾（《三才图会·鸟兽》卷一）

鸞鳥圖

鸾鸟（《古今图书集成·禽虫典》卷七）

拾玖 凫徯

凫溪（胡文焕图）

经文

又西二百里，曰鹿台之山。……有鸟焉，其状如雄鸡而人面，名曰凫徯，其鸣自叫也，见则有兵。

——《西次二经》

图解

吴任臣《山海经广注》引刘会孟云："鸟人面者，非大美则大恶，大美者频伽，大恶者凫徯。"

凫徯，又作"凫溪"。胡文焕《山海经图》卷下"凫溪"条图说云："鹿台山有鸟，状如雄鸡，人面，名曰凫溪，其鸣自呼，见则主国有兵。"

凫溪（《学海群玉·山海异物》）

凫徯（《古今图书集成·禽虫典》卷五三）

凫徯（汪绂图）

凫徯（吴任臣图）

凫徯（蒋应镐图）

凫溪（《三才图会·鸟兽》卷二）

贰拾 蛮蛮

蛮蛮（汪绂图）

经文

《西次三经》之首，曰崇吾之山。……有鸟焉，其状如凫而一翼一目，相得乃飞，名曰蛮蛮，见则天下大水。

——《西次三经》

比翼鸟在其东，其为鸟青、赤，两鸟比翼。一曰在南山东。

——《海外南经》

图解

凫就是野鸭子。《尔雅·释鸟》云：“鸍，沈凫。”郭璞注：“似鸭而小，长尾，背上有文。”

蛮蛮，郭璞注：“比翼鸟也，色青赤，不比不能飞，《尔雅》作‘鹣鹣’鸟也。”《尔雅·释地》云：“南方有比翼鸟焉，不比不飞，其名谓之鹣鹣。”

郭璞《图赞》云：“比翼之鸟，似凫青赤。虽云一形，气同体隔。延颈离鸣，翻飞合翮。”

比翼鸟（胡文焕图）

蛮蛮（《古今图书集成·禽虫典》卷五三）

蛮蛮（蒋应镐图）

鹣鹣，比翼（《尔雅音图》）

比翼鸟（《三才图会·鸟兽》卷一）

蛮蛮（吴任臣图）

贰拾壹　钦䲹大鹗

䲹（pí）

钦䲹大鹗（汪绂图）

经文

又西北四百二十里，曰钟山。其子曰鼓，其状如人面而龙身，是与钦䲹杀葆江于昆仑之阳，帝乃戮之钟山之东，曰瑶岸。钦䲹化为大鹗，其状如雕而黑文，白首赤喙而虎爪，其音如晨鹄，见则大兵。

——《西次三经》

图　解

郭璞注："鹗，雕属也。"《太平御览》卷九二六引《仓颉解诂》云："鹗，金喙鸟也，见则天下兵，能击杀麞鹿。"

鹗就是鱼鹰。《本草纲目》卷四十九"鹗"条云："鹗，雕类也。似鹰而土黄色，深目好峙。雄雌相得，挚而有别，交则双翔，别则异处。能翱翔水上捕鱼食，江表人呼为食鱼鹰。"

雕，属于大型猛禽，《辞海》的解释是："鸟纲，鹰科，雕属（Aquila）各种的通称。足所被羽毛直达趾间，雌雄同色。"

郭璞注："晨鹄，鹗属，犹云晨凫耳。"袁珂《山海经全译》将"晨鹄"直接翻译成"晨凫"，显然是将郭注晨鹄"犹云晨凫"理解成晨鹄就是晨凫。然而，郭注说："晨鹄，鹗属。"上文又说："鹗，雕

钦䲹大鹗（《古今图书集成·禽虫典》卷五三）

钦䲹大鹗（蒋应镐图）

属也。”认为晨鹄属于鹰、雕之类的鸟。晨凫实际上就是凫,《本草纲目》卷四十七“凫”条说凫“俗作晨凫,云凫常以晨飞”,凫是野鸭子,二者并不相同。我们再看郭注,“犹云晨凫”应该理解为“晨鹄”的叫法和“晨凫”的叫法一样,是说二者得名的方式相同,而不能理解为“晨鹄”等于“晨凫”。晨凫依然是凫,那么晨鹄自然还是鹄,鹄就是天鹅。

钦䲹本来是神人,他和鼓为非作歹,共同杀害了葆江,犯下杀人大罪。因此,天帝在钟山东边的瑶岸处死了钦䲹和鼓。钦䲹死后变化成大鹗,样子像雕,却长着黑色的斑纹,白色的脑袋,黑色的嘴壳,老虎的爪子,鸣叫的声音像天鹅。它的出现预示着国家会发生大的战争。

贰拾贰　鼓鵕鸟

鵕（jùn）

鼓鵕鸟（汪绂图）

经　文

又西北四百二十里，曰钟山。其子曰鼓，其状如人面而龙身，是与钦䲹杀葆江于昆仑之阳，帝乃戮之钟山之东，曰瑶岸。钦䲹化为大鹗，其状如雕而黑文，白首赤喙而虎爪，其音如晨鹄，见则大兵。鼓亦化为鵕鸟，其状如鸱，赤足而直喙，黄文而白首，其音如鹄，见则其邑大旱。

——《西次三经》

图　解

“鵕”,《玉篇·鸟部》作“鵔”，云:“鸟状如鸱，赤足直喙，黄文，见则大旱。”本此经为说也。

鼓本来是钟山神的儿子，因为他和钦䲹共同杀害了葆江，被天帝处死。鼓死后变化成鵕鸟，样子像鸱，脚是红色的，嘴壳是直的，身上有黄色的斑纹，脑袋是白色的，鸣叫的声音像天鹅。它的出现预示着那个地方会发生大的旱灾。

郭璞《图赞》云:“钦䲹及鼓，是杀祖江。帝乃戮之，昆仑之东。二子皆化，矫翼亦同。”

鼓鵕鸟（《古今图书集成·禽虫典》卷五三）

贰拾叁　钦原

经文

西南四百里，曰昆仑之丘。……有鸟焉，其状如蠭，大如鸳鸯，名曰钦原，蠚鸟兽则死，蠚木则枯。

——《西次三经》

钦原（汪绂图）

蠭（fēng）

蠚（hē）

图解

《玉篇·蚰部》云："蠭，今作蜂。"

蠚，即螫，就是蜂、蝎子等毒虫用毒刺刺螫的意思。

钦原鸟的样子像蜂，大小如同鸳鸯，它螫了鸟兽，鸟兽就会死亡，螫了树木，树木就会干枯。《禽虫典》的钦原图特别强调了它的蜂腰。

郭璞《图赞》云："钦原类蜂，大如鸳鸯。触物则毙，其锐难当。"

钦原圖

钦原（《古今图书集成·禽虫典》卷五三）

钦原（蒋应镐图）

贰拾肆 鹑鸟

鹑（《古今图书集成·禽虫典》卷三八）局部图

经文

西南四百里，曰昆仑之丘。……有鸟焉，其名曰鹑鸟，是司帝之百服。

——《西次三经》

图解

郝懿行疏："鹑鸟，凤也。《海内西经》云：'昆仑开明西北皆有凤皇'，此是也。《埤雅》〔卷八'凤'条〕引师旷《禽经》曰：'赤凤谓之鹑。'然则南方朱鸟七宿曰鹑首、鹑火、鹑尾，亦是也。"郭郛《山海经注证》认为鹑鸟就是山鹑。我们认为郝懿行的说法近是。

郭璞注："服，器服也。一曰：服，事也。"就是说鹑鸟是主管天帝的器服或者各种事务的官员，实际上就是天帝的大内总管。

鹑（《古今图书集成·禽虫典》卷三八）

贰拾伍 胜遇

胜遇（汪绂图）

经文

又西三百五十里，曰玉山，是西王母所居也。……有鸟焉，其状如翟而赤，名曰胜遇，是食鱼，其音如録，见则其国大水。

——《西次三经》

胜（qìng）

图解

郭璞注："音録，义未详。"

吴任臣《山海经广注》云："〔顾充〕《字义总略》：'碌碌，古作録録，或作鹿鹿。'是録、鹿古相通也，疑为'鹿'之借字。"袁珂《山海经全译》采用吴任臣的看法，将"録"翻译成"鹿"。

《中次五经》首山，"多䲹鸟，其状如枭而三目，有耳，其音如録"，《玉篇》"䲹"字作"音如豕"，"豕"字疑是，"豕"字异体作"豖"，形近而讹作"录"。"豕"即"豚"，此经"其音如豚"多见，可证。今本郭注疑后人据误本所作。

胜遇鸟的样子像山鸡，浑身红色，喜欢吃鱼，鸣叫的声音像猪。它的出现意味着那个国家会发生大洪水。《禽虫典》的胜遇图就画作一鸟一鱼。

郭郛《山海经注证》认为胜遇就是翡翠鸟。

胜遇（《古今图书集成·禽虫典》卷五三）

胜遇（蒋应镐图）

贰拾陆　毕方

毕方（胡文焕图）

经　文

又西二百八十里，曰章莪之山。……有鸟焉，其状如鹤，一足，赤文而白喙，名曰毕方，其鸣自叫也，见则其邑有讹火。

——《西次三经》

毕方鸟在其东，青水西，其为鸟青，人面。一曰在二八神东。

——《海外南经》

图　解

汪绂《山海经存》云：“讹火，妖火也。”郝懿行疏：“薛综注《东京赋》云：‘毕方，老父神，如鸟，一足两翼，常衔火在人家作怪灾。’即此经云‘讹火’是也。讹，盖以言语相恐喝。”

《广雅·释天》云：“木神谓之毕方。”王念孙《广雅疏证》云：“《韩非子·十过篇》云：‘毕方并辖，蚩尤居前。’字或作‘必’。《艺文类聚》引《尸子》云：‘木之精气为必方。’又《法苑珠林·审察篇》引《白泽图》云：‘火之精名曰必方，状如鸟，一足，以其名呼之则去。’又云：‘上有山林，下有川泉，地理之间生精，名曰必方，状如鸟，长尾。’薛综注《东京赋》云：‘毕方，老父神，如鸟，一足两翼，常衔火在人家作怪灾。’说并与《广雅》异。”

《事物纪原》卷十“毕方”条云：“义章山有鸟，其形如鹤，一足，赤文白喙，自呼其名曰毕方，见之者主有寿也。”《事林广记》别集卷十一“毕方”条云：“义章山有鸟，状如鸽（鹤），一足，赤文白喙，啕火而行，名曰毕方，其鸣自呼，人见之主有寿也。”《事物绀珠》卷二十七“毕方”条云：“如鹤，一足，青羽赤脚白喙，声呼其名，不食五谷，见者主寿。”胡文焕《山海经图》卷下“毕方”条图说亦云：“义章山有鸟，状如鹤，一足，赤文白喙，名毕方，见则有寿。《尚书〔故〕实》云：‘汉武帝〔时〕，有献独足鹤者，人皆以为异。东方朔奏曰：《山海经》云毕方鸟也。验之果是。’”可知毕方为火神、木神、主寿神，一

毕方（蒋应镐图）

毕方（《三才图会·鸟兽》卷二）

神而兼三职。《集韵·质韵》“鷝”字云：“一曰水泽神。”《说文·鸟部》云：“鴋，泽虞也。”鴋、鳰字同，“鷝”字盖涉“鴋”字而有“水泽神”之说也。

郭璞《图赞》云：“毕方赤文，离精是炳。旱则高翔，鼓翼阳景。集乃灾流，火不炎上。”

早在汉代，毕方鸟的传说就已经流行，如汉武梁祠画像石有榜题云：“有鸟如鹤，□□□白喙，名□□，其鸣自□，□有动矣。”“□”表示字迹模糊，已经看不清楚的字。巫鸿引此经为说（《武梁祠：中国古代画像艺术的思想性》，三联书店，2006 年，第 99 页）。如其说，则榜题当作“有鸟如鹤，赤文而白喙，名毕方，其鸣自叫，见有动矣。”

毕方（《古今图书集成·禽虫典》卷五三）

毕方（汪绂图）

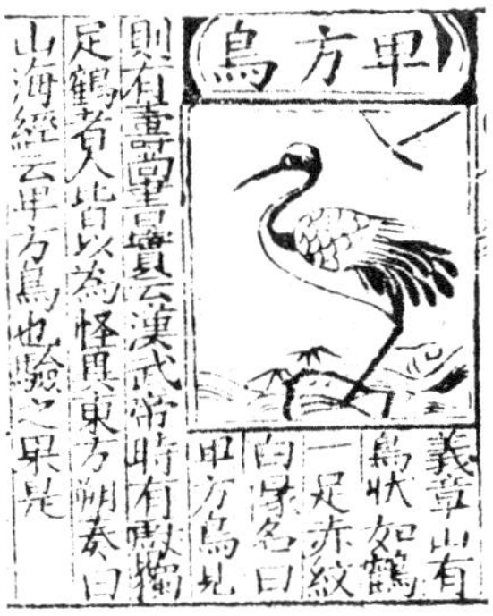

毕方（《万宝全书·山海异物》）

毕方（吴任臣图）

江绍原《中国古代旅行之研究·序》云："火精古名毕方，然'方''旁'古本同音，故'毕方'可读若'毕旁'；若问'毕旁'何谓，我答这毕竟不是旁的意思，而只是《说文》所谓'熚䨻'〔䨻（𩆂）＝籀文㶳字〕；熚䨻被许慎解为'火貌'，然《禅（神）异经》（《荆楚岁时记》注引）云'以竹着火中，烞熚有声，而山臊惊惮'，故知'熚䨻'只是'烞熚'之倒，乃火烧竹木等物之声而已（难怪毕方又有是木精之说）。"认为"毕方"得名于火烧竹木发出的声音，可成一家之言。

《海外南经》说毕方鸟长着人的面孔，《禽虫典》的毕方鸟图就画作人脸。

郭郛《山海经注证》认为毕方就是赤颈鹤。

毕方（《古今图书集成·禽虫典》卷五三《海外南经》图）

贰拾柒　三青鸟

经　文

又西二百二十里，曰三危之山，三青鸟居之。

——《西次三经》

西王母梯几而戴胜，其南有三青鸟，为西王母取食。在昆仑虚北。

——《海内北经》

有三青鸟，赤首黑目，一名曰大鵹，一名曰少鵹，一名曰青鸟。

——《大荒西经》

三青鸟（汪绂《西次三经》图）

图　解

郭璞注："三青鸟主为西王母取食者，别自栖息于此山也。《竹书》曰：'穆王西征，至于青鸟所解也。'"郝懿行疏："三青鸟之名，见《大荒西经》。为西王母取食，见《海内北经》。青鸟所解，即三危山，见《竹书》。"

郭璞《图赞》云："山名三危，青鸟所憩。往来昆仑，王母是隶。穆王西征，旋轸斯地。"

陶渊明《读山海经》诗云："翩翩三青鸟，毛色奇可怜。朝为王母使，暮归三危山。我欲因此鸟，具向王母言。在世无所须，唯酒与长年。"

三青鸟（蒋应镐《海内北经》图）

鸈（luò）

鸈（胡文焕图）

经文

又西二百二十里，曰三危之山，三青鸟居之。是山也，广员百里。……有鸟焉，一首而三身，其状如鸈，其名曰鸱。

——《西次三经》

图解

郭璞注："鸈，似雕，黑文赤颈。"胡文焕《山海经图》卷下"鸈"条图说云："三危山有鸟，一首三身，状如雕，黑文而赤颈，名曰鸈。"《三才图会·鸟兽》卷二"鸈"条同，则此鸟名"鸈"，而非"鸱"。元钞本、《藏经》本《图赞》小题作"鸈鸟"，云："鸈鸟一头，厥身则兼。"可知郭璞所见本必作"鸈"也。观注文（疑后人所作）亦知此节经文有脱误，而据《山海经图》图说，疑经文本作"有鸟焉，其状如雕，黑文而赤颈，一首而三身，其名曰鸈"，今本注文"鸈似雕，黑文赤颈"七字本为经文而误入注文也。《玉篇·鸟部》云："鸈鸟如雕，黑文赤首。"《篆隶万象名义》"鸈"字作"似雕，黑喙赤"，文有脱误。《广韵·铎韵》"鸈"字作"似雕，黑文赤头"，《集韵·铎

鸱鸟（《古今图书集成·禽虫典》卷五三）

鸈（《万宝全书·山海异物》）

鸓（蒋应镐图）

鸓（《三才图会·鸟兽》卷二）

韵》“鸓”字作“鹰赤首曰鸓”,《字汇·鸟部》“鸓”字作“似雕，黑文赤颈”。诸书或作“首”，或作“头”，或作“颈”，盖本作“颈”，以形近讹作“头”，同义换读又作“首”也，虽字有异，然皆本此经立说也。《事物绀珠》卷二十七“鸱”条云：“如鸓，一首三身。”本今本《山海经》也；“鸓”条云：“一首三身，状如雕，黑纹赤颈。”本《山海经图》图说也。

《古今图书集成》卷五十三云：“按经言一首三身，则翼与足当不止二。经文及注俱不及此画图，亦无所别，殊不可解。”

鸱（汪绂图）

鸱（吴任臣图）

贰拾玖　鵸鵌

鵸鵌（qí tú）

经文

西水行百里，至于翼望之山。……有鸟焉，其状如乌，三首六尾而善笑，名曰鵸鵌，服之使人不眯，又可以御凶。

——《西次三经》

鵸鵌（胡文焕图）

图解

乌即乌鸦。

郭璞注："眯，厌梦也。《周书》曰：'服者不眯。'音莫礼反。或曰：眯，眯目也。"厌梦即梦魇，就是噩梦的意思。郭璞另说"眯目"不是疾病，显然不正确。

郭璞《图赞》云："鵸鵌三头，獂兽三尾。俱御不祥，消凶辟眯。君子服之，不逢不䰠。"

胡文焕《山海经图》卷下"鵸鵌"条图说云："翼望山有鸟，状如乌（乌），三首六尾，自为牝牡，善笑，名曰鵸鵌，服之不眯，佩之可以御兵。"

鵸鵌（蒋应镐图）

鵸鵌（汪绂图）

鵸鵌（《古今图书集成·禽虫典》卷五三）

鵸鵌（《三才图会·鸟兽》卷二）

鵸鵌（吴任臣图）

叁拾　当扈

经　文

又北百二十里，曰上申之山。……其鸟多当扈，其状如雉，以其髯飞，食之不眴目。

——《西次四经》

当扈（胡文焕图）

眴（xuàn）

图　解

郭璞注："髯，咽下须毛也。"

眴目，即目眩，就是眼睛昏花。

胡文焕《山海经图》卷下"当扈"条图说云："甲（申）山有鸟，名当扈，状如雉，飞咽毛，尾似芭蕉，人食则目不瞬。"

当扈鸟的样子像野鸡，用它颈项下的毛当翅膀来飞行，吃了它可以治疗眼花病。

郭璞《图赞》云："鸟飞以翼，当扈则须。废多任少，沛然有余。轮运于毂，至用在无。"

当扈（汪绂图）

当扈（蒋应镐图）

当扈（《古今图书集成·禽虫典》卷五三）

当扈（《三才图会·鸟兽》卷二）

叁拾壹　白雉

雉（《三才图会·鸟兽》卷一）

经　文

又北二百二十里，曰盂山。……其鸟多白雉、白翠。

——《西次四经》

图　解

雉是野鸡，白雉就是白色的野鸡。

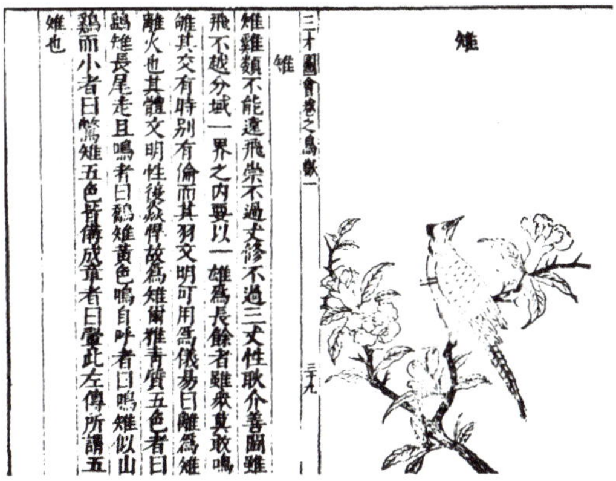

三才圖會卷之鳥獸一　三十九

雉

雉

雉雞類不能遠飛崇不過丈修不過三丈性耿介善鬬雖飛不越分域一界之內要以一雄為長餘者雖衆莫敢鳴雉其交有時別有倫而其羽文明可用為儀易曰離為雉離火也其體文明性復燥悍故為雉爾雅青質五色者曰鷂雉長尾走且鳴者曰鷸雉黃色鳴自呼者曰鷕雉似山鷄而小者曰鷩雉五色皆備成章者曰翬此左傳所謂五雉也

雉（《三才图会·鸟兽》卷一）

叁拾贰 鸮

经文

西二百五十里，曰白於之山。……其鸟多鸮。

——《西次四经》

鸮（汪绂图）

图解

郭璞注："鸮，似鸠而青色。"

吴任臣《山海经广注》云："鸮即枭，盛弘之《荆州记》云：'有鸟如雌鸡，其名为鸮，楚人谓之鹏。'"

《埤雅》卷九"鸮"条云："鸮大如斑鸠，绿色，所鸣其民有祸。《证俗》云：'鸮，祸鸟也，今谓之画乌，盖声之误也。'《草木疏》曰：'恶声之鸟也，入人家凶，贾谊所赋鹏鸟是也。其肉甚美，可为羹臛。'又可为炙，故《庄子》曰：'见卵而求时夜，见弹而求鸮炙也。'"

鸮即猫头鹰。

叁拾叁 人面鸮

鹗（胡文焕图）

经文

西南三百六十里，曰崦嵫之山。……有鸟焉，其状如鸮而人面，蜼身犬尾，其名自号也，见则其邑大旱。

——《西次四经》

图解

郭璞注："蜼，猕猴属也。"郭郛《山海经注证》认为蜼就是金丝猴。

胡文焕《山海经图》卷下"鹗"条图说云："崦嵫山有兽，名曰鹗，人面熊身犬尾，有翼，其鸣自呼，见则大旱。"此经明云"有鸟焉"，又云"其状如鸮"，则是鸟非兽，《山海经图》恐为误读。

汪绂《山海经存》云："此鸟盖亦枭类，然言'其名自号'而不著其名，盖偶有遗字也。"此经既然说"其名自号"，就应该记载它的名字。此经没有记载鸟名，是在传抄过程中产生了脱文。

人面鸮（汪绂图）

人面鸮（《古今图书集成·禽虫典》卷五三）

人面鸮（蒋应镐图）

鹗（《三才图会·鸟兽》卷四）

人面鸮（吴任臣图）

经文

又北三百里，曰带山。……有鸟焉，其状如乌，五采而文，名曰鵸鵌，是自为牝牡，食之不疽。

——《北山首经》

鵸鵌（汪绂图）

图解

“五采而文”原作“五采而赤文”，然而既然说此鸟“五采”，就不能又说是“赤文”,《南次三经》丹穴之山，“有鸟焉，其状如鹤，五采而文，名曰凤鸟”;《西次二经》女床之山，“有鸟焉，其状如翟而五采文，名曰鸾鸟”;《北次三经》阳山，“有鸟焉，其状如雌雉而五采以文，是自为牝牡，名曰象蛇”，皆可为证。“赤”字当为衍文,《庄子·天运篇》释文引此经作“五采文”，正无“赤”字，今据删。

鵸鵌，郭璞注:“上已有此鸟，疑同名。”

毕沅《山海经新校正》云:“陆德明《庄子音义》引此作‘奇类’，以释‘类自为雌雄’，则当为奇类也。详郭义，又是鵸鵌。”

鵸鵌（《古今图书集成·禽虫典》卷五三）

意思是说陆德明《经典释文》引此经作“奇类”，来解释《庄子·天运》的“类自为雌雄”，因为都有“类”字，那么作“奇类”无疑是正确的。但是郭璞注说：“上已有此鸟，疑同名。”指䳓鵸鸟已经在上文《西次三经》翼望之山出现过，即郭璞所见肯定是写作“䳓鵸”的，否则就不会说“上已有此鸟”。“奇”与“䳓”音近，“鵸”与“类（類）”形近，二者易混，已很难确知哪个是正确的。

不疽，郭璞注：“无痈疽病也。”痈疽病即身体上长毒疮。

䳓鵸鸟的样子像乌鸦，但有着五彩的羽毛。它集雌雄于一身，人吃了它可以治疗毒疮。

郭郛《山海经注证》认为䳓鵸就是红尾雒。

䳓鵸（蒋应镐图）

叁拾伍 寓鸟

寓鸟（蒋应镐图）

经文

又北三百八十里，曰虢山。……其鸟多寓，状如鼠而鸟翼，其音如羊，可以御兵。

——《北山首经》

寓鸟（汪绂图）

图解

郝懿行疏："此经寓鸟盖蝙蝠之类，唯蝙蝠肉翅为异。《广韵》云：'鶠，鼠，鸟名。'谓是也。《玉篇》云：'鶠，语俱切，似秃鹙，见则兵起。'非此。"

《尔雅·释鸟》云："蝙蝠，服翼。"郭璞注："齐人呼为蟙䘃，或谓之仙鼠。"

吕调阳《五藏山经传》云："寓，鼯鼠也。"

《事林广记》别集卷十一"寓"条云："号山有鸟，名曰寓，状如鼠，音如羊，两翼，佩之可以御兵。"

《西次四经》中曲之山，駮兽"可以御兵"，郭璞注："养之辟兵刃也。"即以兵为武器之义。

寓鸟的样子像老鼠，却长着鸟的翅膀，声音像羊，可以用它来躲避武器的伤害。

郭郛《山海经注证》同样认为寓鸟就是蝙蝠。

寓鸟（吴任臣图）

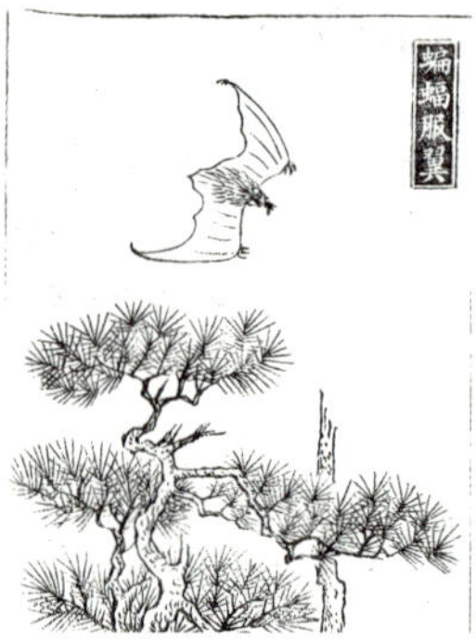

蝙蝠，服翼（《尔雅音图》）

寓鸟（《古今图书集成·禽虫典》卷五三）

叁拾陆 䴔

䴔鸟（汪绂图）

经文

又北二百里，曰蔓联之山。……有鸟焉，群居而朋飞，其毛如雌雉，名曰䴔，其鸣自呼，食之已风。

——《北山首经》

鳪雉（《尔雅音图》）

䴔（jiāo）

图解

吴任臣《山海经广注》云:“䴔疑即䴔鶄也，䴔鶄一名鳽，顶有红毛如冠，翠鬣丹觜，颇似雉。”《尔雅·释鸟》云:“鳽，䴔鶄。”郭璞注:“似凫。”《玄应音义》卷三“䴔鶄”条云:“此鸟出蔓联山，群飞,如雌鸡。”同样将此经“䴔”读为“䴔鶄”。

郝懿行认为“䴔”可能是“鳪雉”，他说:“《尔雅·释鸟》‘鳪雉’郭注云:‘黄色,鸣自呼。’此鸟‘毛如雌雉,其鸣自呼’,与《尔雅》合。”

䴔鸟的羽毛像雌野鸡，喜欢成群结队，一起栖息，一起飞翔，鸣叫的声音就像在呼唤自己的名字，吃了它可以治疗风疾。

郭璞《图赞》云:“毛如雌雉，朋翔群下。飞则笼日，集则蔽野。肉验针石，不劳补写。”

䴔（蒋应镐图）

鳽，䴔鶄（《尔雅音图》）

叁拾柒　白鵺

鵺（yè）

鵺（胡文焕图）

经文

又北百八十里，曰单张之山。……有鸟焉，其状如雉而文首，白翼黄足，名曰白鵺，食之已嗌痛，可以已痸。

——《北山首经》

图解

白鵺，胡文焕《山海经图》卷下图题与图说都写作“鵺”，没有“白”字，元钞本《山海经》同样没有“白”字。然而郭璞《图赞》云：“白鵺竦斯，厥状如雉。”那么郭璞所看见的《山海经》应该作“白鵺”，今本不误。

毕沅《山海经新校正》云：“此即《尔雅》‘鷂雉’，郭云‘今白鷂也，江东呼白鶾，亦名白雉’是也。《北次二经》谓之‘白鵺’，鵺、鵺音同，古无此字，皆后人以声合之。”

郝懿行疏：“白鵺即白鶾，郭注《尔雅》谓之白鷂。《北次二经》县雍之山谓之白鵺，鵺、鵺声转，古无此字，皆后人以声合之。此即《尔雅》‘鷂雉’，郭云‘今白鷂也，江东呼白鶾，亦名白雉’是也。《北次二经》谓之‘白鵺’，鵺、鵺音同，古无正字，疑皆假借为之。”看法与毕沅相同。

白鵺（汪绂图）

白鵺（蒋应镐图）

鹎雉（《尔雅音图》）

鵺（《三才图会·鸟兽》卷二）

郭璞注："嗌，咽也。"嗌痛即喉咙痛。

郭璞注："痢，痴病也。"郝懿行疏："《玉篇》云：'痢，同瘈，痴也。'与郭义合。又云：'痴，不慧也。'"

胡文焕《山海经图》卷下"鵺"条图说云："单张山有鸟，状如鸡，文首白翼黄足，名曰鵺，食之已嗌痛。（嗌，音谥，咽也。）"

白鵺鸟的样子像野鸡，却长着花脑袋，白色的翅膀，黄色的脚，吃了它可以治疗喉咙痛，又可以治疗痴呆病。

郭郛《山海经注证》认为白鵺就是雪雉，又叫雪鸡。

白鵺（《古今图书集成·禽虫典》卷五三）

叁拾捌 竦斯

竦（sǒng）

经文

又北三百二十里，曰灌题之山。……有鸟焉，其状如雌雉而人面，见人则跃，名曰竦斯，其鸣自呼也。

——《北山首经》

踈斯（胡文焕图）

竦斯（蒋应镐图）

图解

竦斯，胡文焕图等写作“踈斯”。

竦斯鸟的样子像雌野鸡，却长着人的面孔，看见人就跳跃，鸣叫的声音就像在呼唤自己的名字。

郭郛《山海经注证》认为竦斯就是石鸡。

竦斯（汪绂图）

竦斯（《古今图书集成·禽虫典》卷五三）

踈斯（《三才图会·鸟兽》卷二）

竦斯（吴任臣图）

叁拾玖 鵥鶥

鵥鶥（汪绂图）

经文

又北三百里，曰北嚣之山。……有鸟焉，其状如乌，人面，名曰鵥鶥，宵飞而昼伏，食之已暍。

——《北次二经》

鵥鶥（蒋应镐图）

鵥鶥（pán mào）

暍（yè）

图解

鵥鶥，郭璞注："鵂鶹之属。"鵂鶹即猫头鹰。

汪绂《山海经存》云："鵥鶥，鵂鶹之属而大，今人谓之训狐，又名隻胡，其目能夜察蚊虻而昼不见丘山，故宵飞昼伏。"

《玉篇·鸟部》"鵥"字云："鸟形，人面，名鵥鶥，宵飞昼伏。"本此经为说，"鸟"当为"乌"字之形讹。

暍，郭璞注："中热也。"汪绂《山海经存》云："暍，中热病也。今鵂鶹亦可治热及头风。"《说文·日部》云："暍，伤暑也。"即中暑的意思。

郭璞《图赞》云："御暍之鸟，厥名鵥鶥。昏明是互，昼隐夜觌。物贵应用，安事鸾鹄。"

鵥鶥鸟的样子像乌鸦，却长着人的面孔，晚上飞翔，白天隐藏，吃了它可以治疗中暑。

鵥鶥（《古今图书集成·禽虫典》卷五三）

鵥鶥（吴任臣图）

肆拾　嚣鸟

嚣鸟（汪绂图）

经文

又北三百五十里，曰梁渠之山。……有鸟焉，其状如夸父，四翼一目，犬尾，名曰嚣，其音如鹊，食之已腹痛，可以止衕。

——《北次二经》

嚣鸟（吴任臣图）

衕（dòng）

图解

夸父，郭璞注："或作'举父'。"

毕沅《山海经新校正》云："夸、举音相近，即貜父也。"貜父是猴子中的一种。

郝懿行疏："《西次三经》崇吾之山，有兽曰举父，或作'夸父'。此经鸟如夸父，或作'举父'，举、夸声相近，故古字通也。"

嚣鸟（《古今图书集成·禽虫典》卷五三）

嚣鸟（蒋应镐图）

按照《山经》的写作体例，凡是鸟，说"其状如某"的时候，"某"都是鸟，嚣为鸟，"其状如夸父"的"夸父"就应该是鸟。毕沅认为是貜父，郝懿行认为就是崇吾山的举父兽，然而无论是貜父还是举父兽都不是鸟，因此他们的看法并不正确。

可以止衕，郭璞注："治洞下也。"汪绂《山海经存》云："衕，泻泄也。"毕沅《山海经新校正》云："此字《说文》所无，见《玉篇》，云：'下也。'即郭义。"衕即腹泻。

嚣鸟的样子像夸父，却长着四只翅膀，一只眼睛，狗的尾巴，声音像喜鹊。古人认为吃了它可以治疗肚子痛，还可以治疗腹泻。

肆拾壹　鷬鷬

鷬（汪绂图）

经　文

《北次三经》之首，曰太行之山，其首曰归山。……有鸟焉，其状如鹊，白身赤尾，六足，其名曰鷬鷬，是善惊，其鸣自詨。

——《北次三经》

鷬（fén）

詨（xiào）

图　解

“鷬鷬”原作“鷬”，元钞本《山海经》作“鷬鷬”，《集韵·魂韵》“鷬”字注引同。元钞本《图赞》小题作“鷬鷬”，《赞》文云：“有鸟善惊，名曰鷬鷬。”可知郭璞所见本必作“鷬鷬”，今据元钞本改。

惊，警也。朱骏声《说文通训定声》“惊”字云：“假借为警。”善惊即警戒性高的意思。

郭璞注：“今吴人谓呼为詨。”詨就是呼叫的意思，和此经经常说的“其鸣自呼”意思一样。

鷬鷬鸟的样子像喜鹊，却长着白色的身子，红色的尾巴，六只脚，警戒性很高，鸣叫的声音像在呼唤自己的名字。

郭郛《山海经注证》认为鷬鷬鸟就是白喉红尾鸲。

鷬（《古今图书集成·禽虫典》卷五三）

鷬鷬（蒋应镐图）

鷬（吴任臣图）

肆拾贰 鶌鶋

经文

又东北二百里，曰马成之山。……有鸟焉，其状如乌，首白而身青足黄，其名曰鶌鶋，其鸣自詨，食之不饥，可以已寓。

——《北次三经》

鶌鶋（汪绂图）

鶌鶋（qū jū）

图解

“首白而身青足黄”，《集韵·迄韵》“鶌”字注引此经作“白首青身黄足”。郭璞《图赞》作“青身黄足”，则《集韵》所引是也。

汪绂《山海经存》云：“鶌鶋即鶌鸠也。”郝懿行疏：“《尔雅》云：‘鶌鸠，鹘鵃。’此鶌鶋疑即鶌鸠也，声转字变，经多此例，唯白首为异耳。”《尔雅》郭璞注：“似山鹊而小，短尾，青黑色，多声。”鹘鵃，《本草纲目》卷四十九作“鹘嘲”，李时珍说：“或云鹘嘲即戴胜，未审是否？郑樵以为鸐鸹，非矣。”戴胜又称“戴鵀”。

毕沅《山海经新校正》云：“即鶌鸠也。亦曰秸鵴。鶌、鸠、鵴皆音相近也。”秸鵴，《尔雅·释鸟》作“鳱鵴”，云：“鸤鸠，鳱鵴。”郭璞注：“今之布谷也。”可见秸鵴与鶌鸠是两种不同的鸟。毕沅认为鶌鶋可能是鶌鸠，也可能是秸鵴。

鶌鶋（《古今图书集成·禽虫典》卷五三二）

鶌鶋（蒋应镐图）

寓，郭璞注："未详。或曰：寓，犹误也。"郝懿行疏："寓、误盖以声近为义，误疑昏忘之病也。王引之曰：'案寓当是㝢字之假借，《玉篇》《广韵》并音牛具切，疣病也。'"

元钞本郭璞《图赞》云："鶌居如乌，青身黄足。食之不饥，可以辟谷。厥肉惟珍，配彼丹木。"

鶌鶋鸟的样子像乌鸦，却长着白色的脑袋，青色的身体，黄色的脚，鸣叫的声音就像在呼喊自己的名字，吃了它可以不饥饿，还可以治疗身上的疣子。

鶌鸠《尔雅音图》

戴鵀《尔雅音图》

鴶鵴《尔雅音图》

肆拾叁 象蛇

经文

又东三百里，曰阳山。……有鸟焉，其状如雌雉而五采以文，是自为牝牡，名曰象蛇，其鸣自詨。

——《北次三经》

象蛇（汪绂图）

图解

象蛇鸟的样子像雌野鸡，身上长着五彩的羽毛，而且布满斑纹，雌雄同体，能够自我交配，鸣叫的声音像在呼喊自己的名字。所以郭璞《图赞》说："象蛇似雉，自生子孙。"

象蛇（《古今图书集成·禽虫典》卷五二）

象蛇（蒋应镐图）

肆拾肆　酸与

酸与（汪绂图）

经文

又南三百里，曰景山。……有鸟焉，其状如蛇而四翼，六目三足，名曰酸与，其鸣自詨，见则其邑有恐。

——《北次三经》

图解

酸与鸟的样子像蛇，却长着四只翅膀，六只眼睛，三只脚，鸣叫的声音像在呼喊自己的名字。它的出现预示着那个地方会发生恐慌。

郭璞注：“或曰‘食之不醉’。”

郭璞《图赞》云：“景山有鸟，禀形殊类。厥状如蛇，脚三翼四。见则邑恐，食之不醉。”根据《图赞》，那么“食之不醉”四字原本应是经文，否则郭璞无缘知“食之不醉”也。今本郭注当为后人据《图赞》而作旁记之文，传写误成郭注。《天中记》卷四十六云：“酸余，食之不醉。”

酸与（蒋应镐图）

酸与（吴任臣图）

酸与（《古今图书集成·禽虫典》卷五三）

肆拾伍　鸪鹨

鹨（xí）

经文

又东百八十里，曰小侯之山。……有鸟焉，其状如乌而白文，名曰鸪鹨，食之不灂。

——《北次三经》

鸪鹨（汪绂图）

图解

灂，郭璞注："不瞧目也。或作'瞷'。"

汪绂《山海经存》云："灂，目瞬动也。"

郝懿行疏："瞧音樵，俗以偷视为瞧，非也。瞷音醮，《玉篇》云：'目冥也。'"目冥就是眼睛昏花的意思。

鸪鹨鸟的样子像乌鸦却有着白色的斑纹，吃了它可以治疗眼睛昏花。

鸪鹨（《古今图书集成·禽虫典》五三）

黄鸟（汪绂图）

经文

又东北二百里，曰轩辕之山。……有鸟焉，其状如枭而白首，其名曰黄鸟，其鸣自詨，食之不妒。

——《北次三经》

图　解

吴任臣《山海经广注》云：“仓庚亦名黄鸟。仓庚即莺也，李氏《本草》于‘莺’条下云：‘食之不妒。’且引经文为证。又杨夔《止妒论》云：‘梁武帝郗氏性妒，或言仓庚为膳疗忌，遂令治（茹）之，妒果减半。’合观二说，明以此鸟为仓庚矣。然经云状如枭，白首，与仓庚不甚类，疑亦同名异物者也。”

汪绂《山海经存》云：“经书所称黄鸟，鹂也，一名仓庚，今谓之黄莺，医者言食之可以疗妒。然此鸟不似枭，亦不白首，鸣亦非自詨。”

郝懿行疏：“《周书·王会篇》云：‘方扬以黄鸟。’《尔雅》云：‘皇，黄鸟。’盖皆此经黄鸟也。郭注《尔雅》以为黄离留，误矣。俗人皆言黄莺治妒，而梁武帝以仓庚作膳为郗氏疗忌，又本此经及《尔雅》注而误也。”

郭璞《图赞》云：“鸪鹳之鸟，食之不瞧。爰有黄鸟，其鸣自叫。妇人是服，矫情易操。”

黄鸟（《尔雅音图》）

仓庚（《尔雅音图》）

肆拾柒　精卫

经文

又北二百里，曰发鸠之山，其上多柘木。有鸟焉，其状如乌，文首白喙赤足，名曰精卫，其鸣自詨。是炎帝之少女，名曰女娃，女娃游于东海，溺而不返，故为精卫，常衔西山之木石以堙于东海。

——《北次三经》

精卫（汪绂图）

图解

胡文焕《山海经图》卷下“精卫”条图说云：“发鸠山有鸟，状如鸟（乌），白首赤喙，名曰精卫，其鸣自呼，是神农之少女，名女娃。昔游东海，溺而不瓬（返），化为精卫，常收西山之木石以填东海。”

郭璞《图赞》云：“炎帝之女，化为精卫。沉形东海，灵爽西迈。乃衔木石，以填攸害。”

陶渊明《读山海经》诗云：“精卫衔微木，将以填沧海。形夭舞干戚，猛志故常在。同物既无虑，化去不复悔。徒设在昔心，良辰讵可待。”

《太平御览》卷九二五引《述异记》云：“昔炎帝女溺死东海中，化为精卫，其鸣自呼。每衔西山木石，以填东海，怨溺死故也。海畔俗说，精卫无雄，耦海燕而生。生雌状如精卫，生雄状如海燕。今东海畔精卫誓水处犹存，溺于此川，誓不饮其水。一名誓鸟，一名冤禽，又名志鸟，俗呼为帝女雀。”又引《博物志》云：“有鸟如乌，文首白喙赤足，名曰精卫。昔赤帝之女名女媱，往游于东海，溺死而不反。其神化为精卫，故精卫常取西山之木石，以填东海。”

精卫（《古今图书集成·禽虫典》卷五三）

精卫（胡文焕图）

精卫（《三才图绘·鸟兽》卷一）

精卫（蒋应镐图）

肆拾捌 鹠

鹠（汪绂图）

经文

又北山行五百里，水行五百里，至于饶山。……其鸟多鹠。

——《北次三经》

鹠（liú）

图 解

郭璞注："未详。或曰：鹠，鸺鹠也。"

吴任臣《山海经广注》云："《广雅》曰：'鹠鸺，飞鸓也。' 疑即是。"

郝懿行疏："鸺鹠，即鸱久，《尔雅》谓之'怪鸱'。《广雅》又云：'鹠鸺，飞鸓也。' 别一物，即鼯鼠也。"

怪鸱（《尔雅音图》）

肆拾玖　蚩鼠

蚩鼠（胡文焕图）

经文

又南三百里，曰栒状之山。……有鸟焉，其状如鸡而鼠尾，其名曰蚩鼠，见则其邑大旱。——《东山首经》

蚩鼠（蒋应镐图）

蚩（zī）

图　解

郭璞《图赞》云："蚩鼠如鸡，见则旱涸。"

《事林广记》别集卷十一"蚩鼠"条云："拘扶山有鸟，状如鸡而鼠尾，身有五彩，名曰蚩鼠，飞则百十为群，见则主有大旱也。"

胡文焕《山海经图》卷下"蚩鼠"条图说云："拘扶山有鸟，状如鸡而鼠尾，名曰蚩鼠，见则国大旱。"

蚩鼠（汪绂图）

蚩鼠（《古今图书集成·禽虫典》卷五三）

蚩鼠（《三才图会·鸟兽》卷二）

蚩鼠（吴任臣图）

伍拾 鵹鹕

鵹鹕（汪绂图）

经文

又南三百里，曰卢其之山，无草木，多沙石。沙水出焉，南流注于涔水，其中多鵹鹕，其状如鸳鸯而人足，其鸣自訆，见则其国多土功。

——《东次二经》

图解

鵹鹕（lí hú）

郭璞注："今鹈胡足颇有似人脚形状也。"

汪绂《山海经存》云："今鹈鹕之足颇似人足，然其状似雁，不似鸳鸯。"

郭璞《图赞》云："狸力鵹鹕，或飞或伏。是惟土祥，出其功筑。长城之役，同集秦域。"

《尔雅·释鸟》云："鹈，鴮鸅。"郭璞注云："今之鹈鹕也。好群飞，沉水食鱼，故名洿泽，俗呼之为淘河。"

《尔雅翼》卷十七"鹈"条云："鹈，水鸟，今之鹈鹕，形似鹗而极大，喙长尺余，直而广，口中正赤，颔下胡大如数升囊。好群飞，若小泽中有鱼，便共抒水，满其胡而弃之，水尽鱼见，乃共食之，故一名鴮鸅。鴮鸅，犹洿泽也。"

鵹鹕（蒋应镐图）

鹈，鴮鸅（《尔雅音图》）

伍拾壹　絜钩

经文

又南五百里，曰硜山。……有鸟焉，其状如凫而鼠尾，善登木，其名曰絜钩，见则其国多疫。

——《东次二经》

潔钩（胡文焕图）

硜（yīn）

絜（xié）

图解

胡文焕《山海经图》卷下“潔钩”条图说云：“硜山（硜音真）有鸟，状如凫而鼠尾，善登木，名曰絜钩，见则国多疾疫。”

絜钩的样子像野鸭子，却长着老鼠尾巴，善于攀登树木，它的出现意味着国家会发生瘟疫，所以郭璞《图赞》说：“絜钩似凫，见则民悲。”

絜钩（蒋应镐图）

絜钩（《古今图书集成·禽虫典》卷五三）

潔钩（《三才图会·鸟兽》卷二）

絜钩（汪绂图）

伍拾贰　䱱雀

䱱雀（汪绂图）

经文

《东次四经》之首，曰北号之山。……有鸟焉，其状如鸡而白首，鼠足而虎爪，其名曰䱱雀，亦食人。

——《东次四经》

图解

䱱（qí）

吴任臣《山海经广注》云："《天问》云：'䱱堆焉处？'王逸注：'䱱堆，奇兽也。'柳子《天对》云：'䱱雀在北号，惟人是食。'杨万里注：'堆当为雀。王逸注误也。'"

郭璞《图赞》云："猲狚狡兽，䱱雀恶鸟。或狼其体，或虎其爪。安用甲兵，扰之以道。"

䱱雀鸟的样子像鸡，却长着白色的脑袋，老鼠的腿，老虎的脚掌，会吃人。

䱱雀（《古今图书集成·禽虫典》卷五三）

䱱雀（蒋应镐图）

伍拾叁 鹖

鹖（hé）

鹖（汪绂图）

经文

《中次二经》济山之首，曰辉诸之山。……其鸟多鹖。

——《中次二经》

鹖（《三才图会·鸟兽》卷二）

图解

郭璞注：“似雉而大，青色，有毛角，健斗，死乃止。音曷。出上党也。”

郭璞《图赞》云：“鹖之为鸟，同群相为。畴类被侵，虽死不避。毛饰武士，兼厉以义。”

《事物纪原》卷十“鹖”条云：“上党诸山中多鹖，似雉而大，青色，顶有毛角，健斗，至死而止。古之为将士者，取其毛尾插于胄上，今军士插雉尾，即此也。”“诸”上当脱“辉”字。

《事林广记》别集卷十一“鹖”条云：“上党辉诸山多鹖，似雉而大，青色，顶有毛角，健斗，死而止。”

《埤雅》卷七“鹖”条云：“鹖似雉而大，黄黑色，故其名曰褐，而《鹖赋》云‘扬玄黄之劲羽’也。有毛角，专场健斗，斗死不却，盖鸷鸟之暴疏者，每所攫撮，应爪摧碎。亦爱其党，郭璞《鹖赞》所谓‘畴类被侵，虽死不避’。古者令武士冠之，实取诸猛，先儒所云‘虎夫戴鹖’是也。”

《本草纲目》卷四十八“鹖鸡”条云：“其羽色黑黄而褐，故曰鹖。”

鹖（《古今图书集成·禽虫典》卷三〇）

伍拾肆　驾鸟

駕（汪绂图）

经文

又东十里，曰青要之山，实维帝之密都。北望河曲，是多驾鸟。

——《中次三经》

图解

郭璞注：“未详也。或曰：‘驾’宜为‘駕’，駕鹅也，音加。”

汪绂《山海经存》云：“‘驾’当作‘駕’，音加。駕鹅，鸿类也。”

《说文·鸟部》云：“䳉，䳉䳘也。”段玉裁注：“《方言》：‘雁自关而东谓之䳉䳘，南楚之外谓之䳘，或谓之鸧䳉。’《广雅》：‘鴚鹅，仓䳉，鴈也。’本此。按杨、张所云雁者，鸿雁也，许以鸿雁字系《隹部》。此不云‘䳉䳘，雁也’，知许意不为鸿雁。䳉字亦作駕，《大（太）玄》作‘䳉䳘’，《子虚》《上林》《反离骚》《南都赋》皆作‘駕鹅’。古作驾，《山海经》驾鸟、鲁大夫荣驾鹅皆卽駕鹅也，古加声与可声同音。张揖注《上林赋》曰：‘駕鹅，野鹅也。’然则非家鹅，亦非鸿雁，鸿雁属也，许意当同。”

驾鸟就是野鹅。

伍拾伍 鴢

鴢（胡文焕图）

经文

又东十里，曰青要之山。……其中有鸟焉，名曰鴢，其状如凫，青身而朱目赤尾，食之宜子。

——《中次三经》

鴢（yǎo）

图解

《尔雅·释鸟》云："鴢，头䴔。"郭璞注："似凫，脚近尾，略不能行，江东谓之鱼䴔。"

郭璞《图赞》云："鴢鸟似凫，翠羽朱目。既丽其形，亦奇其肉。妇女是食，子孙繁育。"

胡文焕《山海经图》卷上"鴢"条图说云："青要山有鸟，名曰鴢，状如凫，青身赤尾，食之宜子孙。"

《本草纲目》卷四十七"䴔䴖"条云："又一种似䴔䴖，而蛇头长项，冬月羽毛落尽，栖息溪岸，见人不能行，即没入水者，此即《尔雅》所谓鴢头、鱼䴔者，不入药用。"

鴢鸟的样子像野鸭子，青色的身子，浅红色的眼睛，红色的尾巴，吃了它有助于怀孕生子。

鴢（汪绂图）

鴢（《古今图书集成·禽虫典》卷五三）

鴢（蒋应镐图）

鴢（《尔雅音图》）

鴢（《三才图会·鸟兽》卷二）

伍拾陆　駄鸟

駄（dài）

駄鸟（汪绂图）

经　文

东三百里，曰首山。……多駄鸟，其状如枭而三目，有耳，其音如録，食之已垫。

——《中次五经》

图　解

汪绂《山海经存》云 ：“録，刻木声。”

毕沅《山海经新校正》云 :“《玉篇》引此作‘如豕’。”

郝懿行疏 ：“録，盖‘鹿’字假音。《玉篇》作‘音如豕’。”

当以“豕”字为是，“豕”异体字作“ 豕 ”,形近而讹作“录”。

垫，郭璞注 ：“未闻。”

王崇庆《山海经释义》云 :“食之已垫，止昏垫也。”汪绂《山海经存》云 ：“垫，下湿病。”

毕沅《山海经新校正》云 :“《玉篇》引此作‘亡热’，然郭云未闻，则古本竟作‘垫’也。又案《九经字样》云 :‘䨮，音店，寒也。《传》曰䨮隘，今经典相承作垫。’则垫又痁字假音，当读如‘齐侯疥遂痁’之‘痁’。”

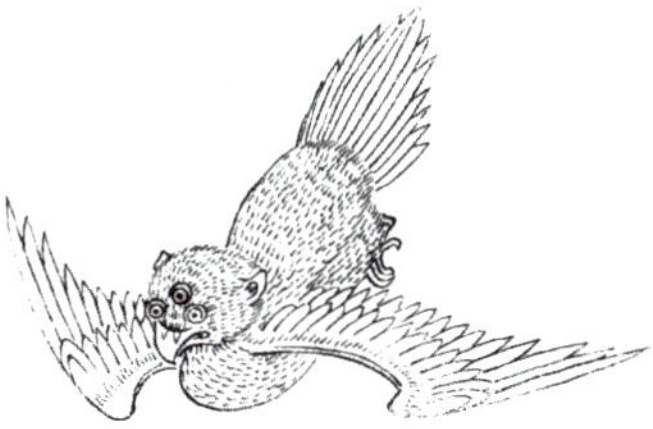

駄鸟（《古今图书集成·禽虫典》卷五三）

郝懿行疏："《尚书》云：'下民昏垫。'《方言》云：'垫，下也。'是垫盖下湿之疾。《玉篇》说此鸟'食之亡热'，非郭义也。又《说文》云：'霸，寒也。读若《春秋传》垫厄。'义亦相近。"

孙诒让《札迻》卷三云："毕、郝两说并非也。'垫'当作'盭'。《汉书·贾谊传》云：'病非徒瘇也，又苦跋盭。'颜注云：'盭，古戾字，言足跖反戾，不可行也。'《吕氏春秋·遇合篇》说：'陈敦洽长肘而挩股。'《荀子·修身篇》云：'行而俯项，非击戾也。'是'盭'谓首及四枝反戾之病。'盭'与'垫'形近而误。"

根据目前的资料，垫的正确含义已难以知晓。

郭郛《山海经注证》认为䮫鸟就是长耳鸮。

䮫鸟（蒋应镐图）

䮫鸟（吴任臣图）

伍拾柒　鸰鷚

鸰鷚（汪绂图）

经文

又西十里，曰廆山。……其中有鸟焉，状如山鸡而长尾，赤如丹火而青喙，名曰鸰鷚，其鸣自呼，服之不眯。

——《中次六经》

图解

鸰鷚（líng yāo）

《玉篇·鸟部》云：“鷚，鸟如山鸡，尾长，赤身，其鸣自呼也。”

郭璞《图赞》云：“鸟似山鸡，名曰鸰鷚。赤若丹火，所以辟妖。”

毕沅《山海经新校正》云：“即脊令也。《诗》传云：‘飞则鸣，行则摇。’摇、鷚声相近，俗写为此字。《诗》‘脊令’，字亦不从鸟。”

郭郛《山海经注证》同样认为鸰鷚就是鹡鸰。

鸰鷚（蒋应镐图）

鸰鷚（《古今图书集成·禽虫典》卷五三）

䳭鸰（《尔雅音图》）

伍拾捌　白鵁

经文

又东北百二十里，曰女几之山。……其鸟多白鵁。

——《中次八经》

鵁（jiāo）

图解

郭璞注："鵁，似雉而长尾，走且鸣。"《尔雅·释鸟》"鵁雉"，郭璞注："即鵁鸡也，长尾，走且鸣。"与此注同。《尔雅·释鸟》邢昺疏引陆机《疏》云："鵁，微小于翟。走而且鸣曰'鵁鵁'。"

郭郛《山海经注证》认为白鵁就是白长尾雉。

鵁雉《尔雅音图》

伍拾玖　翟

鸐，山雉（《尔雅音图》）

经　文

又东北百二十里，曰女几之山。……其鸟多白鷮，多翟，多鸩。

——《中次八经》

图　解

翟，又作“鸐”，《尔雅·释鸟》云：“鸐，山雉。”郭璞注：“长尾者。”山雉就是山鸡，又称野鸡。

陆拾 鸩

鸩（汪绂图）

经文

又东北百二十里，曰女几之山。……其鸟多白鷮，多翟，多鸩。

——《中次八经》

鸩（《三才图会·鸟兽》卷二）

图解

郭璞注："鸩，大如雕，紫绿色，长颈赤喙，食蝮蛇头。雄名运日，雌名阴谐也。"

郭璞《图赞》云："蝮维毒魁，鸩鸟是啖。拂翼鸣林，草瘁木惨。羽行隐戮，厥罚难犯。"

《尔雅翼》卷十六"鸩"条云："鸩，毒鸟也，似鹰，大如鸮，毛紫黑色，长颈赤喙。雄名运日，雌名阴谐，天晏静无云则运日先鸣，天将阴雨则阴谐鸣之，故《淮南子》云：'晕日知晏，阴谐知雨也。'食蝮蛇及橡实，知巨石大木间有蛇虺，即为禹步以禁之，或独或群，进退俯仰有度，逡巡石树为之崩倒，蛇虺无脱者。"

《岭外代答》卷九"鸩"条云："邕州溪峒深山有鸩鸟，形如鸦而差大，黑身红目，音如羯鼓，唯食毒蛇。鸩禹步遇蛇，其声邦邦然。蛇入石穴，鸩于穴外禹步，有顷石碎，吞之。凡山有鸩，草木悉枯。鸩集于石，其石必裂。或云鸩秋冬脱羽，人以银作爪勾取，致之银瓶，否则手烂。欲加鸩于人，以一羽致酒即死。"

郭郛《山海经注证》认为鸩就是蛇雕。

鸩（《古今图书集成·禽虫典》卷五一）

鸩（蒋应镐图）

陆拾壹　窃脂

窃脂（胡文焕图）

经　文

又东一百五十里，曰崌山。……有鸟焉，状如鹦而赤身白首，其名曰窃脂，可以御火。

——《中次九经》

窃脂（蒋应镐图）

图　解

郭璞注："今呼小青雀曲觜肉食者为窃脂，疑此非也。"

吴任臣《山海经广注》云："窃脂有三种，九鳸中窃玄、窃黄、窃脂，窃训浅，言浅白色也。《小雅》'交交桑扈'，乃今青雀，好窃脂肉者。若此之赤身白首，自与二种迥别，不得以名之偶同，混为一也。"

汪绂《山海经存》云："案桑扈名窃脂，此殆名偶同耳。"

毕沅《山海经新校正》云："此即是也。"

郝懿行疏："与《尔雅》窃脂同名异物。"

《尔雅·释鸟》云："桑鳸，窃脂。"郭璞注："俗谓之青雀。觜曲，食肉，好盗脂膏，因名云。"邢昺疏："窃，浅也，窃脂为浅白也。"

郭璞等认为此经窃脂与《尔雅》窃脂不同，只有毕沅认为相同。

郭郛《山海经注证》认为窃脂就是蜡嘴雀。

窃脂（《尔雅音图》）

窃脂《古今图书集成·禽虫典》卷五三

窃脂（汪绂图）

陆拾贰 跂踵

跂（qǐ）

经文

又西二十里，曰复州之山。……有鸟焉，其状如鸮而一足，彘尾，其名曰跂踵，见则其国大疫。

——《中次十经》

跂踵（汪绂图）

图解

郭璞注：“《铭》曰：‘跂踵为鸟，一足似夔。不为乐兴，反以来悲。’”

郭璞《图赞》云：“青耕御疫，跂踵降灾。物之相反，各以气来。见则民咨，实为病媒。”

《事林广记》别集卷十一“跂肿”条云：“诸山有鸟，状如鹗，一足，彘毛，名跂肿，见则其邑有火灾。”“跂肿”即“跂踵”之误。

吴任臣《山海经图》卷四“跂踵”图说云：“状如鸮，一足，彘尾，见则火疫。”

郭郛《山海经注证》认为跂踵就是鬼鸮。

跂踵（吴任臣图）

跂踵（《古今图书集成·禽虫典》卷五三）

跂踵（蒋应镐图）

陆拾叁 鸜鹆

鸜鹆（汪绂《中次十一经》图）

经文

又西二十里，曰又原之山。……其鸟多鸜鹆。

——《中次十经》

又东四十五里，曰衡山。……其鸟多鸜鹆。

——《中次十一经》

鸜鹆（蒋应镐图）

鸜鹆（qú yù）

图解

鸜鹆又写作“鸲鹆”，郭璞注：“鸲鹆也。《传》曰：‘鸲鹆来巢。’”

汪绂《山海经存》云：“鸜鹆，八哥也，色黑而翅有白毛，头有毛帻，大如百舌，好群飞。人家畜之，翦治其舌，能效人言。”

《本草纲目》卷四十九“鸜鹆”条云：“此鸟好浴水，其睛瞿瞿然，故名。王氏《字说》以为其行欲也，尾而足勾，故曰鸲鹆，从勾、从欲省，亦通。”

鸜鹆又称八哥，双翅有白斑，飞行时显露，呈现出“八”字形，故名。雄鸟善鸣，经训练能模仿人的语音。

鸜鹆的羽毛是黑色的，据说还有白色的鸜鹆。唐朝诗人韦应物《宝观主白鸲鹆歌》就是描写的白鸲鹆：“鸲鹆鸲鹆，众皆如漆，尔独如玉。鸲之鹆之，众皆蓬蒿下，尔自三山来。三山处子下人间，绰约不妆冰雪颜。仙鸟随飞来掌上。来掌上，时拂拭。人心鸟意自无猜，玉指霜毛本同色。有时一去凌苍苍，朝游汗漫暮玉堂。巫峡雨中飞暂湿，杏花林里过来香。日夕依仁全羽翼，空欲衔环非报德。岂不及阿母之家青鸟儿，汉宫来往传消息。”

鸜鹆（《古今图书集成·禽虫典》卷四四）

鸜鹆（《三才图会·鸟兽》卷一）

陆拾肆 鸩

经文

又东六十里，曰瑶碧之山。……有鸟焉，其状如雉，恒食蜚，名曰鸩。

——《中次十一经》

鸩（汪绂图）

图解

郭璞注："蜚，负盘也。"《尔雅·释虫》云："蜚，蠦蜰。"郭璞注："蜰（蜚），负盘，臭虫。"蜚喜欢吃稻花，是危害庄稼的一种害虫。

郭璞注："此更一种鸟，非食蛇之鸩也。"

郭郛《山海经注证》认为蜚指蚊、虻，鸩就是蚊母鸟，或叫夜鹰。

《尔雅·释鸟》云："鶨，蟁母。"郭璞注："似乌鸔而大，黄白杂文，鸣如鸽声，今江东呼为蚊母。俗说此鸟常吐蚊，因以名云。"《岭表录异》卷中云："蚊母鸟形如青鹢，嘴大而长，于池塘捕鱼而食。每叫一声，则有蚊蚋飞出其口。俗云采其翎为扇，可辟蚊子，亦呼为吐蚊鸟。"

鸩（蒋应镐图）

蜚，蠦蜰（《尔雅音图》）

鶨，蟁母（《尔雅音图》）

陆拾伍　婴勺

婴勺（汪绂图）

经文

又东四十里，曰支离之山。……有鸟焉，其名曰婴勺，其状如鹊，赤目赤喙白身，其尾若勺，其鸣自呼。

——《中次十一经》

图　解

郭璞注："似酒勺形。"

郭璞《图赞》云："支离之山，有鸟似鹊。白身赤眼，厥尾如勺。维彼有斗，不可以酌。"

郭郛《山海经注证》认为婴勺就是勺鸡。

婴勺（《古今图书集成·禽虫典》卷五三）

婴勺（蒋应镐图）

陆拾陆　青耕

经　文

又西北一百里，曰堇理之山。……有鸟焉，其状如鹊，青身，白喙白目白尾，名曰青耕，可以御疫，其鸣自叫。

——《中次十一经》

青耕（胡文焕图）

图　解

汪绂《山海经存》云："青耕即青鶺也。"青鶺就是苍鹭。

胡文焕《山海经图》卷上"青耕"条图说云："重里山有鸟，状如鹊，白喙白首白尾，名曰青耕，可以御疫，其鸣自呼。"

青耕（汪绂图）

青耕（《古今图书集成·禽虫典》卷五二）

青耕（《三才图会·鸟兽》卷二）

青耕（《万宝全书·山海异物》）

陆拾柒 䳅鵌

鴖鵨（胡文焕图）

经 文

又东二百里，曰丑阳之山。……有鸟焉，其状如乌而赤足，名曰䳅鵌，可以御火。

——《中次十一经》

图 解

䳅鵌（zhǐ tú）

胡文焕《山海经图》卷下“鴖鵨”条图说云：“杻阳山有鸟，状如乌（乌），其足赤色，名曰鴖鵨，可以御火。”

郭郛《山海经注证》认为䳅鵌就是地鸦。

䳅鵌（《古今图书集成·禽虫典》卷五三）

䳅鵌（汪绂图）

䳅鵨（《三才图会·鸟兽》卷二）

鴖鵨（《万宝全书·山海异物》）

经文

狄山……爰有熊、罴、文虎、蜼、豹、离朱、鸱久、视肉、雩交。

——《海外南经》

怪鸱（《尔雅音图》）

图解

鸱久，郭璞注："鸺鹠。"《尔雅·释鸟》"怪鸱"，郭璞注："即鸱鸺也，见《广雅》。今江东通呼此属为怪鸟。"《广雅·释鸟》云："鸱鸺，怪鸱也。"

鴟鵂
即怪鴟是也其鳴即
雨爲圝可以聚諸鳥
一名隻孤晝無所見
夜即飛噉蚊𧕿即鵶
鵩鬼車之類
三才圖會卷之鳥獸二
三十九

鸱鸺（《三才图会·鸟兽》卷二）

《埤雅》卷七"鸱鸺"条云："《释鸟》所云怪鸱是也，其鸣即雨，为圝可以聚诸鸟。一名隻狐。昼无所见，夜即飞噉蚊虻，鹍、服、鬼车之类，《庄子》所谓'鸱鸺夜撮蚤，察豪（毫）末，昼出瞋目而不见丘山'者。"

陆拾玖　鵹鸟、鶬鸟

鵹（cì）
鶬（dǎn）

鶬鵹（《古今图书集成·禽虫典》卷五三）

经文

鵹鸟、鶬鸟，其色青、黄，所经国亡，在女祭北。鵹鸟人面，居山上。一曰维鸟，青鸟、黄鸟所集。

——《海外西经》

图解

郭璞注："此应祸之鸟，即今枭、鸺鹠之类。"

郭璞《图赞》云："有鸟青黄，号曰鶬鵹。与妖会合，所集祸至。类则枭鹠，厥状难媚。"

郝懿行疏："郭氏但举类以晓人。《玉篇》云'鵹、鶬即鸺鹠'，非也。《大荒西经》云：'爰有青鳶、黄鷔，青鸟、黄鸟，其所集者其国亡。'是'鳶、鷔'即'鵹、鶬'之异名，非鸺鹠也。《广韵》云：'鵹鸟，似枭。'本此经及郭注。"

郭郛《山海经注证》认为鵹鸟就是领鸺鹠，鶬鸟就是猛鸮。

柒拾 树鸟

经文

开明南有树鸟，六首。

——《海内西经》

有青鸟，身黄，赤足，六首，名曰鸀鸟。

——《大荒西经》

鸀鸟（汪绂《大荒西经》图）

鸀（chù）

图解

郝懿行疏：“《尔雅》云：‘鸀，山乌。’非此。”

《慧琳音义》卷四“鸕鳿”条引此经“鸀鸟”作“鸕鳿”。

郭郛《山海经注证》认为“鸀鸟”就是山乌，又叫山鸦。《尔雅》郭璞注：“似乌而小，赤觜，穴乳，出西方。”《水经注·漯水》云：“其山出雏乌，形类雅乌，纯黑而姣好，音与之同，缋采绀发，觜若丹砂，性驯良而易附，丱童幼子，捕而执之，曰赤觜乌，亦曰阿雏乌。”

鸀鸟（《古今图书集成·禽虫典》卷五二）

鸀，山乌（《尔雅音图》）

鸀鸟（吴任臣图）

树鸟（蒋应镐图）

五彩鸟（汪绂图）

经文

有五采之鸟，相乡弃沙。惟帝俊下友。帝下两坛，采鸟是司。

——《大荒东经》

图解

郭璞注："未闻沙义。"

吴任臣《山海经广注》云："沙、莎通，鸟羽婆莎也。相乡弃沙，言五彩之鸟相对敛羽，犹云仰伏而秣羽也。"

郝懿行疏："'沙'疑与'娑'同，鸟羽娑娑然也。"

袁珂《山海经校注》云："郝云'沙疑与娑同，鸟羽娑娑然'，近之矣，而于弃字无释。弃疑是媻字之讹。媻娑，婆娑，盘旋而舞之貌也。五采之鸟，盖鸾凤之属也。《山海经》屡有'鸾鸟自歌、凤鸟自儛'（《海外西经》《大荒南经》《大荒西经》《海内经》）之记载，此经五采之鸟，相乡媻娑，盖亦自歌自舞之意也。"

孙作云《〈九歌〉湘神考》云："此五彩之鸟即凤凰，若玄鸟。'相向弃沙'即相向生卵，'沙'字或为'卵'字之误。"

《渊鉴类函》卷四三七引《魏文帝杂占》云："黄帝录图，五龙舞沙。"可知古有"舞沙"一词。疑"弃"为"舞"字之误，五采之鸟舞沙与五龙舞沙义亦可通。

五采鸟（蒋应镐图）

柒拾贰　黄鸟

经文

有巫山者，西有黄鸟。帝药，八齐。黄鸟于巫山司此玄蛇。

——《大荒南经》

黄鸟（汪绂图）

图解

郭璞《图赞》云：“赤水所注，极乎氾天。帝药八齐，越在巫山。司蛇之鸟，四达之渊。”

《尔雅·释鸟》云：“皇，黄鸟。”郝懿行《尔雅义疏》认为就是黄雀。

郭郛《山海经注证》认为黄鸟就是金雕，大型猛禽。

皇，黄鸟（《尔雅音图》）

黄鸟（《三才图会·鸟兽》卷一）

狂鸟（汪绂图）

经 文

有五采之鸟，有冠，名曰狂鸟。

——《大荒西经》

图 解

郭璞注："《尔雅》云：'狂，梦鸟。'即此也。"郭璞注《尔雅》云："狂鸟，五色，有冠，见《山海经》。"

郭郛《山海经注证》认为狂鸟就是鵟鹰。

狂，𪆟鸟（《尔雅音图》）

狂鸟（蒋应镐图）

柒拾肆　五色鸟

鴍（wén）
鷔（áo）

经文

有玄丹之山。有五色之鸟，人面有发。爰有青鴍、黄鷔、青鸟、黄鸟，其所集者其国亡。

——《大荒西经》

五色鸟（汪绂图）

图解

五色鸟即青鴍、黄鷔，也就是《海外西经》的鵹鸟、鶬鸟。

敦煌残卷《白泽精怪图》云：“有五色鸟，人面，被发，名似，其鸟所集，人多疾病。”本此经为说也。

五色鸟（蒋应镐图）

柒拾伍　鸣鸟

鸣鸟（汪绂图）

经　文

有弇州之山，五采之鸟仰天，名曰鸣鸟，爰有百乐歌儛之风。

——《大荒西经》

图　解

郝懿行疏："鸣鸟，盖凤属也。《周书·君奭》云：'我则鸣鸟不闻。'《国语》云：'周之兴也，鸑鷟鸣于岐山。'"

郭郛《山海经注证》认为鸣鸟就是白眼鵟鹰。

柒拾陆　白鸟

经　文

有白鸟，青翼黄尾玄喙。

——《大荒西经》

白鸟（汪绂图）

图　解

白鸟虽然名字带有“白”字，但翅膀是青色的，尾巴是黄色的，嘴壳是黑色的，有点名不副实，因此郭璞注说：“奇鸟。”

翠，鹬（《尔雅音图》）

经文

有翠鸟。——《海内经》

图解

《尔雅·释鸟》云：“翠，鹬。”郭璞注：“似燕，绀色。”

《太平御览》卷九二四引《异物志》云：“翠鸟似燕，翡赤而翠青，其羽可以为饰。”

《岭外代答》卷九“翡翠”条云：“翡翠产于深广山泽间，穴巢于水次，一壑之水止一雌雄，外有一焉，必争界而斗死。人乃用其机，养一媒，擎诸左手，以行泽中。翡翠见之，就手格斗，不复知有人也。乃以右手取罗掩之，无能脱者。邕州右江产一等翡翠，其背毛悉是翠茸，穷侈者用以捻织。”

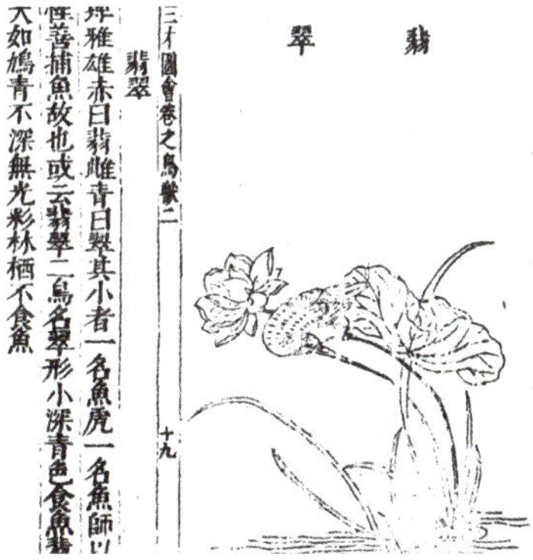
三才圖會鳥獸二卷之 十九

翡翠

爾雅雄赤曰翡雌青曰翠其小者一名魚虎一名魚師以性善捕魚故也或云翡翠二鳥名翠形小深青色食魚巢大如鳩青不深無光彩林栖不食魚

翡 翠

翡翠（《三才图会·鸟兽》卷二）

翠，鹬（《尔雅音图》）

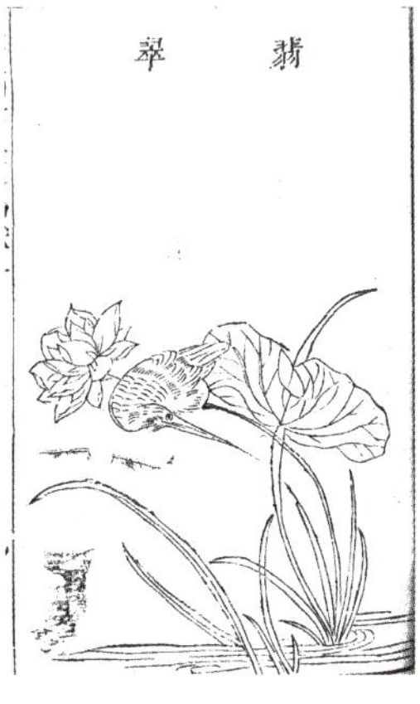

翡翠（《三才图会·鸟兽》卷二）

柒拾捌　孔鸟

经文

有孔鸟。
——《海内经》

孔雀（汪绂图）

图解

郭璞注："孔雀也。"

唐代段公路《北户录》卷一"孔雀媒"条说："雷、罗数州收孔雀雏养之，使极驯扰，致于山野间，以物绊足，傍施网罗，伺野孔雀至，即倒网掩之，举无遗者。或生折翠羽，以珠毛编为帘子、拂子之属，粲然可观，真神禽也。一说：孔雀不必疋（匹）偶，但音影相接便有孕，如白鶂雄雌相视则孕。或曰：雄鸣上风，雌鸣下风亦孕。见《博物志》。"描述了捕获野孔雀的方法。至于引《博物志》说孔雀无须雌雄相配，只要音影相接就可以怀孕，今本《博物志》并无其文。但《太平御览》卷九二四引《南越志》说："义宁县杜山多孔雀，为鸟不必疋合，止以音影相接，便有孕。"可见古有此说。唐代慧琳《一切经音义》卷四"孔雀"条说："《春秋元命包》曰：'火离为孔雀。'又云罽宾国多孔雀，不必疋合，正以音影相接，或闻雷声便感，有孕胎也。"于音影相接之外，增加了闻雷声的说法。《酉阳杂俎·前集》卷十六"孔雀"条也说："《释氏书》言：'孔雀因雷声而孕。'"

《太平御览》卷九二四引《异物志》云：“孔雀形体既大，细颈隆背，似凤凰。自背及尾皆作珠文，五彩光耀，长短相次；羽毛末皆作员文，五色相绕，如带千钱，文长二三尺。头戴三毛，长寸，以为冠。足有距。栖游冈陵，迎晨，则鸣相和。”

《岭外代答》卷九“孔雀”条云：“孔雀，世所常见者，中州人得一则贮之金屋，南方乃腊而食之，物之贱于所产者如此。胆能杀人，以胆一滴沾于酒盏之臀，而酹以饮人亦死。前志谓南方有大雀，五色成文，为鸾凰之属。孔者大也，岂是物与？”

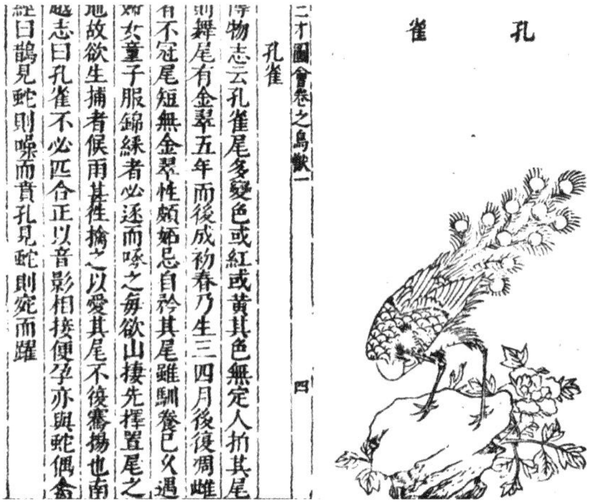
三才圖會卷之鳥獸一　四

孔雀

博物志云孔雀尾多變色或紅或黃其色無定人拍其尾則舞尾有金翠五年而後成初春乃生三四月後復凋雌者不冠尾短無金翠性頗妬忌自矜其尾雖馴養已久遇婦女童子服錦綵者必逐而啄之每欲山棲先擇置尾之地故欲生捕者候雨甚往擒之以愛其尾不復騫揚也南越志曰孔雀不必匹合正以音影相接便孕亦與蛇偶禽經曰鵲見蛇則噪而貴孔見蛇則宛而躍

孔雀（《三才图会·鸟兽》卷一）

柒拾玖　翳鸟

经文

有五采之鸟，飞蔽一乡，名曰翳鸟。

——《海内经》

翳鸟（汪绂图）

图解

郭璞注：“凤属也。《离骚》曰：‘驷玉虬而乘翳。’”

郭璞《图赞》云：“五采之鸟，飞蔽一邑。翳惟凤属，有道翔集。”

《广雅·释鸟》云：“翳鸟、鸾鸟，凤皇属也。”

翳鸟（蒋应镐图）

捌拾　玄鸟

玄鸟（汪绂图）

经　文

北海之内，有山名曰幽都之山，黑水出焉。其上有玄鸟。

——《海内经》

图　解

我国的五行观念，北方属于黑色，所以山名幽都，幽即黑暗；水名黑水，鸟名玄鸟，玄也是黑色的意思。

鳞介篇

猎猎圖

壹　蝮虫

蝮虫（汪绂图）

经文

又东三百八十里，曰䝞翼之山，其中多怪兽，水多怪鱼，多白玉，多蝮虫。

——《南山首经》

图解

郭璞注："蝮虫，色如绶文，鼻上有针，大者百余斤。一名反鼻。虫，古'虺'字。"

蝮虫就是蝮虺，或单称蝮，又称蝮蛇。古人认为蝮蛇是蛇中最毒的，《汉书·田儋传》说："蝮蠚手则斩手。"宋代陆佃《埤雅》卷十"蛇"条说："旧说蝮蛇怒时，毒在头尾，螫手则断手，螫足则断足，蛇之尤毒烈者也。……蝮蛇鼻反，其上有针，锦文，众蛇之中，此独胎产，生辄坼副母腹。"宋代罗愿《尔雅翼》卷三十二"蝮"条说："蝮，蛇之最毒者，短形，反鼻，锦文，亦有与地同色者。着足断足，着手断手，不尔合身糜溃。又善伺人，闻人咳喘步骤，辄不胜其毒，捷取巧噬肆其害。七八月毒盛时，齧（啮）木以泄其气，木即死。又吐口中涎沫于草木上，着人身瘇成疮，卒难主疗，名曰蛇漠疮。"蝮蛇之毒，可见一斑。《楚辞·招魂》以南方"蝮蛇蓁蓁"来恐吓四处游荡的鬼魂，以促使鬼魂归来。蝮蛇鬼犹畏之，何况人乎！

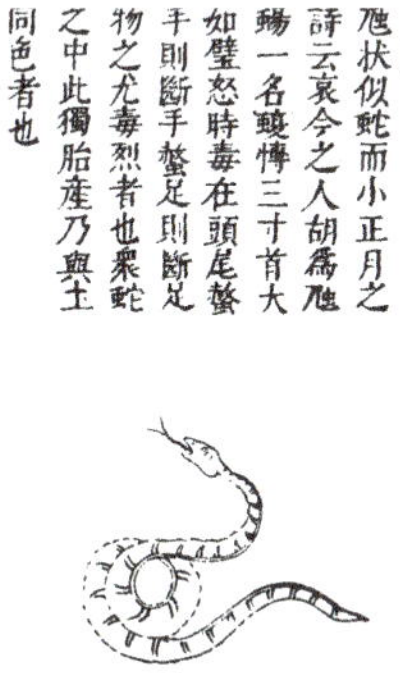

虺（《三才图会·鸟兽》卷五）

虺（《古今图书集成·禽虫典》卷一八〇）

蝮虫（蒋应镐图）

贰 怪蛇

怪蛇（蒋应镐图）

经文

又东三百八十里，曰稷翼之山，其中多怪兽，水多怪鱼，多白玉，多蝮虫，多怪蛇，多怪木，不可以上。

——《南山首经》

图解

郭璞注说：“凡言怪者，皆谓貌状倔奇不常也。《尸子》曰：‘徐偃王好怪，没深水而得怪鱼，入深山而得怪兽者，多列于庭。’”徐偃王是先秦徐国的国王，他喜爱怪物，热衷于探险。

《尔雅翼》卷三十二“蛇”条说：“蛇字古但作它耳，从虫而长，象冤曲垂尾形。上古草居患它，故相问：‘无它乎？’今之字，傍加虫而变其音。”蛇为古人生活中的一大危害，所以《山海经》书中多有记载。

明代王崇庆《山海经释义》说：“山既不可以上，则凡怪蛇、怪木与所谓怪鱼又何从而见之？不可见则何由而知之？凡此皆其自相矛盾而不可信者也。”可以说是善于疑问，但却是不当疑处生疑。“不可以上”，只是形容此山险峻，难以攀登而已。

叁　旋龟

玄龟（胡文焕图）

经文

又东三百七十里，曰杻阳之山。……怪水出焉，而东流注于宪翼之水，其中多玄龟，其状如龟而鸟首虺尾，其名曰旋龟，其音如判木，佩之不聋，可以为底。

——《南山首经》

图解

李时珍认为旋龟就是鹗龟。《本草纲目》卷四十五“鹗龟”条引陈藏器《本草拾遗》说：“鹗龟生南海，状如龟，长二三尺，两目在侧如鹗。”李时珍说：“《山海经》云：‘杻阳之山，怪水出焉，中多旋龟，鸟首虺尾，声如破木，佩之已聋。’亦此类也。”

闻一多认为旋龟就是蠵龟。《楚辞·天问》:“鸱龟曳衔，鲧何听焉？”闻一多《天问疏证》说“旋龟即蠵龟”,“《说文》曰：‘蠵，大龟也，以胃鸣者。’重文作蠳。以琼之重文作璿，又作琁（璇）例之，旋盖蠇之省，蠇、蠵、蠳亦当为一字。且旋龟音如判木，蠵龟亦能鸣，是旋龟即蠵龟无疑”。

蠵龟（《古今图书集成·禽虫典》卷一五一）

玄龟（《学海群玉·山海异物》）

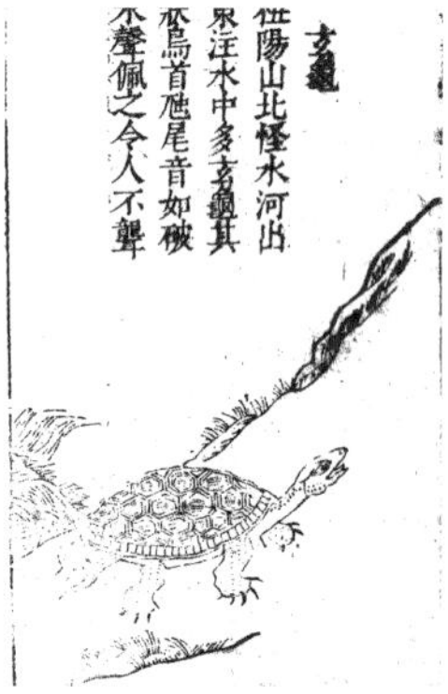

玄龟（《三才图会·鸟兽》卷五）

古人将麟、凤、龟、龙四种动物合称为四灵，可见龟在人们心目中的地位是很高的。《礼记·礼运》说：“何谓四灵？麟凤龟龙，谓之四灵。故龙以为畜，故鱼鲔不淰；凤以为畜，故鸟不獝；麟以为畜，故兽不狘；龟以为畜，故人情不失。”

旋龟（汪绂图）

旋龟（吴任臣图）

旋龟可以治疗耳聋，还可以治疗足茧。“可以为底”的“底”字就是脚底茧子的意思。

旋龟（蒋应镐图）

玄龟（《古今图书集成·禽虫典》卷一五一）

肆　鯥鱼

鯥（汪绂图）

经文

东三百里，曰柢山，多水，无草木。有鱼焉，其状如牛，陵居，蛇尾有翼，其羽在魼下，其音如留牛，其名曰鯥，冬死而夏生，食之无肿疾。

——《南山首经》

魼（xié）
鯥（lù）

图　解

《博物志·异鱼》说："东海有半（牛）体鱼，其形状如牛，剥其皮悬之，潮水至则毛起，潮去则毛伏。"和鯥鱼形状都像牛。

冬死而夏生，郭璞注说："此亦蛰类也。谓之死者，言其蛰无所知，如死耳。"就是动物的冬眠。郭璞《图赞》说："鱼号曰鯥，处不在水。厥状如牛，鸟翼蛇尾。随时隐见，倚乎生死。"赋予了一种哲学意义。

明代王崇庆《山海经释义》说："山自山，水自水，羽毛鳞介各有攸居，其性尔也。夫既曰鱼，又曰陵居，无乃非类也乎？或曰獭，水陆通者也，斯鱼陵居，又奚疑也？"

清代吕调阳《五藏山经传》说："'鯥'疑当作'鲮'，即鲮鲤也，一名龙鱼，一名鲸。"邵瑞彭

獭（《古今图书集成·禽虫典》卷七九）

鯥鱼（《古今图书集成·禽虫典》卷一四九）

鯥鱼（吴任臣图）

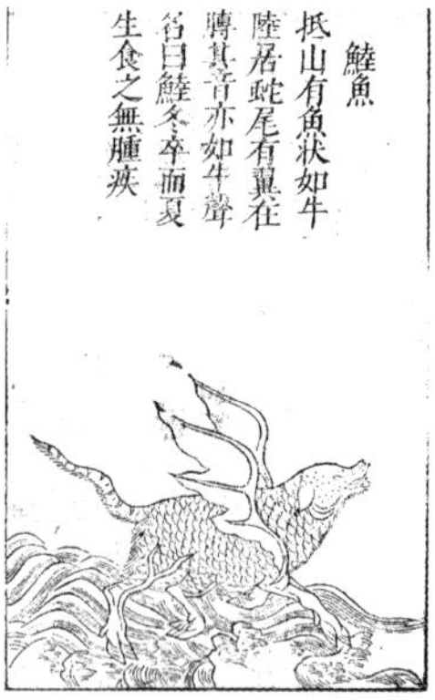

鯥鱼（《三才图会·鸟兽》卷六）

《山海经余义》说：“‘鯥’疑‘鲮’之误，上文曰‘陵居’，则鲮正以陵居得名，即《海外西经》之‘龙鱼’也。《楚辞·天问》：‘鲮鱼何所？’王注：‘鲮鱼，鲤也。’《本草》陶隐居云：‘鲮鲤形似鳖而短小，又似鲤鱼，有四足。’经谓‘其状如牛’，正谓其有四足耳。《本草纲目》〔卷四十三〕：‘鲮鲤即穿山甲。’经云‘食之无肿疾’，今人以穿山甲治痈疽。”

无论是獭，还是穿山甲，它们的形状都不像牛，因此说鯥鱼是獭或穿山甲都只是一种猜测。

鯥鱼（胡文焕图）

鯥（《学海群玉·山海异物》）

鯥鱼（蒋应镐图）

伍 赤鱬

赤鱬（汪绂图）

经文

又东三百里，曰青丘之山。……英水出焉，南流注于即翼之泽，其中多赤鱬，其状如鱼而人面，其音如鸳鸯，食之不疥。

——《南山首经》

鱬（rú）

图解

疥，郭璞注："一作'疾'。"《事林广记》别集卷十一"赤鱬"条云："青丘山，英水出焉，南注于即冀之泽，中多赤鱬，状如鱼，人面，音如咒央，食之令人不疾耳。"正作"疾"字。

郭璞《图赞》云："赤鱬之状，鱼身人头。"

吴任臣《山海经广注》云："刘会孟曰：'磁州亦有孩儿鱼，四足长尾，声如婴儿啼，其膏燃之不灭。'据刘所说，乃鰟鱼也。"鰟鱼就是人鱼。

郭郛《山海经注证》认为赤鱬就是儒艮。

赤鱬（《古今图书集成·禽虫典》卷一四九）

赤鱬（蒋应镐图）

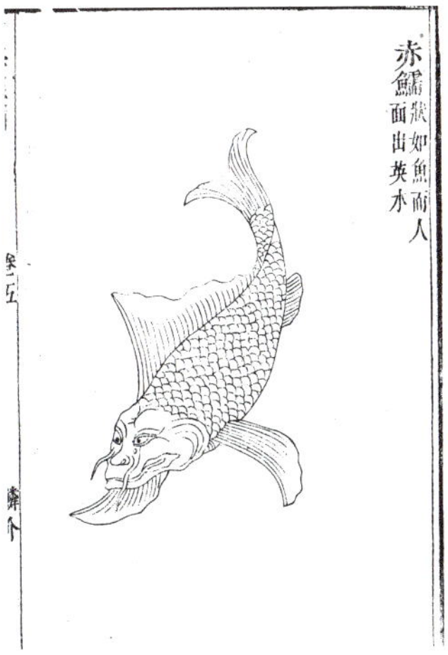

赤鱬（吴任臣图）

经文

又东五百里，曰浮玉之山。……苕水出于其阴，北流注于具区，其中多鮆鱼。

——《南次二经》

又北五十里，曰县雍之山。……晋水出焉，而东南流注于汾水，其中多鮆鱼，其状如儵而赤鳞，其音如叱，食之不骄。

——《北次二经》

鮆鱼（汪绂《南次二经》图）

鮆（jì）

图解

郭璞注："鮆鱼，狭薄而长头，大者尺余，太湖中今饶之，一名刀鱼。"

《尔雅·释鱼》云："鮤，鱴刀。"郭璞注："今之鮆鱼也，亦呼为魛鱼。"

《说文·鱼部》云："鮆，饮而不食，刀鱼也。"段注："刀鱼，今人语尚如此，以其形像刀也，俗字作'魛'。《尚书大传》有'鱼刀'，盖即此。'饮而不食'，故其形纤削而味清隽，春出江中，人多食之。"《尔雅翼》卷二十九"鮆"条云："鮆，刀鱼也，长头而狭薄，其腹背如刀刃，故以为名，大者长尺余，可以为鲙。"

鮆鱼，又写作鲚鱼。

鮆鱼（蒋应镐图）

鮆鱼（汪绂《北次二经》图）

鮤，鱴刀（《尔雅音图》）

鲚鱼（《古今图书集成·禽虫典》卷一四二）

鲚鱼（《三才图会·鸟兽》卷五）

柒 茈蠃

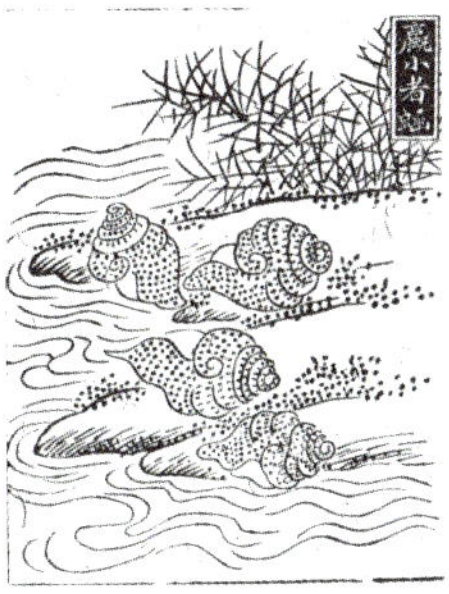

蠃，小者蜬（《尔雅音图》）

经文

又东四百里，曰洵山。……洵水出焉，而南流注于阏之泽，其中多茈蠃。

——《南次二经》

阏（è）

图解

茈即“紫”的古字。郭璞注：“紫色螺也。”《尔雅 · 释鱼》云：“蠃，小者蜬。”郭璞注：“螺大者如斗，出日南涨海中，可以为酒杯。”

螺（《古今图书集成 · 禽虫典》卷一六二）

《尔雅翼》卷三十一“蠃”条云：“蠃附壳而行，种类甚多，生水田中者差大，惟食青泥，生溪涧中者绝小，食苔而洯。”

捌 · 虎蛟

虎蛟（汪绂图）

经文

东五百里，曰祷过之山。……泿水出焉，而南流注于海，其中有虎蛟，其状鱼身而蛇尾，其音如鸳鸯，食者不肿，可以已痔。

——《南次三经》

泿（yín）

图解

郭璞注："蛟，似蛇，四足，龙属。"

郭璞《图赞》云："鱼身蛇尾，是谓虎蛟。"

郝懿行疏："郭氏《江赋》云：'水物怪错，虎蛟钩蛇。'本此。《水经注》引裴渊《广州记》云：'泿水有鰽鱼。'《博物志》云：'东海蛟鰽鱼生子，子惊，还入母肠，寻复出。'与《水经注》合，疑蛟鰽即虎蛟矣。所以谓之虎者，《初学记》三十卷引沈莹《临海水土异物志》云：'虎鰽长五尺，黄黑班（斑），耳目齿牙有似虎形，唯无毛，或变化成虎。'然则虎蛟之名盖以此。又任昉《述异记》云：'虎鱼，老者为蛟。'疑别是一物也。"

吕调阳《五藏山经传》云："虎蛟，即鲛鱼之背有斑文如虎者，余尚数种，形并似鱼，青目赤颊，背上有鬣，腹下有翅，大者尾长数尺，能伤人，皮并似碏，名鰽鱼，亦曰沙鱼也。"

郭郛《山海经注证》认为虎蛟就是马来鳄。

虎蛟（蒋应镐图）

玖 鱄鱼

鱄鱼（汪绂图）

经文

又东五百里，曰鸡山，其上多金，其下多丹雘。黑水出焉，而南流注于海，其中有鱄鱼，其状如鲋而彘尾，其音如豚，见则天下大旱。

——《南次三经》

图解

鱄（tuán）

鲋即鲫鱼。鱄鱼的样子像鲫鱼，却长着猪的尾巴，叫声像小猪，它的出现意味着天下会发生大旱灾。

鱄鱼（《古今图书集成·禽虫典》卷一四九）

郭璞《图赞》云："鵰鸟栖林，鱄鱼处川。俱为旱征，灾延普天。测之无象，厥类惟玄。"

鱄鱼（蒋应镐图）

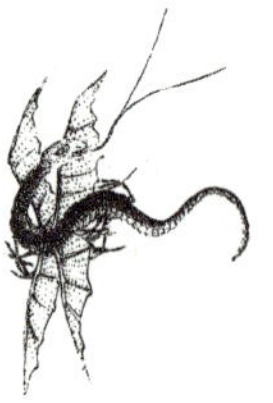

肥遗（汪绂图）

经 文

又西六十里，曰太华之山。……有蛇焉，名曰肥遗，六足四翼，见则天下大旱。

——《西山首经》

肥遗（蒋应镐图）

遗（wèi）

图 解

郭璞注："汤时此蛇见于阳山下。复有肥遗蛇，疑是同名。"郭璞说"复有肥遗蛇"，指的是《北山首经》浑夕之山，"有蛇一首两身，名曰肥遗，见则其国大旱"。

胡文焕《山海经图》卷上"蜰遗"条图说云："阳山有神蛇，名曰蜰遗，一首两身，六足四翼，见则其国大旱，汤时见出。"盖合《北山首经》浑夕之山肥遗及此经郭注而言也。《广韵·脂韵》"遗"字注引此经云："蜰遗，神蛇，一首两身，六足四翼，见则其国大旱，汤时见于阳山。"所引实为《山海经图》。《玉篇·虫部》："遗，肥遗，蛇名，一首两身，六足四翼，见则天下大旱，汤时见阳山下。"所本当为张僧繇《山海经图》。《集韵·至韵》"遗"字云："蜰遗，神蛇，二身同首，六足而四羽，见则不雨。"亦本《山海经图》而变其文也。

郭璞《图赞》云："肥遗为物，与灾合契。鼓翼阳山，以表亢厉。桑林既祷，倏忽潜逝。"

肥遗（《古今图书集成·禽虫典》卷一八〇）

肥遗（吴任臣图）

蜰遗（《三才图会·鸟兽》卷五）

拾壹　鲑鱼

鲑（bàng）

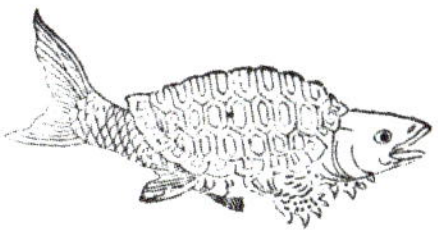

蚌鱼（胡文焕图）

经文

又西七十里，曰英山。……禺水出焉，北流注于招水，其中多鲑鱼，其状如鳖，其音如羊。

——《西山首经》

图解

鲑鱼又写作“蚌鱼”。胡文焕《山海经图》卷上“蚌鱼”条图说云：“英山，愚水出焉，其中多蚌鱼，状如龟而鱼尾二足，其音如羊。”与此经比较，多了“鱼尾二足”的描写。

汪绂图画作一个蚌壳，显然与经文的描写不符。

蚌（汪绂图）

鲑鱼（《古今图书集成·禽虫典》卷一四九）

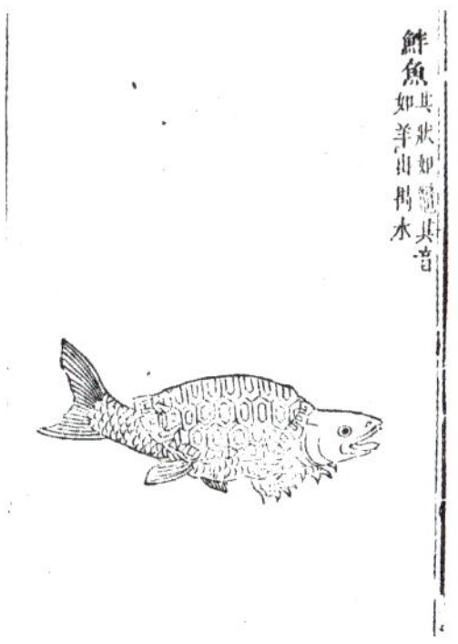

鲑鱼（吴任臣图）

蚌鱼（《三才图会·鸟兽》卷五）

拾贰 人鱼

经文

又西五十二里，曰竹山。……丹水出焉，东南流注于洛水，其中多水玉，多人鱼。

——《西山首经》

又东北二百里，曰龙侯之山，无草木，多金、玉。决决之水出焉，而东流注于河。其中多人鱼，其状如鮷鱼，四足，其音如婴儿，食之无瘕疾。

——《北次三经》

人鱼（胡文焕图）

图解

郭璞注："鮷见《中山经》。或曰：人鱼即鲵也，似鲇而四足，声如小儿啼，今亦呼鲇为鮷。"郝懿行疏："郭云'见《中山经》'者，'少室山休水，中多鮷鱼'是也。又云'人鱼即鲵'者，《水经注》云：'伊水又东北流注于洛水。'引《广志》曰：'鲵鱼声如小儿啼，有四足，形如鲮鲤，可以治牛，出伊水也。司马迁谓之人鱼，故其著《史记》曰：始皇帝之葬也，以人鱼膏为烛。徐广曰：人鱼似鲇而四足，即鲵鱼也。'"

"瘕"原作"痴"，金陵本《本草纲目》卷四十四"鮷鱼"条引此经作"瘕"，今据改。《证类本草》卷二十"鳀鱼"，陶弘景注："又有人鱼，似鳀而有四足，声如

人鱼（《古今图书集成·禽虫典》卷一四四）

人鱼（汪绂《西山首经》图）

人鱼（汪绂《北次三经》图）

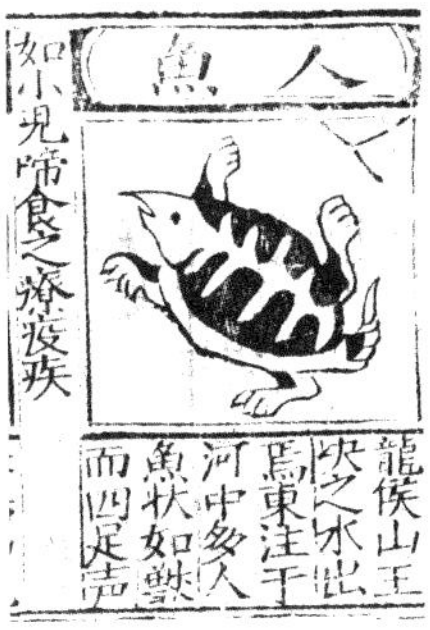

人鱼（《万宝全书·山海异物》）

人鱼（蒋应镐《北次三经》图）

小儿，食之疗瘕疾。”本此经作注，所见本同样写作“瘕”。《南山首经》誰山，“多育沛，佩之无瘕疾”，郭注云：“瘕，虫病也。”故此不复出注，若作“痴”，则当有注也。“食之无瘕疾”与《中山经》鳑鱼“食者无蛊疾”正合。又“人鱼即鲵”，《尔雅·释鱼》云“鲵，大者谓之鰕”，上引陶弘景云“人鱼食之疗瘕疾”，鰕、瘕音同，疑此疗效实出于巫术思维之联想耳。

金陵本《本草纲目》卷四十四“鲵鱼”条引此经作“食之已疫疾”，“食之已疫疾”盖引自《山海经图》也。胡文焕《山海经图》卷上“人鱼”条图说云：“龙侯山，王决之水出焉，东注于河，中多人鱼，状如䱱（鯑）而四足，声如小儿啼，食之疗疫疾。”

《太平御览》卷九三八引《临海异物志》云：“人鱼似人，长三尺余，不可食。”与此经人鱼不同。

人鱼（吴任臣图）

人鱼（《三才图会·鸟兽》卷六）

拾叁　白蛇

经文

西二百里，曰泰冒之山，其阳多金，其阴多铁。洛水出焉，东流注于河，其中多藻玉，多白蛇。

——《西次二经》

又北三百里，曰神囷之山，其上有文石，其下有白蛇。

——《北次三经》

又南九十里，曰柴桑之山。……其兽多麋鹿，多白蛇、飞蛇。

——《中次十二经》

白蛇（汪绂《北次三经》图）

图解

郭璞注："水蛇。"汪绂《山海经存》云："白蛇，生水中者也。"

泰冒山的白蛇生活在水中，神囷山和柴桑山的白蛇则生活在山中。

拾肆　文鳐鱼

文鳐（胡文焕图）

经文

又西二百八十里，曰泰器之山。观水出焉，西流注于流沙，是多文鳐鱼，状如鲤，鱼身而鸟翼，苍文而白首赤喙，常行西海，游于东海，以夜飞，其音如鸾鸡，其味酸甘，食之已狂，见则天下大穰。

——《西次三经》

图解

“文鳐鱼”的“文”字是衍文，郭璞《图赞》小题作“鳐鱼”，郭璞《江赋》云：“鯪鳐鯩鲢。”皆可证郭璞所见本无“文”字。《吕氏春秋·本味》云：“藋水之鱼，名曰鳐，其状若鲤而有翼，常从西海夜飞，游于东海。”同样没有“文”字。元钞本《山海经》正无“文”字，是也。

《广韵·宵韵》“鳐”字云：“文鳐鱼，鸟翼能飞，白首赤喙，常游西海，夜飞向北海。”云西海至北海，与经不合。胡文焕《山海经图》卷下“文鳐”条图说云：“泰器山，观水出，注于流沙，多文鳐鱼，鸟翼，苍文，昼游西海，夜入北海，其味甘酸，食之已狂，见则大稔。”同样是从西海到北海。

郭璞《图赞》云：“见则邑穰，厥名曰鳐。经营二海，矫翼闲（一作间）霄。唯味之奇，寄厥伊庖。”

文鳐（汪绂图）

文鳐鱼（蒋应镐图）

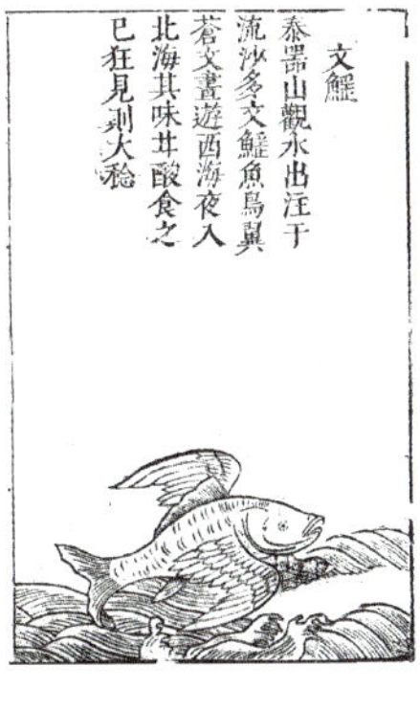

文鳐（《三才图会·鸟兽》卷六）

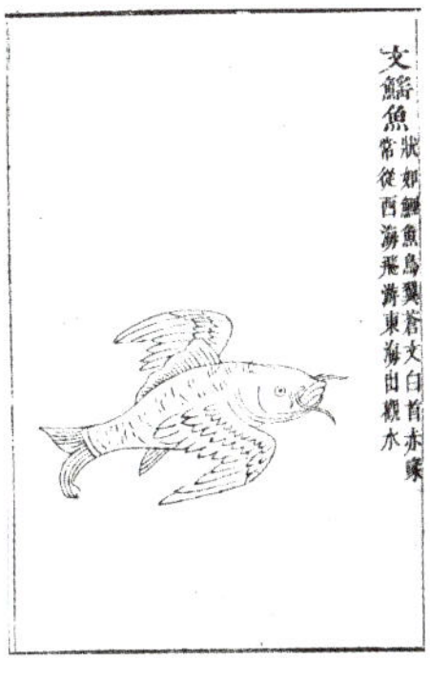

文鳐鱼（吴任臣图）

文鳐（《古今图书集成·禽虫典》卷一四六）

拾伍 蠃母

经文

又西三百二十里，曰槐江之山。丘时之水出焉，而北流注于泑水，其中多蠃母。

——《西次三经》

蠃母（汪绂图）

蠃（luǒ）

图解

郭璞注：“即蝶螺也。”

毕沅《山海经新校正》云：“疑亦蒲卢，即蜃也。”

郝懿行疏：“蝶螺即仆累，字异音同。见《中次三经》青要之山。”

郭郛《山海经注证》认为蠃母就是蜗牛和沼螺等螺蛳种类。

拾陆 鳚鱼

鳚鱼（汪绂图）

经文

又西三百七十里，曰乐游之山。桃水出焉，西流注于稷泽，是多白玉，其中多鳚鱼，其状如蛇而四足，是食鱼。

——《西次三经》

鳚（wèi）

图解

“鳚鱼”原作“䱻鱼”,《玉篇·鱼部》云：“䱻鱼如鸟。”与此经不合，而与《东次四经》子桐之山，“䱻鱼如鱼而鸟翼”相合。《玉篇·鱼部》云：“鳚，鱼似蛇，四足。”与此经相合。《玉篇残卷》“鳚”字注引此经云：“乐游山，桃水出焉，其中多鳚鱼，状如蛇而四足，食鱼。”正作“鳚鱼”。今汪绂本、毕沅本都作“鳚鱼”，因据改。

从鳚鱼形状像蛇而有四只脚来看，可能是蜥蜴类的动物。

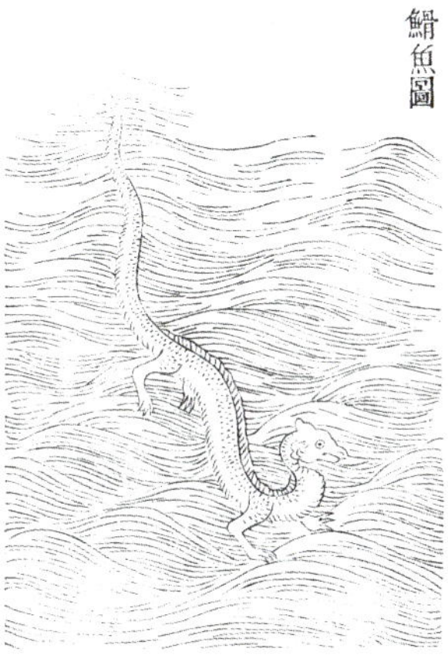

鳚鱼（《古今图书集成·禽虫典》卷一四九）

鳚鱼（吴任臣图）

鳚鱼（蒋应镐图）

拾柒 冉遗鱼

经文

又西三百五十里，曰英鞮之山，上多漆木，下多金、玉，鸟兽尽白。涴水出焉，而北流注于陵羊之泽，是多冉遗之鱼，鱼身蛇首，六足，其目如马耳，食之使人不眯，可以御凶。

——《西次四经》

鱃鱼（胡文焕图）

图解

经文说“目如马耳”，显得不伦不类。胡文焕《山海经图》卷上“鱃鱼”条图说作“其目如朱（珠），马耳”，图亦作珠目马耳之形，疑《山海经图》是。然郭璞《图赞》云“目如马耳”，又似不误。

胡文焕《山海经图》卷上“鱃鱼”条图说：“英鞮山，涴水出焉，北注于陵阳之泽，中多冉鱃鱼，蛇首六足，其目如朱，马耳，食之使人不寐，佩之亦可以御凶。”“不寐”盖为“不眯”之误读，“眯”即做噩梦的意思。《山堂肆考》卷二二四引《山海经》云：“英鞮之山，涴水出焉，北注于陵阳之泽，中多冉鱃鱼，蛇首六足，其目如珠，马耳，食之使人不眛，佩之御凶。”实乃引《山海经图》也。

郭郛《山海经注证》认为冉遗就是蝾螈或肥螈等。

冉遗鱼（汪绂图）

冉遗鱼（《古今图书集成·禽虫典》卷一四九）

冉遗鱼（蒋应镐图）

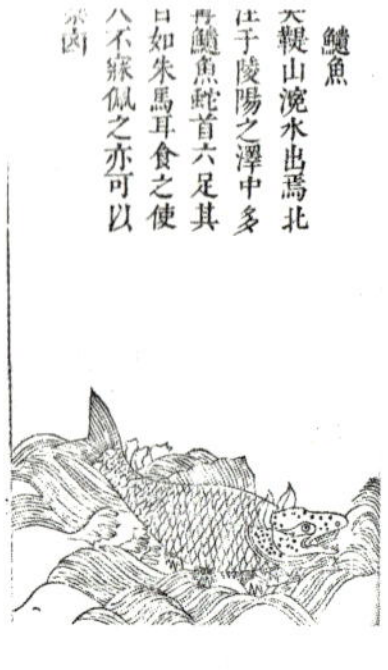

鱃魚
英鞮山涴水出焉北
注于陵陽之澤中多
冉鱃魚蛇首六足其
目如朱馬耳食之使
人不寐佩之亦可以
禦凶

鱃鱼（《三才图会·鸟兽》卷五）

冉遗鱼（吴任臣图）

拾捌 蠃鱼

鲭鱼（汪绂图）

经文

又西二百六十里，曰邽山。……濛水出焉，南流注于洋水，其中多黄贝、蠃鱼，鱼身而鸟翼，音如鸳鸯，见则其邑大水。

——《西次四经》

图 解

“蠃”,《玉篇》作“蠃”，云:“鱼有翼,见则大水。”《广韵·戈韵》“蠃”字云：“兽名，鱼身鸟翼。”本此经为说，“兽名”当为“鱼名”之误。

郭璞《图赞》云：“濛水之蠃，匪鱼伊鸟。”

蠃鱼长着鱼的身子，却有鸟的翅膀，声音像鸳鸯，它的出现意味着那个地方会发生大洪水。

郭郛《山海经注证》认为蠃鱼就是裸鲤。

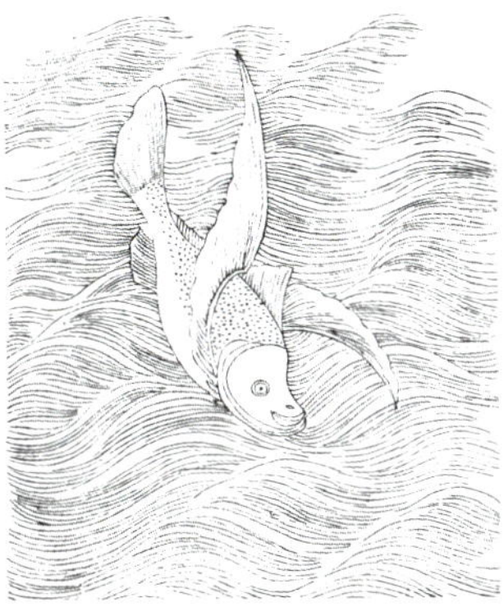

蠃鱼（《古今图书集成·禽虫典》卷一四九）

蠃鱼（吴任臣图）

拾玖 鳋鱼

鳋鱼（汪绂图）

经文

又西三百二十里，曰鸟鼠同穴之山，其上多白虎、白玉。渭水出焉，而东流注于河。其中多鳋鱼，其状如鳣鱼，动则其邑有大兵。

——《西次四经》

鳋（sāo）
鳣（zhān）

图解

郭璞注："鳣鱼，大鱼也，口在颔下，体有连甲也。"《尔雅·释鱼》云："鳣。"郭璞注云："鳣，大鱼，似鱏而短鼻，口在颔下，体有邪行甲，无鳞，肉黄，大者长二三丈，今江东呼为黄鱼。"《诗·卫风·硕人》孔疏引陆玑《毛诗草木鸟兽虫鱼疏》云："鳣，身形似龙，锐头，口在颔下，背上腹下皆有甲，纵广四五尺，今于盟津东石碛上钓取之，大者千余斤。"郭郛《山海经注证》认为鳣鱼就是中华鲟的古称，又名鳇。

郭璞《图赞》云："物以感应，亦不数动。壮士挺剑，气激江涌。鳋鱼潜渊，出则邑悚。"

郭郛《山海经注证》认为鳋鱼就是达氏鲟，又名沙腊子、小腊子。

鳋鱼（《古今图书集成·禽虫典》卷一四九）

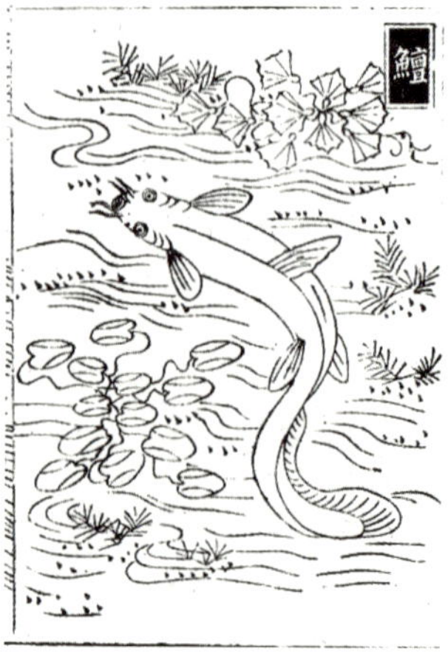

鳣（《尔雅音图》）

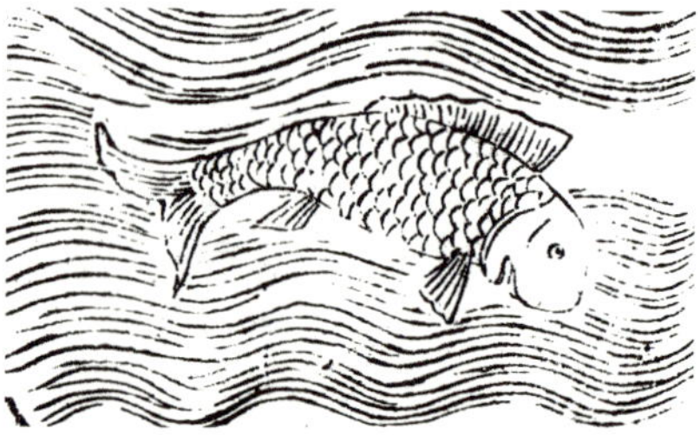

鳋鱼（蒋应镐图）

贰拾 絮魮鱼

絮魮（rú pí）

铫（diào）

絮魮鱼（汪绂图）

经文

又西三百二十里，曰鸟鼠同穴之山。……滥水出焉，西流注于汉水，多絮魮之鱼，其状如覆铫，鸟首而鱼翼鱼尾，音如磬石，是生珠玉。

——《西次四经》

絮魮鱼（吴任臣图）

图解

絮魮，郝懿行疏："郭氏《江赋》云：'文魮磬鸣以孕璆。'李善注引此经亦作'文魮'。又引郭注作'音魮'，无'絮'字之音，是'絮魮'古本作'文魮'可证。"经文"絮魮"，元钞本作"如魮"，《玉篇残卷》"魮"字注、《事类赋》卷九注、《广博物志》卷四十九引同。郝氏以为原本当作"文魮"，甚是。《广韵·脂韵》"魮"字、《集韵·脂韵》"魮"字注、《海录碎事》卷二十二上引此经俱作"文魮"，《事物绀珠》卷二十九亦作"文魮"，可证。后"文"讹作"如"，即成元钞本"如魮"；再后"如"因偏旁类化又作"絮"，即成今本。《初学记》卷八引《南越志》云："海中有文魮，鸟头尾，鸣似磬而生玉。""尾"上脱"鱼"字。

《说文·金部》云："铫，温器也。"段注："今煮物瓦器谓之铫子。"就是一种陶制的锅。

郭璞《图赞》云："形如覆铫，苞玉含珠。有而不积，泄以尾闾。暗与道会，可谓奇鱼。"

絮魮鱼的样子像一个倒扣着的陶锅，长着鸟的脑袋，鱼的鳍和鱼的尾巴，声音像敲击磬石，它的身体孕育着珠玉。

郭郛《山海经注证》认为絮魮鱼就是钝吻鲟。

絮魮鱼（蒋应镐图）

絮魮鱼（《古今图书集成·禽虫典》卷一四九）

龟（《古今图书集成·禽虫典》卷一五一）

经 文

西南三百六十里，曰崦嵫之山。……其阳多龟。

——《西次四经》

图 解

龟在古人心目中富有神秘色彩，汉代刘向《说苑·辨物》说：“灵龟文五色，似玉似金，背阴向阳。上隆象天，下平法地，盘衍象山。四趾转运应四时，文著象二十八宿。蛇头龙翅，左精象日，右精象月，千岁之化，下气上通，能知吉凶存亡之变。”《初学记》卷三十引《礼统》云：“神龟之象，上圆法天，下方法地，背上有盘法邱山。玄文交错，以成列宿。五光昭若，玄锦文运，转应四时，长尺二寸。明吉凶，不言而信。”

《尔雅·释鱼》记载有十种龟的名字，“一曰神龟，二曰灵龟，三曰摄龟，四曰宝龟，五曰文龟，六曰筮龟，七曰山龟，八曰泽龟，九曰水龟，十曰火龟”。

龟（《三才图会·鸟兽》卷五）

贰拾贰　滑鱼

滑鱼（汪绂图）

经文

又北二百五十里，曰求如之山，其上多铜，其下多玉，无草木。滑水出焉，而西流注于诸毗之水，其中多滑鱼，其状如鱓，赤背，其音如梧，食之已疣。

——《北山首经》

图解

郭璞注："鱓鱼似蛇。"鱓，又写作"鳝"。

其音如梧，郭璞注："如人相枝梧声。"

滑鱼的样子像鳝鱼，背是红色的，声音像人在支支吾吾说话，吃了它可以消除身上的疣子。

滑鱼（《古今图书集成·禽虫典》卷一四九）

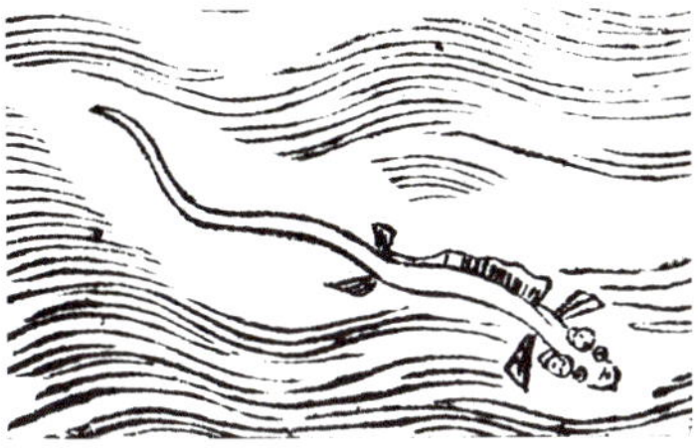

滑鱼（蒋应镐图）

贰拾叁　儵鱼

儵（tiáo）

经文

又北三百里，曰带山。……彭水出焉，而西流注于芘湖之水，其中多儵鱼，其状如鸡而赤毛，三尾六足四首，其音如鹊，食之已忧。

——《北山首经》

儵鱼（胡文焕图）

图解

《事林广记》别集卷十一“儵鱼”条云：“彭水多儵鱼，形如鸡，三尾六足四首，赤色，音如鹊。”

胡文焕《山海经图》卷上“儵鱼”条图说云：“带山，彭水出焉而西流，中多儵鱼，状如鸡而赤色，三尾六足四首，音如鹊，食之已忧，可御火。”云“可御火”者，疑误连上文䑏疏也。胡文焕图儵鱼绘作鱼身四首，鱼身则与“其状如鸡”不合。

吴任臣图倒画的是鸡形，但把“四首”画成了“四目”。郝懿行疏：“‘首’当为‘目’字之讹也，今图正作四目。《玉篇》本此经亦作‘四目’可证。”则作“四目”也是渊源有自。“四首”和“四目”，根据现有资料已很难判断孰是孰非。

儵鱼（《学海群玉·山海异物》）

儵鱼（《古今图书集成·禽虫典》卷一四九）

《学海群玉》的儵鱼图把“其状如鸡”的“鸡”误成了“鹅”。比较而言,《谟区查抄本》的儵鱼图和经文最吻合。

郭璞《图赞》云:“泪和损平,莫惨于忧。《诗》咏萱草,《山经》则儵。壑焉遗岱,聊以盘游。”

《说文·鱼部》“儵”字段注云:“《山海经·北山篇》:‘彭水儵鱼,其状如鸡而赤毛,三尾六足四首,其音如鹊。’此异物,非常有者也。”最是一语中的之论。

儵鱼(汪绂图)

儵鱼(蒋应镐图)

儵鱼(《三才图会·鸟兽》卷五)

儵鱼(吴任臣图)

贰拾肆　何罗鱼

阿罗鱼（胡文焕图）

经文

又北四百里，曰谯明之山。谯水出焉，西流注于河，其中多何罗之鱼，一首而十身，其音如吠犬，食之已痈。

——《北山首经》

图解

《集韵·戈韵》“鱺”字云：“鱼名，一身十首。”《正字通·鱼部》“鱺”字云：“何罗鱼，俗作‘鱺’。”《事物绀珠》卷二十九“何罗”条作“十首十身”，皆与今本“一首而十身”不同。郭璞《图赞》云：“一头十身，何罗之鱼。”则今本不误。

王崇庆《山海经释义》云：“何罗之鱼，鬼车之鸟，可以并观。”《本草纲目》卷四十九“鬼车鸟”条引陈藏器《本草拾遗》云：“鬼车，晦暝则飞鸣，能入人家，收人魂气。相传此鸟昔有十首，犬啮其一，犹余九首。其一常滴血，血着人

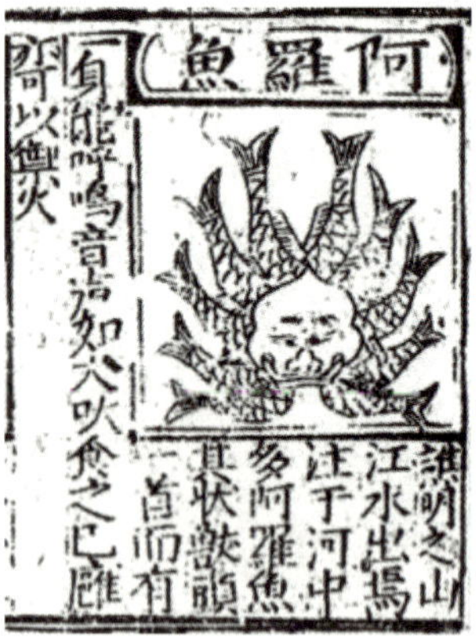

阿罗鱼（《万宝全书·山海异物》）

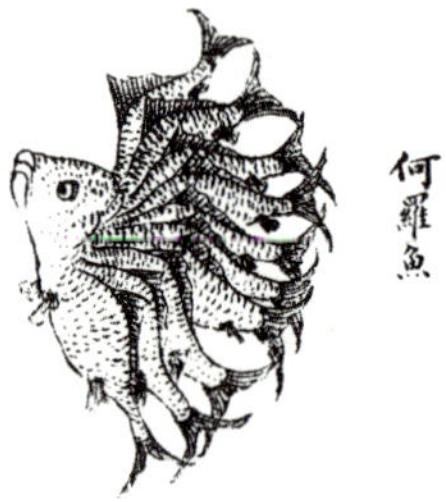

何罗鱼（汪绂图）

何罗鱼（吴任臣图）

家则凶。荆楚人夜闻其飞鸣，但灭灯、打门、捩狗耳以厌之，言其畏狗也。”

《事林广记》别集卷十一“阿罗鱼”条云：“谯水多阿罗鱼，一首十身，音如犬吠，食之已痈，御火。”胡文焕《山海经图》卷上“阿罗鱼”条图说云：“谯明之山，谯水出焉，注于河，中多阿罗鱼，一首十身，音如犬吠，食之已痈，亦可以御火。”

杨慎《山海经补注》云：“今名八带鱼。”八带鱼就是章鱼。

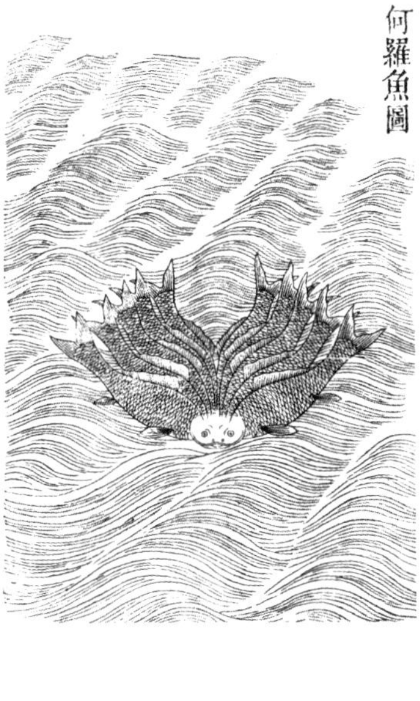

何罗鱼（《古今图书集成·禽虫典》卷一四九）

何罗鱼（蒋应镐图）

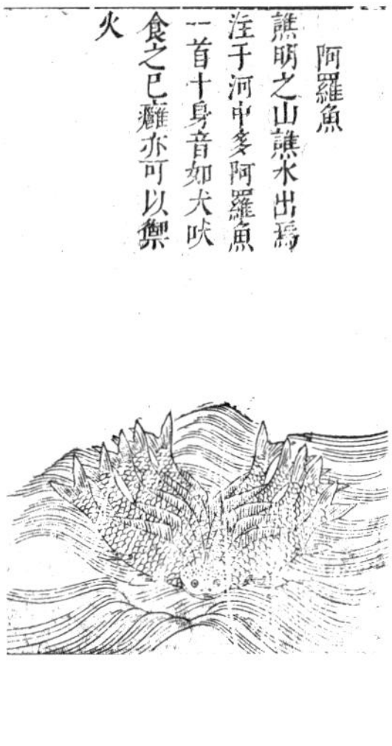

阿罗鱼（《三才图会·鸟兽》卷五）

贰拾伍　鰼鰼鱼

鰼（xí）

鰼鰼鱼（胡文焕图）

经文

又北三百五十里，曰涿光之山。嚣水出焉，而西流注于河，其中多鰼鰼之鱼，其状如鹊而十翼，鳞皆在羽端，其音如鹊，可以御火，食之不瘅。

——《北山首经》

图　解

《太平御览》卷九三九引《雒（洛）书》云："鰼鰼鱼，状如鹊，食之不瘴，出涿光山。"本此经为说，"瘴"即"瘅"字之讹。

《广韵·缉韵》"鰼"字引此经云："鰼鱼，状如鹊而有十翼，鳞在翼端，声如鹊。"与今本小异。

郭璞《图赞》云："鼓翮一运，十翼翩翻。厥鸣如鹊，鳞在羽端。是谓怪鱼，食之辟燔。"

鰼鰼鱼（《古今图书集成·禽虫典》卷一四九）

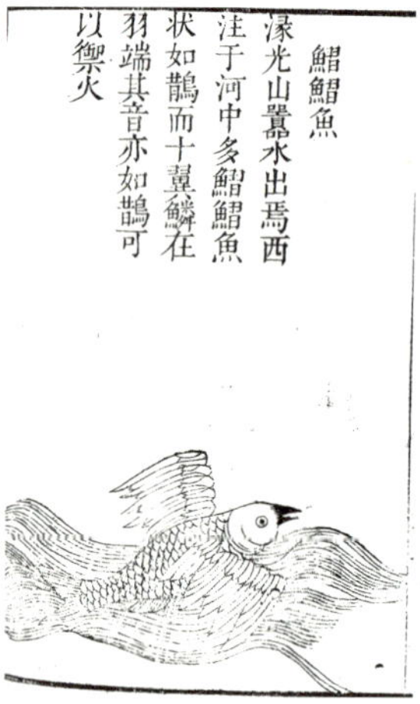

鰼鰼鱼（《三才图会·鸟兽》卷五）

鰼鰼鱼（吴任臣图）

鰼鰼鱼（蒋应镐图）

鰼鰼鱼（汪绂图）

贰拾陆　长蛇

长蛇（胡文焕图）

经文

又北二百八十里，曰大咸之山。……有蛇名曰长蛇，其毛如彘豪，其音如鼓柝。

——《北山首经》

长蛇（蒋应镐图）

柝（tuò）

图解

郭璞注："说者云长百寻。今蝮蛇色似艾绶文，文间有毛如猪鬐，此其类也。常山亦有长蛇，与此形不同。"

其音如鼓柝，郭璞注："如人行夜敲木柝声。"柝就是古代巡夜打更所敲的梆子。

郭璞《图赞》云："长蛇百寻，厥鬛如彘。飞群走类，靡不吞噬。极物之恶，尽毒之厉。"

胡文焕《山海经图》卷上"长蛇"条图说云："大咸山有蛇，名曰长蛇，锥手，身长百寻，其声如振鼓。"《三才图会·鸟兽》卷五"长蛇"条"锥手"作"锥首"，是也。

长蛇（《古今图书集成·禽虫典》卷一八〇）

长蛇（汪绂图）

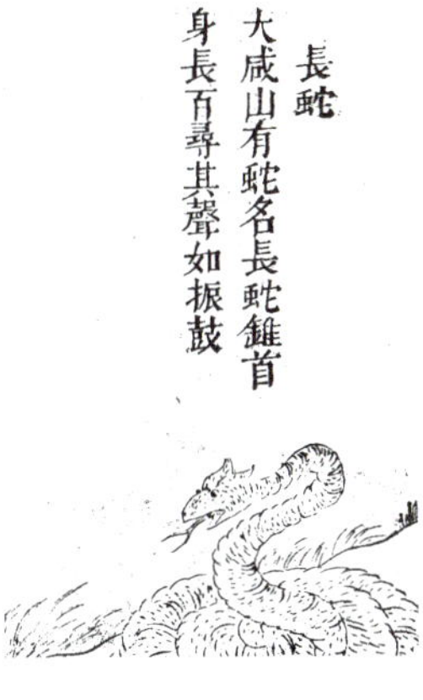

长蛇（《三才图会·鸟兽》卷五）

长蛇（吴任臣图）

贰拾柒　赤鲑

鲑（guī）

赤鲑（汪绂图）

经文

又北三百二十里，曰敦薨之山……敦薨之水出焉，而西流注于泑泽，出于昆仑之东北隅，实惟河原，其中多赤鲑。

——《北山首经》

图解

郭璞注：“今名鯸鲐为鲑鱼。”

郝懿行疏：“刘逵注《吴都赋》云：‘鯸鲐鱼状如蝌斗，大者尺余，腹下白，背上青黑，有黄文。性有毒，虽小，獭及大鱼不敢啖之。蒸煮啖之，肥美，豫章人珍之。’是其形状也。一名河豚。”

河豚鱼（《古今图书集成·禽虫典》卷一四五）

贰拾捌 鱳鱼

鱳（zǎo）

鱳鱼（汪绂图）

经文

又北二百里，曰狱法之山。瀤泽之水出焉，而东北流注于泰泽，其中多鱳鱼，其状如鲤而鸡足，食之已疣。

——《北山首经》

图解

郭璞《图赞》云：“鱳之为状，半鸟半鳞。”

郭郛《山海经注证》认为鱳鱼就是短颊鲇。

鱳鱼（蒋应镐图）

鱳鱼（《古今图书集成·禽虫典》卷一四九）

鱳鱼（吴任臣图）

贰拾玖 鮨鱼

鮨（汪绂图）

经文

又北二百里，曰北岳之山。……诸怀之水出焉，而西流注于嚣水，其中多鮨鱼，鱼身而犬首，其音如婴儿，食之已狂。

——《北山首经》

鮨（yì）

图解

郭璞注：“今海中有虎鹿鱼及海豨，体皆如鱼而头似虎、鹿、猪，此其类也。”

郝懿行疏：“刘逵注《吴都赋》云：‘虎鱼，头身似虎，或云变而成虎。鹿头鱼，有角似鹿。’李善注《江赋》引《临海异物志》曰：‘鹿鱼，长二尺余，有角，腹下有脚如人足。’又引《临海水土记》曰：‘海豨，豕头，身长九尺。’然则推寻郭义，此经鮨鱼盖鱼身鱼尾而狗头，极似今海狗，登州海中有之，其状非狗非鱼，《本草》家谓之骨（腽）肭兽是也。”

鮨鱼（蒋应镐图）

鮨鱼（《古今图书集成·禽虫典》卷一四九）

鮨鱼（吴任臣图）

叁拾　肥遗

肥遗（汪绂图）

经　文

又北百八十里，曰浑夕之山。……有蛇一首两身，名曰肥遗，见则其国大旱。——《北山首经》

图　解

郭璞注："《管子》曰：'涸水之精名曰蟡，一头而两身，其状如蛇，长八尺，以其名呼之，可使取鱼龟。'亦此类。"

汪绂《山海经存》云："'蟡'字即'肥遗'二字合音也。"

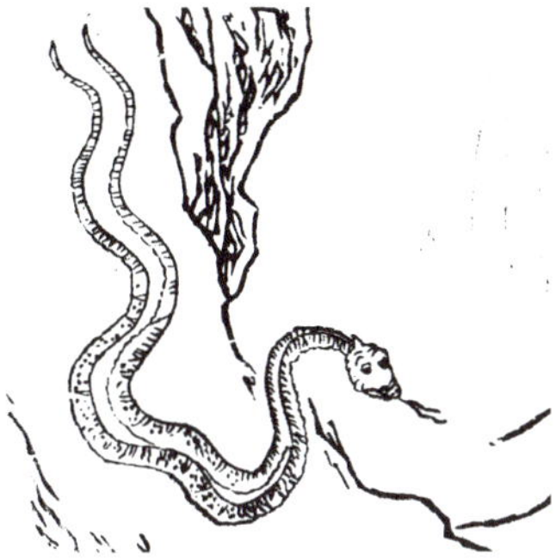
肥遗（蒋应镐图）

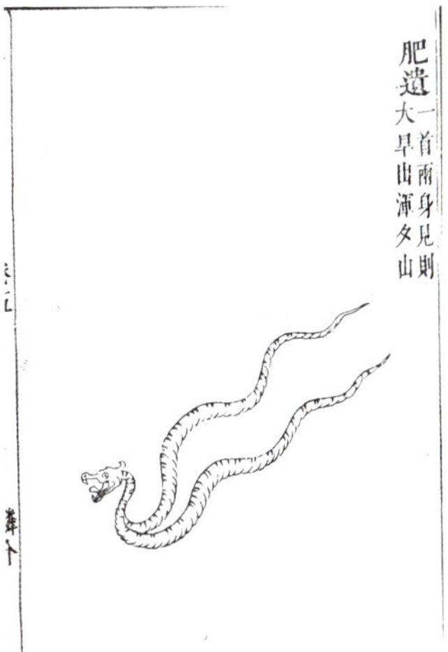

肥遗（吴任臣图）

肥遗（《古今图书集成·禽虫典》卷一八〇）

叁拾壹　龙龟

经文

又北百七十里，曰隄山。……隄水出焉，而东流注于泰泽，其中多龙龟。

——《北山首经》

龙龟（汪绂图）

图解

王崇庆《山海经释义》云："龙龟盖龟之大者，非谓既有龙而又有龟也。"

郝懿行疏："龙、龟二物也。或是一物，疑即吉吊也，龙种龟身，故曰龙龟。裴渊《广州记》云：'吊生岭南，蛇头龟身，水宿木栖。其膏至轻利，铜及瓦器盛之皆浸出，置鸡卵壳中则不漏，其透物甚于醍醐也。'见《证类本草》〔卷十六〕及李时珍《本草》〔卷四十三〕。"

《山经》言诸山水所出，皆不及龙，故此"龙龟"当是一物，王说是也。《太平广记》卷四七二"南人"条云："海上人云龙生三卵，一为吉吊也。其吉吊上岸与鹿交，或于水边遗精，流槎遇之，粘裹木枝，如蒲桃焉，色微青黄，复似灰色，号紫稍花，益阳道，别有方说。"

龙龟（蒋应镐图）

叁拾贰　䱇鱼

䱇（shàn）

鱓鱼（《古今图书集成·禽虫典》卷一四二）

经　文

又北三百八十里，曰湖灌之山。……湖灌之水出焉，而东流注于海，其中多䱇。

——《北次二经》

图　解

郭璞注："亦鱓鱼字。"亦作"鳝"。

《尔雅翼》卷二十九"鱓"条云："鱓似蛇而无鳞，黄质黑文，体有涎沫，生水岸泥窟中，所在有之。或云荇芹根及人发所化，然其腹中自有子，不必皆物化也。状既似蛇，又夏月于浅水中作窟，如蛇冬蛰而夏出，故亦名蛇鱓。"

叁拾叁 鮥父鱼

鮥（xiàn）

经文

又东三百里，曰阳山。……留水出焉，而南流注于河，其中有鮥父之鱼，其状如鲋，鱼首而彘身，食之已欧。

——《北次三经》

鮥父（汪绂图）

图解

经文既然说“如鲋”，即言其身如鲋，又云“彘身”，则自相矛盾，当有误也。疑“彘身”为“彘耳”之误，《北山首经》北岳之山，“有兽焉，其状如牛而四角，人目彘耳，其名曰诸怀”。然而郭璞《图赞》云“鮥父鱼首，厥体如豚”，似郭璞所见本已误。

“欧”原作“呕”，郝疏云：“‘呕’当为‘欧’，《说文》云：‘吐也。’”元钞本正作“欧”，《太平御览》卷九三九引同，今据改。

鮥父（《古今图书集成·禽虫典》卷一四九）

鮥父鱼（蒋应镐图）

叁拾肆　鳠

鳠（hù）

经文

又北百里，曰绣山。……洧水出焉，而东流注于河，其中有鳠、黾。

——《北次三经》

鳠（汪绂图）

图解

郭璞注："鳠，似鲇而大，白色也。"《尔雅·释鱼》云:"鲩,大鳠,小者鮡。"郭璞注:"鳠，似鲇而大，白色。"与此同。

郭郛《山海经注证》释为大鳍鳠。

鲩，大鳠，小者鮡（《尔雅音图》）

叁拾伍 黾

经文

又北百里，曰绣山。……洧水出焉，而东流注于河。其中有鳠、黾。

——《北次三经》

黾（汪绂图）

图解

郭璞注："耿黾似虾蟆而小，青。或曰：鳠黾，一物名耳。"《尔雅·释鱼》云："鼁䵹，蟾诸。在水者黾。"郭璞注："耿黾也，似青蛙，大腹，一名土鸭。"

郭郛《山海经注证》释为泽蛙。

黾（《古今图书集成·禽虫典》卷一八七）

在水者黾（《尔雅音图》）

叁拾陆　大蛇

大蛇（汪绂图）

经文

又北五百里，曰錞于毋逢之山。……是有大蛇，赤首白身，其音如牛，见则其邑大旱。

——《北次三经》

图解

大蛇长着红色的脑袋，白色的身子，声音像牛，它的出现意味着那个地方会发生大旱灾。

《太平御览》卷九三四引《玄中记》云："昆仑西北有山，周回三万里。巨蛇长万里。蛇常居此山，饮食沧海。"可谓极尽夸张之能事。又引《蜀王本纪》云："秦王知蜀王好色，乃献美女五人。蜀王遣五丁迎女，还梓潼，见一大蛇入山穴中，一丁引其尾不能出，五丁共引蛇，山崩，压五丁。"

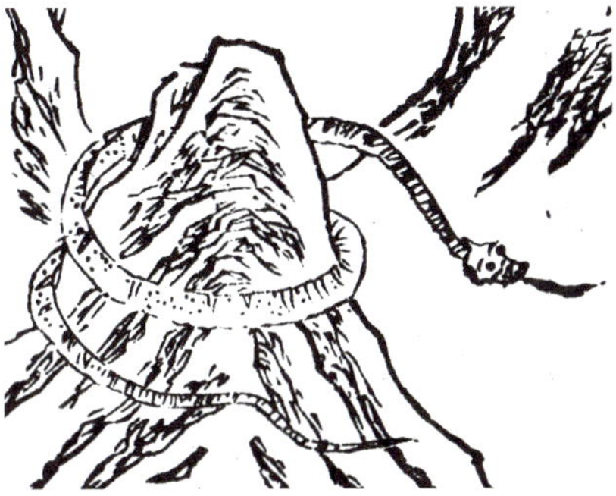

大蛇（蒋应镐图）

叁拾柒 鳙鳙鱼

樕𧑍（sù zhū）

鳙鳙鱼（汪绂图）

经　文

《东山经》之首，曰樕𧑍之山，北临乾昧。食水出焉，而东北流注于海，其中多鳙鳙之鱼，其状如犁牛，其音如彘鸣。——《东山首经》

图　解

毕沅《山海经新校正》云：“《史记》司马相如《赋》有‘禺禺’，徐广曰：‘禺禺，鱼牛也。’《汉书〔·司马相如传〕》注：‘郭璞注：禺禺，鱼，皮有毛，黄地黑文。师古曰：禺音隅，又音颙。’则鳙鳙即禺禺，字异音同也。又案《诗〔·敝笱〕》正义引陆机云：‘鱮似鲂而头大，徐州人谓之鲢，或谓之鳙。幽州人谓之鸮鷎，或谓之胡鳙。’则鳙鳙即鲢也。”

郝懿行疏：“《史记〔·司马相如列传〕》裴骃集解引郭氏云：‘鳙似鲢而黑。’非此也。《说文》云：‘鳙，鱼名。’又云：‘鰅鱼，皮有文，出乐浪、东暆。神爵四年初，捕收输考工。周成王时，扬州献鰅。’《周书·王会篇》云：‘扬州禺禺，鱼名。解隃冠。’‘禺禺’即‘鰅鰅’声之转，古字通也。《史记·司马相如传》有‘禺禺’，徐广云：‘禺禺，鱼牛也。’郭氏注《上林赋》云：‘鰅鱼，有文彩。’又云：‘禺禺，鱼，皮有毛，黄地黑文。’与《说文》‘鰅鱼，皮有文’合。徐广谓之‘鱼牛’，即此经‘状如犁牛’是也。《说文》云‘出乐浪、东暆’，亦与此经合。《艺文类聚》九卷引《博物志》云：‘东海中有牛鱼，其形如牛，剥其皮悬之，潮水至则毛起，潮去则伏。’即是鱼也。”

犁牛，郭璞注：“牛似虎文者。”惠栋手校《山海经》云：“《说文》曰：‘犖，黄牛，虎文也。’”郝懿行疏：“郭氏注《上林赋》云：‘禺禺，鱼，皮有毛，黄地黑文。’与此注‘似虎文’义合。《〔三国志·〕魏志·文帝纪》注引《献帝传》云：‘犁牛之驳似虎。’正谓此也。”因此郭璞《图赞》云：“鱼号鳙鳙，如牛虎驳。”

《事林广记》别集卷十一“鳙鳙”条云：“乾昧山，食水出焉，东北注于海中，其水多鳙鳙鱼，状如犁牛，其皮虎文，音如彘鸣也。”《事物绀珠》卷二十九“鳙鳙”条云：“如犂牛，虎文，音如彘。”

郭郛《山海经注证》认为鳙鳙就是海牛。

鳙鳙鱼（《古今图书集成·禽虫典》卷一五〇）

鳙鳙鱼（蒋应镐图）

叁拾捌　活师

活师（汪绂图）

经文

又南三百里，曰蕌山，其上有玉，其下有金。湖水出焉，东流注于食水，其中多活师。

——《东山首经》

蕌（lěi）

图解

郭璞注：“科斗也，《尔雅》谓之‘活东’。”《尔雅·释鱼》云：“科斗，活东。”郭璞注：“虾蟆子。”

王崇庆《山海经释义》云：“活师疑蚌属。”

汪绂《山海经存》云：“或曰东海之滨有鱼焉，似蝌蚪而味美，其名曰跳鱼。”

郝懿行疏：“虾蟆叫而生子，其声聒聒，谓之聒子。活师、聒子声相近，科斗、活东音相转也。”

科斗，活东（《尔雅音图》）

箴鱼（汪绂图）

经　文

又南三百里，曰栒状之山。……泜水出焉，而北流注于湖水，其中多箴鱼，其状如鯈，其喙如箴，食之无疫疾。

——《东山首经》

图　解

郭璞注：“出东海。今江东水中亦有之。”

汪绂《山海经存》云：“今江东滨海皆有之，谓之针工鱼。”

惠栋《山海经》手校云：“〔《异鱼图赞补》引〕《寰宇记》：‘鱵鱼生江湖中，大小形状并同鲙残，但喙尖有一细黑骨如针，是异耳。’”

郝懿行疏：“今登莱海中有箴梁鱼，碧色而长，其骨亦碧，其喙如箴，以此得名。”

箴鱼即针鱼，因其嘴如针一样细长而得名。

箴鱼（《古今图书集成·禽虫典》卷一四三）

肆拾　鳡鱼

经文

又南三百里，曰番条之山，无草木，多沙。减水出焉，北流注于海，其中多鳡鱼。

——《东山首经》

鳡鱼（汪绂图）

鳡（gǎn）

图解

郭璞注："一名黄颊。"

惠栋《山海经》手校云："〔《异鱼图赞笺》卷二引〕《本草》曰：'鳡一名䱂，一名鳏，一名黄颊鱼。鳡，敢也;䱂，胎也。食而无厌也，健而难取，吞陷同类，力敢而胎物者也。其性独行，故曰鳏。'《毛诗义疏》曰：'黄颊骨正黄，鱼之大而有力者。'（《初学》卅）"

郝懿行疏："鳡，一名魠。《说文》云：'魠，哆口鱼也。'《广雅〔·释鱼〕》云：'䱌、魧、鳙，魠也。'《玉篇》云：'魠，黄颊鱼。'郭氏注《上林赋》云：'魠，鳡也。一名黄颊。'与此注合。又谓之鲿，《小雅·鱼丽篇》毛传云：'鲿，杨也。'陆机疏云：'今黄颊鱼也，似燕头鱼身，形厚而长大，颊骨正黄，鱼之大而有力解飞者。徐州人谓之杨，黄颊通语也。今江东呼黄鲿鱼，亦名黄颊鱼，尾微黄，大者长七八寸许。'"

吕调阳《五藏山经传》云："鳡，杜父鱼也，伏泥沙中，有角触人，色黄，蜀人名黄辣丁。"

郭郛《山海经注证》认为鳡鱼属于鲤鱼的一种。

鳡鱼（《古今图书集成·禽虫典》卷一四一）

肆拾壹 堪孖鱼

孖（xù）

如夸父（汪绂图）

经文

又南三百里，曰犲山，其上无草木，其下多水，其中多堪孖之鱼，其状如夸父而彘尾，其音如呼，见则天下大水。

——《东山首经》

图解

毕沅《山海经新校正》云：“夸父即貜父也。”郝懿行疏：“夸父即举父也。”夸父究竟是什么动物，已不可知。

汪绂《山海经存》云：“或曰即鱮鱼也，似鲢，食草，今人池沼养之，谓之草鱼。”

郭璞《图赞》云：“堪孖軨軨，殊气同占。见则洪水，天下昏垫。岂伊妄降，亦应牒谶。”

肆拾贰　倏鳙

倏鳙（汪绂图）

经文

又南三百里，曰独山，其上多金、玉，其下多美石。末涂之水出焉，而东南流注于沔，其中多倏鳙，其状如黄蛇，鱼翼，出入有光，见则其邑大旱。

——《东山首经》

倏鳙（tiáo yóng）　图　解

《事物纪原》卷十“倏鳙”条云：“蜀山，涂水东南流于江，中有倏鳙，状如黄蛇，鱼鬣，入水有光，见则其邑旱。”《事林广记》别集卷十一“倏鳙”条云：“独山，涂水出焉，东南流于江，中多倏鳙，状如黄蛇，鱼鬣，入水有光，见则其邑大旱也。”疑皆本舒雅《山海经图》也。

郭璞《图赞》云：“倏鳙蛇状，振翼洒光。凭波腾逝，出入江湘。见则岁旱，是维火祥。”

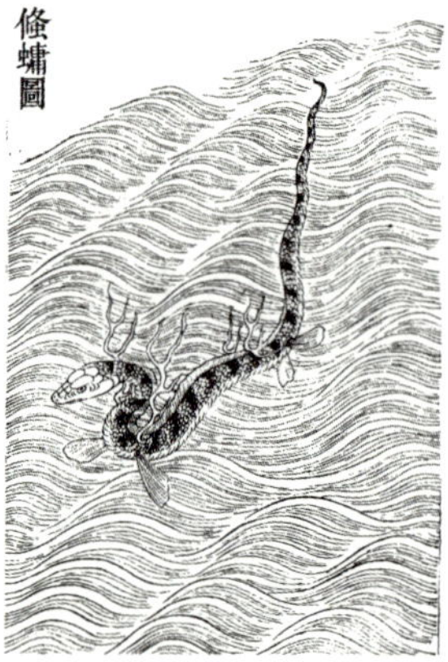

倏鳙（《古今图书集成·禽虫典》卷一八〇）

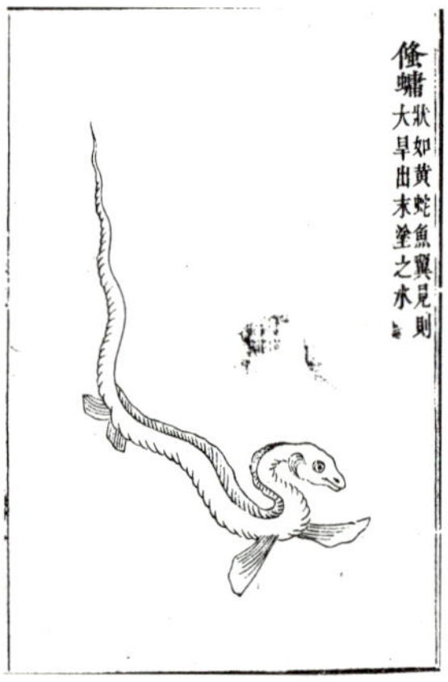

倏鳙（吴任臣图）

倏鳙（蒋应镐图）

肆拾叁　珠蟞鱼

蟞（biē）

珠蟞（胡文焕图）

经文

又南三百八十里，曰葛山，无草木。澧水出焉，东流注于余泽，其中多珠蟞鱼，其状如肺而有目，六足，有珠，其味酸甘，食之无疠。

——《东次二经》

图解

汪绂《山海经存》："肺，或以为鲊鱼，则鲊似肺而无目，或以为乌鲗，似之。"

郝懿行疏："此物图作四目。《初学记》八卷引《南越志》云：'海中多朱蟞，状如肺，有四眼六脚而吐珠。'正与图合，疑此经'有目'当为'四目'字之讹也。《文选·江赋》注引此经仍作'有目'，讹与今本同，并当刊正。"

胡文焕《山海经图》卷上"珠蟞"条图说云："葛山泽中多珠蟞之鱼，其状如肺，六目六足，腹内有珠，其味甘酸，食之可辟时气病。"《事林广记》别集卷十一"珠蟞"条同，盖舒雅《山海经图》作"六目"也。《太平御览》卷九三九引此经作"如肺而有六足、目，有珠"，似所见本亦作"六目"。吴任臣《山海经图》卷五"珠蟞鱼"图与胡文焕图同，

珠蟞（《古今图书集成·禽虫典》卷一五四）

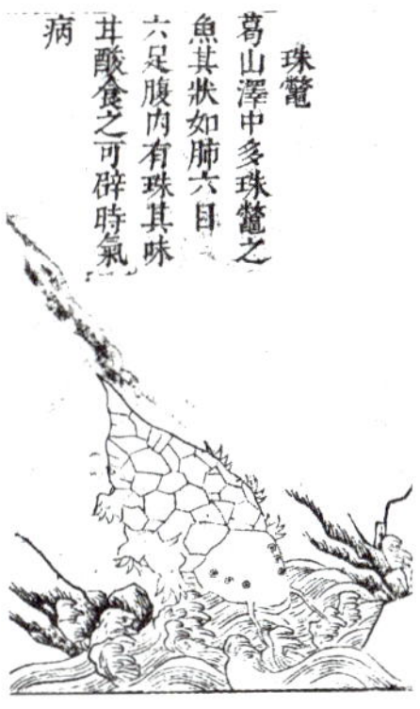

珠蟞（《三才图会·鸟兽》卷五）

珠蟞鱼（吴任臣图）

珠鳖鱼（蒋应镐图）

唯“六目”改绘作“四目”。蒋应镐图作“二目”之形，盖以今本作“有目”而绘也。疑此经作“有目”不误，后或作“六目”“四目”“二目”，皆以意为之。

根据《吕氏春秋·本味》的记载，朱鳖是“鱼之美者”之一，因为味道美，所以给自己带来了危害，故郭璞《图赞》云：“澧水之鳞，状如浮肺。体兼三才，以货贾害。厥用既多，何以自卫。”

郭郛《山海经注证》认为珠鳖鱼就是中华鳖。

珠鳖鱼（汪绂图）

珠鳖鱼（《古今图书集成·禽虫典》卷一五〇）

鳣（汪绂图）

经文

又南水行七百里，曰孟子之山。……其上有水出焉，名曰碧阳，其中多鳣、鲔。

——《东次三经》

鳣（zhān）

图解

《尔雅·释鱼》“鳣”条郭璞注云：“鳣，大鱼，似鱏而短鼻，口在颔下，体有邪行甲，无鳞，肉黄，大者长二三丈，今江东呼为黄鱼。”

郭郛《山海经注证》认为鳣就是中华鲟。

鳣鱼（《古今图书集成·禽虫典》卷一三八）

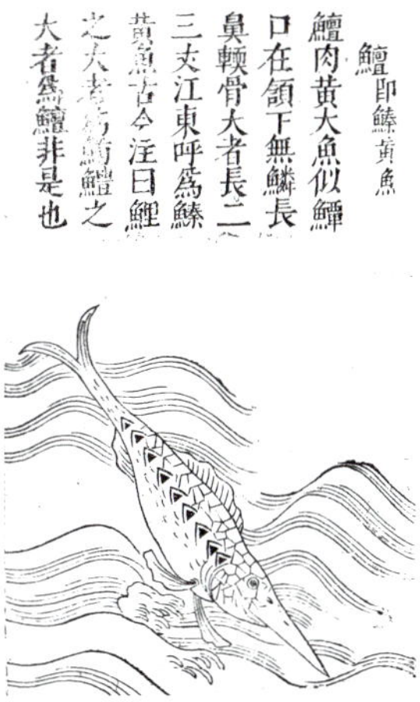

鱣即鱑黄魚

鱣肉黄大魚似鱏口在頷下無鱗長鼻軟骨大者長二三丈江東呼爲鱑黄魚古今注曰鯉之大者名爲鱣之大者爲鱣非是也

鳣（《三才图会·鸟兽》卷五）

鳣（《尔雅音图》）

鲔（汪绂图）

经文

又南水行七百里，曰孟子之山。……其上有水出焉，名曰碧阳，其中多鳣、鲔。

——《东次三经》

鮥，鮇鲔（《尔雅音图》）

鲔（wěi）

图解

郭璞注：“鲔，即鱏也，似鳣而长鼻，体无鳞甲，别名魱鰽，一名鱑也。”《尔雅·释鱼》云：“鮥，鮇鲔。”郭璞注：“鲔，鳣属也。大者名王鲔，小者名鮇鲔。今宜都郡自京门以上江中通出鱏鳣之鱼，有一鱼状似鳣而小，建平人呼鮥子，即此鱼也。”

陆玑《毛诗草木鸟兽虫鱼疏》卷下云：“鲔鱼形似鳣而色青黑，头小而尖，似铁兜鍪，口在颔下，其甲可以磨姜，大者不过七八尺。益州人谓之鳣。鲔大者为王鲔，小者为鮇鲔，一名鮥。肉色白，味不如鳣也。今东莱辽东人谓之尉鱼，或谓之仲明鱼，仲明者，乐浪尉也，溺死海中，化为此鱼。又河南巩县东北崖上山腹有穴，旧说此穴与江湖通，鲔从此穴而来北，入河西上龙门，入漆沮，故张衡《赋》云：‘王鲔岫居。’山穴为岫，谓此穴也。”

《埤雅》卷一“鲔”条云：“鲔仲春从河西上，得过龙门便化为龙，否则点额而还，《尸子》曰：‘龙门，鱼之难也。太行，牛之难也。’盖河津一名龙门，两傍有山，鱼莫能上。大鱼薄集龙门，上则为龙，不得上辄暴鳃水次，故曰暴鳃龙门，垂耳辕下。善为鱼者，不求为龙，望禹门辄逝，是以无暴鳃点额之患。”

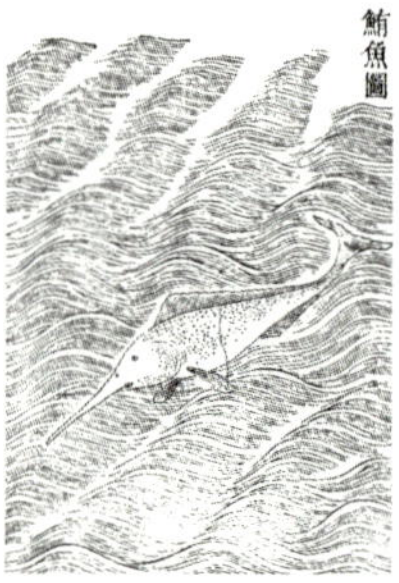

鲔鱼（《古今图书集成·禽虫典》卷一三八）

鲔（《三才图会·鸟兽》卷五）

蠵（xī）

蠵龟（汪绂图）

经文

又南水行五百里，流沙五百里，有山焉，曰跂踵之山。……有水焉，广员四十里皆涌，其名曰深泽，其中多蠵龟。

——《东次三经》

图解

郭璞注："蠵，觜蠵，大龟也，甲有文彩，似瑇瑁而薄。"

郝懿行疏："《说文》云：'蠵，大龟也，以胃鸣者。'郭注《尔雅》'灵龟'云：'缘中文似瑇瑁，俗呼为灵龟，即今觜蠵龟，一名灵蠵，能鸣。'"

胡文焕《山海经图》卷下"蠵龟"条图说云："跂踵山，水出蠵龟，甲可以卜，缘中似玳瑁，有文彩，一名灵蠵。"

《初学记》三十卷引郭氏此经《图赞》曰："水圆四十，潜源溢沸。灵龟爰处，掉尾养气。庄生是感，挥竿傲贵。"

蠵龟（《古今图书集成·禽虫典》卷一五一）

蠵龟（《三才图会·鸟兽》卷五）

灵龟（《尔雅音图》）

蠵龟（胡文焕图）

肆拾柒 鮯鮯鱼

鮯（gé）

经文

又南水行五百里，流沙五百里，有山焉，曰跂踵之山。……有鱼焉，其状如鲤而六足，鸟尾，名曰鮯鮯之鱼，其名自叫。

——《东次三经》

鮯鱼（胡文焕图）

图解

郝懿行疏：“《广雅·释地》本此经云：‘东方有鱼焉，如鲤，六足鸟尾，其名曰鮯。’不作重文，《玉篇》亦然。”《玉篇·鱼部》云：“鮯，深泽有鱼，状如鲤，六足鸟尾。”《玉篇残卷》“鮯”字引此经仍作“鮯鮯之鱼”，第二个“鮯”字作重文符号“々”。疑《广雅》单作“鮯”，当为重文符号脱去所致。

胡文焕《山海经图》卷下“鮯鱼”条图说云：“跂踵山有鱼，状如鲤，六足鸟尾，名鮯鱼。”

鮯鮯鱼（《古今图书集成·禽虫典》卷一五〇）

鮯鱼（《三才图会·鸟兽》卷六）

鮯鮯鱼（吴任臣图）

鮯鮯鱼（汪绂图）

鮯鮯鱼（蒋应镐图）

肆拾捌　鱃鱼

鱃（qiū）

经文

又南三百里，曰旄山，无草木。苍体之水出焉，而西流注于展水，其中多鱃鱼，其状如鲤而大首，食者不疣。

——《东次四经》

鱃鱼（汪绂图）

图解

郭璞注："今虾鳅字。"

毕沅《山海经新校正》云："《广雅》云：'鱃，鳅也。'案'鱃'非古字，后人以声合之，其实当为'鳅'。"《慧琳音义》卷八十一"鳅鳝"条引此经作"鳅鱼"。鳅鱼就是泥鳅。

李时珍《本草纲目》卷四十四"鳙鱼"条认为此经"鱃鱼"就是"鳙鱼"，云："此鱼中之下品，盖鱼之庸，常以供馐食者。故曰鳙、曰鱃。"又云："处处江湖有之，状似鲢而色黑。其头最大，有至四五十斤者。味亚于鲢。鲢之美在腹，鳙之美在头。或以鲢、鳙为一物，误矣。首之大小，色之黑白，大不相侔。《山海经》云'鱃鱼似鲤，大首，食之已疣'是也。"鳙鱼俗称胖头鱼。

鳙鱼（《古今图书集成·禽虫典》卷一四二）

鱃鱼（蒋应镐图）

肆拾玖　贝

经文

又南三百二十里，曰东始之山。……泚水出焉，而东北流注于海，其中多美贝。

——《东次四经》

泚（zǐ）

贝（汪绂图）

图解

郭郛《山海经注证》认为美贝大概就是宝贝（Cypraea）、钝梭贝（Volva）等。

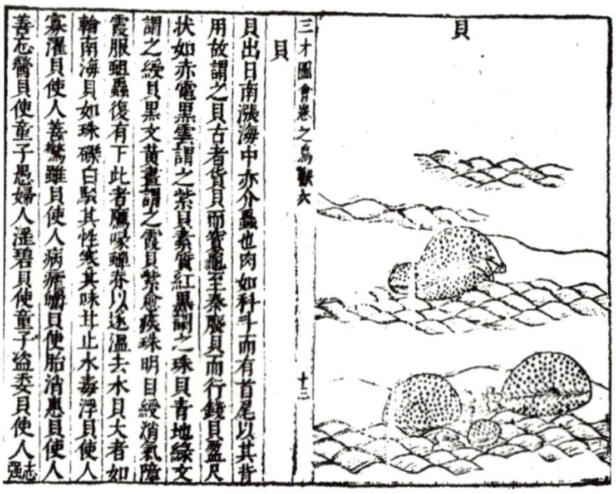

三才圖會卷之鳥獸六　十二

貝

貝出日南漲海中亦介蟲也肉如科斗而有首尾以其背用故謂之貝古者貨貝而寶龜至秦廢貝而行錢貝盈尺狀如赤電黑雲謂之紫貝素質紅黑謂之珠貝青地綠文謂之綬貝黑文黃畫謂之霞貝紫愈疾珠明目綬消氣障霞服蛆蟲復有下此者鷹喙蟬脊以逐溫去水貝大者如輪南海貝如珠礫白駁其性寒其味甘止水毒浮貝使人寡濯貝使人善驚雖貝使人病瘧蟵貝使胎消惠貝使人善忘蟦貝使童子愚婦人淫碧貝使童子盜委貝使人强志

贝（《三才图会·鸟兽》卷六）

伍拾　茈鱼

茈鱼（汪绂图）

经文

又南三百二十里，曰东始之山。……泚水出焉，而东北流注于海，其中多美贝，多茈鱼，其状如鲋，一首而十身，其臭如蘪芜，食之不糟。

——《东次四经》

糟（pì）

茈鱼（《古今图书集成·禽虫典》卷一五〇）

图　解

茈鱼，《北户录》卷一“乳穴鱼”条作“鮆鱼”。

糟，即“屁”字。

吴任臣《山海经广注》云：“与何罗鱼类。”何罗鱼见《北山首经》谯明之山，也是一首而十身。

郭璞《图赞》云：“有鱼十身，蘪芜其臭。食之和体，气不下溜。”

伍拾壹　薄鱼

经　文

又东南三百里，曰女烝之山，其上无草木、石。膏水出焉，而西注于鬲水，其中多薄鱼，其状如鳣鱼而一目，其音如欧，见则天下大旱。

——《东次四经》

薄鱼（汪绂图）

图　解

“薄”又写作“鱄”,《广韵·铎韵》云:“鱄，鱼似鲤，一目也。”本此经为说，“鳣”作“鲤”，二字形近易讹。

“欧”是“呕”的古字,郭璞注:“如人呕吐声也。”

郭璞《图赞》云:“薄之跃渊，是惟灾候。”

郭郛《山海经注证》认为薄鱼就是薄鳅。

薄鱼（《古今图书集成·禽虫典》卷一五〇）

薄鱼（吴任臣图）

薄鱼（蒋应镐图）

伍拾贰　䱻鱼

䱻（huá）

䱻鱼（胡文焕图）

经文

又东南二百里，曰子桐之山。子桐之水出焉，而西流注于余如之泽，其中多䱻鱼，其状如鱼而鸟翼，出入有光，其音如鸳鸯，见则天下大旱。

——《东次四经》

图　解

郭璞《图赞》云："当康如豚，见则岁穰。䱻鱼鸟翼，飞乃流光。同出殊应，或灾或祥。"

《事林广记》别集卷十一"䱻鱼"条云："子桐山水中多䱻鱼，状如鱼而鸟翼，出则有光，见则旱。"胡文焕《山海经图》卷上"䱻鱼"条图说与今本经文同。

䱻鱼（汪绂图）

䱻鱼（《古今图书集成·禽虫典》卷一五〇）

䱻鱼（《三才图会·鸟兽》卷五）

䱻鱼（蒋应镐图）

䱻鱼（吴任臣图）

伍拾叁 豪鱼

经文

又东十五里，曰渠猪之山，其上多竹。渠猪之水出焉，而南流注于河，其中是多豪鱼，状如鲔，赤喙尾，赤羽，可以已白癣。

——《中山首经》

豪鱼（汪绂图）

鲔（wěi）

图解

元钞本《山海经》作“状如鲔而赤喙赤尾”，无“赤羽”二字。《御览》卷七四二引此经作“赤喙，赤尾”，无“赤羽”二字，与元钞本同。《御览》卷九三九引作“赤喙尾，赤羽”，与今本同。

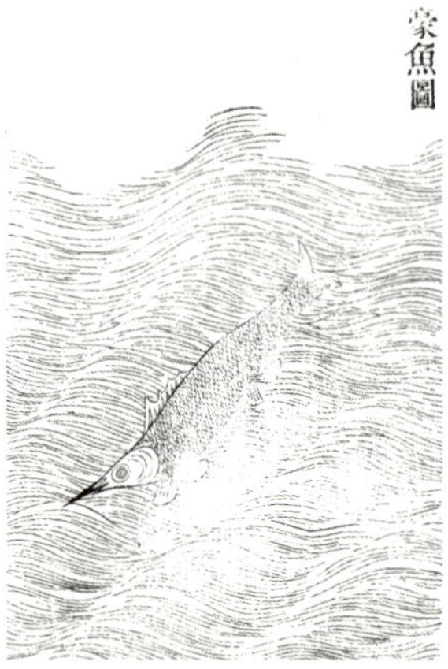

豪鱼《古今图书集成·禽虫典》卷一五〇

郭郛《山海经注证》认为豪鱼就是施氏鲟。

豪鱼（蒋应镐图）

伍拾肆 飞鱼

飞鱼（汪绂图）

经文

又北三十里，曰牛首之山。……劳水出焉，而西流注于潏水，是多飞鱼，其状如鲋，食之已痔、衕。

——《中山首经》

潏（jué）

衕（dòng）

图 解

鲋，即鲫鱼。衕，即腹泻。

《太平御览》卷九三九引《林邑国记》曰："飞鱼身圆，长丈余，羽重沓，翼如胡蝉，出入群飞，游翔翳会而沉，则泳海底。"

汪绂《山海经存》云："飞鱼盖鲋之一种耳，言飞而不言有翼，其鱼好超跃水面如飞也。今鲫鱼亦能治痔止泄，鲫即鲋鱼别名。"

郭郛《山海经注证》认为飞鱼是鲤鱼类。

飞鱼（蒋应镐图）

伍拾伍　鸣蛇

经文

又西三百里，曰鲜山。……鲜水出焉，而北流注于伊水，其中多鸣蛇，其状如蛇而四翼，其音如磬，见则其邑大旱。

——《中次二经》

鸣蛇（汪绂图）

图解

张衡《南都赋》云：“其水虫则有蠳龟鸣蛇。”

郭璞《图赞》云：“鸣化二蛇，同类异状。拂翼俱游，腾波漂浪。见则并灾，或淫或亢。”

郭郛《山海经注证》认为鸣蛇就是扬子鳄。

鸣蛇（《古今图书集成·禽虫典》卷一八〇）

鸣蛇（蒋应镐图）

鸣蛇（吴任臣图）

伍拾陆 化蛇

化蛇（汪绂图）

经文

又西三百里，曰阳山，多石，无草木。阳水出焉，而北流注于伊水，其中多化蛇，其状人面而豺身，鸟翼而蛇行，其音如呼，见则其邑大水。

——《中次二经》

图解

《广雅·释地》云:“中央有蛇焉，人面豺身鸟翼，蛇行，其名曰化蛇。”本此经为说也。

化蛇的样子是人的面孔，豺狼的身子，鸟的翅膀。它虽然有翅膀，但还是像蛇一样爬行，声音像人在呼喊。它出现的地方意味着会发生洪水。

化蛇（《古今图书集成·禽虫典》卷一八〇）

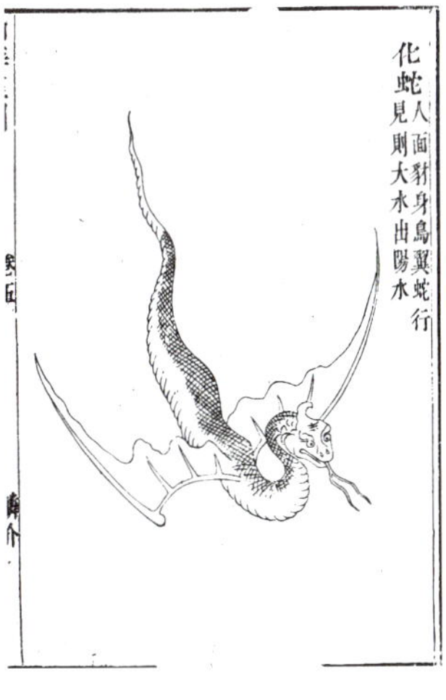

化蛇（吴任臣图）

化蛇（蒋应镐图）

伍拾柒　仆累

经文

又东十里，曰青要之山，实维帝之密都。北望河曲，是多驾鸟。南望墠渚，禹父之所化，是多仆累、蒲卢。

——《中次三经》

仆累（汪绂图）

墠（shàn）

图解

郭璞注："仆累，蜗牛也。"

《尔雅·释鱼》云："蚹蠃，螔蝓。"郭璞注："即蜗牛也。"

蚹蠃，螔蝓（《尔雅音图》）

伍拾捌　蒲卢

蒲卢（汪绂图）

经文

又东十里，曰青要之山，实维帝之密都。北望河曲，是多驾鸟。南望墠渚，禹父之所化，是多仆累、蒲卢。

——《中次三经》

图解

郭璞注："《广雅》曰：'蒲卢，蛙、蛤也。'"

郝懿行疏："蒲卢者，《夏小正》传云：'蜃者，蒲卢也。'《广雅〔·释鱼〕》云：'蛙、蛤，蒲卢也。'是蒲卢为蜃龛之属。蒲卢声转为仆累，即蝶螺也。郭注《西次三经》槐江之山云'蠃母即蝶螺'是矣。又声转为蚹蠃，即蒲蠃也。《〔国语·〕吴语》云'其民必移就蒲蠃于东海之滨'是矣。是仆累、蒲卢，同类之物，并生于水泽下湿之地。"

郝说是也，蒲卢应该是蚌、蛤之类。《尔雅·释虫》云："果蠃，蒲卢。"郭璞注："即细腰蜂也，俗呼为蠮螉。"汪绂图画作细腰蜂，显然是根据《尔雅》，但并不符合此文的"蒲卢"，因此是错误的。

伍拾玖　飞鱼

经文

又东十里，曰騩山。……正回之水出焉，而北流注于河，其中多飞鱼，其状如豚而赤文，服之不畏雷，可以御兵。

——《中次三经》

飞鱼（胡文焕图）

图解

胡文焕《山海经图》卷下“飞鱼”条图说云：“騩山，河中多飞鱼，状如豚，赤文，有角，佩之不畏雷霆，亦可御兵。”《事物绀珠》卷二十九“飞鱼”条云：“状如鲋，或如豚而赤文，有角，翼如蝉，飞凌云，沉泳海底。”“状如鲋”指《中山首经》牛首之山飞鱼。

郭璞《图赞》云：“飞鱼如豚，赤文无羽。食之辟兵，不畏雷鼓。”

汪绂《山海经存》云：“此又飞鱼之一种，如今江豘之类耳。”

飞鱼（汪绂图）

飞鱼（《古今图书集成·禽虫典》卷一五〇）

飞鱼（蒋应镐图）

飞鱼（《三才图会·鸟兽》卷六）

飞鱼（吴任臣图）

陆拾　蜂

蜂（汪绂图）

经　文

《中次六经》缟羝山之首，曰平逢之山，南望伊、洛，东望谷城之山，无草木，无水，多沙石。有神焉，其状如人而二首，名曰骄虫，是为螫虫，实惟蜂蜜之庐。

——《中次六经》

图　解

蜂蜜之庐，郭璞注：“言群蜂之所舍集。蜜，亦蜂名。”

《尔雅·释虫》有“土蠭”和“木蠭”二种。

土蠭（《尔雅音图》）

木蠭（《尔雅音图》）

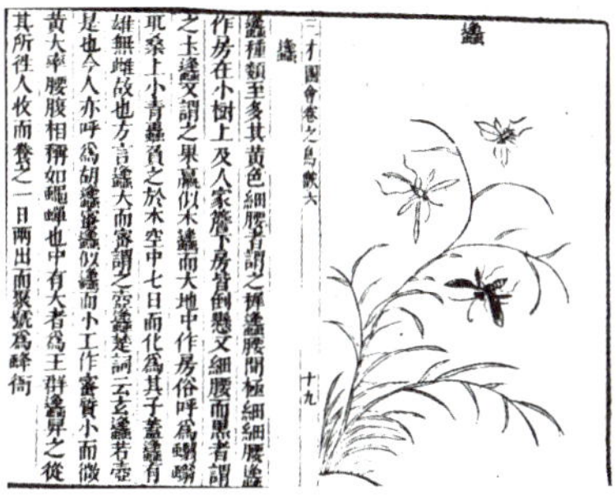
三才圖會卷之鳥獸六　十九

蠭

蠭種類至多其黃色細腰者謂之稺蠭腰間極細細腰蠭作房在小樹上及人家簷下房皆倒懸又細腰而黑者謂之土蠭又謂之果蠃似木蠭而大地中作房俗呼爲蠮螉取桑上小青蟲負之於木空中七日而化爲其子蓋蠭有雄無雌故也方言蠭大而蜜謂之壺蠭楚詞云玄蠭若壺是也今人亦呼爲胡蠭蜜蠭似蠭而小工作蜜賓小而微黃大率腰腹相稱如蠅蟬也中有大者爲王群蠭皆之從其所往人收而養之一日兩出而聚號爲蜂衙

蠭（《三才图会·鸟兽》卷六）

陆拾壹　旋龟

经　文

又西七十二里，曰密山，其阳多玉，其阴多铁。豪水出焉，而南流注于洛，其中多旋龟，其状鸟首而鳖尾，其音如判木。

——《中次六经》

旋龟（汪绂图）

图　解

郭璞《图赞》云："声如破木，号曰旋龟。"

郭郛《山海经注证》认为旋龟就是大头龟。

旋龟（蒋应镐图）

陆拾贰　脩辟鱼

橐（tuó）

脩辟鱼（汪绂图）

经文

又西五十里，曰橐山。……橐水出焉，而北流注于河，其中多脩辟之鱼，状如黾而白喙，其音如鸱，食之已白癣。

——《中次六经》

图解

郭璞注："黾，蛙属也。"

汪绂《山海经存》云："黾，蛙属。此鱼亦黾属。"

郝懿行疏："此鱼即黽属也。黽亦名黽鱼，见《汉书·东方朔传》。"

脩辟鱼《古今图书集成·禽虫典》卷一五〇

经　文

又东五十七里，曰大苦之山。……其阳狂水出焉，西南流注于伊水，其中多三足龟，食者无大疾，可以已肿。

——《中次七经》

三足龟（吴任臣图）

图　解

郭璞注："今吴兴阳羡县有君山，山上有池，水中有三足六眼龟鳖。龟三足者名贲，出《尔雅》。"《尔雅·释鱼》云："龟三足，贲。"郭璞注："今吴兴郡阳羡县君山上有池，池中出三足鳖，又有六眼龟。"

郭璞《图赞》云："造物维均，靡偏靡颇。少不为短，长不为多。贲能三足，何异鼋鼍。"

《岭外代答》卷十"六目龟"云："闻钦七洞有六目龟，欣然异之，因人求得，乃真目之上有四伪目耳，所谓伪目，即头上金黄花纹圆长，中黑似目也。然伪目与真目排比，端正不偏，无一不然，亦足爱矣。常龟养之不死，是龟旬日即死是，殆不以龟养龟而然欤？"

三足龟（蒋应镐图）

龟三足贲（《尔雅音图》）

三足龟（吴任臣图）

陆拾肆 鯩鱼

鯩（lún）

鯩鱼（汪绂图）

经文

又东七十里，曰半石之山。……来需之水出于其阳，而西流注于伊水，其中多鯩鱼，黑文，其状如鲋，食者不肿。

——《中次七经》

图解

郭郛《山海经注证》认为鯩鱼就是鳊鱼。

鯩鱼（蒋应镐图）

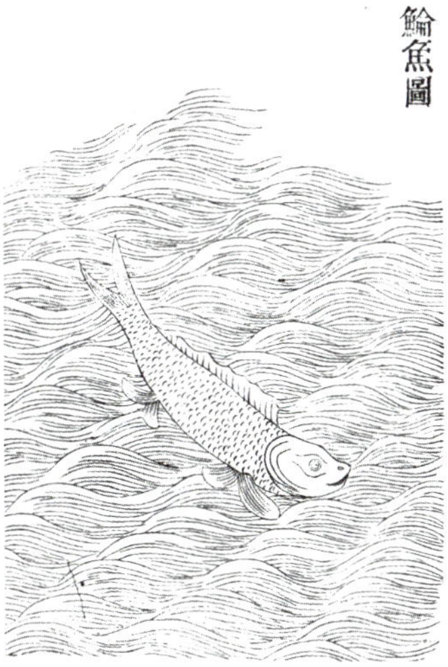

鯩鱼（《古今图书集成·禽虫典》卷一五〇）

陆拾伍 螣鱼

螣鱼（汪绂图）

经文

又东七十里，曰半石之山。……合水出于其阴，而北流注于洛，多螣鱼，状如鳜，居逵，苍文赤尾，食者不痈，可以为瘘。

——《中次七经》

螣（téng）
瘘（lòu）

图 解

鳜，又称桂鱼。

郭璞注：“逵，水中之穴道交通者。”

《说文》云：“痈，肿也。”

《说文》云：“瘘，颈肿也。”即淋巴腺结核。

《本草纲目》卷四十四“鳜鱼”条云：“螣之形状、居止、功用俱与鳜同，亦鳜之类也。《日华子》谓鳜为水豚者，岂此螣欤？”

螣鱼（《古今图书集成·禽虫典》卷一五〇）

陆拾陆 鯑鱼

鯑鱼（汪绂图）

经文

又东五十里，曰少室之山。……休水出焉，而北流注于洛，其中多鯑鱼，状如盩蜼而长距，足白而对，食者无蛊疾，可以御兵。

——《中次七经》

图解

吴任臣《山海经广注》云："蜼最小者名蒙颂，紫黑色。说者以鯑鱼类獭而紫色，意盩蜼之为物，即蒙颂异名也，未审是非。"《尔雅·释兽》云："蒙颂，猱状。"郭璞注："即蒙贵也，状如蜼而小，紫黑色，可畜，健捕鼠，胜于猫。九真、日南皆出之。猱亦猕猴之类。"

毕沅《山海经新校正》云："即兒鱼，字亦作'鳀'，此作'鯑'，俗字也。"

郝懿行疏："'盩'当为'盭'。《广雅〔·释兽〕》云：'狖，蜼也。'狖、盭声相近。郭注《尔雅〔·释兽〕》云：'蜼似猕猴。'鯑，即鲵也，《北次三经》注云：'鯑见《中山经》。'谓此也。'鲵'省作'兒'，《周书·王会篇》云：'兒若猕猴。'与此经合。"

王崇庆《山海经释义》云："足白而对，言其色白，且相向也。"郝懿行疏："对盖谓足趾相向也。《史记·天官书》云：'疾其对国。'"

鯑鱼，又名人鱼、孩儿鱼。李时珍《本草纲目》卷四十四"鯑鱼"条云："孩儿鱼有二种，生江湖中，形色皆如鲇、鮠，腹下翅形似足，其腮颊轧轧，音如儿啼，即鯑鱼也；一种生溪涧中，形声皆同，但能上树，乃鲵鱼也。"

孩儿鱼（《万物绘本大全图》）

经　文

《中次八经》荆山之首，曰景山，其上多金、玉，其木多杼、檀。睢水出焉，东南流注于江，其中多丹粟，多文鱼。

——《中次八经》

文鱼（汪绂图）

图　解

郭璞注："有斑彩也。"

汪绂《山海经存》云："文鱼，今石斑鱼。"

《埤雅》卷一"鳢"条云："今玄鳢是也……有舌，鳞细有花文，一名文鱼。"

陆拾捌 鲛鱼

鲛鱼（汪绂图）

经文

东北百里，曰荆山。……漳水出焉，而东南流注于睢，其中多黄金，多鲛鱼。

——《中次八经》

鲛鱼（蒋应镐图）

图解

郭璞注：“鲛，鲳属也，皮有珠文而坚。尾长三四尺，末有毒，螫人。皮可饰刀剑口，错治材角，今临海郡亦有之。”

郭璞《图赞》云：“鱼之别属，厥号曰鲛。珠皮毒尾，匪鳞匪毛。可以错角，兼饰剑刀。”

汪绂《山海经存》云：“鲛鱼似鲨，今马鲛也。”

郝懿行疏：“鲛鱼即今沙鱼。”

《文选·吴都赋》刘逵注引《异物志》云:“鲛鱼出合浦，长二三尺，背上有甲，珠文坚强，可以饰刀口，可以为鑢。”

《本草纲目》卷四十四“鲛鱼”条李时珍云：“古曰鲛，今曰沙，是一类而有数种也，东南近海诸郡皆有之。形并似鱼，青目赤颊，背上有鬣，腹下有翅，味并肥美，南人珍之。大者尾长数尺，能伤人。皮皆有沙，如真珠斑。其背有珠纹如鹿而坚强者，曰鹿沙，亦曰白沙，云能变鹿也。背有斑纹如虎而坚强者，曰虎沙，亦曰胡沙，云虎鱼所化也。鼻前有骨如斧斤，能击物坏舟者，曰锯沙，又曰挺额鱼，亦曰鱕鲳，谓鼻骨如鐇也。沈怀远《南越志》云:‘环雷鱼,鲳鱼也,长丈许，腹内有两洞，腹贮水养子，一腹容二子。子朝从口中出，暮还入腹。鳞皮有珠，可饰刀剑，治骨角。’”

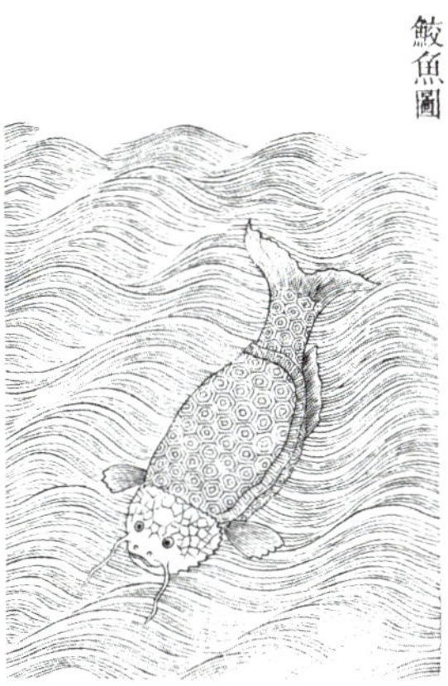

鲛鱼（《古今图书集成·禽虫典》卷一四三）

陆拾玖　鼍

鼍（汪绂图）

经文

又东北三百里，曰岷山。江水出焉，东北流注于海，其中多良龟，多鼍。

——《中次九经》

鼍（蒋应镐图）

鼍（tuó）

图解

郭璞注："似蜥蜴，大者长二丈，有鳞彩，皮可以冒鼓。"

郝懿行疏："《说文》云：'鼍，水虫。似蜥易，长大。'陆机《诗疏》云：'鼍，似蜥蜴，长丈余，其甲如铠，皮坚厚，可冒鼓。'是郭所本也。'鼍'亦作'鼉'，《周书·王会篇》云：'会稽以鼉。'又作'鱓'，《夏小正》云：'二月剥鱓。'传云：'以为鼓也。'是'鱓'即'鼍'也。"

《本草纲目》卷四十三"鼍龙"条李时珍云："鼍穴极深，渔人以篾缆系饵探之，候其吞钩，徐徐引出。性能横飞，不能上腾。其声如鼓，夜鸣应更，谓之鼍鼓，亦曰鼍更，俚人听之以占雨。其枕莹净，胜于鱼枕。生卵甚多至百，亦自食之。南人珍其肉，以为嫁娶之敬。陆佃云：'鼍身具十二生肖肉，惟蛇肉在尾最毒也。'"

鼍就是大家熟知的扬子鳄。

鼍（《古今图书集成·禽虫典》卷一三二）

鼍（《三才图会·鸟兽》卷五）

柒拾 怪蛇

怪蛇（汪绂图）

经文

又东一百五十里，曰崌山，江水出焉，东流注于大江，其中多怪蛇。

——《中次九经》

崌（jū）

图解

郭璞注："今永昌郡有钩蛇，长数丈，尾岐，在水中钩取岸上人、牛、马啖之。又呼马绊蛇，谓此类也。"

郝懿行疏："《水经·若水注》云：'山有钩蛇，长七八丈，尾末有岐，蛇在山涧水中，以尾钩岸上人、牛食之。'李善注《江赋》引此注作'钩取断岸人及牛马啖之'，其余则同。又李石《续博物志》〔卷二〕云'先提山有钩蛇'云云，与《水经注》所说同。"

经文

《中次一十一山经》

荆山之首，曰翼望之山。……贶水出焉，东南流注于汉，其中多蛟。

——《中次十一经》

蛟（《三才图会·鸟兽》卷五）

贶（kuàng）

图解

郭璞注："似蛇而四脚，小头细颈，颈有白瘿，大者十数围，卵如一二石瓮，能吞人。"

郭璞《图赞》云："匪蛇匪龙，鳞彩晖焕。腾跃涛波，蜿蜒江汉。汉武饮羽，佽飞迭断。"

郝懿行疏："《广雅〔·释鱼〕》云：'有鳞曰蛟龙。'《说文》云：'蛟，龙之属也。池鱼满三千六百，蛟来为之长，能率鱼飞。置笱水中，即蛟去。'"

《太平御览》卷九三〇引裴渊《广州记》云："新宁郡东溪甚饶蛟，及时害人。曾于鱼梁上得之，其长丈余，形广如楯，修颈小头，胸前赭，背上青班，胁边若锦。"

《埤雅》卷一"蛟"条云："蛟，龙属也，其状似蛇而四足，细颈，颈有白婴，大者数围，卵生，眉交，故谓之蛟。亦蛟能交首尾束物焉，故谓之蛟也。"

蛟（《古今图书集成·禽虫典》卷一三二）

三足鳖（汪绂图）

经　文

又东南三十五里，曰从山。……从水出于其上，潜于其下，其中多三足鳖，枝尾，食之无蛊疫。

——《中次十一经》

图　解

郭璞注："三足鳖名能，见《尔雅》。"《尔雅·释鱼》云："鳖三足，能。"

能（《三才图会·鸟兽》卷五）

鳖三足，能（《尔雅音图》）

柒拾叁　飞蛇

经文

又南九十里，曰柴桑之山。……其兽多麋鹿，多白蛇、飞蛇。

——《中次十二经》

飞蛇（汪绂图）

图解

郭璞注："即螣蛇，乘雾而飞者。"《尔雅·释鱼》云："螣，螣蛇。"郭璞注："龙类也，能兴云雾而游其中。"

郭璞《图赞》云："腾蛇配龙，因雾而跃。虽欲登天，云罣陆暴。枝非所体，难以久托。"

螣蛇（《古今图书集成·禽虫典》卷一八〇）

螣，螣蛇（《尔雅音图》）

龙鱼（汪绂图）

经文

龙鱼陵居，在其北，状如狸。一曰鰕鱼。即有神圣乘此以行九野。一曰鳖鱼在夭野北，其为鱼也如鲤。

——《海外西经》

图解

郭璞注："或曰：龙鱼似狸，一角。"

郭璞《图赞》云："龙鱼一角，似鲤居陵。候时而出，神圣攸乘。飞骛九域，乘云上升。"

《尔雅·释鱼》云："鲵，大者谓之鰕。"郭璞注："今鲵鱼似鲇，四脚，前似猕猴，后似狗，声如小儿啼，大者长八九尺。"

《太平御览》卷九三九引《括地图》云："龙鱼一名鰕鱼，状如龙，而有神圣乘此以行九野。"

龙鱼（《古今图书集成·禽虫典》卷一五〇）

鲵，大者谓之鰕（《尔雅音图》）

柒拾伍　巴蛇

经文

巴蛇食象，三岁而出其骨，君子服之，无心腹之疾。其为蛇青黄赤黑。一曰黑蛇青首，在犀牛西。

——《海内南经》

巴蛇（胡文焕图）

图解

郭璞注："今南方蚦蛇吞鹿，鹿已烂，自绞于树，腹中骨皆穿鳞甲间出，此其类也。《楚词》曰：'有蛇吞象，厥大何如？'说者云长千寻。"

郝懿行疏："蚦蛇见《本草》。《淮南·精神训》云：'越人得髯蛇，以为上肴，中国得而弃之无用。'又《水经》'叶榆河过交址（趾）卷泠县北'，注云：'山多大蛇，名曰髯蛇，长十丈，围七八尺，常在树上伺鹿兽。鹿兽过，便低头绕之，有顷，鹿死，先濡令湿讫，便吞，头角骨皆钻皮出。山夷始见蛇不动时，便以大竹签签蛇头至尾，杀而食之，以为珍异'云云。又云：'养创之时，肪腴甚肥。搏之，以妇人衣投之，则蟠而不起走，便可得也。'《桂海虞衡志》云：'蚦蛇胆入药。南人腊其皮，刮去鳞，以鞔鼓。'"

郭璞《图赞》云："象实巨兽，有蛇吞之。越出其骨，三年为期。厥大何如，屈生是疑。"

胡文焕《山海经图》卷上"巴蛇"条图说云："南海外有巴蛇，身长百寻，其色青黄赤黑，食象，三岁而出其骨。今南方蚺蛇亦吞鹿也，肉烂则自绞于树，腹中骨皆穿鳞甲间出，亦此类也。"

《淮南子·本经训》云："逮至尧之时，十日并出，焦禾稼，杀草木，而民无所食。猰貐、凿齿、九婴、大风、封豨、脩蛇皆为民害。尧乃使羿诛凿齿于畴华之野，杀九婴于凶水之上，缴大风于青丘

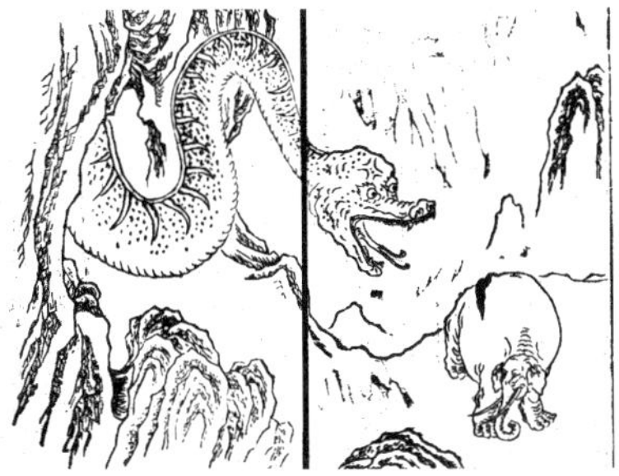

巴蛇（蒋应镐图）

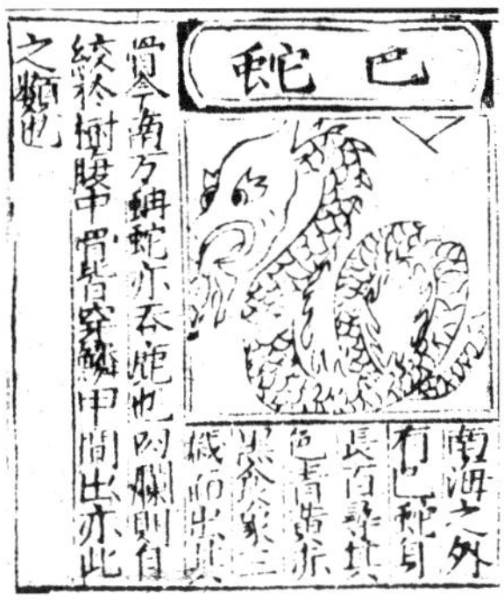

巴蛇（《万宝全书·山海异物》）

之泽，上射十日而下杀猰貐，断脩蛇于洞庭，禽封豨于桑林，万民皆喜，置尧以为天子。”高诱注：“脩蛇，大蛇，吞象，三年而出其骨之类。”

《尔雅翼》卷三十二“巴蛇”条云：“巴者，食象之蛇，其字象蜿蜒之形，中有一，说者以为一所吞也。其长千寻，青黄赤黑。《海内南经》曰：‘巴蛇食象，三岁而出其骨，君子服之，无心腹之疾。’言取所出象骨而佩服之，在犀牛西。今南方蚺蛇长十丈，亦能吞鹿。鹿消尽，乃自绞于树，则腹中之骨皆穿鳞甲间出。养疮时，肪腴甚美，或以妇人衵服投之，则蟠不能起，其胆亦止心腹之痛。又倭国有兽如牛，名山鼠。彼有大蛇，亦吞此兽，蛇皮坚，不可斫，盖巴类也。今常蛇啖一蛙，辄翩塞宛转，寻即蜕裂。而巴乃独吞象，逮三岁始出其骨，巨细之不同，盖如此。出其骨，当亦自鳞甲中，不须复蜕也。《天问》曰：‘灵蛇吞象，厥大何如？’古称尧使羿断脩蛇于洞庭，许叔重以为脩蛇，大蛇吞象之类。洞庭，南方泽名，近巴陵，说巴陵者，以为巴之死，其骨为陵，此地至今往往多大蛇，岂其种裔耶？按今岳阳郡狱之侧，巍然而高，草木翳郁者，人指以为巴蛇积骨之处。城外尝有巴蛇庙，已而废。又有象骨山，以为象暴骨之所，其旁有湖曰象湖。”

《岭外代答》卷十“蚺蛇”条云：“蚺蛇能食獐鹿，人见獐鹿惊逸，必知其为蛇。相与赴之，环而讴歌，呼之曰‘妖’，妖谓姊也，蛇闻歌即俯首。人竞采野花置蛇首，蛇愈伏，乃投以木株，蛇就枕焉。

巴蛇（《三才图会·鸟兽》卷五）

巴蛇（吴任臣图）

人掘坎枕侧，蛇不顾也。坎成，以利刃一挥，堕首于坎，急压以土，人乃四散。食顷，蛇身腾掷，一方草木为摧。既死，则剥其皮以鞔鼓，取其胆以和药，饱其肉而弃其膏，盖膏能痿人阳道也。人谓大风油即称蚺蛇膏，非是。夫蛇之死，可谓愚矣。然天地之间，物理有不可晓者，以蛇之大而甘受制，诚愚。然特其未见水耳，彼一见水，必夭矫其形，不受制伏，起而吞人。虽不遇水，有小儿在侧，亦忽吞之。是其死也，殆有机缄者存，非蛇之愚也。”

巴蛇（汪绂图）

巴蛇（《古今图书集成·禽虫典》卷一八〇）

巴蛇吞象（萧云从《离骚图》）

柒拾陆　六首蛟

鵕（sǔn）

经文

开明南有树鸟，六首；蛟、蝮蛇、蜼、豹、鸟秩树，于表池树木，诵鸟、鵕、视肉。

——《海内西经》

图解

根据经文，"六首"指的是树鸟，蒋应镐图把蛟绘作六个脑袋，显然是将"六首蛟"作为一句话来读，大误。

六首蛟（蒋应镐图）

柒拾柒　大蠭

经文

大蠭，其状如蠭。

——《海内北经》

蜂（《古今图书集成·禽虫典》卷一七〇）

蠭（fēng）

图解

《方言》卷十一云："蠭，其大而蜜谓之壶蠭。"

《尔雅翼》卷二十六"蠭"条云："蠭，种类至多，其黄色细腰者谓之稺蜂，腰间极细，仅相联属。天地之性，细腰纯雄，大腰纯雌，纯雄谓蜂；纯雌，龟鼈之属也。《列子》亦曰：'纯雌其名大腰，纯雄其名稺蜂。'言无雌雄而自化，故《淮南子》以蜂之类为贞虫，言其无欲也。《博物志》以为蜂无雌，取桑虫或阜螽子抱而成己子。今细腰蜂作房在小树上及人家檐下，房皆倒悬，其缀着处必以漆，房中各有子如粟，稍长如蛹能动，逐时饲之，久则封之，生翼而出，其稺者复孚卵，则增房益多。其在大木上者，蜂与房皆大，谓之露蜂房，又谓之百穿，其房大者如瓮，小者如桶，至大者如巨钟。房数百层，子至石许。又土蠭黑色，似木蠭而大，地中作房。蠭之最大者，螫人至死，能食蜘蛛。《楚辞》云：'赤蚁若象，玄蠭若壶。'壶形圆大，故蠭似之。《方言》'蠭大而蜜谓之壶蠭'，今人亦呼为胡蠭。"

大蠭（蒋应镐图）

经文

朱蛾，其状如蛾。

——《海内北经》

螘（《古今图书集成·禽虫典》卷一八九）

图解

蛾（yǐ）

郭璞注："蛾，蚍蜉也。《楚词》曰：'玄蜂如壶，赤蛾如象。'谓此也。"蛾，"蚁"的古字。

《尔雅·释虫》云："蚍蜉，大螘；小者螘。蠪，朾螘。螱，飞螘，其子蚳。"螘，"蚁"的异体字。

《太平御览》卷九五一引《白泽图》云："赤蛾两头而白翼者，龙也，杀之兵死。"

邝露《赤雅》卷下云："赤蚁若象，浑身带火，力负万钧，杂食虎豹蛇虫，遗卵如斗山。人取为酱，是名蚳醢。"

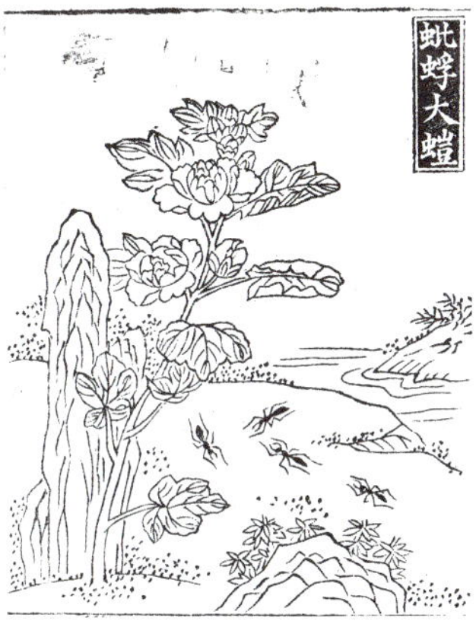

蚍蜉，大螘（《尔雅音图》）

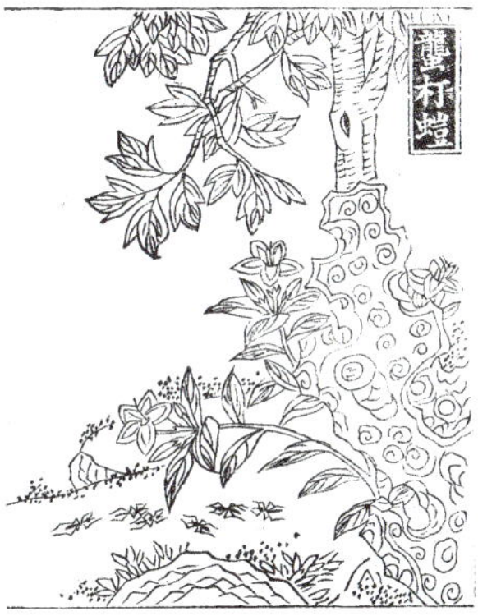

蠪，朾螘（《尔雅音图》）

螱，飞螘（《尔雅音图》）

其子蚳（《尔雅音图》）

柒拾玖 大蟹

大蟹（汪绂图）

经文

大蟹在海中。

——《海内北经》

图解

郭璞注："盖千里之蟹也。"

王崇庆《山海经释义》云："蟹之大者，未必千里，郭氏何据？"

郝懿行疏："《周书·王会篇》云：'海阳大蟹。'孔晁注：'海水之阳，一蟹盈车。'此云'千里'，疑字之讹也。然《大荒北经》注亦同，又似不讹。《吕氏春秋·恃君览》云：'夷秽之乡，大解、陵鱼。'大解即大蟹也，古字通用。"

《太平御览》卷九四二引《玄中记》云："天下之大物，有北海之蟹，举一螯能加于山，身故在水中。"又引《岭南异物志》云："尝有行海得州渚，林木甚茂，乃维舟登岸，爨于水旁。半炊而林没于水，遽断其缆，乃得去。详视之，大蟹也。"

蟹（《古今图书集成·禽虫典》卷一六一）

大蟹（蒋应镐图）

陵鱼（汪绂图）

经文

陵鱼人面手足，鱼身，在海中。——《海内北经》

图解

陵鱼人面手足，即人面人手人足，也就是柳宗元《天对》所谓“鲮鱼人貌”者也。

郝懿行疏：“《楚词·天问》云：‘鲮鱼何所？’王逸注云：‘鲮鱼，鲤也。一云鲮鱼，鲮鲤也。有四足，出南方。’《吴都赋》云：‘陵鲤若兽。’刘逵注云：‘陵鲤有四足，状如獭，鳞甲似鲤，居土穴中，性好食蚁。’引《楚词》云：‘陵鱼曷止？’王逸曰：‘陵鱼，陵鲤也。’所引《楚词》与今本异；其说陵鲤即今穿山甲也，云‘性好食蚁’，陶注《本草》说之极详，然非此经之陵鱼也。穿山甲又不在海中，此皆非矣。”

吕调阳《五藏山经传》云：“陵鱼，人鱼也，以能居陆，故谓之陵，犹鳗之号鲮鲤矣。”

陵鱼（《古今图书集成·禽虫典》卷一五〇）

陵鱼（吴任臣图）

陵鱼（蒋应镐图）

捌拾壹　四蛇

经文

汉水出鲋鱼之山，帝颛顼葬于阳，九嫔葬于阴，四蛇卫之。

——《海内东经》

图解

郭璞注："言有四蛇卫守山下。"

四蛇（蒋应镐图）

捌拾贰 应龙

应龙（汪绂图）

经文

大荒东北隅中，有山名曰凶犁土丘。应龙处南极，杀蚩尤与夸父，不得复上。故下数旱，旱而为应龙之状，乃得大雨。

——《大荒东经》

图解

郭璞注："应龙，龙有翼者也。"

《楚辞·天问》云："河海应龙，何尽何历？"洪兴祖《补注》引《山海经图》云："犁丘山有应龙者，龙之有翼也。昔蚩尤御黄帝，令应龙攻于冀州之野。女娲之时，乘雷车，服驾应龙。夏禹治水，有应龙以尾画地，即水泉流通。"

胡文焕《山海经图》卷上"应龙"条图说云："恭丘山有应龙者，有翼龙也。昔蚩尤御黄帝，帝令应龙攻于冀之野。女娲之时，乘畜车，服应龙。禹治水，有应龙以尾画地，即水卫。"

《太平御览》卷九三四引任昉《述异记》云："虺五百年化为蛟，蛟千年化为龙，龙五百年而为角龙，又千年为应龙。"

应龙（《三才图会·鸟兽》卷五）

应龙（《古今图书集成·神异典》卷三四）

应龙（《古今图书集成·禽虫典》卷一二七）

应龙（吴任臣图）

捌拾叁　玄蛇

经文

黑水之南，有玄蛇，食麈。

——《大荒南经》

玄蛇（汪绂图）

麈（zhǔ）

图解

郭璞注："今南方蚺蛇吞鹿，亦此类。"

吴任臣《山海经广注》云："〔《本草纲目》卷四十三'鳞蛇'条引〕《方舆胜览》云：'鳞蛇出安南、云南镇康州、临安、沅江、孟养诸处，长丈余，有四足，黄、黑鳞二色，能食麋鹿。'即斯类也。"

玄蛇（蒋应镐图）

捌拾肆　育蛇

育蛇（汪绂图）

经文

有宋山者，有赤蛇，名曰育蛇。有木生山上，名曰枫木。枫木，蚩尤所弃其桎梏，是谓枫木。

——《大荒南经》

图解

《博物志·异草木》云："江南诸山郡中，大树断倒者，经春夏生菌，谓之椹。食之有味，而忽毒杀，人云此物往往自有毒者，或云蛇所著之。枫树生者啖之，令人笑不得止，治之，饮土浆即愈。"

捌拾伍　如兔虫

经文

有虫，状如菟，胸以后者裸不见，青，如猿状。

——《大荒西经》

虫状如兔（汪绂图）

图解

郭璞注："言皮色青，故不见其裸露处。"即该虫皮肤是青色的，所以看不出来它裸露的地方。

郭璞注："状又似猿。"郝懿行疏："此兽即㲋也。《说文》云：'㲋，兽也，似兔，青色而大。'此经云'状如菟'是也。又云'如猿'者，言其色，非谓状似兔，又似猿也。"

《禽虫典》的图题作"蛊"，实为"虫"字之误。

虫（《古今图书集成·禽虫典》卷一二四）

捌拾陆　鱼妇

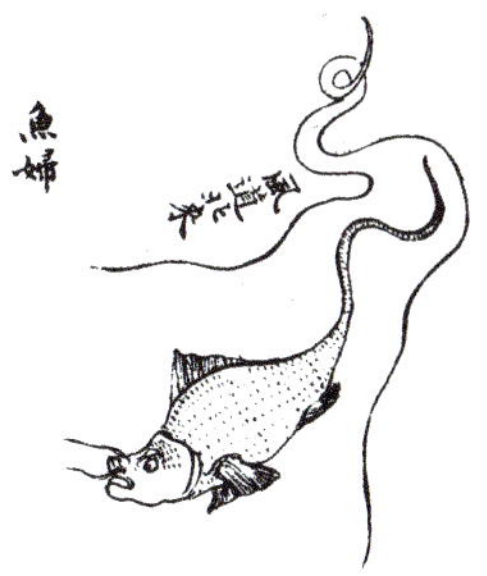

鱼妇（汪绂图）

经　文

有鱼偏枯，名曰鱼妇。颛顼死即复苏。风道北来，天乃大水泉，蛇乃化为鱼，是为鱼妇。颛顼死即复苏。

——《大荒西经》

图　解

郭璞注：“《淮南子》曰：‘后稷龙在建木西，其人死复苏，其半为鱼。’盖谓此也。”

汪绂《山海经存》云：“苏，复生也。言此偏枯之鱼，名曰鱼妇颛顼也。此鱼乃蛇因北风而化，如死而复生也。”

《太平御览》卷九引《交州记》云：“风母出九德县，风母似猿，见人若惭而屈颈。若打杀之，得风还活。”

经文

有蜚蛭，四翼。

——《大荒北经》

飞蛭（汪绂图）

图解

“蜚”与“飞”通，《史记·司马相如列传》集解、索隐引此经作“不咸之山有飞蛭，四翼”。

捌拾捌　琴虫

琴虫（汪绂图）

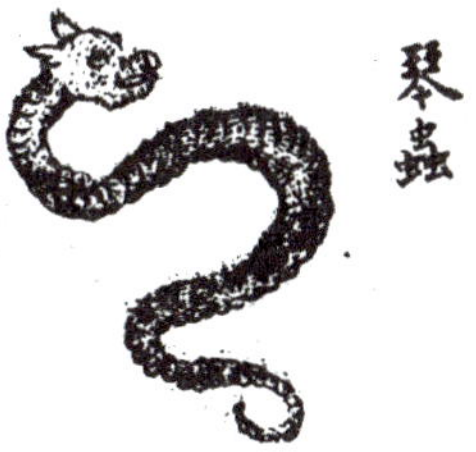

经　文

有虫，兽首蛇身，名曰琴虫。

——《大荒北经》

图　解

郭璞注："亦蛇类也。"

郭璞《图赞》云："爰有琴虫，蛇身兽头。"

捌拾玖　大青蛇

经　文

有大青蛇，黄头，方食麈。

——《大荒北经》

青蛇（《古今图书集成·禽虫典》卷一八〇）

图　解

郭璞注："今南方蚺蛇食鹿，鹿亦麈属也。"

"方"字原无，元钞本有，《大荒东经》云："有人曰王亥，两手操鸟，方食其头"；《大荒南经》云："又有人，方食木叶"；下文云："有人方食鱼，名曰深目民之国。"皆以"方食"连文，可证有者是也，今据增。

玖拾　猎猎

猎猎（汪绂图）

经　文

有黑虫，如熊状，名曰猎猎。

——《大荒北经》

图　解

《集韵·答韵》“猎”字注引此经作“状如熊”。《篆隶万象名义》“猎”字注云“如能，黑虫”，“能”为“熊”字之讹。《广韵·昔韵》“猎”字注引此经作“似熊”。《卮林》卷五引此经无“状”字。《事物绀珠》卷二十八“猎猎”条云：“如熊，黑色。”

猎猎（《古今图书集成·禽虫典》卷一二四）

玖拾壹　蝡蛇

经文

南海之内，黑水、青水之间，有木名曰若木，若水出焉。有禺中之国。有列襄之国。有灵山，有赤蛇在木上，名曰蝡蛇，木食。

——《海内经》

蝡蛇（汪绂图）

蝡（ruǎn）

图解

郭璞注："言不食禽兽也。"

汪绂《山海经存》云："不螫人，不伤物也。"

玖拾贰 黑蛇

黑蛇（汪绂图）

经文

又有朱卷之国，有黑蛇，青首，食象。

——《海内经》

图解

郭璞注："即巴蛇也。"

毕沅《山海经新校正》云："此似释《海内南经》巴蛇也。"

参考文献

《白泽精怪图》，敦煌残卷

《九歌图卷》，元张渥绘，褚奂题词

《异域图志》，明刻本，今藏剑桥大学图书馆（附有《异域禽兽图》）

《山海经图》，明万历二十一年胡文焕刻本（书中称“胡文焕图”）

《山海经》，明万历二十五年聚锦堂刻本（附插图，书中称“蒋应镐图”）

《三才图会》，明万历刻本

《新刻天下四民便览三台万用正宗》，明万历二十七年余氏双峰堂刻本（书中称“《万用正宗》”）

《新板增补天下便用文林妙锦万宝全书》，明万历四十年刻本（书中称“《万宝全书》”）

《新刊翰苑广记补订四民捷用学海群玉》，明万历三十五年刻本（书中称“《学海群玉》”）

《金石昆虫草木状》，明万历文俶手绘本

《有象列仙全传》，明万历玩虎轩刻本

《仙佛奇踪》，明万历刻本

《山海经图》，清乾隆五十一年金阊书业堂刻本（书中称“吴任臣图”）

《山海经存》，清光绪二十一年槐立雪斋原本石印本（附插图，书中称“汪绂图”）

《山海经图》，清彩绘本

《古今图书集成》，清刻本

《尔雅音图》，清嘉庆六年艺学轩藏刻本

《离骚图》，清萧云从绘

《百花鸟图》，清余曾三绘

《封神真形图》，清墨绘本

《古代美人图》，清周培春绘

《百美新咏图传》，清王翙绘

《谟区查抄本》，西班牙人1590年手绘本，今藏美国印第安那大学Lilly（莉莉）善本图书馆

《怪奇鸟兽图》，日本江户绘本，今藏日本成城大学图书馆

《山海百灵图》，签题“唐胡瓌《蕃兽图》真迹神品上上”，卷前题“山

海百灵”，今藏美国赛克勒美术馆，可能为清代绘本

《万物绘本大全图》，日本葛饰北斋绘，1829 年，今藏大英博物馆

《梅岭画鉴》，日本明治时期幸野梅岭绘

《梅岭画谱》，日本明治时期幸野梅岭绘

《梅岭百鸟画谱》，日本明治时期幸野梅岭绘

《梅岭百鸟画谱续编》，日本明治时期幸野梅岭绘

《博物馆图谱·百鸟图》，日本明治时期绘本

《博物馆图谱·异兽图》，日本明治时期绘本

《博物馆兽谱》，日本明治时期绘本

《哺乳动物自然史》，法国约 1819~1824 年间出版

《中国自然历史绘画·动物图谱》，法国 18~19 世纪绘本

《景年花鸟图谱》，日本今尾景年绘，1892 年刊本

《蟠桃八仙会》，1907 年彩绘本

《野鸡雉科图鉴》（*A Monograph of the Phasianidae or Family of the Pheasants*），美国动物学家丹尼尔·吉罗·埃利奥特（Daniel Giraud Elliot）编撰

《山海经》，宋淳熙七年尤袤池阳郡斋刻本，今藏国家图书馆

《山海经》，元曹善钞本，今藏台北故宫博物院（书中称“元钞本”）

《山海经补注》，明杨慎撰，《百子全书》本

《山海经释义》，明王崇庆撰，嘉靖十五年刻本，今藏国家图书馆

《山海经广注》，清吴任臣撰，乾隆五十一年金阊书业堂刻本

《山海经新校正》，清毕沅撰，清乾隆四十八年《经训堂丛书》刻本

《山海经笺疏》，清郝懿行撰，嘉庆十四年嫏嬛仙馆刻本

《山海经校注》，袁珂撰，巴蜀书社 1993 年版

《山海经注证》，郭郛撰，中国社会科学出版社 2004 年版

《山海经校释》，贾雯鹤撰，中华书局 2024 年版（待出）

美在山海

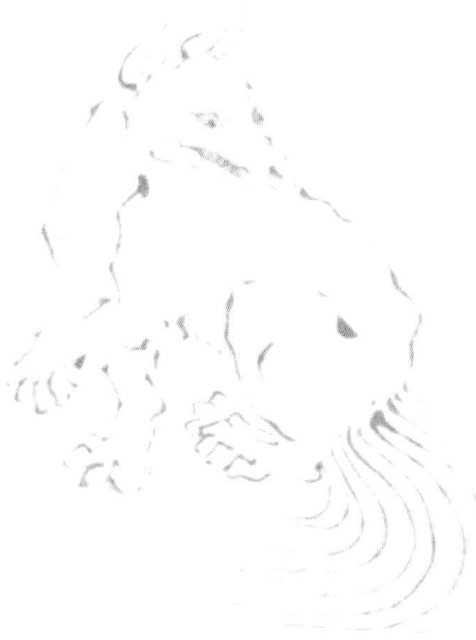

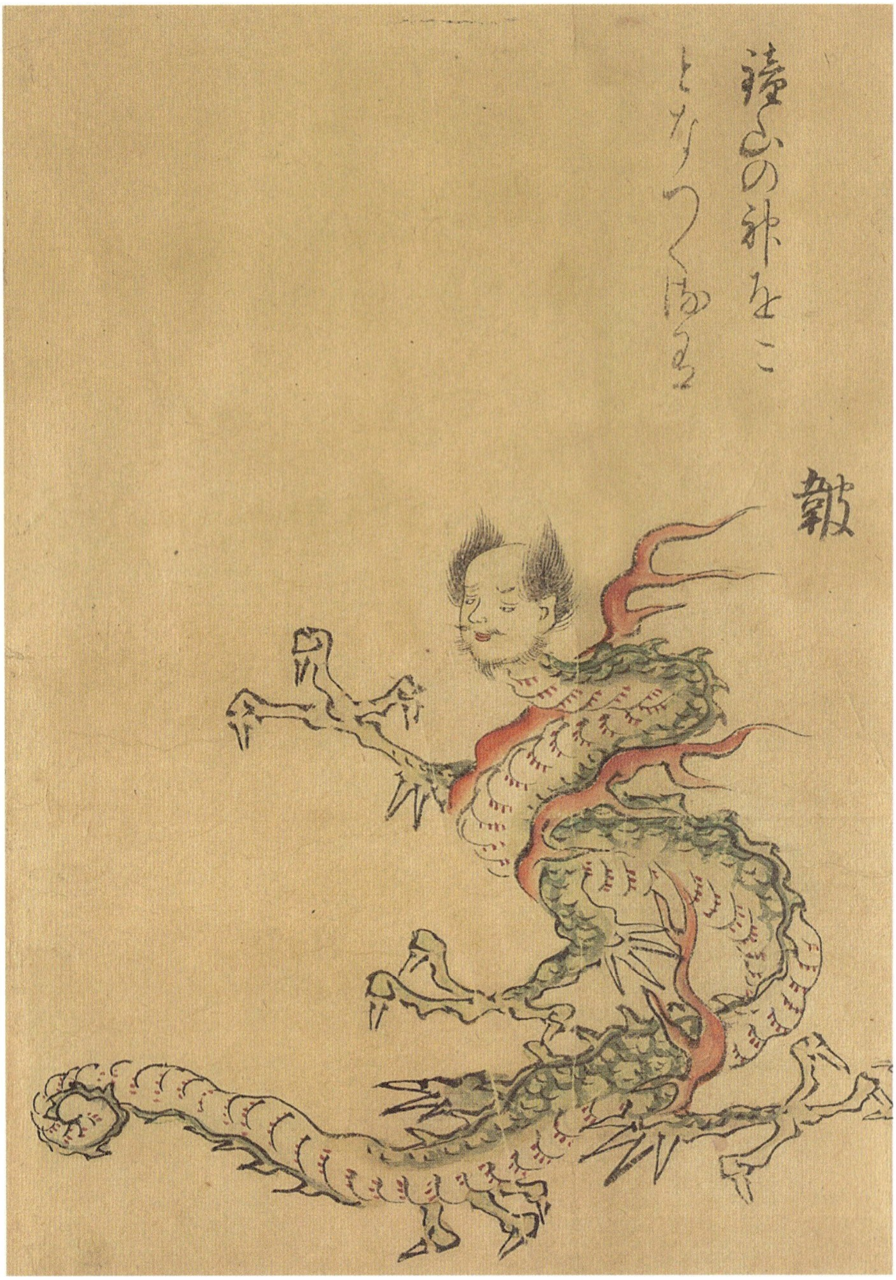

鼓（《怪奇鸟兽图》）

神陆（《怪奇鸟兽图》）

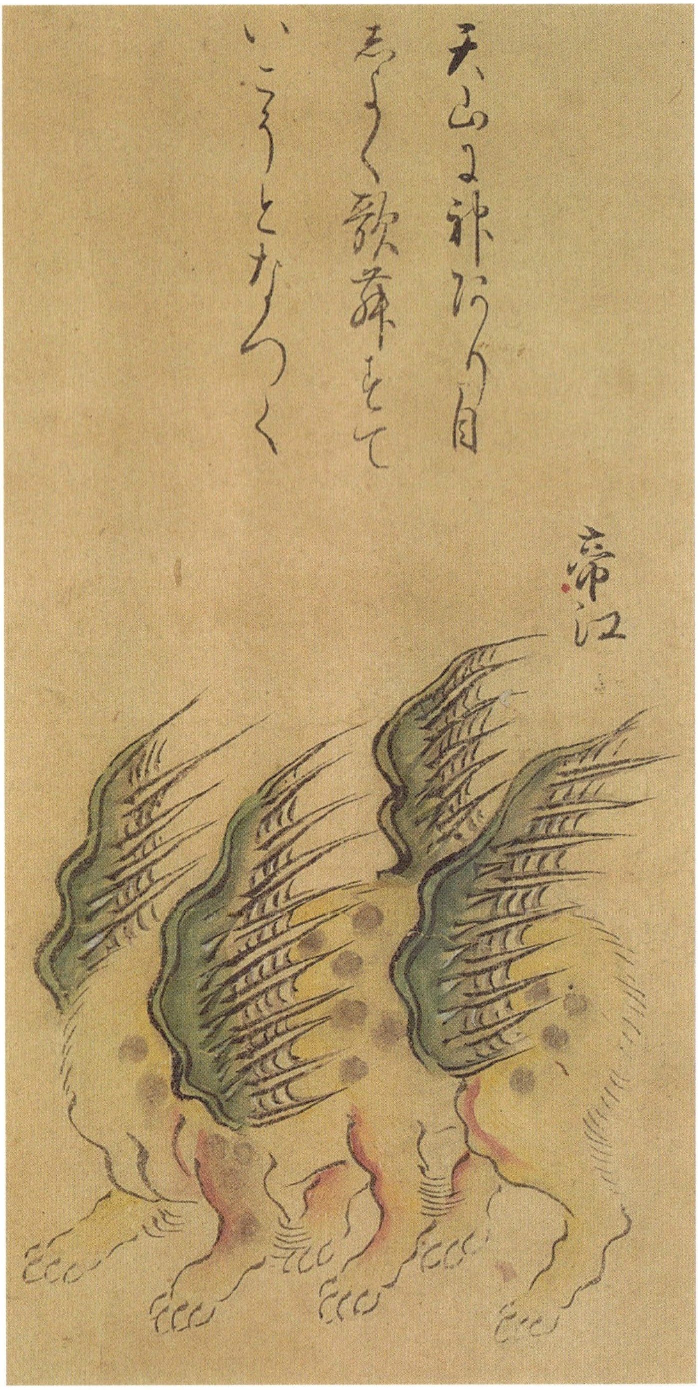

帝江（《怪奇鸟兽图》）

かうしゆりさんそう
といふきものあるよ

神魁

神魁（《怪奇鸟兽图》）

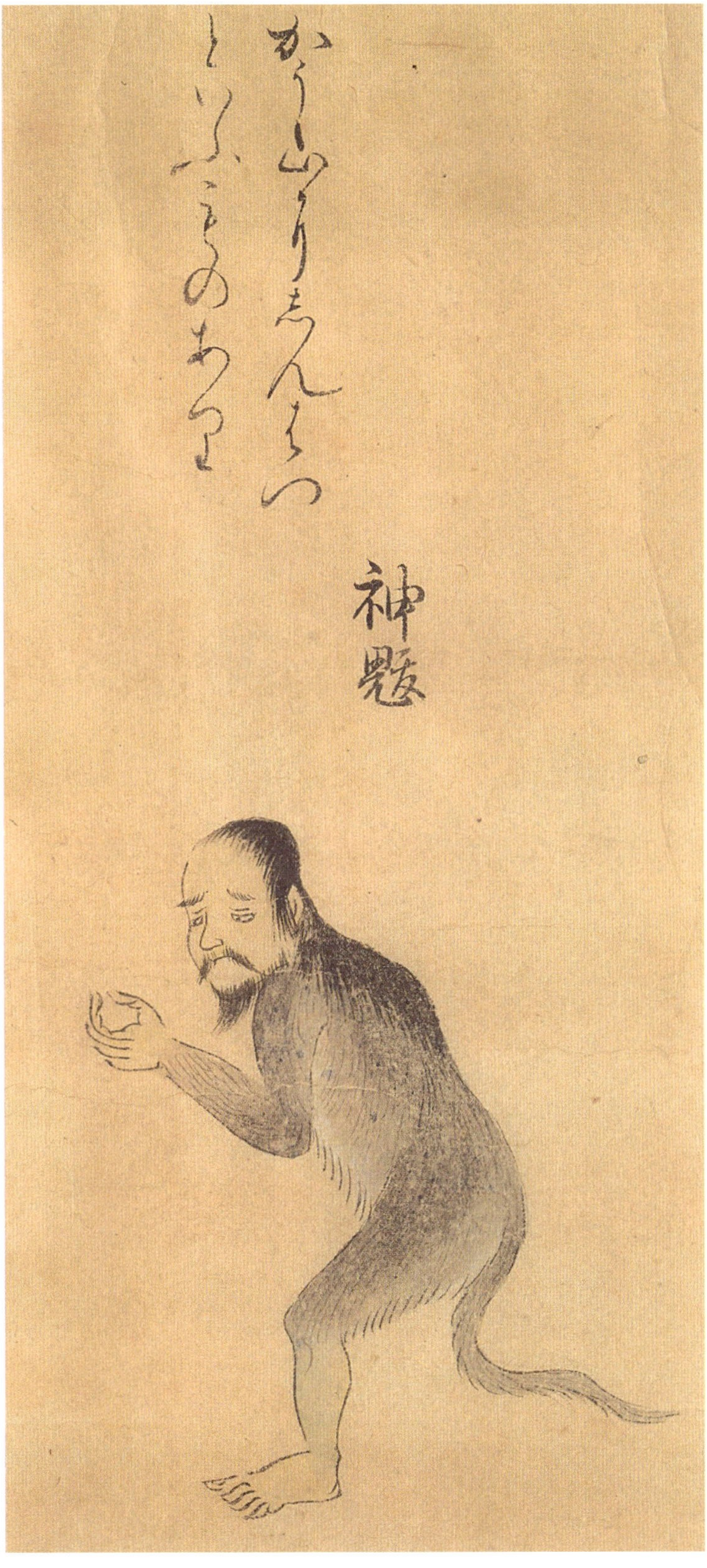

烛阴（《怪奇鸟兽图》）

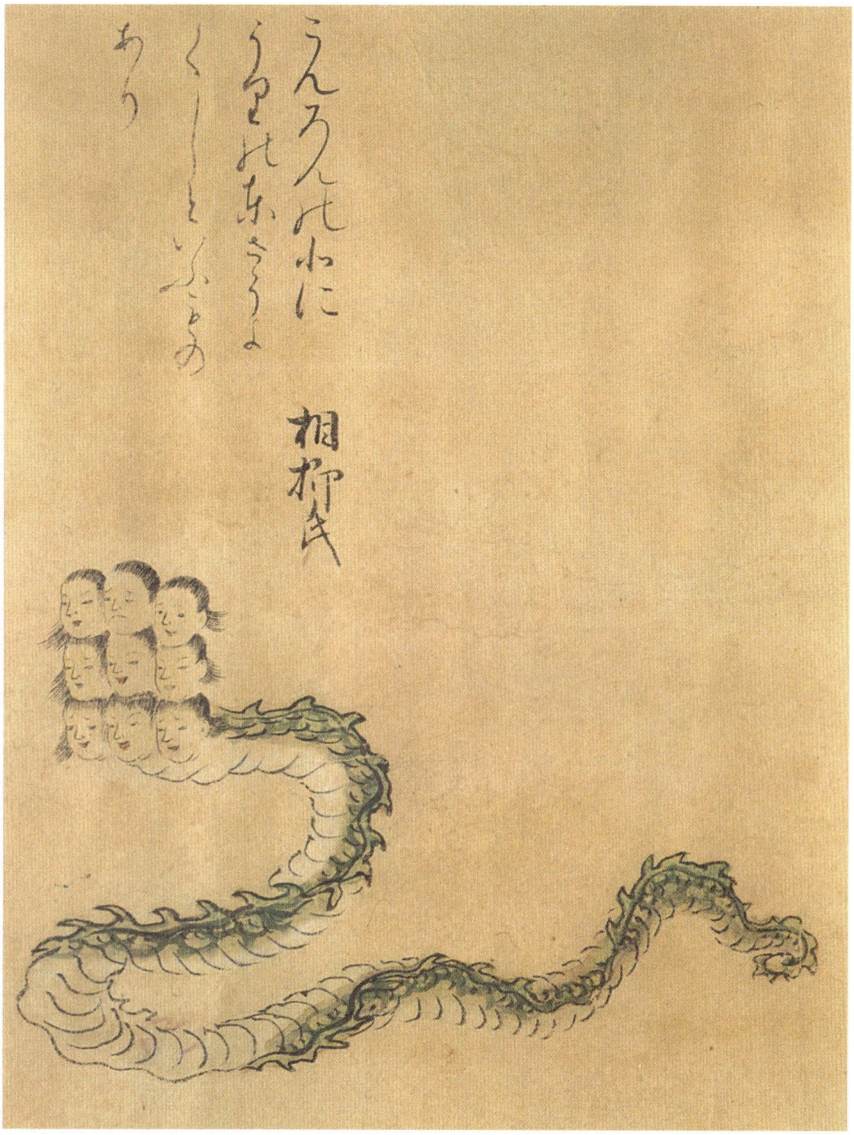

相柳（《怪奇鸟兽图》）

たんくにちや
ひのふしんちや
ふとかつく

奢尸

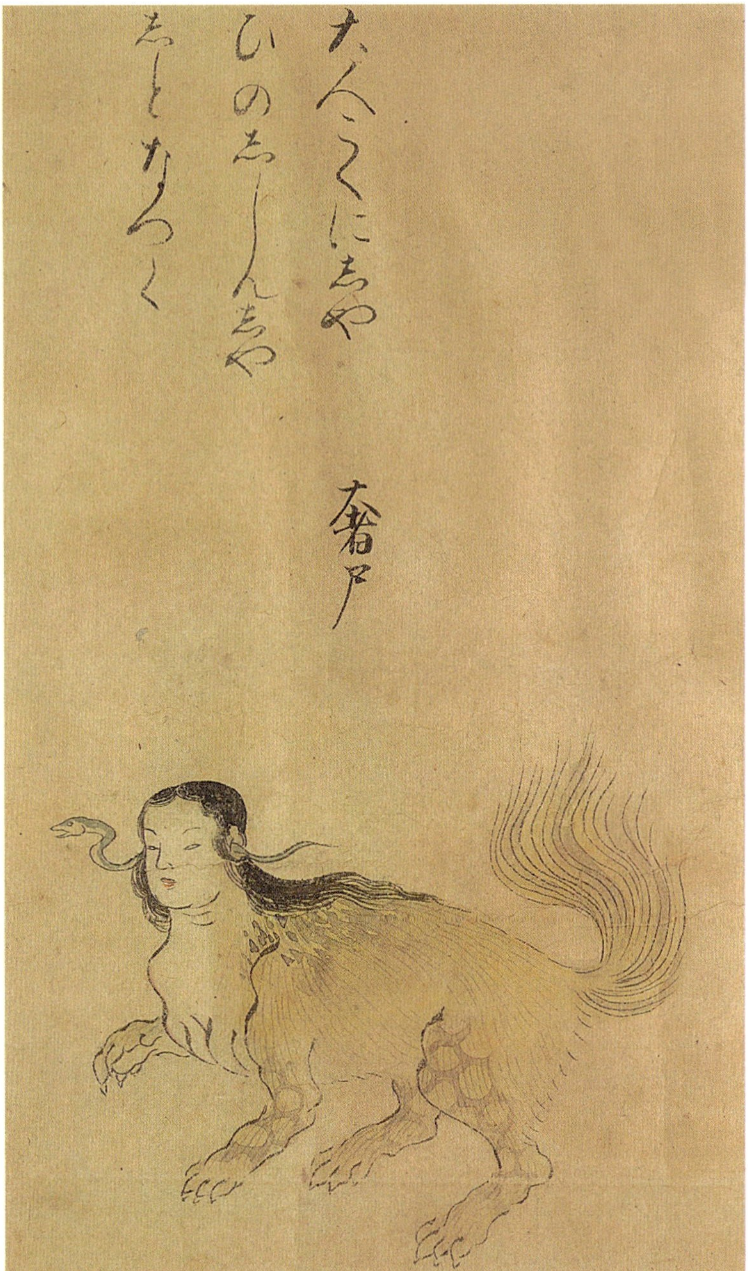

奢尸（《怪奇鸟兽图》）

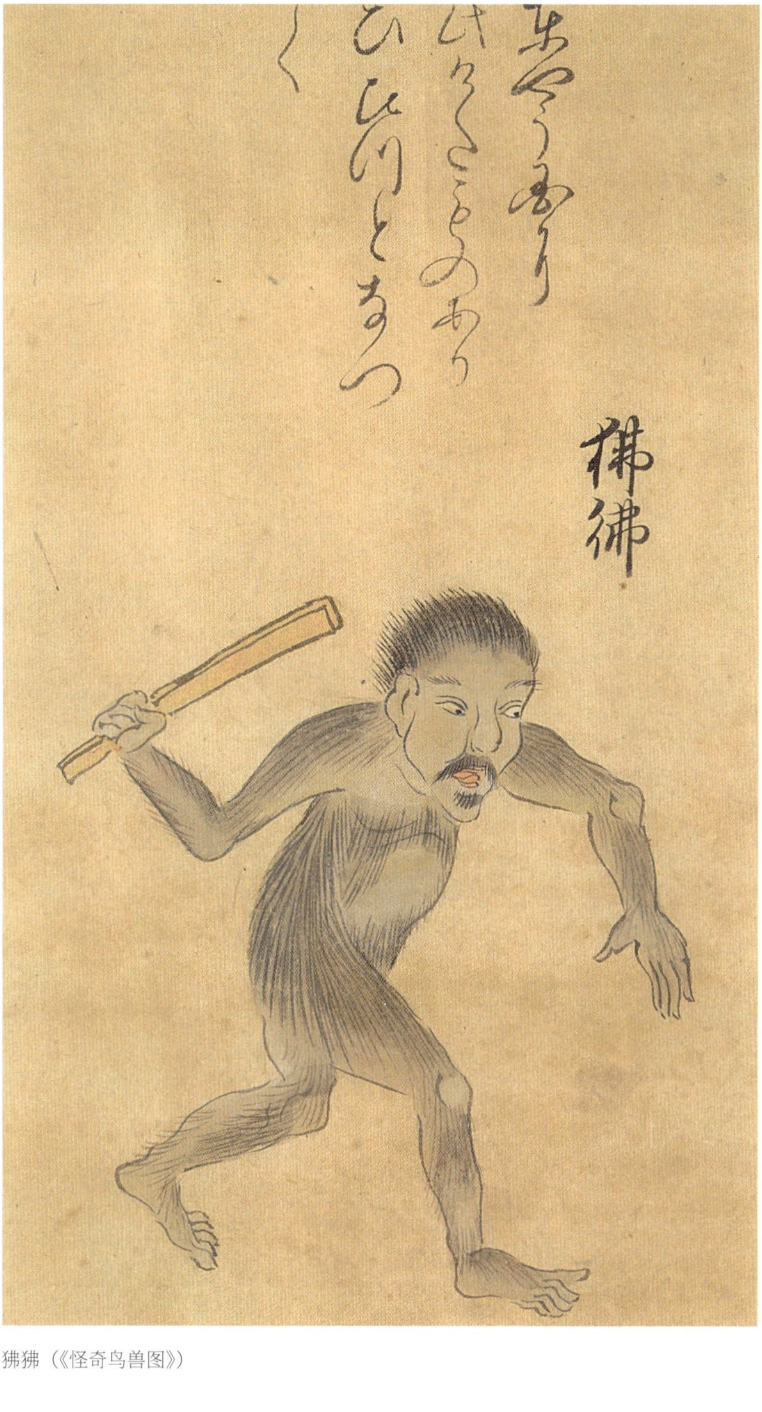

狒狒（《怪奇鸟兽图》）

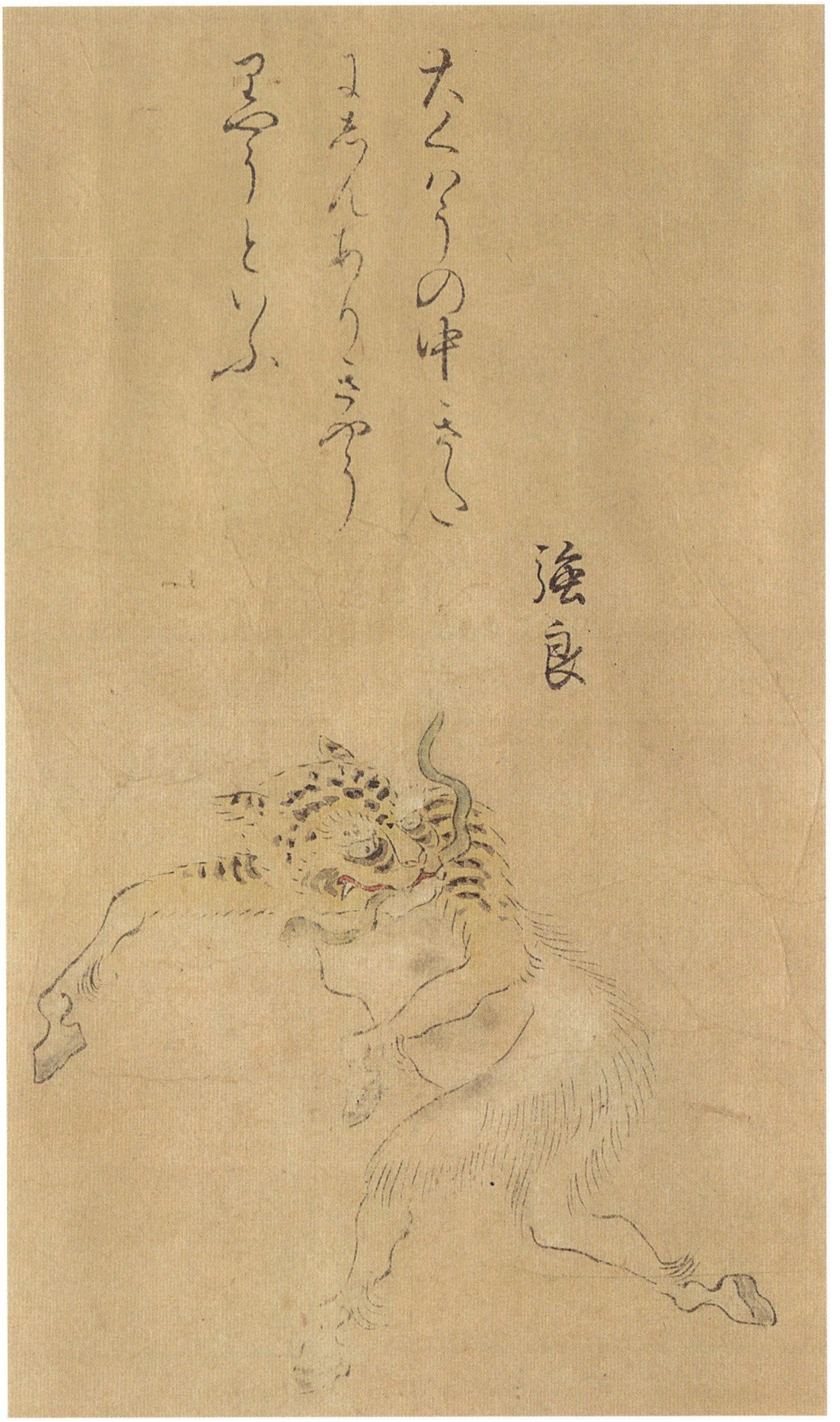

强良（《怪奇鸟兽图》）

鼓
人面龍身
居鍾山

鼓（清彩绘本）

英招
馬身人面虎文
鳥翼居槐江

英招（清彩绘本）

陸吾
虎身九首人面虎
爪司崑崙之丘

陆吾（清彩绘本）

帝江
狀如黃囊赤如丹火六足
四翼渾敦無面目居天山

帝江（清彩绘本）

蓐收
左耳有青蛇乘兩龍面目
有毛虎爪執鉞西方金神

蓐收（清彩绘本）

神䰠
人面獸身一足
一手居剛山

神䰠（清彩绘本）

泰逢
狀如人面虎尾和山之神也
好居　山之陽出入有光

泰逢（清彩绘本）

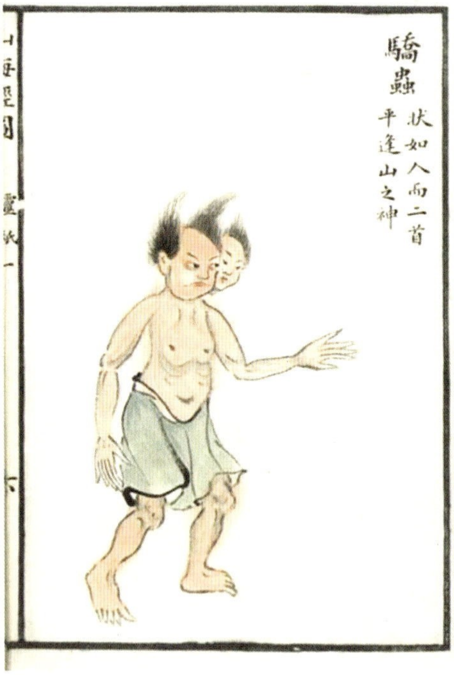
驕蟲
狀如人而二首
平逢山之神

骄虫（清彩绘本）

𧓍围（清彩绘本）

计蒙（清彩绘本）

祝融（清彩绘本）

夏后启（清彩绘本）

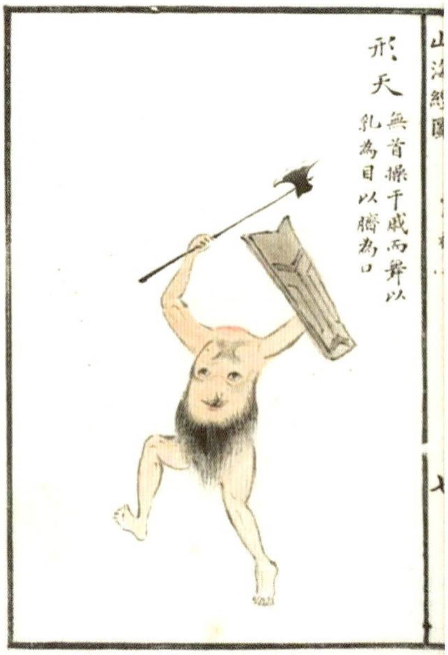

形夭（清彩绘本）

相柳（清彩绘本）

烛阴（清彩绘本）

夸父（清彩绘本）

奢比（清彩绘本）

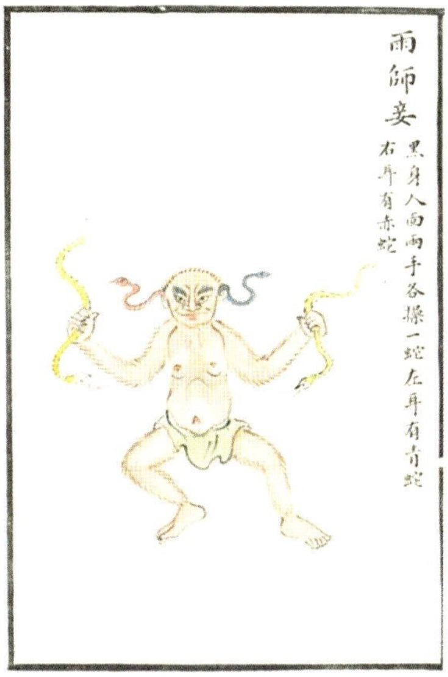

雨师妾（清彩绘本）

天吴（清彩绘本）

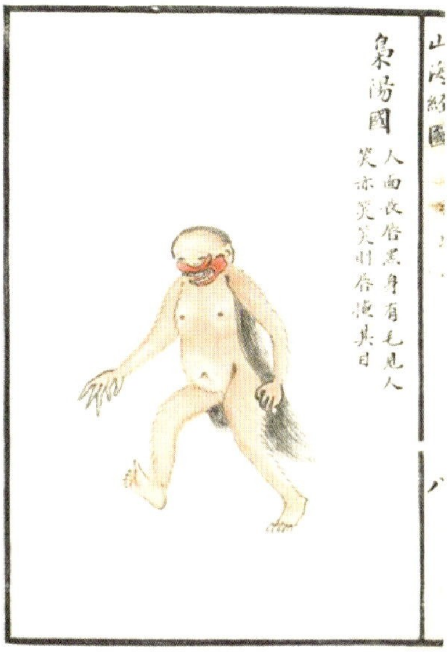

枭阳（清彩绘本）

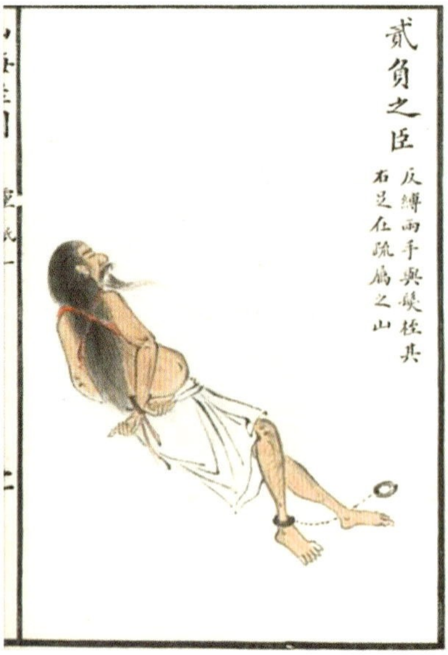

貳负之臣（清彩绘本）

九凤（清彩绘本）

雷神（清彩绘本）

强良（清彩绘本）

鼓（《谟区查抄本》）

帝江（《谟区查抄本》）

蓐收（《谟区查抄本》）

神魑（《谟区查抄本》）

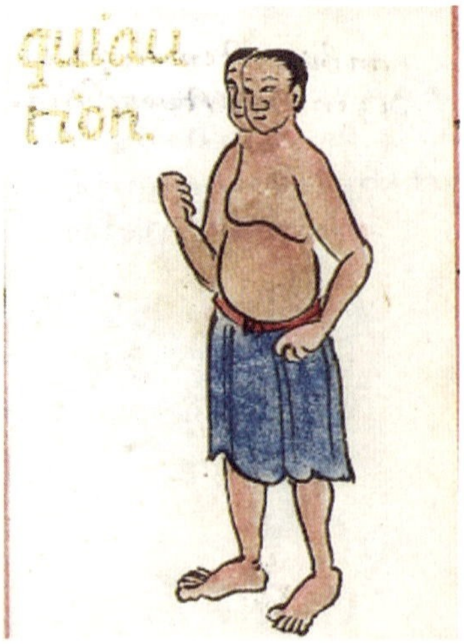

骄虫（《谟区查抄本》）

相柳（《谟区查抄本》）

烛阴（《谟区查抄本》）

奢比（《谟区查抄本》）

天吴（《谟区查抄本》）

雷神（《谟区查抄本》）

强良（《谟区查抄本》）

西王母（《蟠桃八仙会》）

娥皇、女英（周培春《古代美人图》）

嫦娥（周培春《古代美人图》）

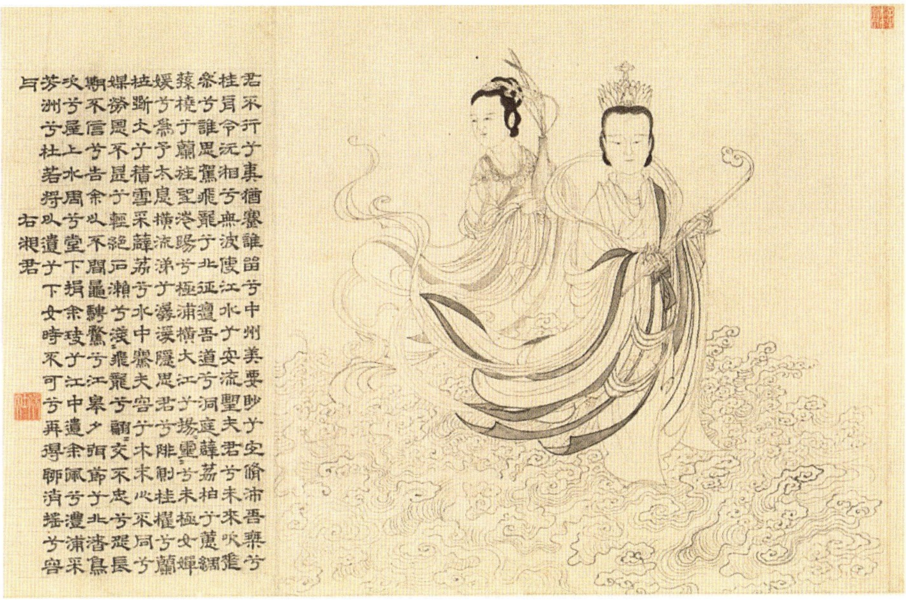

湘君（《九歌图卷》张渥绘，褚奂题词）

湘夫人（《九歌图卷》张渥绘，褚奂题词）

贰

异域篇

けんくゑ囗の
中ゝくゑをう
とりふありぎう
ぎすろく人のし

厭火獸

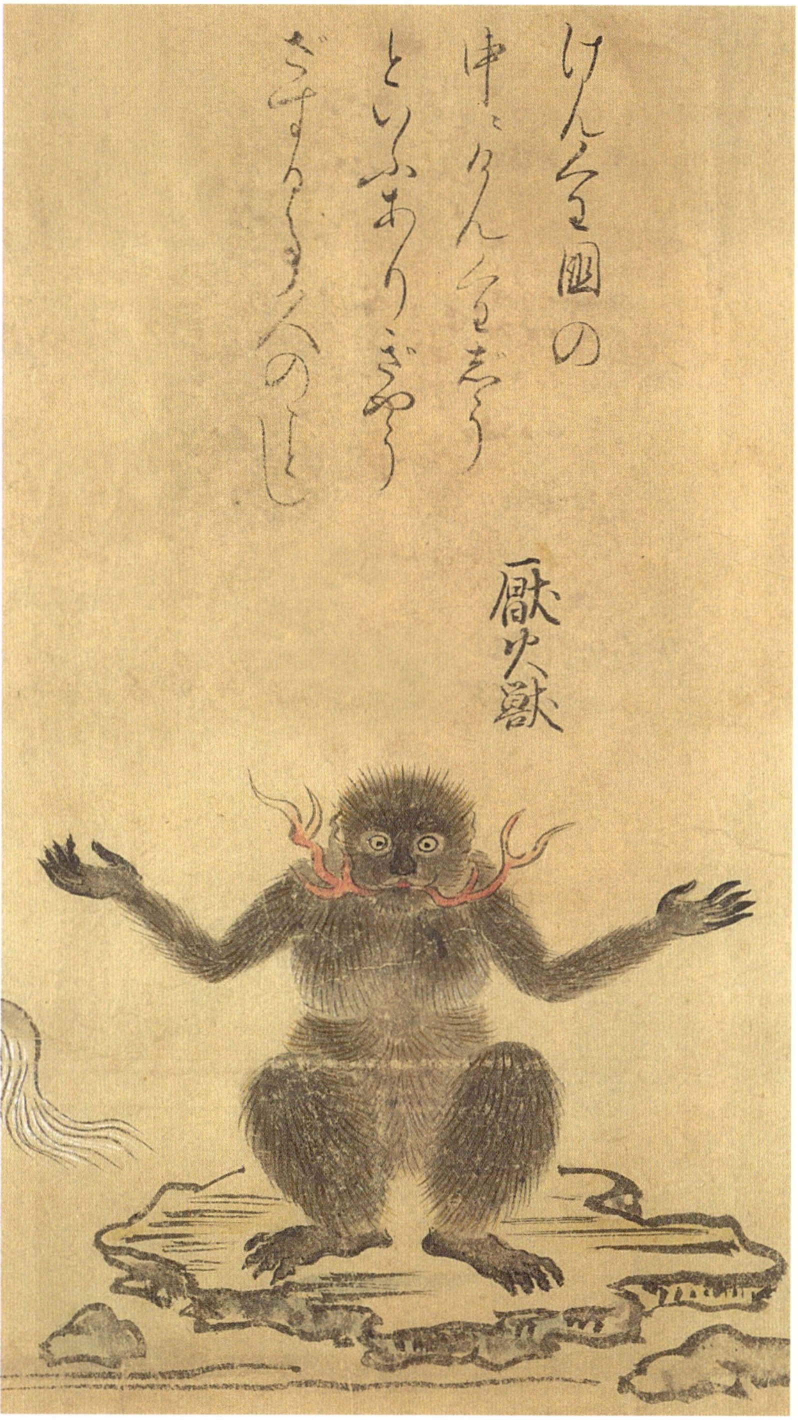

厌火兽（《怪奇鸟兽图》）

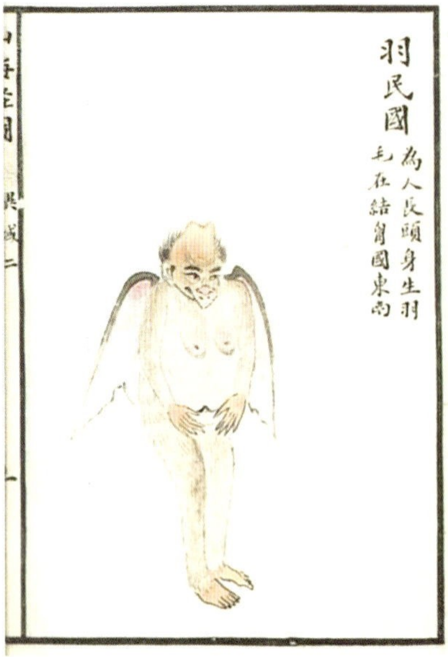

羽民国（清彩绘本）

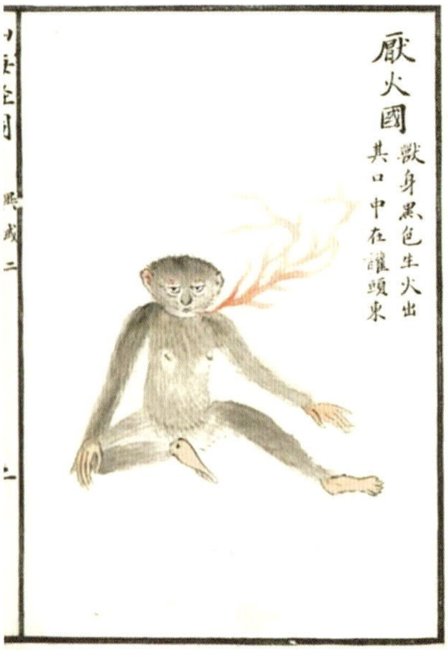

厌火国（清彩绘本）

讙头国（清彩绘本）

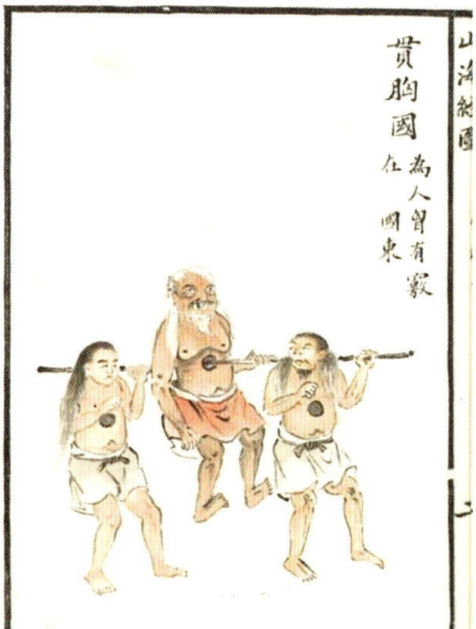

贯胸国（清彩绘本）

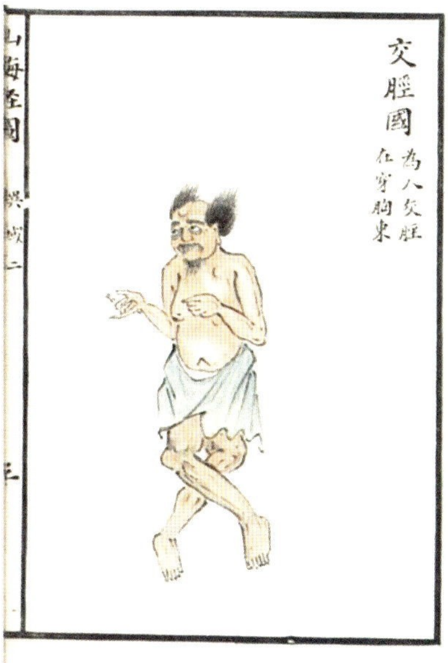

交胫国（清彩绘本）

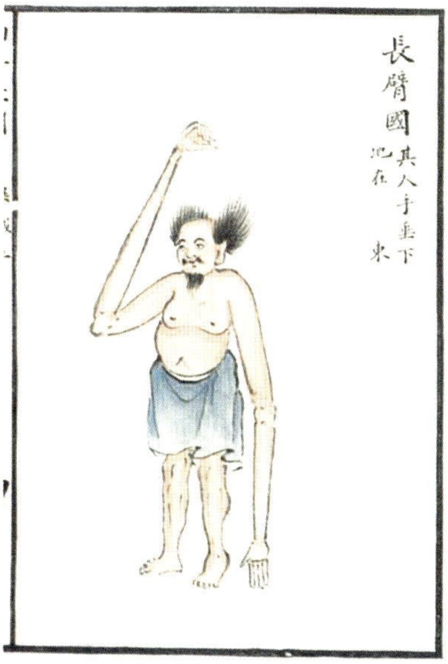

长臂国（清彩绘本）

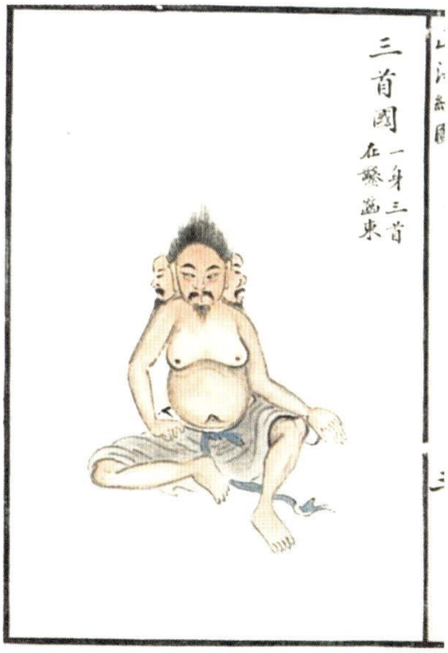

三首国（清彩绘本）

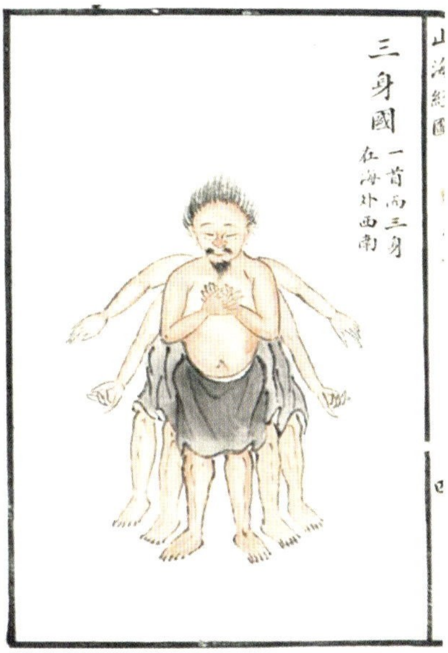

三身国（清彩绘本）

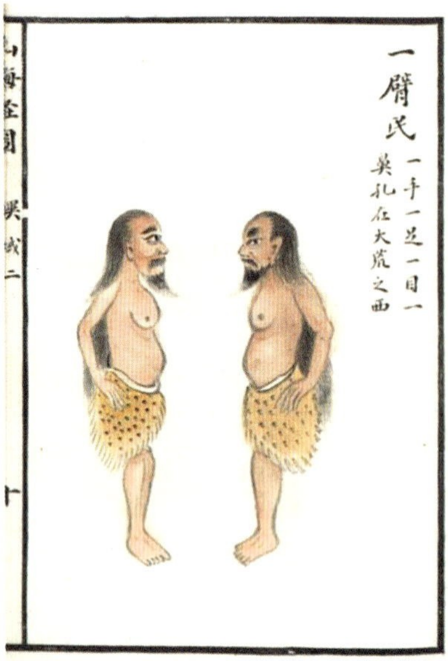

一臂国（清彩绘本）

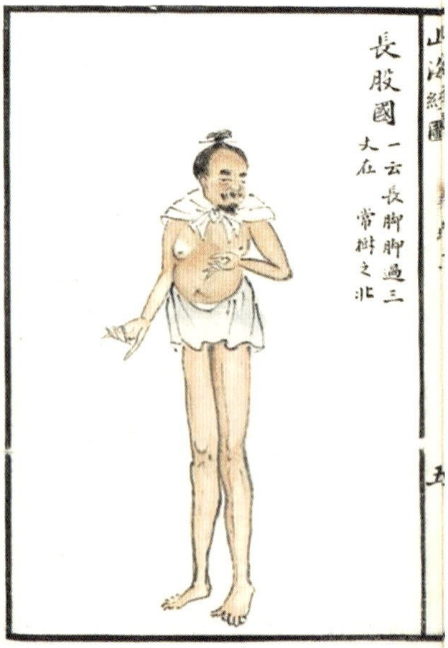

长股国（清彩绘本）

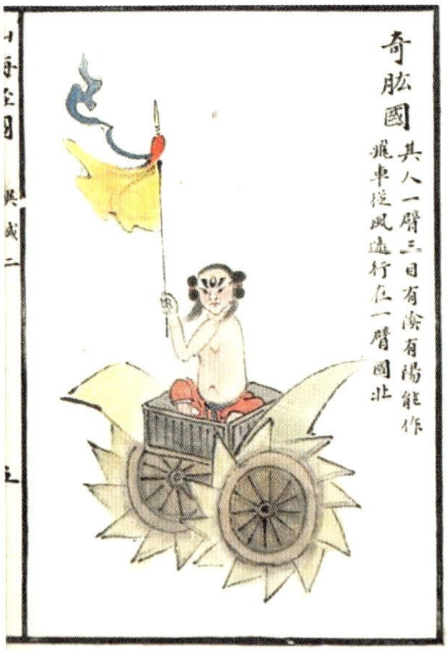

奇肱国（清彩绘本）

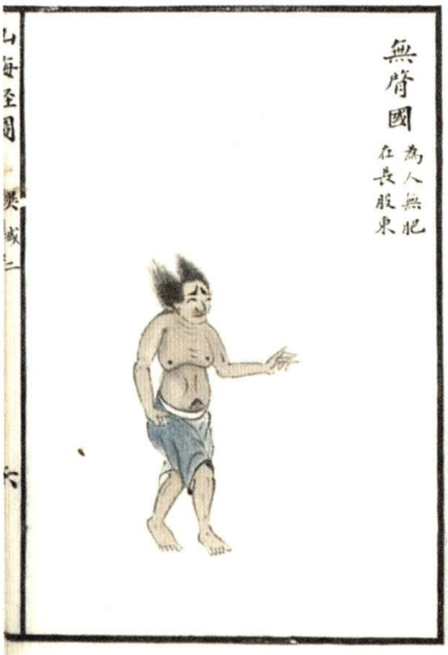

无脊国（清彩绘本）

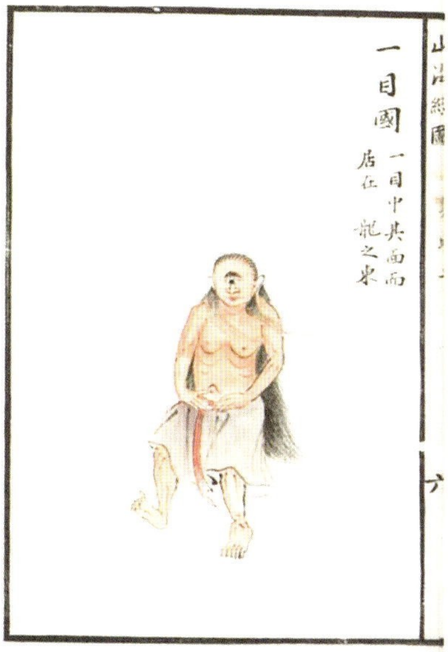

一目国（清彩绘本）

聂耳国（清彩绘本）

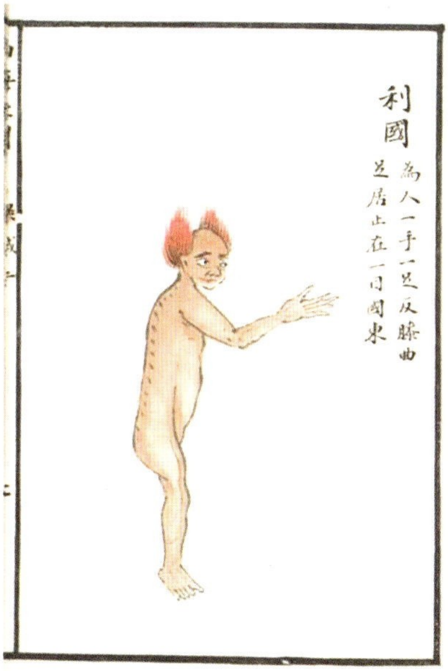

柔利国（清彩绘本）

毛民国（清彩绘本）

氐人国（清彩绘本）

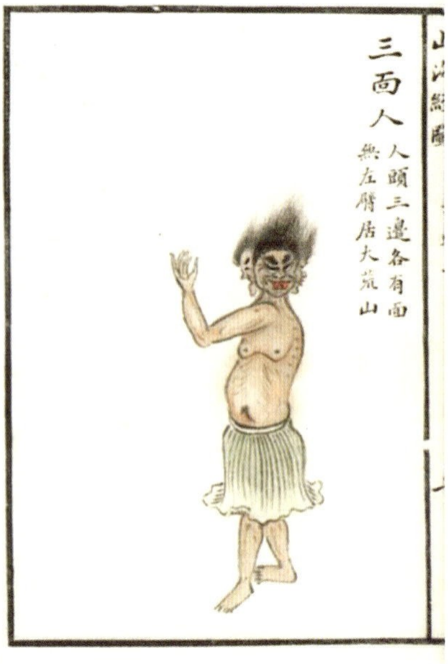

三面人（清彩绘本）

小人国（清彩绘本）

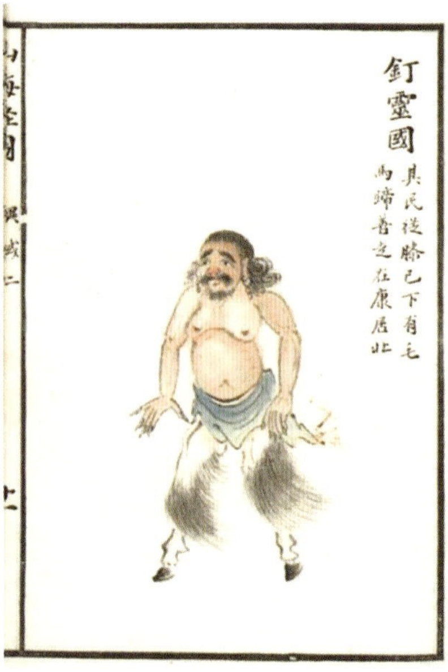

钉灵国（清彩绘本）

叁

兽族篇

福禄（《怪奇鸟兽图》）

类（《怪奇鸟兽图》）

せいさうくは
うつあうき
うびこ そりふ
柏杞子おこの
よそぬらり

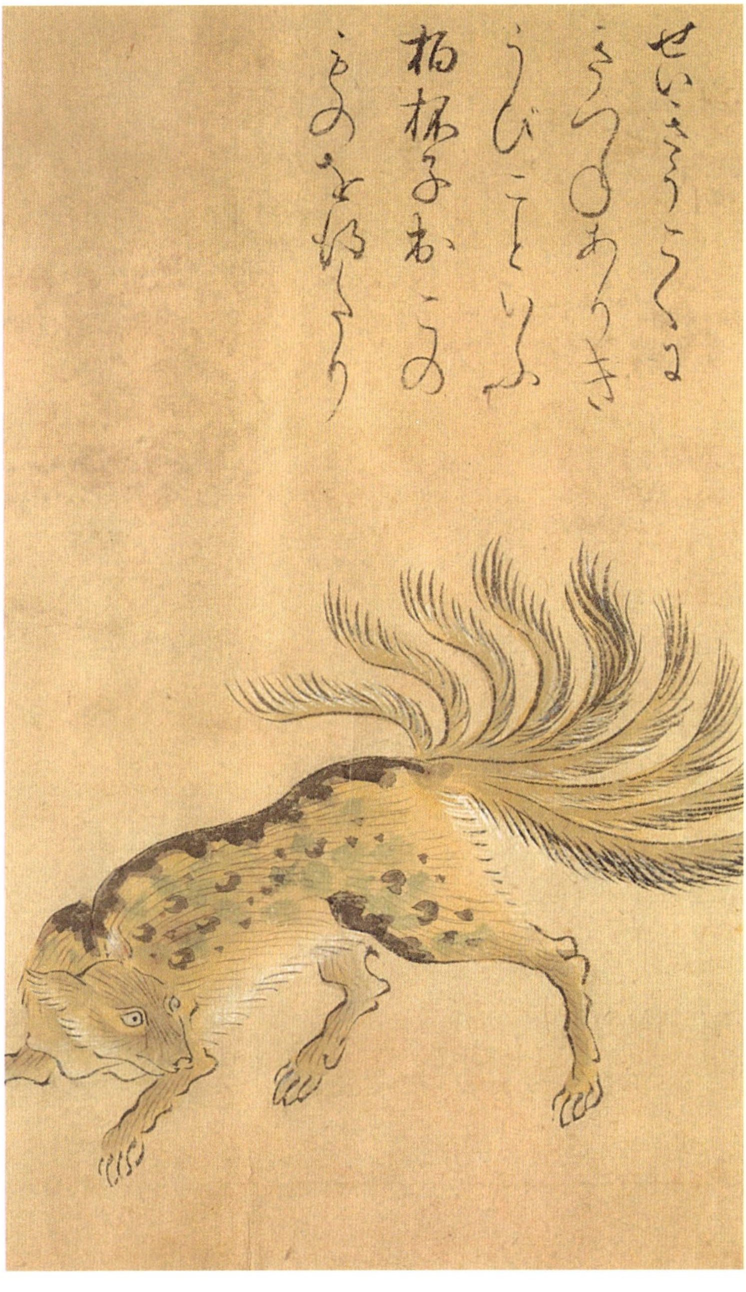

九尾狐（《怪奇鸟兽图》）

げうムのう山に
うつせうとする
らろらしをのるう忠
木きろをしのも
あうらうれをりんをち
おり

滑褒

猾裹（《怪奇鸟兽图》）

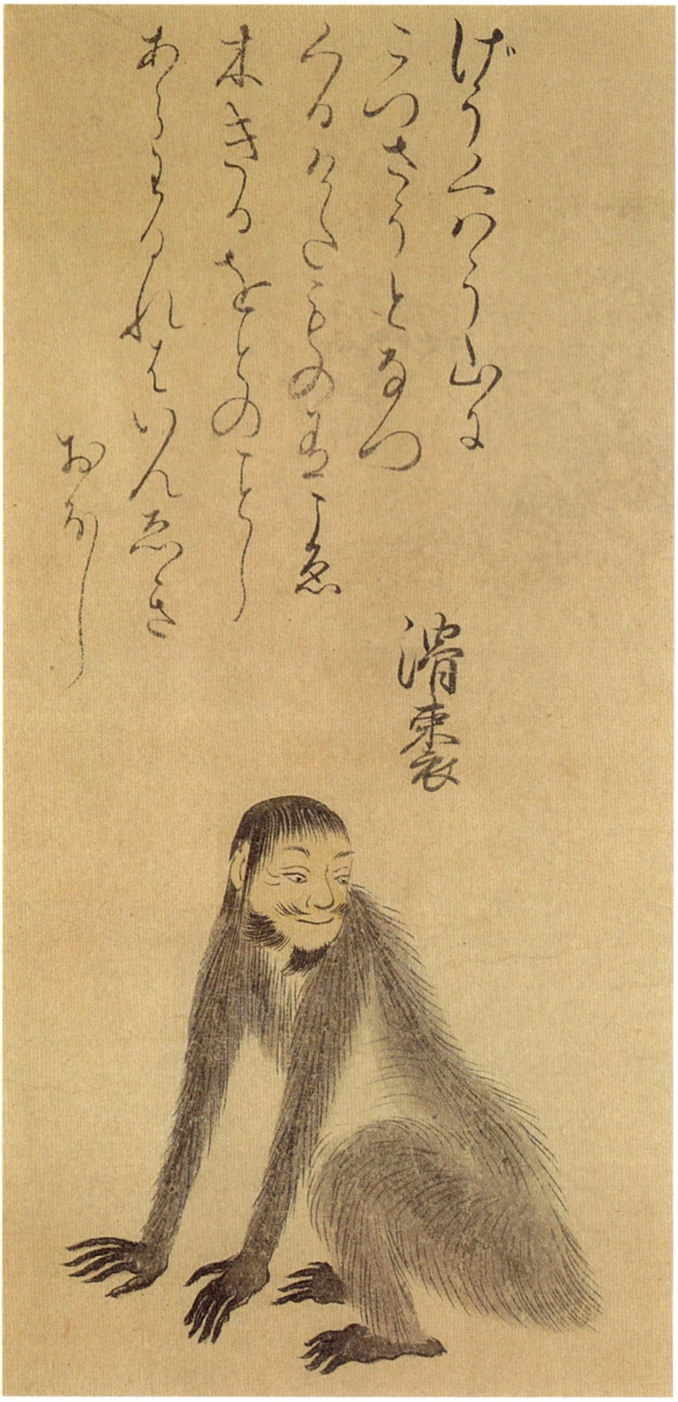

きつねけさよの
あけてたらふ
あらはれさた
ふちのうら

巍

彲（《怪奇鸟兽图》）

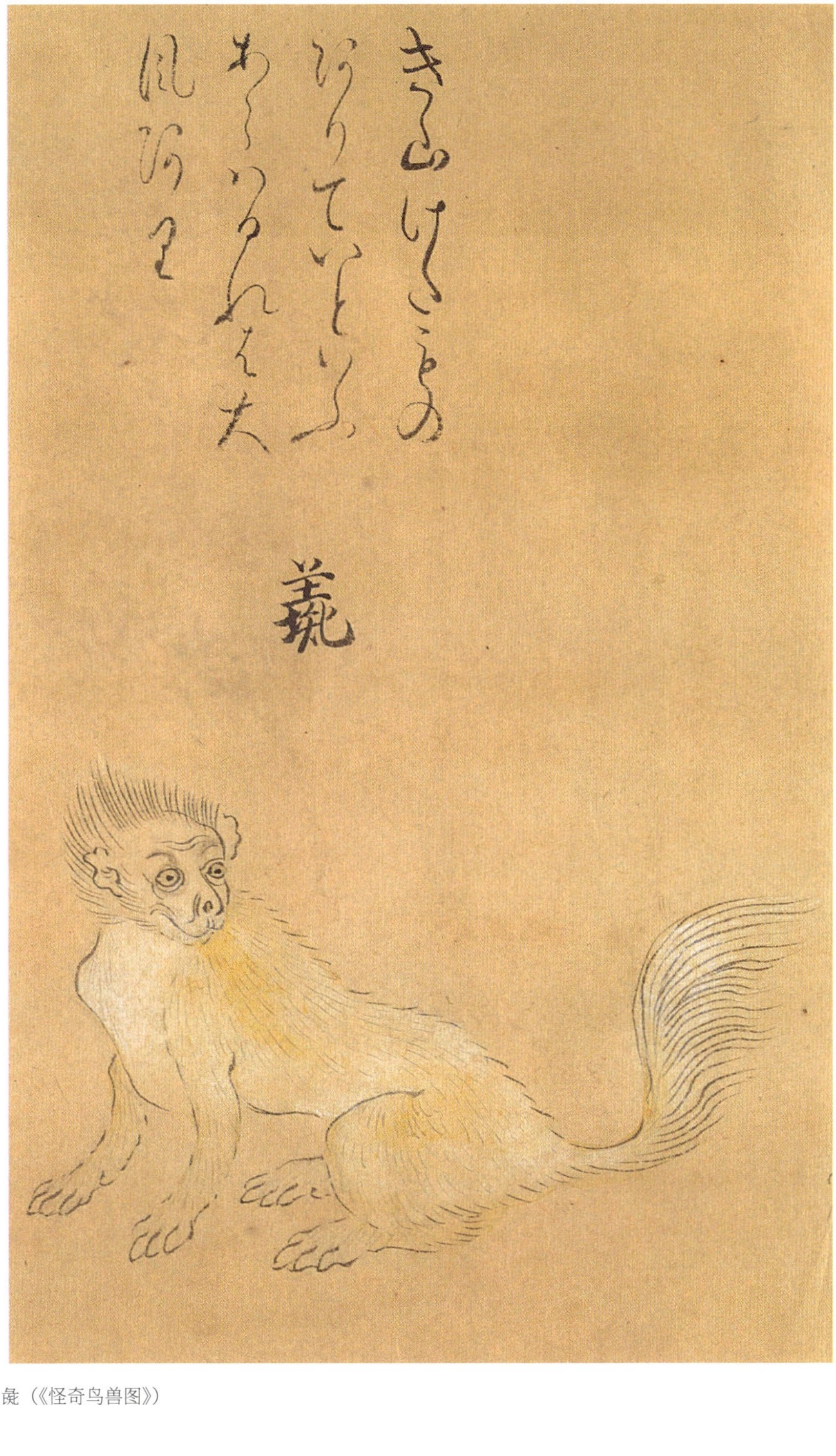

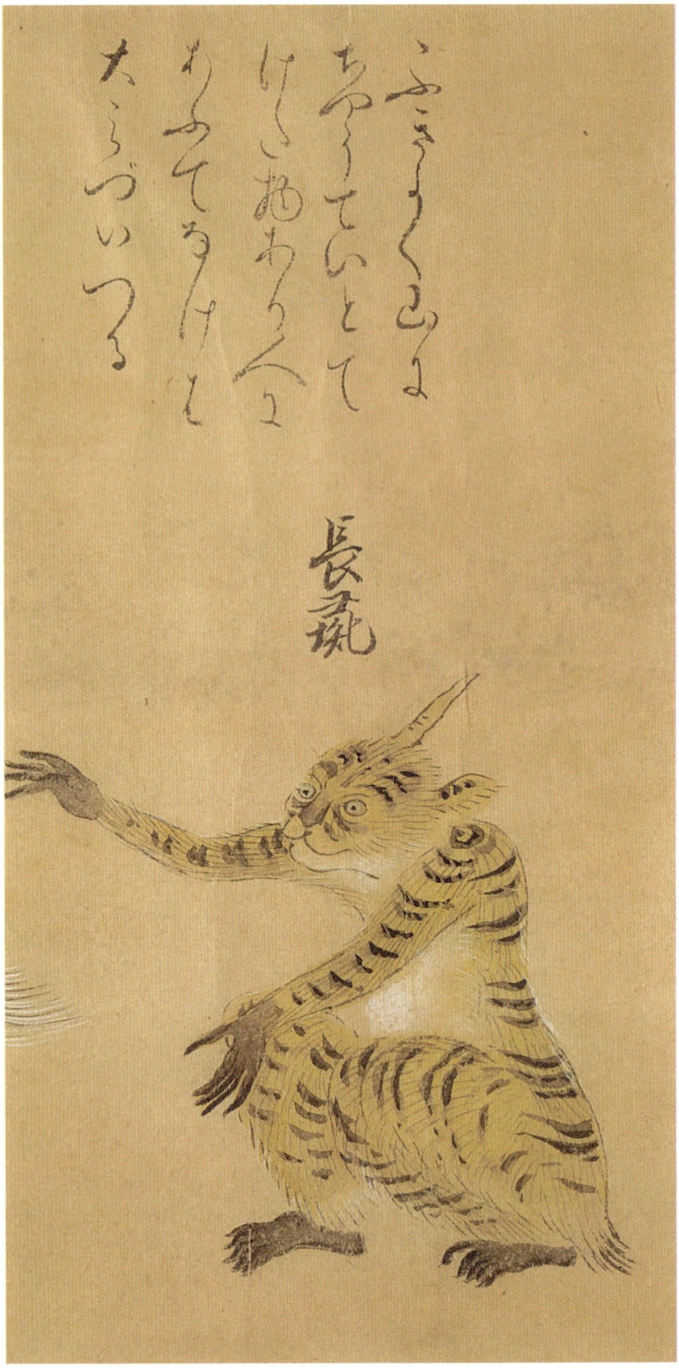

长㲋（《怪奇鸟兽图》）

䍺（《怪奇鸟兽图》）

兕（《怪奇鸟兽图》）

きぐ山気くもの
ありそうつもう
とるつく

葱聾

葱聾（《怪奇鸟兽图》）

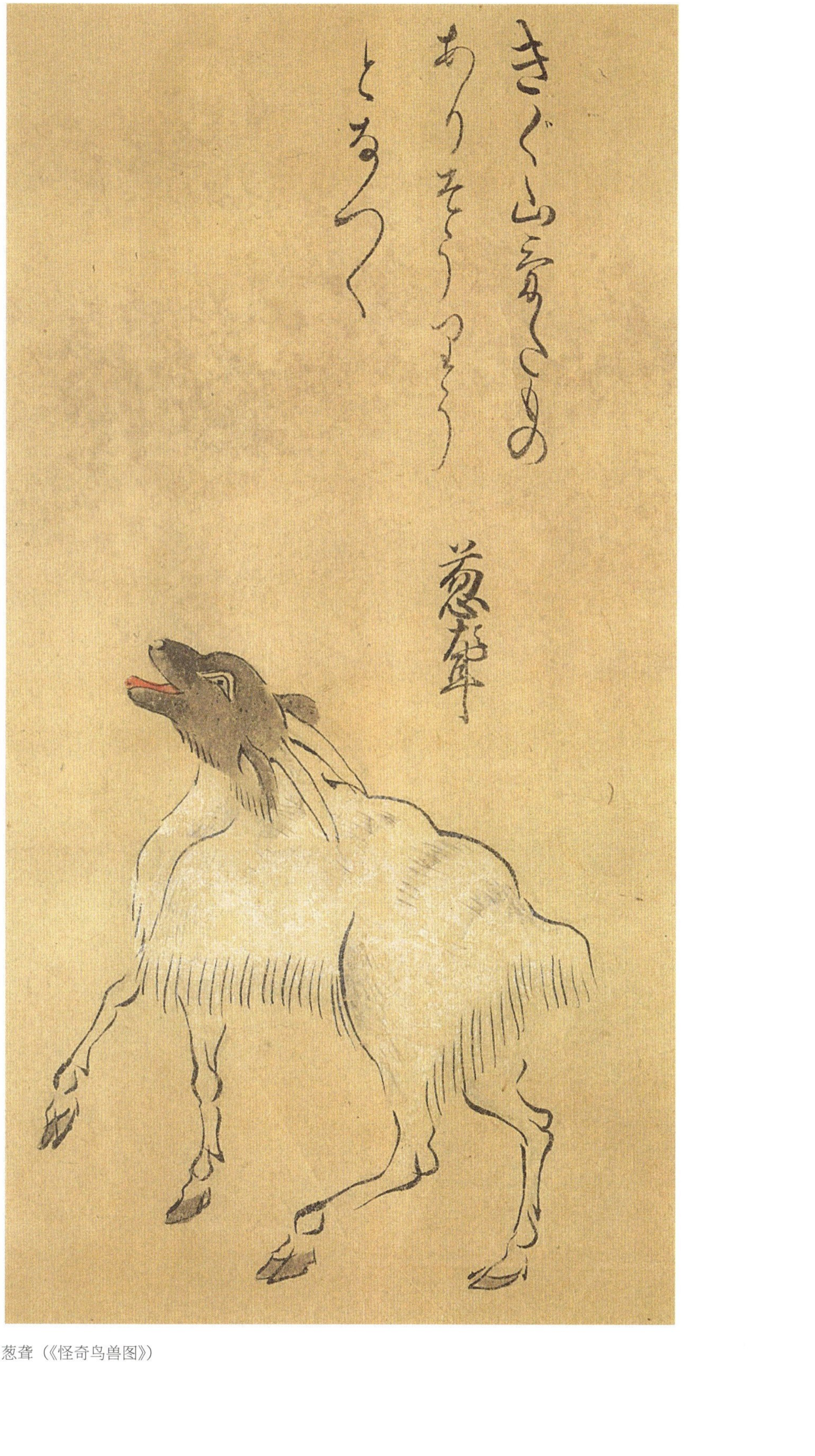

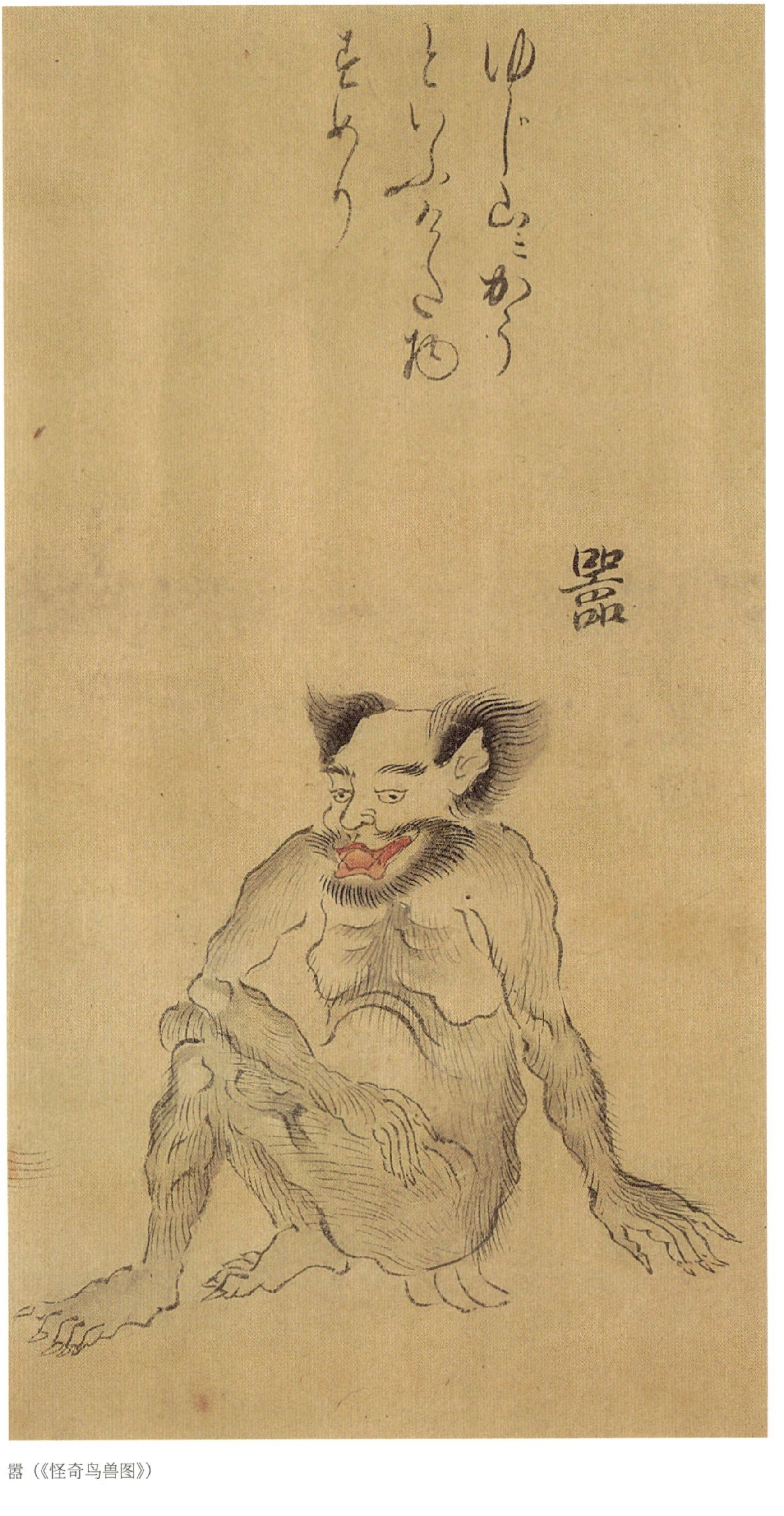

嚣（《怪奇鸟兽图》）

猛豹（《怪奇鸟兽图》）

旄牛（《怪奇鸟兽图》）

羚羊（《怪奇鸟兽图》）

狡犬（《怪奇鸟兽图》）

狰（《怪奇鸟兽图》）

天狗（《怪奇鸟兽图》）

豲（《怪奇鸟兽图》）

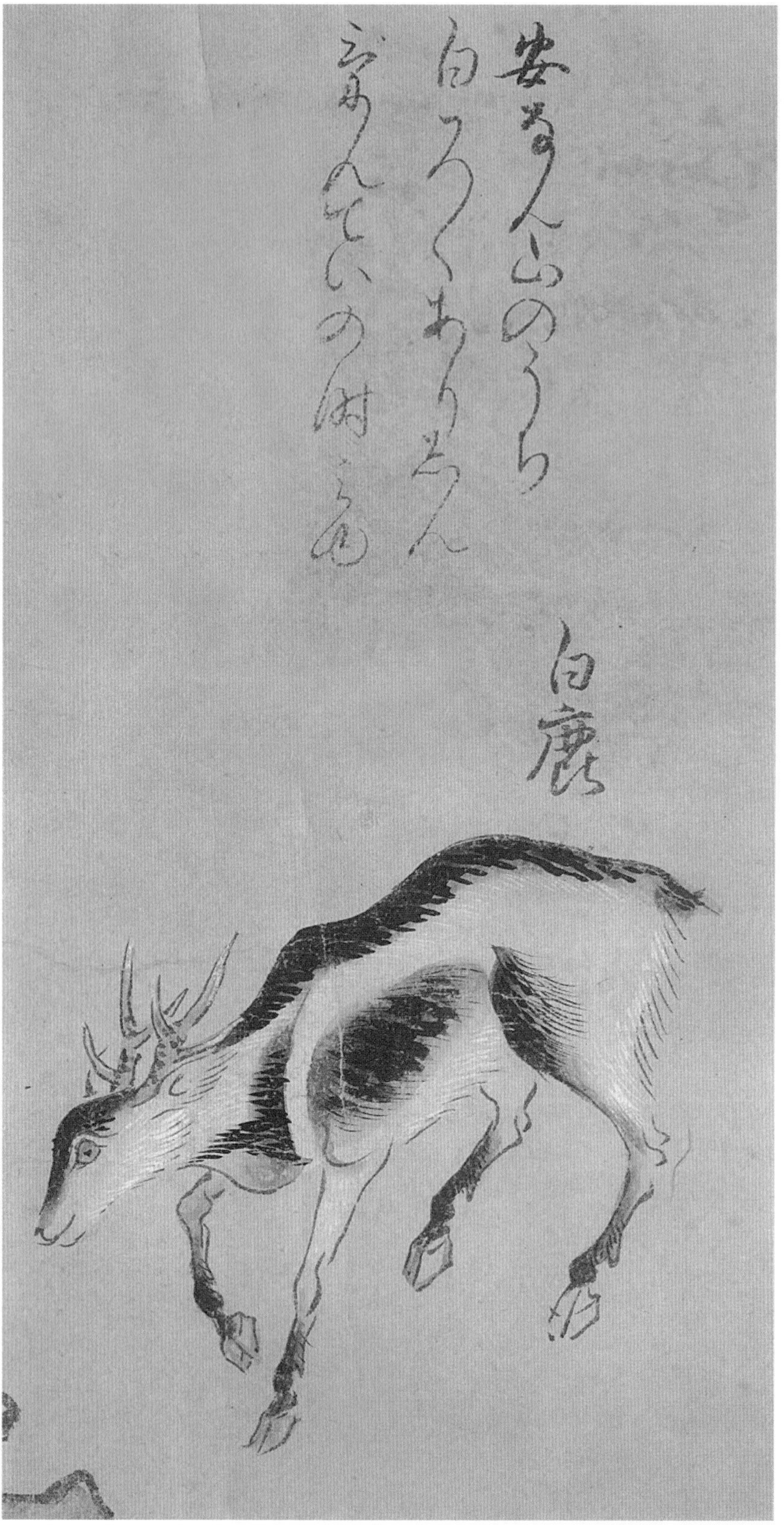

白鹿（《怪奇鸟兽图》）

駮（《怪奇鸟兽图》）

穷奇（《怪奇鸟兽图》）

てりさんまさう
ふりろらんそと
なつく

䑜䟗

朦䟗（《怪奇鸟兽图》）

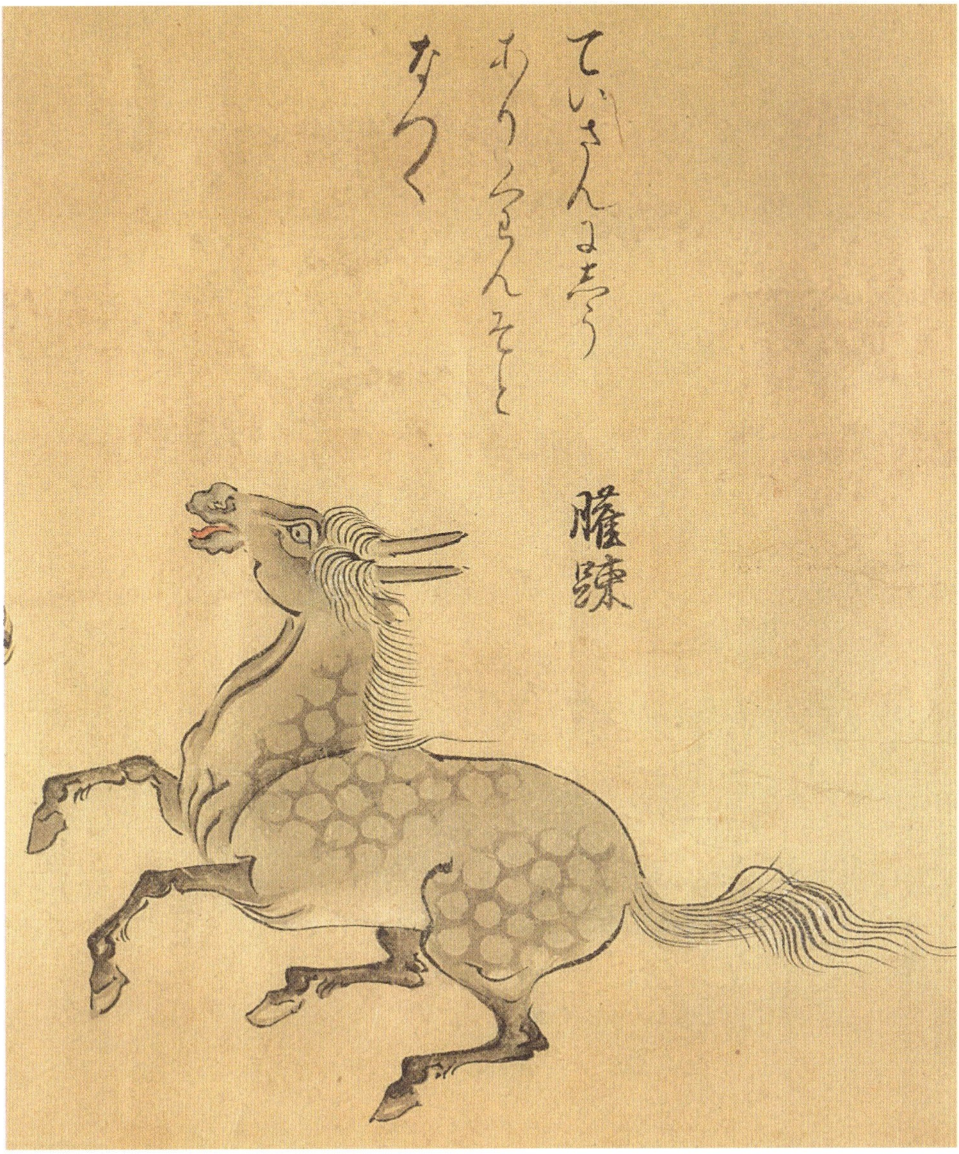

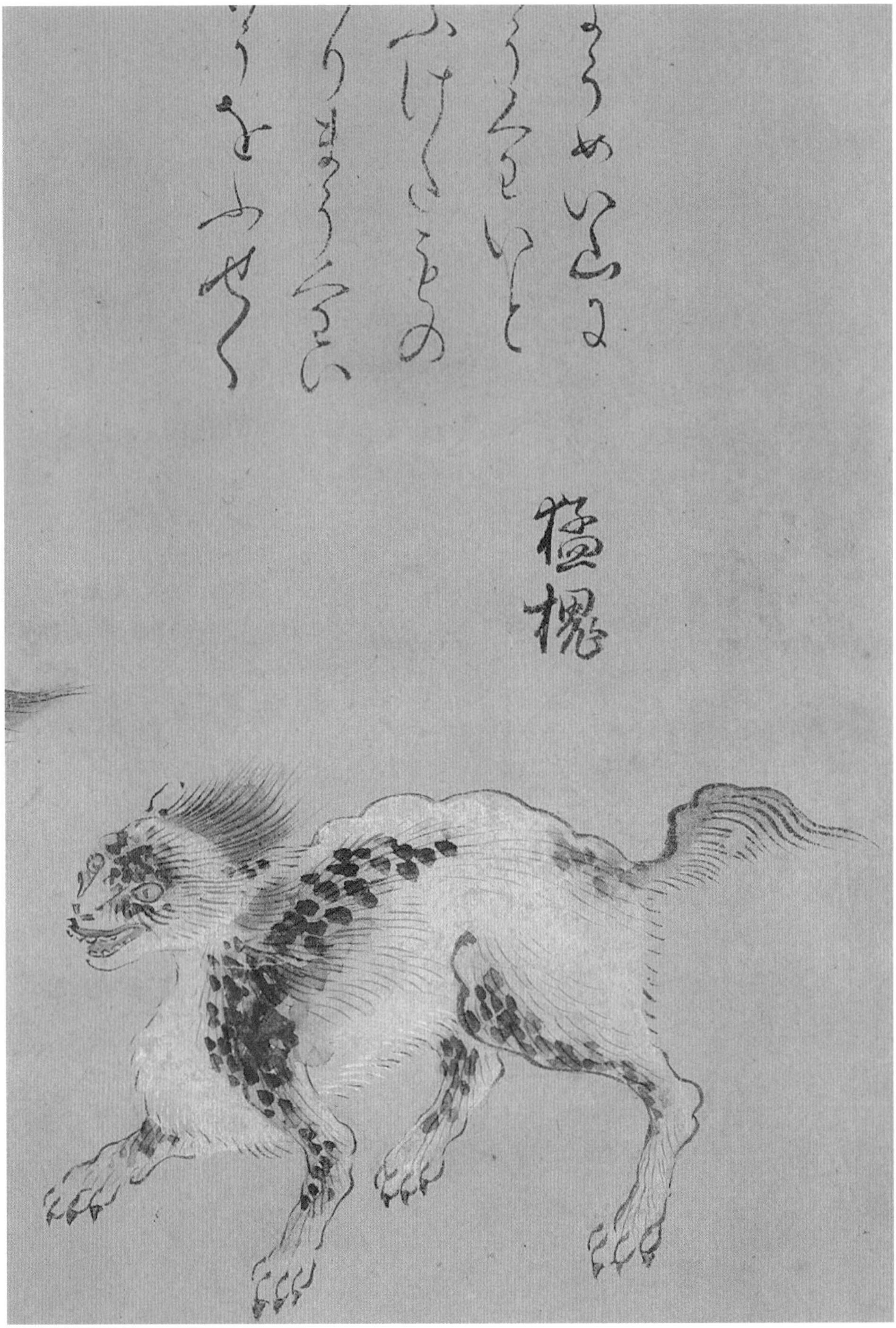

孟槐（《怪奇鸟兽图》）

耳鼠（《怪奇鸟兽图》）

天马（《怪奇鸟兽图》）

大かたけさね
ふとさんて
するうちのふ
いろとゑづく

飛鼠

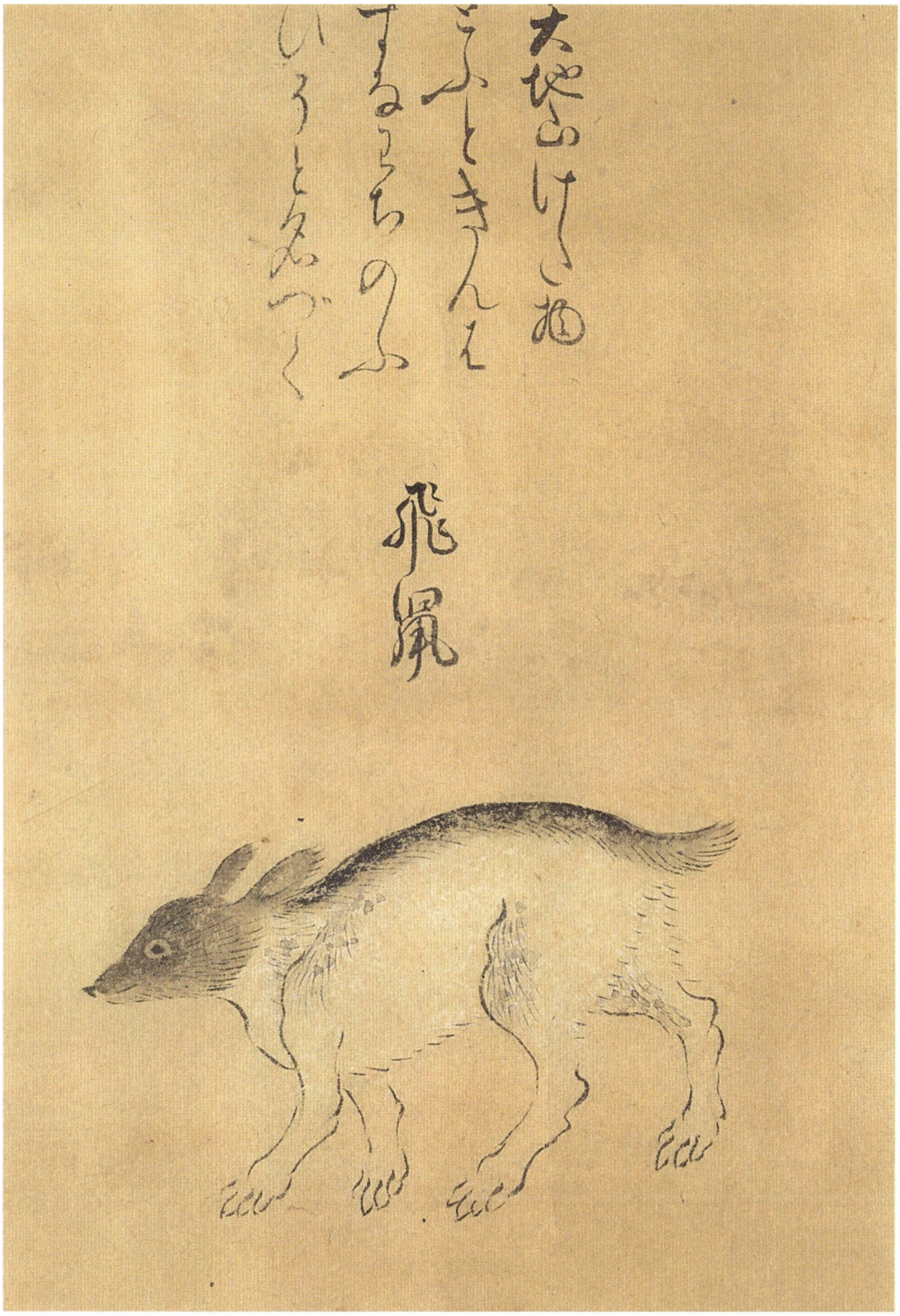

飞鼠（《怪奇鸟兽图》）

さゑをくくれ
さゑとなづく
ここそのゐるとなく

辣

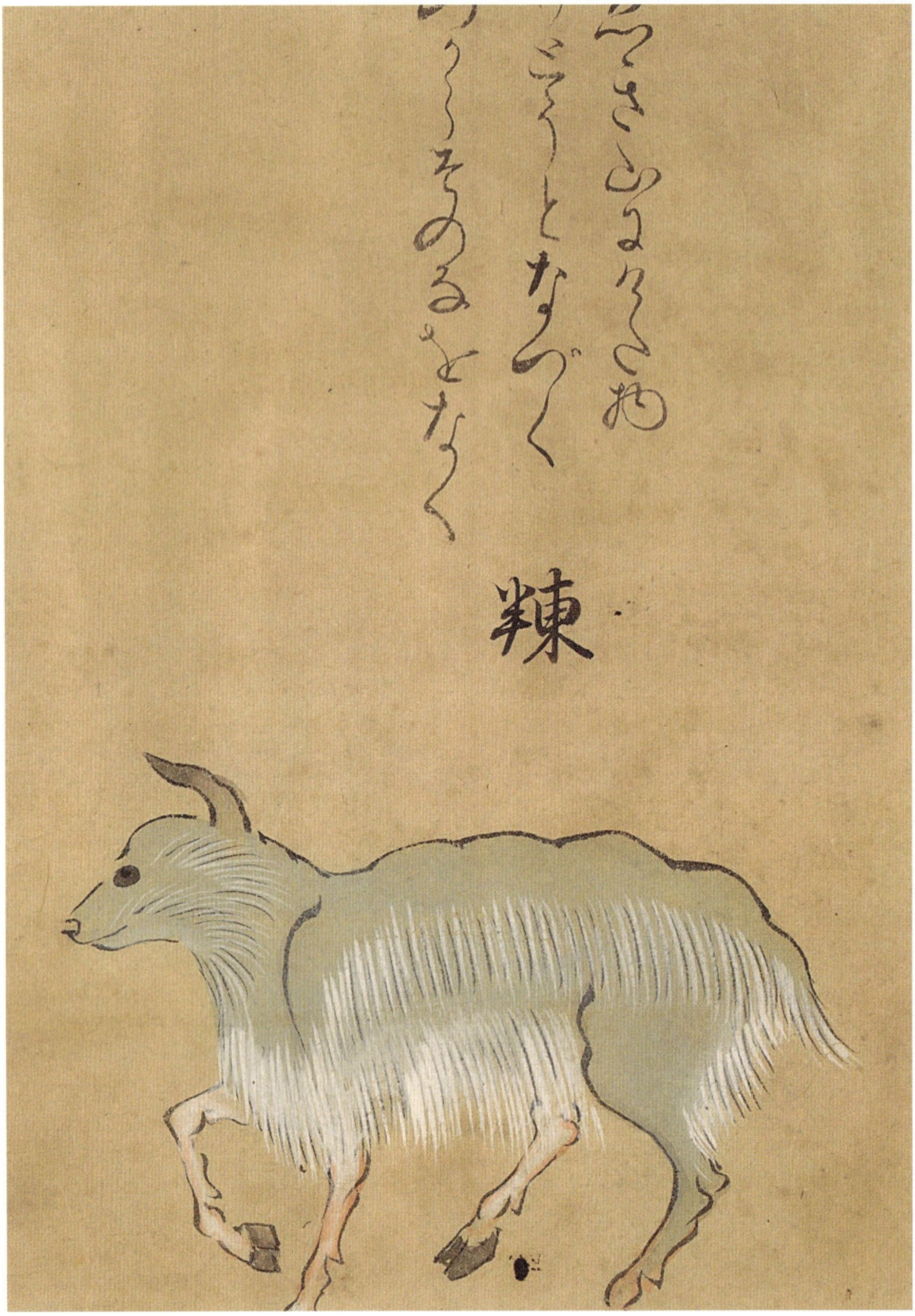

辣辣（《怪奇鸟兽图》）

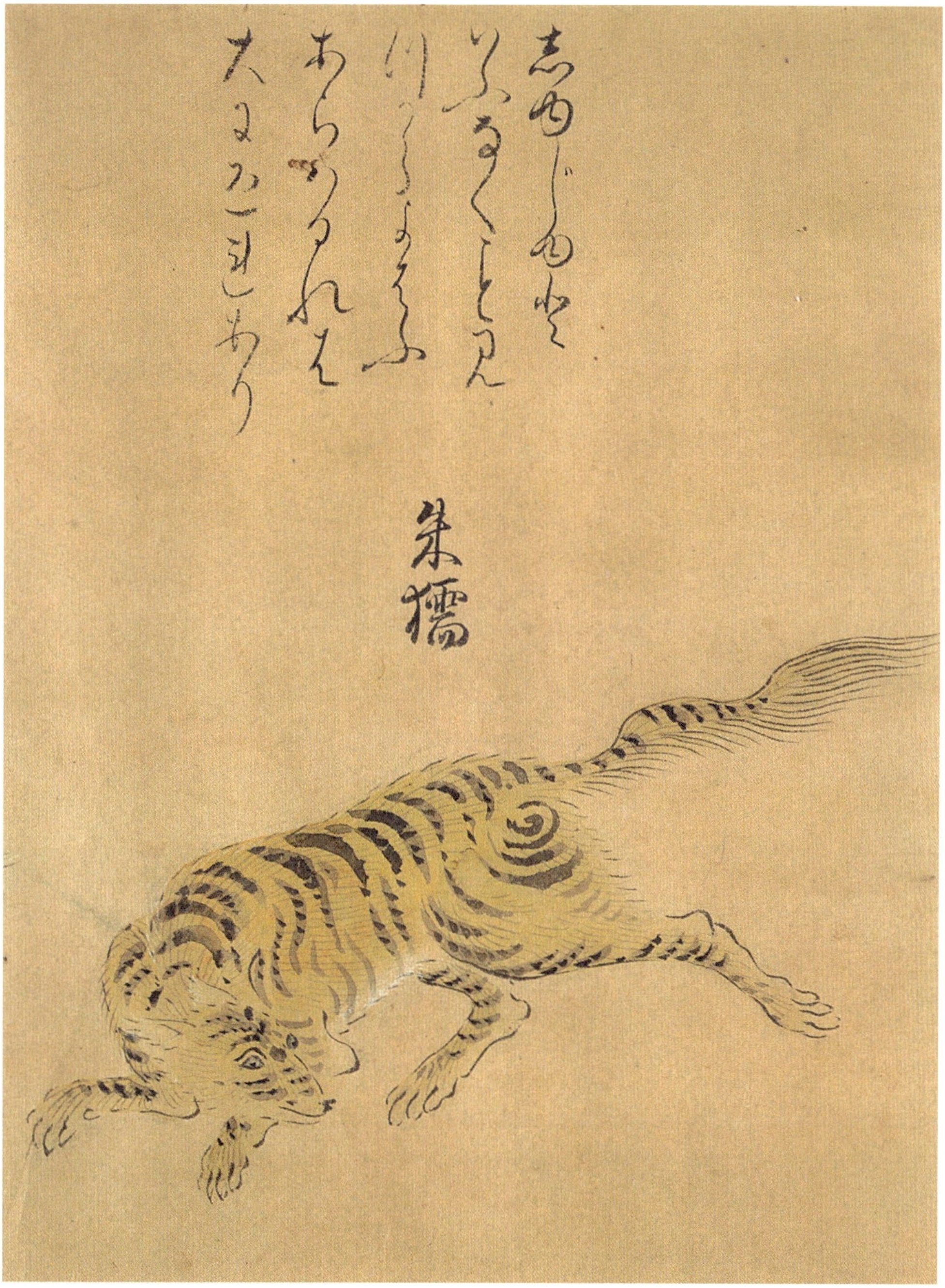

朱獳（《怪奇鸟兽图》）

蠪蛭（《怪奇鸟兽图》）

当庚（《怪奇鸟兽图》）

乘黄（《怪奇鸟兽图》）

旄马（《怪奇鸟兽图》）

䶂犬（《怪奇鸟兽图》）

驺虞（《怪奇鸟兽图》）

天犬（《怪奇鸟兽图》）

猩猩（清彩绘本）

类（清彩绘本）

鹿蜀（清彩绘本）

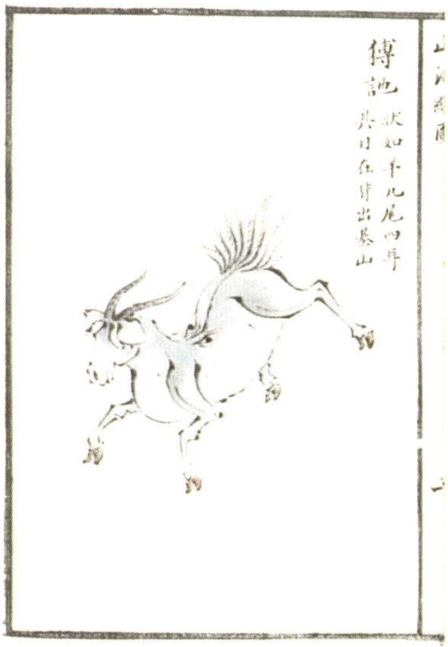

猼訑（清彩绘本）

九尾狐（清彩绘本）

猾褢（清彩绘本）

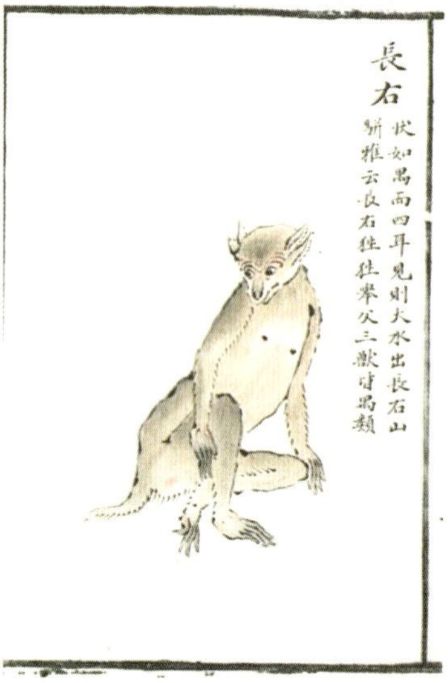

长右（清彩绘本）

彘（清彩绘本）

䍺（清彩绘本）

羬羊（清彩绘本）

蛊雕（清彩绘本）

葱聋（清彩绘本）

豪彘（清彩绘本）

麢羊（清彩绘本）

玃如（清彩绘本）

举父（清彩绘本）

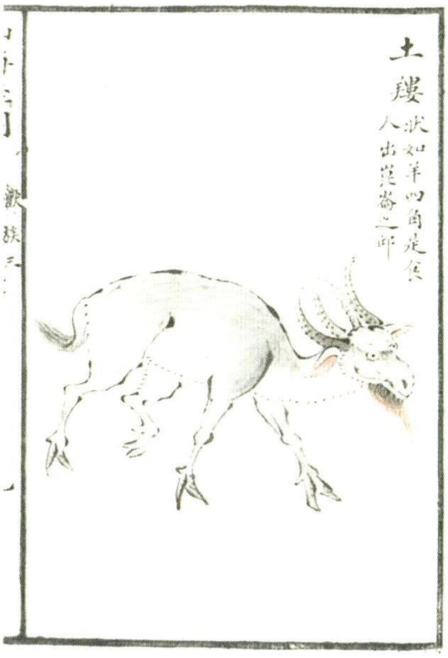

土䞣（清彩绘本）

天狗（清彩绘本）

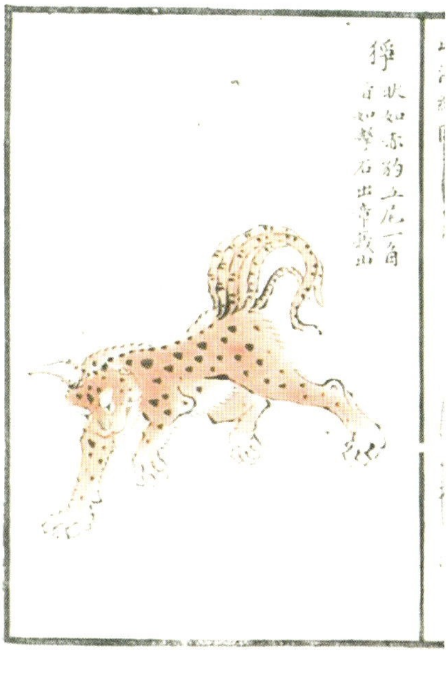

狰（清彩绘本）

獓㺲（清彩绘本）

讙（清彩绘本）

駮（清彩绘本）

蛮蛮（清彩绘本）

鸟鼠同穴（清彩绘本）

䑏疏（清彩绘本）

山狎（清彩绘本）

诸犍（清彩绘本）

诸怀（清彩绘本）

䮝马（清彩绘本）

驒（清彩绘本）

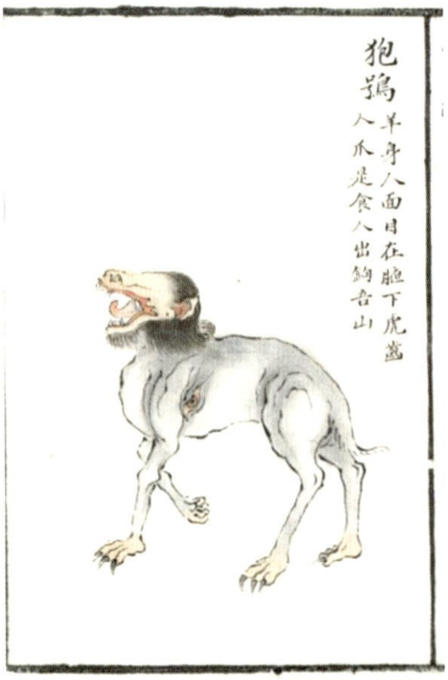

狍鸮（清彩绘本）

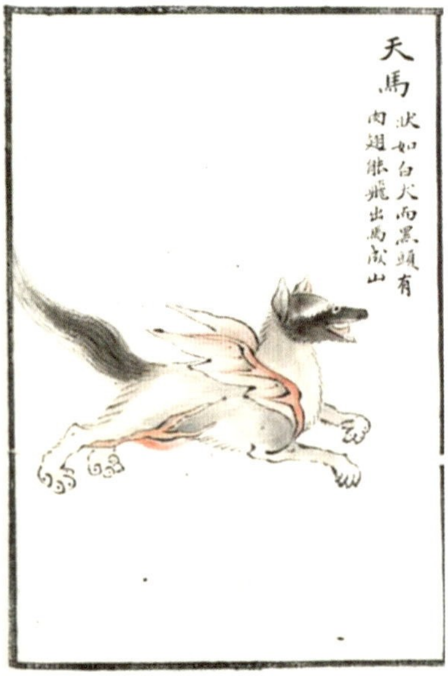

天马（清彩绘本）

飞鼠（清彩绘本）

獂（清彩绘本）

辣辣（清彩绘本）

罴（清彩绘本）

从从（清彩绘本）

獙獙（清彩绘本）

朱獳（清彩绘本）

蠪蛭（清彩绘本）

峳峳（清彩绘本）

马腹（清彩绘本）

蜚（清彩绘本）

獱（清彩绘本）

并封（清彩绘本）

旄马（清彩绘本）

乘黄（清彩绘本）

驺虞（清彩绘本）

夔（清彩绘本）

双双（清彩绘本）

跊踢（清彩绘本）

象（《谟区查抄本》）

貜如（《谟区查抄本》）

狰（《谟区查抄本》）

朧踈（《谟区查抄本》）

飞鼠（《谟区查抄本》）

马肠（《谟区查抄本》）

开明兽（《谟区查抄本》）

狸（《金石昆虫草木状》）

兕犀（《金石昆虫草木状》）

犀牛（《金石昆虫草木状》）

象（《金石昆虫草木状》）

豪猪（《金石昆虫草木状》）

熊（《金石昆虫草木状》）

羚羊（《金石昆虫草木状》）

麝（《金石昆虫草木状》）

麋（《金石昆虫草木状》）

野驼（《金石昆虫草木状》）

蝟（《金石昆虫草木状》）

麂（《金石昆虫草木状》）

白猿（《山海百灵图》）

斑马（《山海百灵图》）

猼訑（《山海百灵图》）

九尾狐（《山海百灵图》）

兕（《山海百灵图》）

象（《山海百灵图》）

豪彘（《山海百灵图》）

虎（《山海百灵图》）

土蝼（《山海百灵图》）

狰（《山海百灵图》）

讙（《山海百灵图》）

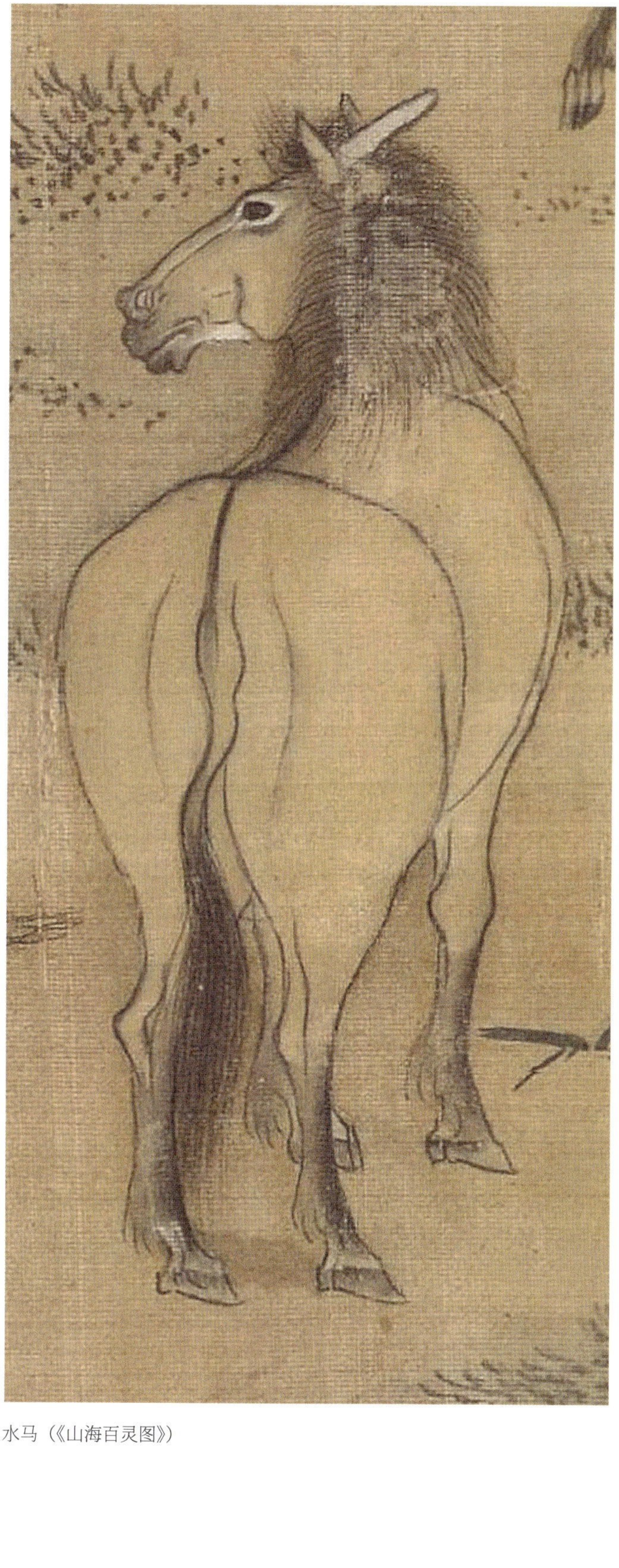

水马（《山海百灵图》）

臞疎（《山海百灵图》）

诸怀（《山海百灵图》）

羬羬（《山海百灵图》）

㹇（《山海百灵图》）

麢（《山海百灵图》）

獜（《山海百灵图》）

玄虎《山海百灵图》

猛虎（《梅岭画鉴》）

豪猪（《博物馆兽谱》）

豪猪（《中国自然历史绘画 · 动物图谱》）

箭猪（《中国自然历史绘画 · 动物图谱》）

猛豹（《中国自然历史绘画 · 动物图谱》）

麝(《中国自然历史绘画·动物图谱》)

士獀（《中国自然历史绘画 · 动物图谱》）

白狼（《中国自然历史绘画 · 动物图谱》）

诸犍（《中国自然历史绘画 · 动物图谱》）

闾（《中国自然历史绘画 · 动物图谱》）

天马（《中国自然历史绘画 · 动物图谱》）

朱獳（《中国自然历史绘画·动物图谱》）

玄豹（《中国自然历史绘画·动物图谱》）

刺猬（《中国自然历史绘画 · 动物图谱》）

鱼獭（《中国自然历史绘画 · 动物图谱》）

玄狐（《中国自然历史绘画 · 动物图谱》）

黑狐狸（《中国自然历史绘画 · 动物图谱》）

犀牛（《异域图志·异域禽兽图》）

骆驼（《哺乳动物自然史》插图）

猿（《哺乳动物自然史》插图）

驺虞（《博物馆图谱 · 异兽图》）

肆

羽禽篇

鸑鷟（《怪奇鸟兽图》）

瞿如（《怪奇鸟兽图》）

数斯（《怪奇鸟兽图》）

鸾（《怪奇鸟兽图》）

皃徯（《怪奇鸟兽图》）

比翼鸟（《怪奇鸟兽图》）

[illegible]（《怪奇鸟兽图》）

鵸鵌（《怪奇鸟兽图》）

白雉（《怪奇鸟兽图》）

踈斯（《怪奇鸟兽图》）

精卫（《怪奇鸟兽图》）

蚩鼠（《怪奇鸟兽图》）

絜钩（《怪奇鸟兽图》）

鸱鹟（《怪奇鸟兽图》）

鵸鵌（清彩绘本）

瞿如（清彩绘本）

鴸（清彩绘本）

颙（清彩绘本）

橐𩇯（清彩绘本）

凫徯（清彩绘本）

鸓（清彩绘本）

蛮蛮（清彩绘本）

毕方（清彩绘本）

鵸鵌（清彩绘本）

鸱（清彩绘本）

人面鸮（清彩绘本）

寓鸟（清彩绘本）

鵸鵌（清彩绘本）

竦斯（清彩绘本）

嚣鸟（清彩绘本）

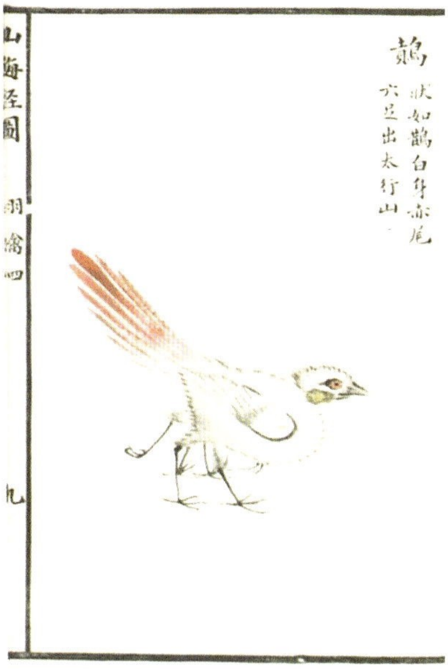

鶌（清彩绘本）

蚩鼠（清彩绘本）

酸与（清彩绘本）

䲃鸟（清彩绘本）

跂踵（清彩绘本）

鵸䳜（《谟区查抄本》）

鸀鸟（清彩绘本）

鵌（《谟区查抄本》）

鸑鷟（《谟区查抄本》）

橐𩇯（《谟区查抄本》）

颙（《谟区查抄本》）

数斯（《谟区查抄本》）

鸬鹚（《谟区查抄本》）

鵸䳜（《谟区查抄本》）

毕方（《谟区查抄本》）

孔雀（《谟区查抄本》）

黑鹳（余曾三《百花鸟图》）

凤鸟（余曾三《百花鸟图》）

鹡鸰（余曾三《百花鸟图》）

白鹇（余曾三《百花鸟图》）

白鹦鹉（余曾三《百花鸟图》）

鸾（余曾三《百花鸟图》）

皂雕（余曾三《百花鸟图》）

戴胜（余曾三《百花鸟图》）

淘河（余曾三《百花鸟图》）

鸜鹆（余曾三《百花鸟图》）

南翠（余曾三《百花鸟图》）

孔雀（余曾三《百花鸟图》）

锦鸡（余曾三《百花鸟图》）

南喜鹊（余曾三《百花鸟图》）

青鸾（《博物馆图谱 · 百鸟图》）

凤（《博物馆图谱 · 百鸟图》）

鸾（《博物馆图谱 · 百鸟图》）

雉（《金石昆虫草木状》）

鸲鹆（《金石昆虫草木状》）

鹈鹕（《金石昆虫草木状》）

孔雀（《金石昆虫草木状》）

鹊（《梅岭画谱》）

鹗（《梅岭画谱》）

雕（《梅岭画谱》）

鸱鸺（《梅岭画谱》）

鹳（《梅岭百鸟画谱》）

鸱（《梅岭百鸟画谱》）

鹑（《梅岭百鸟画谱》）

白鹇（《梅岭百鸟画谱》）

鸮（《梅岭百鸟画谱》）

慈乌（《梅岭百鸟画谱》）

戴胜（《梅岭百鸟画谱》）

鸐雉（《梅岭百鸟画谱》）

鸜鸲（《梅岭百鸟画谱》）

鸱鸺（《梅岭百鸟画谱》）

孔雀（《梅岭百鸟画谱》）

鸬鹚（《梅岭百鸟画谱续编》）

凤凰（《梅岭百鸟画谱续编》）

鹄（《梅岭百鸟画谱续编》）

[illegible]（《梅岭百鸟画谱续编》）

鵖（《景年花鸟图谱》）

鷩雉（《景年花鸟图谱》）

鹑（《景年花鸟图谱》）

鹰鸠（《景年花鸟图谱》）

鹊（《景年花鸟图谱》）

慈乌（《景年花鸟图谱》）

雉（《景年花鸟图谱》）

鸜鹆（《景年花鸟图谱》）

鸱鸺（《景年花鸟图谱》）

翡翠（《景年花鸟图谱》）

鹦鹉（宋徽宗《五色鹦鹉图》）

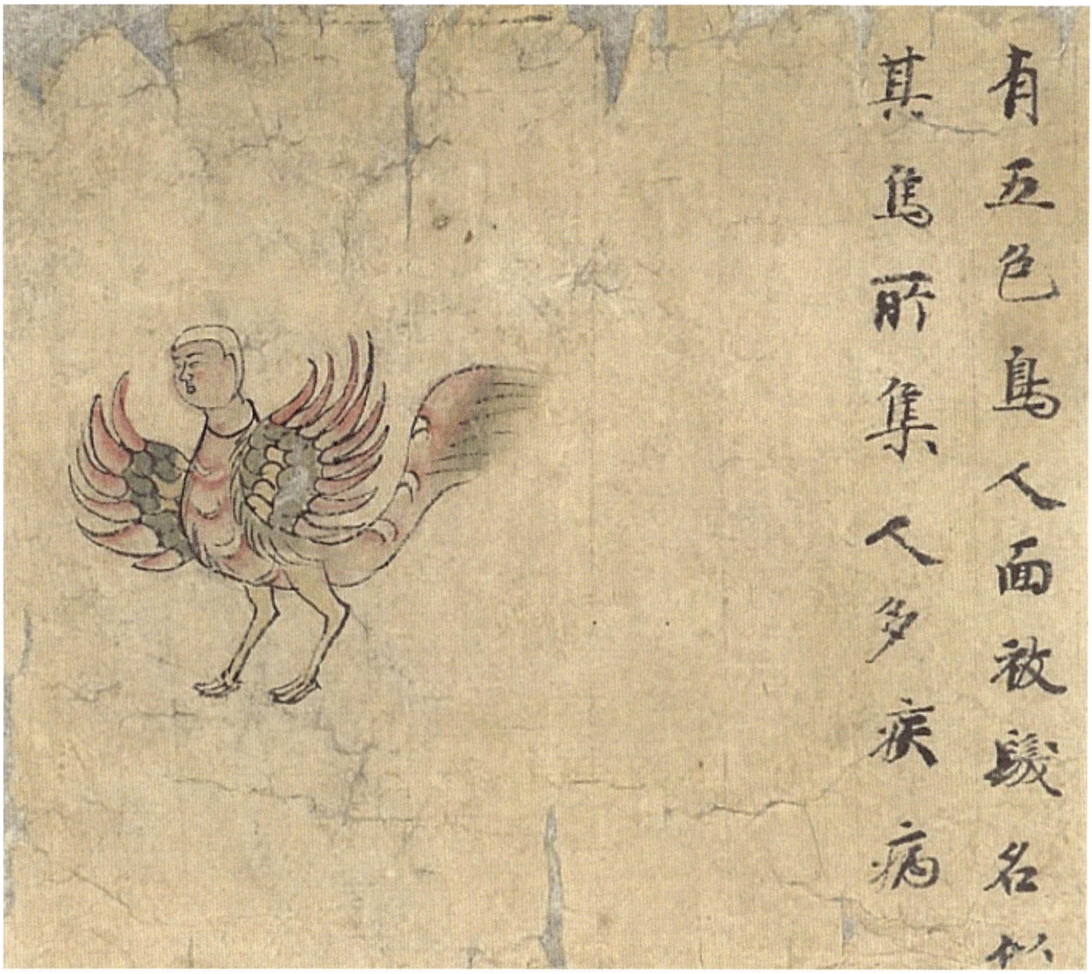

五色鸟（《白泽精怪图》）

孔雀（A Monograph of the Phasianidae or Family of the Pheasants，《野鸡雉科图鉴》）

伍

鳞介篇

⿱罒虫⿰虫賣（《怪奇鸟兽图》）

旋龟（清彩绘本）

赤鱬（清彩绘本）

鯥鱼（清彩绘本）

肥𧕒（清彩绘本）

鲑鱼（清彩绘本）

文鳐鱼（清彩绘本）

人鱼（清彩绘本）

蠃鱼（清彩绘本）

鴽魮鱼（清彩绘本）

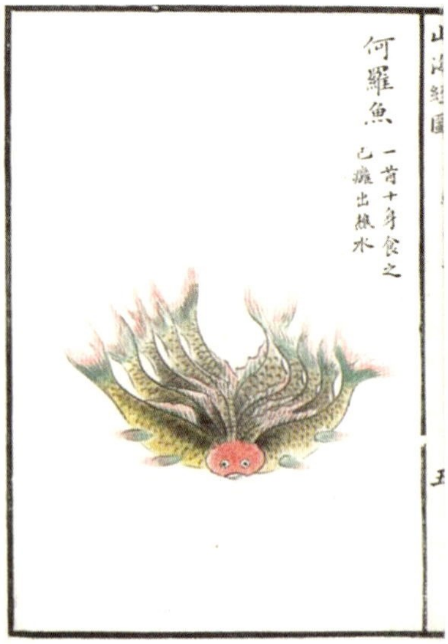

何罗鱼（清彩绘本）

鯈鱼（清彩绘本）

鳛鳛鱼（清彩绘本）

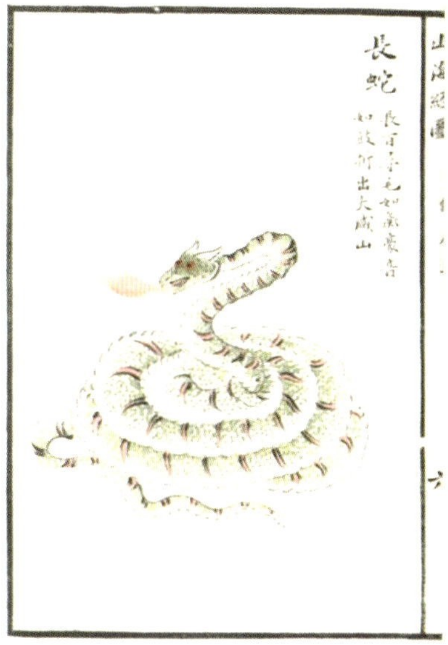

长蛇（清彩绘本）

鮨鱼（清彩绘本）

鱳鱼（清彩绘本）

肥遗（清彩绘本）

三足龟（清彩绘本）

陵鱼（清彩绘本）

巴蛇（清彩绘本）

应龙（清彩绘本）

儵鳙（清彩绘本）

鮯鮯鱼（清彩绘本）

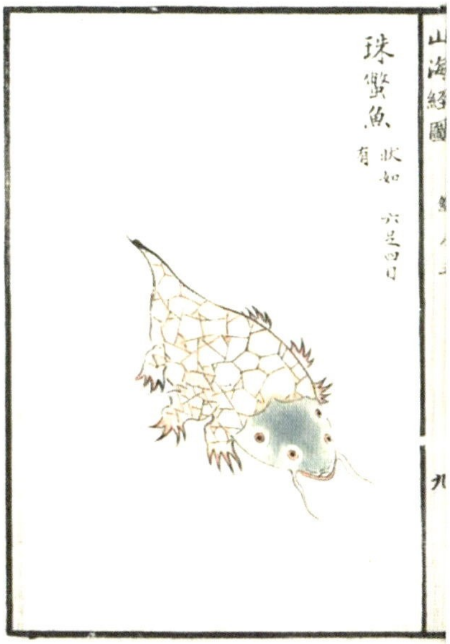

珠蟞鱼（清彩绘本）

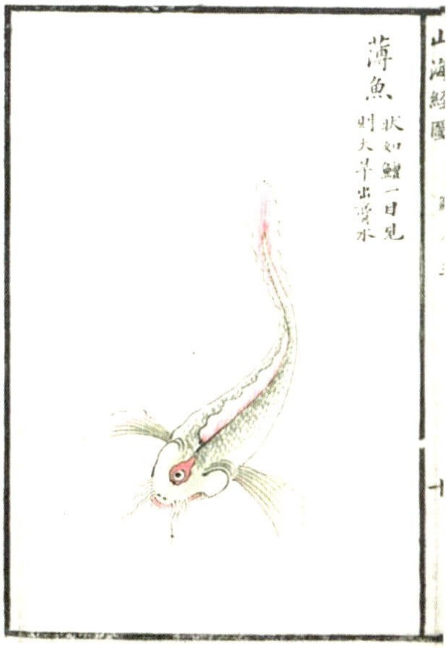

薄鱼（清彩绘本）

鰼鱼（清彩绘本）

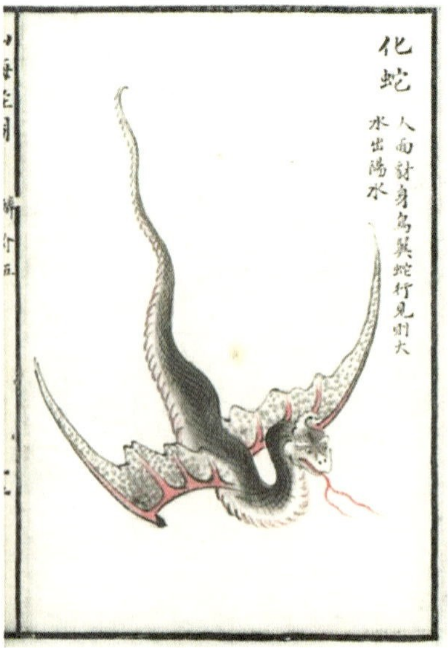

化蛇（清彩绘本）

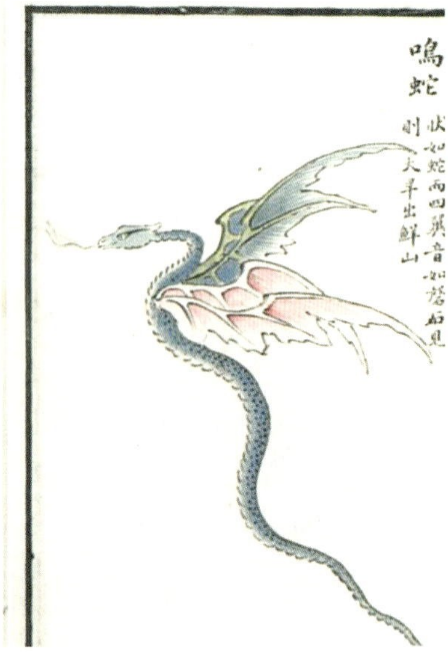

鸣蛇（清彩绘本）

飞鱼（清彩绘本）

冉遗鱼（《谟区查抄本》）

蠃鱼（《谟区查抄本》）

儵鱼（《谟区查抄本》）

何罗鱼（《谟区查抄本》）

鲭鱼（《谟区查抄本》）

鳜鱼（《金石昆虫草木状》）

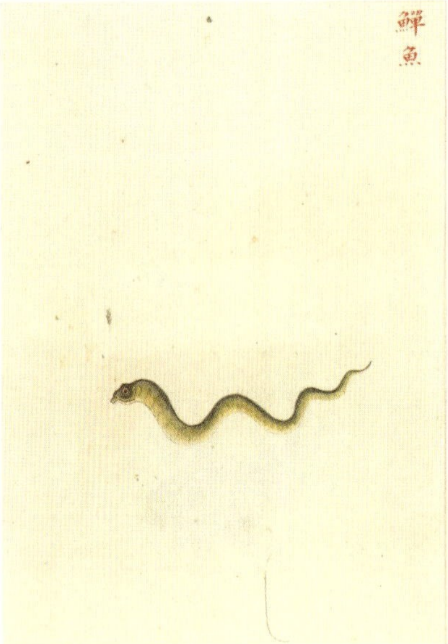

鳝鱼（《金石昆虫草木状》）

鲛鱼（《金石昆虫草木状》）

美在山海

美在山海

美在山海